Heinz Me

Mittelhochdeutsche Grammatik

7., unveränderte Auflage

Max Niemeyer Verlag
Tübingen 1993

Die Deutsche Bibliothek – CIP-Einheitsaufnahme

Mettke, Heinz:
Mittelhochdeutsche Grammatik / Heinz Mettke. – 7., unveränd. Aufl. – Tübingen : Niemeyer, 1993

ISBN 3-484-89002-0

© Max Niemeyer Verlag GmbH & Co. KG, Tübingen 1993
Druck: Spiegel Buch GmbH, Ulm
Einband: Spiegel Buch GmbH, Ulm

Heinz Mettke
Mittelhochdeutsche Grammatik

Aus dem Vorwort zur ersten Auflage

Diese Grammatik ist vor allem für Studenten und für Deutschlehrer gedacht; daher ist sie einem doppelten Zweck entsprechend angelegt: sie soll ein Lehrbuch des Mittelhochdeutschen und zugleich eine Einführung in die deutsche Sprachgeschichte sein. Die Dichtungen unserer mittelhochdeutschen Klassiker – Walthers von der Vogelweide, Hartmanns von Aue, Wolframs von Eschenbach, Gottfrieds von Straßburg, das Nibelungenlied und das Kudrunepos und auch die im 13. Jh. einsetzende Kleindichtung, die noch längst nicht genug ausgewertet und gewürdigt ist, uns z. T. aber mehr Aufschluß über die damaligen Verhältnisse gibt als viele lange Romane – muß jeder Germanist in der mittelhochdeutschen Fassung lesen und verstehen können. Dieses Können zu vermitteln ist die eine Aufgabe der Grammatik, die andere ist, die Kräfte und Erscheinungen erkennen zu lassen, die die gesamte Sprachgeschichte durchziehen; daher steht das Mittelhochdeutsche zwar überall im Mittelpunkt, aber die Verbindungen zum Germanisch-Althochdeutschen und zum Neuhochdeutschen werden hergestellt. Immer wieder habe ich erfahren, daß die Kenntnis der gesamten sprachlichen Entwicklung für den Anfänger wohl etwas schwer ist, im ganzen gesehen aber aufschlußreicher und daher nützlicher als das Erlernen losgelöster Fakten. Das Mittelhochdeutsche ist mit dem Neuhochdeutschen enger verbunden als mit dem Germanisch-Althochdeutschen; daher ist oft auch auf die besonders häufige Übereinstimmung mit dem Mitteldeutschen hingewiesen worden, während sonst mundartliche Formen, dem Lehrbuchcharakter entsprechend, nur z. T. aufgenommen sind.
Erschlossene germanische und indogermanische Formen kommen vor, wo sie mir für die Herleitung wichtig schienen und wo die Verbindung des Deutschen mit anderen germanischen und indogermanischen Sprachen deutlich oder erleichtert werden sollte. Innerhalb der Grammatik gibt es kaum Literaturverweise; die im Verzeichnis angeführten Werke, vor allem jedoch die größeren, z. T. durch mehrere Auflagen bewährten ahd. und mhd. Grammatiken und die Wörterbücher, habe ich immer wieder herangezogen.

Jena, den 20. Dezember 1963

Zur 5. Auflage

Gegenüber den früheren Auflagen sind für die fünfte vor allem zwei Änderungen vorgenommen worden: Ein kurzes Kapitel zur Syntax als Wortgruppenlehre und Satzlehre wurde hinzugefügt, und in der Lautlehre wurden besonders die übergreifenden Abschnitte phonologisch überarbeitet (z. B. § 5, 20 ff. – Ablaut, Umlautungen usw. –, § 56 ff. – Lautverschiebungen –), außerdem wurden Phoneme, Allophone und Grapheme außer in eindeutigen Fällen gekennzeichnet. Statt des Internationalen Phonetischen Alphabets (IPA) werden, wie in den Grammatiken allgemein üblich (z. B. 13. Aufl. der Ahd. Grammatik von Braune/Eggers, H. Penzl, A. Szulc), die Buchstaben des lateinischen Alphabets verwendet, wie sie in unseren alt- und mittelhochdeutschen Handschriften zu finden sind (sie sollten ja auch darin Phoneme bezeichnen). Meines Erachtens würde das Lesen der Grammatik nur erschwert, wenn statt ahd. mhd. /u/ und /o/ (wie in *unde, holz*) in den Phonemstrichen /ʊ/ oder /ɔ/ stünde. Eine zusätzliche Kennzeichnung erfolgt dabei wie bisher: das Häkchen ẹ für einen offenen Laut, der Punkt ẹ für einen geschlossenen und der Strich ē für einen langen; auch ä, ö, ü (bei Länge ǟ, ȫ, ǖ) wurden beibehalten. Nur in wenigen Fällen wurden Zeichen des IPA zur besonderen Verdeutlichung hinzugefügt. Entsprechendes gilt auch für die Konsonanten. Einige Änderungen gibt es auch in den einleitenden Abschnitten. Die Formenlehre ist nahezu unverändert geblieben; nur im § 74 sind eine Klassifizierung der Substantivflexion, wie sie sich bei einer rein synchronen Betrachtung ergibt, ergänzt und bei den Pronomen die althochdeutschen Formen. In diesem Teil sind auch keine Phonemstriche gesetzt worden, selbst dann nicht, wenn auf lautliche Vorgänge des ersten Teils verwiesen wird, weil es sich durchweg um Phoneme handelt und keine Grapheme oder Allophone davon abzugrenzen waren.
Die Grammatik hat in der bisherigen Form Zustimmung gefunden, im Inland und z. T. auch im Ausland wird sie als Hochschullehrbuch verwendet; daher wurde an der Anlage insgesamt nichts geändert (umgestellt sind nur die Paragraphen 25 und 26). Allerdings hat das Umformulieren im Hinblick auf die Phonologie nirgends zu einer Verkürzung der betreffenden Paragraphen geführt. Möchte das Buch auch weiterhin allen, die sich mit der älteren deutschen Sprache befassen, nützlich sein.
Für Hinweise danke ich vor allem Rudolf Große und Rudolf Bentzinger (beide Leipzig) und Peter Wiesinger (Wien).

Jena, den 3. Juli 1981   Heinz Mettke

Inhalt

Einleitung

Betonung, Schreibung, Aussprache, Metrik

Lautlehre

Vokalismus

Konsonantismus

9

10

Formenlehre

Deklination

Zur Satzlehre

13

Einleitung

1. Stellung des Deutschen innerhalb des Germanischen

Das Deutsche gehört wie das Englische, Niederländische und Friesische zum Süd- oder Westgermanischen, das es als einheitliche Sprache jedoch nicht gegeben hat (ebensowenig wie Westgermanen als einheitliche Völkerschaft), das sich durch bestimmte sprachliche Gemeinsamkeiten aber doch vom Nord- und Ostgermanischen abhebt, so daß in den Grammatiken die Bezeichnung „westgermanisch" (wgerm.) durchaus gerechtfertigt ist. Diese „Westgermanen" gliedern sich sicherlich schon seit dem 2. Jh. v. u. Z. bis etwa zum 2. Jh. u. Z. in drei Großstämme, die wohl Kultverbände waren und zu denen jeweils wieder Einzelstämme gehören, die dann ihrerseits etwa vom 1. bis 4. Jh. zu Großstämmen anwachsen und z. T. die Kelten verdrängend nach Süden vordringen. Bei den Kultverbänden handelt es sich, wie schon lateinische Schriftsteller (Tacitus und Plinius) berichten, um die Ingwäonen – die Nordseegermanen mit den Stämmen der Teutonen, Angeln, Sachsen und Friesen –, um die Istwäonen – die Rhein-Wesergermanen mit den Batavern und weiteren Einzelstämmen der Franken – und um die Erminonen – die Elb- oder Binnenlandgermanen mit Semnonen (> Alemannen), den Markomannen (> Baiern), den Hermunduren (> Thüringern) und den Langobarden. Die Alemannen, Baiern und Langobarden drangen am weitesten nach Süden vor, die Langobarden bis nach Oberitalien, die Alemannen und Baiern bis zu den Alpen, das Reich der Thüringer erstreckte sich bis zu seiner Vernichtung durch die Franken 531 vom Harz bis zur Donau. Den nördlichen Raum nahmen die sächsischen Stämme ein, im 6. Jh. drangen sie auch in den Norden des thüringischen Gebietes vor, und den gesamten Westen besetzten von der Nordsee bis zum Elsaß die Franken.
Mit der Konsolidierung der Stämme in den neuen Wohngebieten und den Anfängen der frühfeudalen Staatsbildung im 6. Jh. und auf sprachlichem Gebiet mit dem Einsetzen der 2. Lautverschiebung und bestimmter vokalischer Veränderungen, die insgesamt dann in späteren Jahrhunderten die deutsche Nationalsprache mitgeprägt haben, beginnt auch die allmähliche Herausbildung des Hochdeutschen aus den Stammesmundarten der Alemannen, Baiern, Franken und Thüringer.

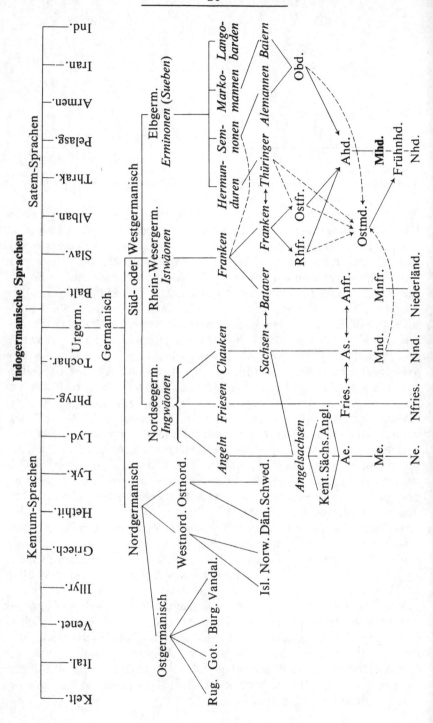

Zum Germanischen gehören auch das Nordgermanische (mit dem Nor-
wegischen und Isländischen und dem Dänischen und Schwedischen) und
das Ostgermanische, das z. T. aus dem Nordgermanischen hervorgegangen
ist. Hauptvertreter des Ostgermanischen ist das Gotische (Wulfilas Bibel-
übersetzung aus dem 4. Jh.), ferner gehören dazu das Burgundische, das
Vandalische und das Rugische. Das Germanische ist insgesamt ein Glied der indogermanischen (idg.)
oder indoeuropäischen (ieu.) Sprachfamilie. (In dieser Grammatik wird
als Abkürzung idg. = indogermanisch verwendet; die südöstlichste idg.
Sprache, das Indische auf Ceylon, und die nordwestlichste, das Germanische
auf Island, stehen als abkürzender Begriff für die zur Sprachfamilie ge-
hörenden Sprachen. Die Bezeichnung indoeuropäisch ist zwar weit ver-
breitet, aber nicht ganz korrekt: europäisch ist ein geographischer Begriff
und keine Sprache, und zum anderen gehören zu den in Europa gespro-
chenen Sprachen auch nichtindogermanische, z. B. die finno-ugrischen
Sprachen, das Baskische, das Türkische.)
Die nebenstehende Skizze soll eine Übersicht über die Verwandtschaft
der idg. Sprachen vermitteln; sie muß manches vereinfachen. Das Germa-
nische ist wegen der weiteren Herleitung aus der Nachbarschaft des Kel-
tischen und Italischen in die Mitte gestellt.

2. Zeitliche Gliederung des Deutschen

1. Frühmittelalterliches Deutsch
   (die deutsche Sprache im Frühfeudalismus) 6. Jh. – 1050
   a) die althochdeutsche Periode*
   – Frühestes Althochdeutsch (Anfänge
   des nachmals Hochdeutschen in den
   Stammesmundarten) 6. Jh. – Anfang des 8. Jhs.
   – Frühes Althochdeutsch Anfang des 8. Jhs. – 820/30
   – Mittleres Althochdeutsch 830/40 – 950
   – Spätes Althochdeutsch 950 – 1050
   b) Altsächsisch 600 – 1200
2. Hochmittelalterliches Deutsch
   (die deutsche Sprache im voll entfalteten
   Feudalismus)
   a) das Mittelhochdeutsche 1050 – 1350

---

* Zum Althochdeutschen: Ein einheitliches Althochdeutsch hat es zu keiner Zeit gege-
ben; unter der Bezeichnung „althochdeutsch" werden die an der 2. Lautverschiebung
beteiligten ober- und mitteldeutschen (Stammes-) Mundarten zusammengefaßt.

– das Frühmittelhochdeutsche	1050	– 1170/80
– das höfische (klassische) Mittelhoch-		
deutsche	1180	– 1250/60
– das Spätmittelhochdeutsche*	1260	– 1350
b) das Mittelniederdeutsche	1200	– 1600

3. Spätmittelalterliches Deutsch
(die deutsche Sprache im Spätfeudalismus)
das Frühneuhochdeutsche 1350 – 1500

4. Frühneuzeitliches Deutsch
(die deutsche Sprache im Verfall des Feuda-
lismus und im Frühkapitalismus)
a) Übergang des Frühneuhochdeutschen
zum Neuhochdeutschen 1500 – 1650
b) das Neuniederdeutsche ab 1600

5. Beginn des Neuhochdeutschen ab 1650/1700

3. Sprachliche Kennzeichen des Übergangs vom Althochdeutschen zum Mittelhochdeutschen

Innerhalb der Grammatik werden immer wieder ahd. Beispiele mittelhochdeutschen gegenübergestellt, um die Entwicklung erkennen zu lassen; es folgen daher nur einige allgemeine Angaben:

a) Am Ende der althochdeutschen Zeit, z. T. schon nach 900 beginnend, erfolgte auf Grund der Weiterwirkung des germanischen Anfangsakzents eine Abschwächung der vollen, aber unbetonten Vokale. (Eine Ausnahme macht nur das Alem., wo die vollen Vokale z. T. bis heute erhalten blieben.) Es tritt ein Phonemzusammenfall in zwei Phasen ein, deren zweite zum Graphem ⟨e⟩ führt, das als Phonem in drei Allophone gespalten ist;

1. Phase: /i/ /e/ /a/ /o/ /u/

/e/ /a/ /o/ = Senkung hoher Vokale

2. Phase: /e/ = [e, ə, ø] = Zusammenfall hauptsächlich wohl in /ə/, aber durchaus nicht immer, da in einigen Mdaa. /e/ wieder zu /i/ gehoben wird; andererseits wird das Null-Allophon in der Schrift z. T. durch Ausfall des /e/ bezeichnet, z. B. *lebn, gebn, gewesn* (Iwein-Hs. B).

---

* Zum Spätmittelhochdeutschen: Das Spätmittelhochdeutsche und der Beginn des Frühneuhochdeutschen überschneiden sich.

Beispiele: /i/ > /e/ *gesti, krefti, heri* > *geste, krefte, here*; /u/ > /o/ *filu, situ* > *filo, sito*; dann auch in gedeckter Stellung: *tagun* > *tagen, hilfit* > *hilfet.* Im 11. Jh. erscheinen auch die Längen als ⟨e⟩, z. B. *lobôn* > *loben, sagên* > *sagen, zungûn* > *zungen.* Vom Norden nach Süden zum Alem. hin ist eine geringere Abschwächung festzustellen. Nicht betroffen von der Abschwächung sind schwere Nebensilben wegen ihres Nebenakzents, z. B.: *-ing, -ung, -heit, -bar, -nis,* s. § 32.

b) Auch die Vokale der Präfixe werden abgeschwächt und sind z. T. geschwunden: z. B. *ga-, gi* > *ge-: gilîh* > *gelîh* > *glîch* ‚gleich‘; *bi-, ir-, int-, fir-, za-, zi-* > *be-, er-, ent-, ver-, ze-,* s. § 2.

c) Verkürzung dreisilbiger Wörter, z. B. Gen. Pl. der ō-Dekl.: *gëbôno* > *gëbôn* > *gëben* und Gen. Pl. der schwachen Dekl.: *hanôno* > *hanôn* > *hanen,* und daher Zusammenfall des Gen. und Dat. Pl. und in der schwachen Deklination Endungsgleichheit in allen Kasus außer im Nom. Sg. (beim Neutrum außer im Nom. Akk. Sg.):
Eine unbetonte Mittelsilbe schwindet, z. B. *sâlida* > *sælde* ‚Glück, Heil‘, *mennisko* > *men(ne)sche, ziarida* > *zierde.* Auch zweisilbige Wörter werden verkürzt, z. B. *wëralt* > *wërlt* > *wëlt, miluh* > *milh, einlif* > *eilf, zwelif* > *zwelf.*

d) Die ahd. Negation *ni* wird zu *ne* und *ṇ,* aus dem wieder *en* entsteht, s. § 2,3.

e) ahd. /iu/ < germ. /eu/ wird im Mhd. zu einem langen *ü*-Laut; er fällt in der Schreibung und Aussprache mit dem aus dem Umlaut von /ū/ entstandenen /iu/ zusammen, z. B. *fliugit* > mhd. *fliuget* (= *flǖget*) > nhd. *fleugt, hûs:hiusir* > mhd. *hiuser* (= /ǖ/) > nhd. *Häuser,* s. § 27.

f) Eintritt des Sekundärumlauts, z. B. *mahtig* > *mähtec,* s. § 24.

4. Räumliche Gliederung des Deutschen

Der deutsche Sprachraum ist in drei große Gebiete zu gliedern:

1. das Niederdeutsche, nördlich der Benrather (bzw. Ürdinger) Linie, es ist das gesamte Gebiet, in dem die 2. Lautverschiebung nicht wirksam geworden ist;
2. das Mitteldeutsche, es wird im Norden durch die *ik/ich-,* im Südwesten durch die *appel/apfel*-Linie begrenzt; außer im Südwesten gelten für das Md. andere Kriterien;
3. das Oberdeutsche.

Der Durchführungsgrad der 2. Lautverschiebung hat die Grenzen zwischen diesen Gebieten bestimmt, hierzu und zum Folgenden s. § 59.

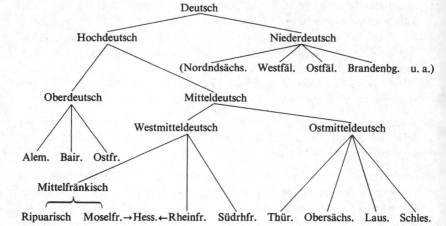

Das Mittel- und das Oberdeutsche werden auch als H o c h d e u t s c h be-
zeichnet.

Zum O b e r d e u t s c h e n gehören das Bairische, das Alemannische und das
Ostfränkische.

Zum Bairischen gehören
    a) das Nordbair. (Oberpfalz bis Nürnberg)
    b) das Mittelbair. (Ober- u. Niederbayern, Ober- u. Niederösterreich)
    c) das Südbair. (Tirol, Kärnten, Steiermark, das südl. Oberbayern)

Auch die früher deutschsprachigen Teile in der südl. und westl. ČSSR und
in Ungarn gehören dazu (in Ungarn z. T. auch zum Rhfr.). Die Westgrenze
des Bair. verläuft etwa von Bayreuth nach Nürnberg und den Lech ent-
lang.

Zum Alemannischen gehören
    a) das Nordalemannische
      α) das Oberrheinische oder Niederalem. (Elsaß und Baden),
      β) das Schwäbische (Württemberg u. Bair.-Schwaben)
    b) das Südalem. oder Hochalem. (in der Schweiz und in Südwest-
      Baden)
      α) Mittelalem.,
      β) Höchstalem. oder Oberalem. = Walserdeutsch.

Das Ostfränkische wird auf Grund der Verschiebung von /p/ > /pf/ im
Mhd. zum Oberdeutschen gerechnet, im Ahd. dagegen zum Mitteldeutschen.
Es ist das Gebiet westl. Nürnberg–Bayreuth. Hauptorte sind: Würzburg,
Bamberg, Meiningen, Coburg; Hauptfluß ist der Main außer am Unterlauf.
Das Vogtland, nördliche Teile Bayerns und Schwabens (Tauberbischofs-
heim, Wertheim) gehören zum Ostfränkischen; im Westen grenzt es an
das Rheinfränkische, im Norden an das Thüringische.

Das Mitteldeutsche gliedert sich in das Westmd. und das Ostmd., die
Grenze verläuft etwa zwischen Werra und Fulda.

Das Westmitteldeutsche (Rheinland und Hessen)

Zum Westmitteldeutschen gehören:

a) das Mittelfränkische:

α) das Ripuarische (der nördliche Teil): Düsseldorf, Aachen,
Köln, Jülich, das Gebiet nördlich der Eifel, zwischen *ik/ich*-
und *dorp/dorf*-Linie

β) das Moselfränkische, Hauptorte sind Trier und Koblenz, zwi-
schen *dorp/dorf*- und *dat/das*-Linie, auch das Siebenbürgische
gehört dazu.

Kennzeichen des Mfr.: unverschobene Pronomina: *dat, it, wat,
allet.*

b) das Rheinfränkische:

im Mainzer Raum, Hessen-Darmstadt und Hessen-Nassau, in der
südlichen Rheinprovinz, in dt. Lothringen und im nördlichen
Elsaß;

nach Süden ist abzugrenzen:

das Südrheinfränkische (im nördlichen Württemberg und nördl.
Baden); es ist das Übergangsgebiet zum Alemannischen. In alt-
hochdeutscher Zeit gehörten die Klöster Weißenburg (Otfrid von
W.) und Murbach zum Südrhfr. (In der Mhd. Grammatik von
Paul/Moser/Schröbler wird es dem Oberdeutschen angegliedert.)

Zum Hessischen:

Das Hessische ist nach P. Wiesinger jedoch eher dem Mittelfränkischen zuzu-
rechnen. Es gliedere sich in das Zentralhessische (zwischen Main und Lahn,
Westerwald und Vogelsberg), das Osthessische (Gebiet der oberen Fulda von
Gersfeld bis Hersfeld) und das Nordhessische (nördl. vom Zentral- und Ost-
hessischen, Gebiet der Eder, Schwalm und unteren Fulda).
Nach Süden schließt sich das Rheinfränkische zwischen Neckar und Main an,
zu ihm gehören auch der Rheingau und das Taunusgebiet.

Das Ostmitteldeutsche

Zum Ostmitteldeutschen gehören:

a) das Thüringische,

es ist das ältere Ostmd.; sprachliche Zeugnisse aus ahd. Zeit
fehlen jedoch, nur das lat.-dt. Mischgedicht De Heinrico (gegen
1000) ist wohl im Nordthür. beheimatet. Das Thür. ist in West-,
Nord- und Ostthür. zu gliedern, die Ostgrenze bildet etwa die
Linie Altenburg–Halle.

b) das Obersächsische und das Erzgebirgische (Linie östl. von Gera);

α) Osterländisch (Gebiet der Pleiße)

β) Meißnisch (der größte Teil Sachsens)

γ) Erzgebirgisch, einschließlich der ehemals deutschsprechenden Teile im Gebiet der nordwestl. ČSSR.

c) das Lausitzisch-Schlesische.

b) und c) sind jüngeres Ostmd., die Überlieferung setzt erst im 14. Jh. ein, die Gebiete sind im Laufe der mhd. Zeit von Süden – daher auch die ehemals deutschsprechenden Teile im Gebiet der nordwestl. ČSSR –, Westen und Norden besiedelt worden.

Die räumliche Gliederung des deutschen Sprachgebietes in mittelhochdeutscher Zeit entspricht – abgesehen von einigen Verschiebungen und Differenzierungen – ungefähr den Dialekträumen der Gegenwart, s. die Karte.

5. Zur Überlieferung und Sprache der mittelhochdeutschen Denkmäler

Unsere Kenntnis der mittelhochdeutschen Sprache beruht bis zur Mitte des 13. Jhs. größtenteils auf der recht umfangreichen Überlieferung poetischer Werke. Zahlreiche Handschriften sind bis heute erhalten geblieben, und von manchen Dichtungen gibt es einige Dutzend Textzeugen, so von Wolframs Parzival 84 (17 vollständige Handschriften und 67 Fragmente), von seinem Willehalm etwa 70, vom Nibelungenlied 34, vom Iwein Hartmanns von Aue 28, von Gottfrieds Tristan über 20. Die Kudrun und Hartmanns Erek werden dagegen – abgesehen von wenigen Erek-Fragmenten – allein im sogenannten „Ambraser Heldenbuch" überliefert, das der Bozener Zollschreiber Hans Ried im Auftrage Kaiser Maximilians zwischen 1504 und 1515 geschrieben hat (es enthält noch eine Reihe anderer mhd. Werke). Trotz der z. T. sehr großen Zahl von Handschriften, die manchmal bis in die Lebenszeit der Dichter zurückreichen, gibt es jedoch keine Originalhandschrift von ihnen. Wir besitzen nur Abschriften, die vielfach 100 Jahre jünger sind als die Originale; so sind die zahlreichen Gedichte des Minnesangs erst durch die großen Sammelhandschriften des 14. Jhs. auf uns gekommen; am bekanntesten sind wohl die Manessische (Heidelberger) und die Weingartner Bilderhandschrift, die Würzburger Handschrift und die Jenaer Liederhandschrift mit ihren Melodien. Doch weichen die einzelnen Handschriften wieder in der Mundart – je nach dem Entstehungsort oder der Herkunft der Schreiber – voneinander ab, ganz abgesehen von der ohnehin nicht geregelten Orthographie. Aus den Reimen muß vielfach die Mundart und Sprache eines Dichters erschlossen werden, und wenn heute eine Dichtung der mhd. Zeit in einheitlicher Sprache und Orthographie im Druck erscheint, so ist einer solchen „normalisierten" oder textkritischen Ausgabe gewöhnlich eine mühselige Kleinarbeit des Herausgebers vorangegangen. Zum Teil weichen auch die Textfassungen in den verschiedenen Handschriften noch voneinander ab, und es ist keineswegs so, daß eine ältere Handschrift immer den besten Text überliefert. Die Reinigung und Herstellung eines Textes und die damit verbundene Mühe sind im Druck oft kaum mehr zu erkennen, allenfalls läßt sie der – oft nur klein gehaltene – Lesartenapparat noch ahnen. Im ganzen wissen wir über die Sprache um 1200 aber doch verhältnismäßig gut Bescheid, so daß z. B. das erst spät überlieferte Kudrunepos rückübersetzt werden konnte. Die Dichter der klassischen mittelhochdeutschen Zeit bemühten sich um eine Sprache, die möglichst frei war von mundartlichen Besonderheiten, so daß sie auch in anderen Landschaften verstanden werden konnten. Zentren literarischen Lebens waren der Babenberger Hof in Wien und der Thüringer Landgrafenhof in Eisenach. Hier trafen Dichter aus verschiedenen deutschen Sprachgebieten zusammen und trugen ihre Dichtungen vor. Der maasländisch-limburgisch sprechende Heinrich von Veldeke vollendete (oder schrieb z. T. neu) auf Bitten Hermanns auf der Neuenburg an der Unstrut die Eneide; aus dem Niederdeutschen stammte Albrecht von Halberstadt, der auf der Jechaburg wohl in Hermanns Auftrag Ovids Metamorphosen übersetzte; aus Hessen wurde Herbort von Fritzlar beauftragt, den Trojanerkrieg zu schreiben; Wolfram von Eschenbach verfaßte Teile des Parzival in Eisenach, die französische Vorlage zum Willehalm erhielt er von Hermann; vom Wiener Hof kam Walther von der Vogelweide nach Eisenach. Eine überlandschaftliche Literatursprache entstand, die auch höfische Dichtersprache genannt werden kann. Ihr Kennzeichen sind u. a. die reinen Reime, das Vermeiden alles Anstößigen und Derben und auch der altüberlieferten Ausdrücke und Begriffe für das Kriegswesen und das Waffenhandwerk (*recke, helt, degen, wigant, snel, vrech, vrevel*), statt dessen gibt es zahlreiche Entlehnungen aus dem Französischen und Niederländischen. Trotzdem sind in allen Werken noch etliche mundartliche Eigenheiten zu erkennen, und im Stil und in der Ausdrucksweise unterscheiden sich die Dichter ohnehin voneinander (am deutlichsten Wolfram und Gottfried).

Das Prosaschrifttum ist vor der Mitte des 13. Jhs. im Verhältnis zur Dichtung nur spärlich vertreten, dann aber werden auch die Urkunden immer häufiger in deutscher Sprache abgefaßt, andere juristische und vor allem zunächst geistliche Prosa kommt hinzu (Sachsenspiegel, Schwabenspiegel, Predigten, Schriften der Mystiker usw.), auch Fachprosa jeglicher Art (naturwissenschaftliche Schriften, Arznei-, Jagdbücher usw.), so daß die Mundarten mit ihren Eigenheiten allmählich immer schärfer – auch geographisch – voneinander abgehoben werden können. Viel Material ruht noch immer in den Hss. oder ist nur an versteckter Stelle veröffentlicht.

Betonung, Schreibung, Aussprache, Metrik

§ 1 Betonung im Wort

1. Im Germanischen

Im Germ. wird im Gegensatz zum Idg., wo jede Silbe den Ton tragen kann[1], die erste Silbe betont, es herrscht der Anfangsakzent[2]. Da die erste Silbe eines Wortes zumeist die Wurzelsilbe war, ist sie oft die einzige Silbe im Wort, die keiner Abschwächung unterlag. Dieser einen betonten Silbe ordnen sich alle anderen unter, soweit sie nicht – besonders in Zusammensetzungen – durch einen neuen Akzent gesichert werden. Die Festlegung des Akzents erfolgte nach dem Eintritt des Vernerschen Gesetzes, d. h. seit ca. 500 v. d. Ztr. (da das Umspringen des noch freien Akzents z. B. den Wechsel von sth. und stl. Reibelaut innerhalb der einzelnen Formen eines Wortes bewirkte). Die Anfangsbetonung, z. B. in *Úrlaub* gegenüber *erláuben*, *Úrsprung* gegen *erspríngen*, *Úrteil* gegen *ertéilen*, *Ántwort*[3] gegen *entságen*, zeigt, daß Nominalzusammensetzungen, da sie Präfixbetonung haben, älter sind als Verbalzusammensetzungen.

Dieser starke Anfangsakzent ist die eigentlich treibende Kraft bei der Entwicklung der germanischen, d. h. also auch der deutschen Vokale (Assimilationen der Vokale: Umlaut, Brechung usw., Verfall der Endsilben sind nur durch ihn zu erklären, s. 5.). Auf ihm beruht auch der Stabreimvers, in dem alle germanische Dichtung bis zur Übernahme des Endreimverses abgefaßt war.[4]

---

[1] Vgl. etwa lat. Róma, Romános, Romanórum, Romanorúmque oder griech. πάτερ (Voc.), πατήρ (Nom.), πατρός (Gen. mit Endbetonung und Schwund des Vokals zwischen τ und ϱ).

[2] Die Bezeichnung ‚Wurzel- oder Stammsilbenakzent' ist unkorrekt; denn der Akzent sprang nicht auf die Wurzel, sondern auf den Wortanfang, ohne Rücksicht darauf, ob er nun auf der Wurzel oder einem Präfix ruhte, nur fiel der Wortbeginn zumeist mit der Wurzel zusammen.

[3] Das Verb *antworten* ist erst von dem Substantiv abgeleitet und hat daher die Anfangsbetonung.

[4] Stabreim oder Alliteration, d. h. Anlautreim und damit Starkton auf der ersten Silbe eines Wortes, ist schon in den von Tacitus überlieferten Stammesnamen ‚Ingwäonen, Istwäonen, Erminonen' vorhanden wie auch im ersten erhaltenen germ. Langvers, der Runeninschrift auf dem goldenen Horn von Gallehus: ‚Ek Hlewagastir Holtijar horna tawido' (Ich, Liegast, der Holte, das Horn verfertigte).

2. Im Mittelhochdeutschen

Im Mhd. gilt folgende Betonung: Wörter ohne Vorsilben werden auf der ersten, d. h. der Wurzelsilbe betont, z. B. *lében, sámenen, sámnen*; dabei kann die Stark- oder Haupttonsilbe mit einem Akut ´ bezeichnet werden. Es gibt noch keine Tonverschiebung wie im Nhd., z. B. mhd. *lébendic*: nhd. *lebéndig, hórnisse : Hornísse, hólunder : Holúnder, wĕcholter : Wachólder, fórhel : Forélle.*

Fremdwörter und fremde Namen haben im Mhd. noch ihre ursprüngliche Betonung: *Abél, Adám, Davíd*, können aber auch die Anfangsbetonung erhalten: *María > Márja > Mérge* (St. Märgen); lat. *capélla >* mhd. *kapélle* wie im Lat. u. Nhd. oder > *kápelle* und entsprechende Ortsnamen wie *Kåpelle* bei Würzburg, lat. *fenéstra > vénster.*

Mehrsilbige Wörter können einen Nebenton (bezeichnet durch den Gravis `) erhalten; allgemein gilt, daß ihn schwere Ableitungssilben, z. B. *-ære, -haft, -heit, -inne, -în, -lîn, -lîch, -nisse, -sal, -unge* u. a., bekommen, z. B. *sámnùnge, vrǽlȉche, wáhtære, grúwesàm*, daher bleiben auch die vollen Vokale dieser Silben erhalten. Viersilbige Wörter haben immer einen Nebenakzent: *sámenùnge, vũegerìnne.*

Folgen der ersten, langen Silbe zwei Silben mit schwachem *e*, so richtet sich das Vorhandensein oder Fehlen des Nebenakzents nach dem Vers: *heilege, minnete* können als *héilegè* oder *héilege* oder *héilège, mínnetè* oder *mínnète* oder *mínnete* gelesen werden; *lébete* jedoch nur so oder *lébetè* (die zweite Silbe kann keinen Nebenakzent bekommen, wenn die erste kurz ist, daher auch nur: *lében*).

In zusammengesetzten Wörtern: Verbalpräfixe werden nicht betont, z. B. *erlében, gelébete, verlében, entpháhen*, also nicht: *be-, ge-, en-, ent-, er-, ver-, zer-, ze-. durch, hinder, under, umbe, wider*, z. B. *durchwáten, hindersétzen*, können lediglich einen Nebenakzent – und zwar nur bei Zweisilbigkeit – erhalten, der Hauptton liegt auf der Wurzelsilbe des Verbs. Trennbare Partikeln aber werden wie im Nhd. stärker als das Verb betont: *ich spriche zúo, vare dúrch, kêre úmbe, wirfe ábe* usw., daher auch: *zúosprèchen, dúrchvàrn* neben *durchvárn, úmbekèren, ábewèrfen* usw. Im Auftakt oder im Versinnern können jedoch auch diese Partikeln unbetont sein. Als Nominalpräfixe, z. B. *dúrchgànc, hindersǽʒe*, tragen alle Partikeln den Hauptton außer *be-, ge-* und *ver-*, da Zusammensetzungen mit ihnen aus Anlehnung an Verben hervorgegangen sind. Schwierigkeiten ergeben sich allenfalls, wenn Unsicherheit besteht, ob z. B. Substantive aus Verben herzuleiten sind oder nicht, z. B. *ervárunge* zu *ervárn*. Im allgemeinen kann in Zusammensetzungen wie im Nhd. betont werden, d. h., der erste Bestandteil trägt den Haupt-, der zweite den Nebenton: *hántwèrc, hóubetstàt, hóvegerìhte, júncvròuwe, ríngelblùome, síbenzèhen* usw.

3. Synkope und Apokope

Synkope ist die Zusammenziehung einer unbetonten Silbe mit /e/-Schwund, z. B. *wagenes* > *wagens, sprichet* > *spricht, marketes* > *marktes*. Apokope ist die Abstoßung eines /e/ im Auslaut, z. B. *unde* > *und, dëme* > *dëm*.

a) Nach /r/ und /l/, wenn sie kurzem, betontem Vokal folgen, sind beide Erscheinungen im Mhd. regelmäßig anzutreffen,

z. B. *stëlen* > *stëln* ,stehlen', *stile* > *stil, stilst, stilt*, 3. Pl. *stëlnt*; *nern, ner(e), nerst, nert, nern* usw., aber: *teile, teilest*; *hœre, hœrest*; *zil* ,Ziel' (= N. D. A. Sg., N. G. A. Pl.), *zils* (= G. Sg.), *ziln* (= D. Pl.); *spër, spërs, spërn* (= D. Pl.), aber: *tac, tages, tage, tagen* (= D. Pl.); auch nach den Ableitungssilben auf *-el, -er, -en* und auch auf *-em*: *ahsel, ahseln*; *zwîvelen* > *zwîveln*; *sûber, sûberes* > *sûbers*; *heidene* > *heiden, heidenen* (= D. Pl.) > *heiden(e)n* > *heiden*; *Hagenen* > *Hagen*; *âteme* > *âtem*.

Verbreitung: am weitesten, bes. im Alem. u. Rhfr., nicht im Ostmd. und nicht im Rip.; im Mittel- u. Nordbair. nur z. T.

b) Nach /n/ und /m/, wenn sie kurzem, betontem Vokal folgen, kommen Synkope und Apokope ebenfalls vor,

z. B. *hane* > *han, swane* > *swan, name* > *nam*; *wone* > *won* ,wohne', *wonst, wont*; *nime* ,ich nehme' > *nim, nimst, nimt*, 3. Pl. *nëment* > *nëmnt* > *nëmt*, bes. in der 3. Sg. Konj. *nëm(e), scham(e)*.

Verbreitung: nicht so weit wie a), schon im Bair. begrenzter.

c) Apokope bei Präpos., Konjunktionen, Adverbien, Pronomen u. a. in pro- oder enklitischer Stellung, z. B. *ab(e), an(e), von(e), mit(e), ob(e), als(e), alsam(e), dann(e), wand(e)* ,denn, weil', *wande ne* > *wann(e)* ,warum nicht', *dënn(e), im(e), dëm(e), wëm(e), hin(e), dan(e)* ,von dort'; ferner in: *hërr(e), vrou(w)(e)* (s. § 2).

d) **Synkope**

α) in den Präfixen: *ge* > *g, be* > *b, ver* > *vr, v, ze* > *z*, z. B. *genôȝ* > *gnôȝ, g(e)nâde, g(e)loube, g(e)lîch, geëren* > *gêren, gëȝȝen* ,gegessen' (stets so), *g(e)lücke, g(e)wan* usw.; *b(e)lîben* ,bleiben', *b(e)langen*; in *erbarmen* < *erbearmen, erbünnen* ,mißgönnen' (zu *unnen* ,gönnen'), *bange* < *be ange* (zu ,eng') ist der /e/-Schwund fest; *v(e)rëȝȝen, verliesen* > *vliesen, vlust*; *zuo êren* > *ze êren* > *zêren*;

β) ferner im unbest. Artikel und in Pronomen: *ein(e)s, einem* > *eim, einen* > *ein, ein(e)ȝ* ebenso *mîn(e)s, dîn(e)ȝ, mînem* > *mîm, iuwer* > *iur, iuweres* > *iurs*;

γ) bei Hilfsverben in unbetonter Stellung: *wâren* > *wârn, worden* > *worn* (Assimilation von /d/ an /n/), *wirdet* > *wirt, wirdest* > *wirst*.

Verbreitung: In den pro- und enklitischen Wörtern ist der *e*-Schwund in allen Mundarten zu finden. Im Obd. wird das *ge*- z. T. völlig assimiliert: *gebirge* > *gbirge* > *birge, gangen* = *gegangen, gekrænet* > *krænet*;

δ) Synkope in dreisilbigen Wörtern nach langer Tonsilbe, wobei die Mittelsilbe unbetont bleibt ×́ × ×̆ > ´⏜ ×̆ : ahd. *gibârida* > mhd. *gebærde*, ebenso *sâlida* > *sælde* ‚Güte, Glück, Heil‘, *ziarida* > *zierde, hêriro* > *hêrere* > *hêrre* > *herr, hêrisôn* > *hêrsen* ‚herrschen‘, *minniro* > *minn(e)re* > *minre, tiuriro* > *tiurre, mihhilemo* > *michelme* > *michelm, morgana* > *morg(e)ne* > *morne, frewida* > *vrewede* > *vreude, gimeinida* > *gemeinde, grôʒisto* > *græste, scônisto* > *schœn(e)ste*. Aus manchen dreisilbigen Formen ist die Synkope auch in den zweisilbigen Nom. gedrungen, z. B. ahd. *dionôst*, Gen. *dionôstes* > mhd. *dienest, dien(e)stes*, dann *dienst*; ebenso *houbetes* > *houptes*, dann *houpt* statt *houbet; marketes* > *marktes*, dann *market* > *markt*; ahd. *ambahti* > *ambet*, Gen. *ambetes* > *amptes*, dann Nom. *ampt* (/mb/ > /mp/ vor /t/, dann völlige Assim. > /m/: nhd. *Amt*);

ε) Synkope beim Suffix ahd. -*isk*, mhd. -*esch*: ahd. *mannisco* > *menn(e)-sche* > *mensch(e), tiutisco* > *tiutesche* > *tiutsch* > *tiusch*;

ζ) nach Dental, bes. bei der Verbalendung -*et*: *wartete* > *wartte* > *warte, kleidete* > *kleidte* > *kleitte* > *kleite, brætet* > ʼ*bræt, rætet* > *ræt, schiltet* >*schilt, giltet* > *gilt*. Systemzwang hat aber auch volle Formen erhalten, z. B. *strîtet, biutet* = *streitet, bietet* neben älterem *beut*. Im Alem. tritt die Synkope auch nach kurzem Wurzelvokal ein: *bestatet* > *bestat, badet* > *bat*;

η) nach /h/ bzw. /χ/ = ⟨h⟩, bes. bei -*est*, -*et*: *sëhen*, aber *du sih(e)st, ër sih(e)t, siht* < ahd. *sihis, sihit*;

ϑ) Synkope und Apokope gibt es auch nach zwei langen Silben ´⏜ ´⏜ ▫: z. B. *boumgarte* > *boumgart, âbendes* > *âbents, wunderete* > *wundert(e), Gâweines* > *Gâweins, guldînen* > *guldîn, eschînen* > *eschîn*.

e) Fugenvokale blieben im allgemeinen nach kurzer Wurzelsilbe erhalten, z. B. *bëtehûs, tagelôn, tagestërn, boteschaft, hoveman, meregrieʒ, türewarte*. Im Mhd. wird nach /r/ und /l/ aber auch synkopiert und auch nach /t/: *bot(e)schaft*. In einigen Fällen bleibt /e/ jedoch nach langer Silbe erhalten: *briutegam* (aber *brûtlouft*), *nahtegal*. Im Md. bleiben auch hier die unsynkopierten Formen erhalten, dagegen sind die synkopierten im Obd., bes. im Bair., häufig zu finden.

4. Elision

Elision ist der /e/-Schwund vor vokalischem Anlaut, um das Zusammentreffen zweier Vokale (= Hiatus) zu vermeiden, z. B. „*dâhtę ér und brâhtę in áber vól* ..."[5], oder „*dô sprách er: vróuwę ánę âllen vâr* ..."[6]. Das e wird zwar geschrieben, aber nicht gesprochen, daher ist in den kritischen Ausgaben meist ein Punkt daruntergesetzt.[7] Für das richtige Lesen mhd. Verse ist die Elision wichtig, in den Handschriften aber ist sie nicht bezeichnet, es sei denn, das e ist apokopiert. Für die einzelnen Dichter fehlt es hierüber – wie auch über die Syn- und Apokopierung – vielfach noch an Untersuchungen (fast jede Ausgabe weicht von der anderen ab). Ausnahmen von der Elision gibt es öfter. Es sollte nicht elidiert werden, wenn das e in der einzigen zum Takte gehörenden Senkung steht und dadurch eine – vielleicht inhaltlich gar nicht berechtigte – beschwerte Hebung zustande käme, z. B. „*die stíeȝ er álle áne sích*"[8], wie der Stricker überhaupt den Hiatus von Senkung zu Hebung nicht vermeidet, häufig: *dréute ér, gúote únd* usw. Bei kurzer Tonsilbe ist ohnehin keine Elision anzusetzen: *ábe ír* usw.

5. /e/-Schwund als Folge des germ. Anfangsakzents

Auch der /e/-Schwund ist eine Folge des germanischen Anfangsakzents oder vielmehr seiner Weiterwirkung im Mhd. und im Nhd. Im Germ. waren durch ihn schon die aus dem Idg. ererbten Endsilben geschwunden oder verkürzt (germanische Auslautgesetze). Im Ahd. sind jedoch noch die vollen Mittel- und Endsilbenvokale erhalten, die im Germ. als neue Endsilben oder als Kürzungsprodukte idg. Längen entstanden waren, z. B. Gen. Pl. idg. *$lombh$-es-$ōm$ > germ. *$lambirō^n$ > ahd. *lembiro* (im Germ. Vern. Gesetz und Auslautgesetz, im Ahd. Umlaut und Verkürzung der Endung). Am Ende der ahd. Zeit werden die Mittel- und die Endsilbe weiter abgeschwächt > *lembere*, und im Mhd. wird das auslautende /e/ ganz abgestoßen (Apokope) > *lember*, außerdem tritt Assimilation ein > *lemmer* = nhd. *der Lämmer* (im Dat. Pl. im Mhd. desgl. die Synkopierung von ahd. *lembirum* > *lemberen* > mhd. *lembern* > *lemmern*). Diese Entwicklung geht auch zum Nhd. hin und im Nhd. selbst weiter. So sind die Syn- und Apokope vielfach erst im Nhd. eingetreten, z. B. bei mhd. *abbet, ambet, arzât, houbet, market, voget, hemede, herbest, obeȝ, gelücke, schœne, vischære*; jetzt sind beide Formen möglich, z. B. bei *Tage* oder *Tag*, *Tages* oder *Tags*, *nähmest* oder *nähmst*. Die einzelnen Mundarten syn- und apokopieren sehr unterschiedlich. Die Apokope ist im Ausgangsgebiet, im Bair., am stärksten; sie breitet sich nach Westen zum Schwäb. und nach Norden zum Ostfr. aus, da-

---

[5] Willehalm, 190, 4.
[6] Ebd. 293, 16.
[7] Mitunter fällt bei zwei aufeinanderstoßenden Vokalen der anlautende weg (Synaloephe), das ist bes. im Ahd. bei Otfrid der Fall, aber auch im Mhd. zu finden, z. B. *nust* statt *nu ist* (vgl. Krasis § 2,1).
[8] Stricker, Rabe mit den Pfauenfedern V. 5; zur beschwerten Hebung s. auch § 4.

nach weiter zum Alem. und zum Rhfr. Im übrigen ist das Md. – bes.
das Ostmd., das Thür. und das Obersächsische – kaum beteiligt, weil
alle Silben ungefähr mit gleicher Tonstärke, nur mit anderem Klang ge-
sprochen werden. Daraus erklärt sich auch, daß im Nhd. manche mhd.
Apo- oder Synkopierung nicht vorhanden ist.
Synkope, Apokope und Elision werden im Mhd. besonders durch den
alternierenden Rhythmus des Verses begünstigt. Dadurch wird manches *e*
verschluckt, das in der Prosa – und damit in der gesprochenen Sprache –
noch vorhanden war. Hier ist für jeden Dichter festzustellen, wie weit er
im Ausstoßen des unbetonten *e* geht.

§ 2   Betonung im Satz, Proklise und Enklise

Wie sich innerhalb eines Wortes die Silben und Laute dem Haupt- und
auch dem Nebenakzent unterordnen, indem sie abgeschwächt, syn- oder
apokopiert werden[9], so geschieht ähnliches mit den unbetonten Wörtern
innerhalb eines Satzes: Betonte Wörter und Silben werden deutlicher und
vollständiger ausgesprochen als unbetonte. In vielfacher Art können sie
abgeschliffen, verkürzt, untereinander oder mit dem folgenden oder voran-
gehenden betonten Wort verschmolzen werden; Assimilationen und Vokal-
umfärbungen (bes. Umlaut) können dabei auftreten. Die mhd. Dichter
machen sich diese Erscheinung zunutze, um einen möglichst gleichmäßigen
Versrhythmus zu erzielen.[10] Ihrer Stellung entsprechend sind Präpositionen
und Artikel oft der folgenden Tonsilbe untergeordnet (sie sind proklitisch,
d. h. sich vorwärts lehnend), Pronomina oft der vorangehenden (sie sind
enklitisch, d. h. sich von hinten anlehnend). So werden auch die gewöhn-
lich betonten *hĕrre* und *vróuwe* in der Proklise zu *her* und *vrou: her Gâwân,
vrou Jeschúte. ё*ʒ verbindet sich in der Enklise mit dem vorangehenden
Wort: *lóbeten ёʒ* > *lóbetenʒ* und noch weiter > *lóptenʒ* usw.

1. Veränderungen des Artikels: *daʒ* > *deʒ* > *eʒ* > /ʒ/: *anʒ, durchʒ,
hinderʒ, inʒ, überʒ, ûfʒ, umbeʒ, underʒ*; da auch *ёʒ* (Personalpron. der
3. Pers.) zu /ʒ/ verkürzt wird, ist zu beachten, ob z. B. *lâtʒ* < *lât daʒ*
oder *lât ёʒ* kontrahiert ist. *daʒ* + *im, ist, ich, ir* (auch < *ёr*) ergibt oft
Umlaut von /a/ > /e/, z. B. *daʒ ist* > *deʒ ist* > *deʒ(e)st* > *dêst, deis(t)*,
häufig *de(i)swâr*, doch kann *daʒ ist* auch *dâst* ergeben. *daʒ ich* > *deich*,

---

[9] Vgl. zu dem Folgenden auch den Abschnitt über Synkope u. Apokope § 1, 3.
[10] Vgl. die Bemerkungen zum mhd. Reimpaarvers. Daß auch um des Verses willen
sprachwidrige Kontraktionen vorkommen, ist dabei nicht ausgeschlossen, wie anderer-
seits die Überlieferung oft kaum erkennen läßt, wie weit die Dichter in der Abschlei-
fung, in Kontraktionen usw. wirklich gegangen sind.

daȝ ir > *deir, daȝ ëȝ* > *deiȝ,* diese Verschmelzung zweier Wörter heißt Krasis[11] (= Mischung). Hierher gehören auch: *dër + ist* > *dërst, ër + ist* > *ërst, ëȝ + ist* > *eist* oder *ëst, nu + ist* > *nust. dës* > |s|: *smorgens, sâbents, sküneges,* auch *ûȝs* < *ûȝ dës.*

dëme mit vorangehender Präposition: *in dëme* > *ineme* > *inme* (dann Assimilation von *n* an *m*) > *imme* > *im(e)*; ebenso *an, von dëme* > *amme* > *am, vomme* > *vom*; *bî, ze, mit, vor, über, ûf, under, ûȝ dëme* > *bîm(e), zem, mittem, vorm(e), überm, ûf(e)m, underm, ûȝ(e)m;*
desgl. *dën: übern, ûfen, zen; ze dër* > *zer;*
diu, die > |d|: *dandern, dougen, dërde, dêrsten.*

2. Pronomina: Sie werden oft in der Enklise mit dem vorangehenden Wort verbunden und bilden z. T. mit diesem ein neues Reimwort, z. B. *tohter : mohter* < *mohte ër, vater : bater* < *bat ër, Schiônâtulander : vander, gastes : hastes* < *hast ës, hirȝ : mirȝ, sun : dun* < *du in.* Sehr oft wird *ëȝ* > |ȝ|: *ichȝ, wirȝ, mirȝ, ërȝ, irȝ, binȝ, bistuȝ, wæreȝ, seiteȝ, lântȝ, mohtenȝ, wanderȝ* < *wande ër ëȝ* usw.; ferner: *ichn* < *ich in. mirn, dirn, irn; ichm* < *ich im; mohtens* < *mohten sie, tâtens, dôs, alss* < *als sie, siu, mans; dû* > *de, te* (in der Enklise nach stl. Konsonanz) > |d, t|: ahd. *du nimis,* dann mit nachgestelltem *du: nimis du* > *nimis-tu* > *nimiste* (durch Abschwächung von |u| > |e|, dann Apokope und |i| > |e| im Mhd.:) > *nimest* (aus dem nachgestellten *du* ist also das |t| in der 2. Sg. entstanden; noch im Nhd. wird nachgestelltes *du* abgeschwächt: *bist du* > *biste, daß du* > *daste, weißt du* > *weiste*).

3. Die Negationspartikel *en*: ahd. *ni* kann schon im Ahd. *zu* |n| werden: *nalles* ‚durchaus nicht‘, mhd. *nist = ni ist.* Im Mhd. abgeschwächt zu *ne,* dann auch *n,* das silbisch wird und |e| vor sich entwickelt: *en,* z. B. *ër ne weiȝ* > *ër n weiȝ* > *ër enweiȝ*; sehr oft wird *ne (en)* auch ohne |e| mit dem vorangehenden Wort verbunden: *ichn, ërn.*

4. In der Proklise können auch volle Vokale zu |e| abgeschwächt werden:
a) *zuo* als betonte Form wird *ze* oder |z| (schon im Ahd. stehen *zuo* und *za, zi* nebeneinander);
b) *bi* > *be,* z. B. *bidiu* > *bediu* ‚deshalb‘, *behanden* ‚sogleich‘, *behende* ‚geschickt, passend‘, *benamen* ‚wirklich‘, *bezîte* ‚beizeiten‘;
c) *ein* > *en: ein wiht* > *enwiht* ‚ein kleines, unbedeutendes Wesen‘ = nichts (in der Bedeutung gleich: *en-*(< *ne*)*wiht*);
d) *in* > *en*: ahd. *in bor* ‚in die Höhe‘ > mhd. *enbor* > *empor,* ahd. *ingagani* > mhd. *engegene* > *entgegen,* ferner z. B. *enbinne* ‚binnen‘,

---

[11] Nach der griech. Grammatik ist Krasis die Kontraktion eines auslautenden Vokals mit einem anlautenden des nächsten Wortes, z. B. τὰ ἄλλα > τἄλλα.

endanc (z. B. *mir ist endanc = in danc* ‚ich begnüge mich damit‘),
endriu ‚in drei Teile‘, *enein* ‚eins, zusammen‘, *enbîȝen* (aber: *inbîȝ*)
‚essen‘, *enmitten, enzwischen* ‚zwischen zweien‘, *in-zwei > enzwei >
entzwei, enzît* ‚sogleich‘, *entriuwen* ‚in Wahrheit‘ (> *traun*), *envollen*
‚völlig‘;
  e) *mit > met* oder auch *bet*: *mitalle > met-(bet-)alle* ‚durchaus, gänz-
  lich‘.

§ 3   Schreibung und Aussprache

Schreibung. Die Wiedergabe deutscher Laute durch das lateinische
Alphabet hatte schon den Mönchen in althochdeutscher Zeit große Schwie-
rigkeiten bereitet. Einige Buchstaben waren überflüssig: *x, y* und *c, c*
stand neben *k* und *z*, und man wußte mit ihnen nichts anzufangen; schlim-
mer aber war das Fehlen von lateinischen Buchstaben für etliche deutsche
Laute, für die Halbvokale, Umlaute, Affrikaten u. a. Regeln gab es nicht,
und so bemühte sich jede Schreibstätte auf ihre Weise mehr oder weniger
erfolgreich um die Wiedergabe der deutschen Laute. Nicht nur in der
Mundart, sondern auch in der Orthographie unterscheidet sich nahezu
jedes althochdeutsche Denkmal vom anderen, ja sogar innerhalb eines
Textes sind oft genug Schreibvarianten vorhanden..
Auch in der mittelhochdeutschen Zeit hatte sich an diesen Schwierigkeiten
kaum etwas geändert. Die Kunst des Schreibens aber war nicht mehr auf
Klosterinsassen beschränkt, sondern sie wurde in ständig zunehmendem
Maße auf Grund der veränderten ökonomischen Verhältnisse in den Städten,
in Kanzleien, an den Fürstenhöfen usw. ausgeübt. Doch auch dort, wo sich
gewisse Regelmäßigkeiten in der Schrift herausgebildet hatten, wurden
sie immer wieder durchbrochen. Die Schreibung und Sprache unserer
klassischen mittelhochdeutschen Dichter zu erkennen wird vor allem da-
durch erschwert, daß ihre Werke fast nur in jüngeren Abschriften über-
liefert sind.
Allein schon bei der Wiedergabe der *e*-Laute und des Umlauts herrscht
in mhd. Handschriften größte Willkür. So wird der Umlaut von /a/ > /e/
z. T. gar nicht bezeichnet oder als ⟨e, ẹ, ei, ä, å⟩ angegeben, der des /ā/ > /æ/
als ⟨æ, œ, ê, e⟩. Auch der Umlaut von /uo/ > /üe/ zeigt in der Schrift
große Unterschiede, überhaupt wird oft zwischen /u, ü, uo, üe, iu/ nicht
unterschieden, sogar /ou/ und /öu/ können damit zusammenfallen. Einen
Rest des übergeschriebenen *e* als Umlautbezeichnung (*á, ó, ú*) haben wir
noch in den beiden Punkten in *ä, ö, ü*, die von Lachmann konsequent
für die Wiedergabe kurzer umgelauteter Vokale eingesetzt wurden. Längen
und Kürzen sind in den Hss. nicht unterschieden; in den normalisierten
Texten sind Zirkumflexe als Längenzeichen von den Herausgebern gesetzt.

Noch im 16. Jh. wechseln ⟨u⟩ und ⟨v⟩ miteinander: *und/vnd* (⟨v⟩ war ursprünglich nur eine graphische Variante von ⟨u⟩), aber schon im Lat. hatte /v/ auch konsonantische Funktion übernommen; es konnte im Dt. also für den *f*-Laut eintreten, und zwar war /v/ im Spätlateinischen wohl durch keltischen Einfluß auch stimmlos geworden. Sehr gut hätten nun ⟨u⟩ für den Vokal, ⟨v⟩ für das germ. /f/, ⟨f⟩ für den bei der 2. LV entstandenen stl. Reibelaut verwendet werden können, aber diese Regelung gab es im Ahd. nicht und im Mhd. nur z. T. Hier gibt es eine nach der Stellung geregelte Verteilung von ⟨v⟩ und ⟨f⟩: ⟨f⟩ steht im Auslaut und auch für /f/ < /p/: *hof*, aber *hoves*, *slâfen* < *slâpan*, und vor *r, l, u, ü, iu, ou, üe* steht ⟨f⟩ neben ⟨v⟩ (*dürfen* aber immer mit ⟨f⟩). Noch heute stehen *Vater* und *fahren* nebeneinander, ohne daß die Aussprache verändert wäre. Für den Halbvokal /u̯/ (unser /w/) schrieb man im Ahd. ⟨uu⟩ (daher double u im Engl.), ⟨uv, vu, vv⟩ und auch, um den vokalischen Einsatz anzugeben, ⟨ouu, ou, ov⟩ u. ä. (so kann dann aus *Baiwaren* ‚Baiern‘ das falsche *Bajovaren* werden!), und noch in mhd. Zeit wird häufig statt ⟨uw⟩ nur ⟨w⟩ geschrieben: *vrowe* = *vrouwe, niwe* = *niuwe*.

Auch ⟨i⟩ muß für den Halbvokal /j/ eintreten, und beide wurden in mhd. Hss. nicht voneinander getrennt (⟨j⟩ ist nur am Silbenende oder -anfang verlängertes ⟨i⟩); erst mit dem ausgehenden 16. Jh. wird es zum Konsonantenzeichen.

Bei den Konsonanten werden der *ich*- und der *ach*-Laut in der Schrift nicht unterschieden. ⟨z⟩ hat doppelte Bedeutung: /ts/ oder stl. /s/ ⟨ß, ss⟩, in den Hss. ist kein Unterschied festzustellen; erst im Spätmhd. wird die Affrikata häufig mit ⟨cz, zc, tz, zz⟩ und ⟨c⟩ bezeichnet. ⟨g⟩ kann auch für den Reibelaut /ch/ und für /j/ stehen usw. Konsonantenhäufungen sind vor allem in späterer Zeit (15. Jh.) beliebt, als die Schreiber nach den Zeilen bezahlt wurden, also: *auff, vnndt* usw.

Aussprache: (I. enthält, was unbedingt für die Aussprache des Mhd. zu beachten ist – und zwar schon beim Lesen der ersten mhd. Verse; II., was beim Eindringen in die Grammatik nach und nach beachtet werden möchte und bei weiterer Beschäftigung mit dem Mhd. noch behandelt wird.)

I. 1) Kurze und lange Vokale sind deutlich voneinander zu trennen:

  kurz zu sprechen sind /a, e, i, o, u/ und /ä, ö, ü/
  (Umlaute von /a, o, u/),
  lang zu sprechen sind /ā, ē, ī, ō, ū/ und /æ, œ, iu/ = langes /ü/
  (Umlaute von /ā, ō, ū/iu/)
  ferner /ei, ou, ie, uo, üe, öu/eu/ (die Diphthonge).

  Eine Verwechslung der kurzen und langen Vokale ist also ausgeschlossen, da die lang zu sprechenden Vokale durch die Zirkumflexe oder durch die Ligatur von den kurzen abgehoben sind; bei den Diphthongen haben wir zwei Vokalklänge, und sie sind schon dadurch als lang zu erkennen.

Zum Beispiel: *jagen, lëben, mir, loben, tugent*: alle Vokale sind kurz, nicht wie im Nhd. lang zu sprechen, also /a/ wie in *Jacke*, /i/ wie in *Geschirr*, /u/ wie in Mutter usw. (zu den *e*-Lauten s. II., 1); *trähene* ‚Träne‘, *öl, künec* ‚König‘: /ä, ö, ü/ sind ebenfalls kurz (in diesen Beispielen im Gegensatz zum Nhd.); *hôchzît, dâhte, hûs* (/ô, î, â, û/ lang), im Nhd. *Hochzeit, dachte, Haus*; *gebærde, hæher, hiuser* sind ebenfalls lang. Besonders zu beachten ist das *iu*, es ist in jedem Fall wie ein langes /ü/ zu sprechen (nicht wie im Ahd. *i-u*[12]).

Die mhd. Diphthonge /ie, uo, üe/ sind mit dem Ton auf dem ersten Vokal zu sprechen, der zweite ist schwächer hinzuzufügen, also nicht wie im Nhd. *ie* als *î* lesen, sondern *í-e* (*bi-eten*), *ú-o* (*hu-on* ‚Huhn‘), *ǘ-e* (*mǘ-eʒen*, nhd. *müssen*); *ei, ou, öu* s. II., 2.

2) Bei der Aussprache der Konsonanten sind vor allem *h* und *z* zu beachten.

a) *h* ist niemals Dehnungszeichen wie im Nhd., sondern im Silbenanlaut Hauchlaut: *stahel* (beide Silben müssen deutlich gehört werden: *stá-həl*, nicht wie im Nhd.: *Stahl*). Im Auslaut dagegen und in der Verbindung /ht, hs/ ist *h* Reibelaut, mhd. *sah* (von *sëhen*, in Drucken meist *ch*) darf also nicht wie im Nhd. mit stummem *h* gesprochen werden: [sa:], sondern wie *ach* in *Dach*, ebenso /ht/ in mhd. *lieht* (= *li-echt*, nhd. *Licht*), /hs/ in mhd. *wahsen* (= *wachsen*, im Nhd. dann wie /ks/).

b) ⟨z⟩ kann sowohl als Affrikata (= /ts/, nhd. ⟨z⟩ und ⟨tz⟩) als auch als stimmloser Reibelaut (= stl. /s/, nhd. ⟨ß⟩ oder ⟨ss⟩) gesprochen werden. Manchmal wird für das stl. /s/ ein geschwänztes *z*: ʒ gedruckt, bes. in Grammatiken. Welcher Laut gemeint ist, ist jedoch leicht vom Nhd. her zu erkennen. Im Anlaut ist ⟨z⟩ stets als Affrikata zu sprechen: *zuo, zan* ‚Zahn‘ (im Inlaut wird z. T., bes. nach kurzem Vokal, auch *tz* geschrieben: *katze*), aber *wazzer = waʒʒer, daz = daʒ*, Erklärung durch die 2. LV (/z/, bzw. /ʒ, ʒ/ < germ. /t/, s. § 60). In den Hss. ist meist kein Unterschied vorhanden, erst im Spätmhd. wird die Affrikata häufig mit ⟨cz, zc, tz⟩ und auch mit ⟨c⟩ bezeichnet.

---

[12] Zur Diphthongierung von /î, û, iu/ s. § 27; in mhd. /iu/ (= /ü/) fallen drei Laute zusammen: 1. der Umlaut des langen /û/ (*hûs – hiuser* < *hiusir* ‚Häuser‘), 2. /iu/ < germ. /eu/, z. B. *fliuge*, und 3. der Umlaut von /iu/ (< germ. /eu/), etwa in ahd. *diutisc* > mhd. *tiutsch* (= deutsch im Nhd.), s. § 23, 3.

II. 1) Im Mhd. sind 6 verschiedene e-Laute zu unterscheiden:

a) /ẹ/ (in den Grammatiken ë) = germ. /ĕ/ < idg. /e/ oder /i/ (s. § 23,1): *ëȝȝen*, *lësen* oder aus /i/: *nëst* (< idg. **nizdos*). Es ist ein kurzes, aber offenes /e/. (Im Obd. war dieses /ë/ jedoch nur vor /l, r, h/ offen, daher in dieser Stellung Zusammenfall mit /ē/, sonst ist /ë/ im Obd. geschlossen wie /e/ [= Primärumlaut].)

b) /ē/ = kontrahiert im Ahd. aus germ. /ai/ vor /r, h, w/ (*sêle* = got. *saiwala*, s. § 25). Es ist im Obd. ein langes, offenes /e/, in der Qualität entspricht es dem /ë/; im Md. ist es jedoch geschlossen. Die folgenden drei e-Laute sind durch Umlaut aus /a/ oder /ā/ entstanden (s. § 24).

c) /e/ = Primärumlaut; schon im 8. Jh. wurde kurzes /a/ zu /e/ umgelautet: *gast* : *gesti* > mhd. *geste*. Es steht dem /i/ nahe, daher kurz und geschlossen.

d) /ä/ = Sekundärumlaut; in bestimmten Stellungen war der Umlaut im Ahd. noch nicht eingetreten, erst im Mhd. ist das der Fall: ahd. *mahtig* > mhd. *mähtec*. /ä/ ist im Obd. kurz und sehr offen, im Md. dagegen nicht so offen wie im Obd., daher Zusammenfall mit /ë/.

e) /æ/ ist im Mhd. aus langem /ā/ umgelautet: *gebærde* (< ahd. *gibârida*, s. § 24,3) – ein langer, sehr offener Laut im Obd. Im Md. ist /æ/ nicht so offen wie im Obd., daher ist hier ein Reim mit /ä/ und /ë/ möglich.

f) /e/ in unbetonter Silbe; es wird mit schwächerem Stimmton gesprochen [ə]. Im Md. ist dieses /e/ jedoch vielfach zu /i/ gehoben (Kennzeichen des Md.), so besonders in den im Ahd. noch vollen, im Mhd. aber abgeschwächten Endungen, z. B. ahd. *lobôn*, mhd. *loben*, md. *lobin*.

Eine genaue Trennung der ersten fünf e-Laute gab es im Mhd. jedoch nur im Ostschwäbischen und im Bairischen; sonst sind die kurzen und die langen e-Laute schon früh zusammengefallen. Die nhd. Aussprache weicht nun erheblich von der mhd. ab: heute wird nicht mehr nach der Herkunft unterschieden, sondern die kurzen e-Laute werden jetzt offen gesprochen: *Bett*, *Eltern*, ebenso das kurze und das lange /ä/ (*Gäste*, *nähme*), das lange /ē/ dagegen geschlossen: *Schnee*.

2) Die mhd. Diphthonge /ei, ou, öu/eu/ sind nicht wie nhd. /ei, au, öu/ zu sprechen, sondern mit stärkerer Hervorhebung des ersten Bestandteils, also *e* mit *i*-Nachklang: *e^i*, *o* mit *u*- bzw. *ö* mit *ü*-Nachklang: *o^u*, *ö^ü*.

3) ⟨f⟩ und ⟨v⟩ sind im Mhd. verschieden zu sprechen: *f* = stl., *v* = sth. Reibelaut. ⟨f⟩ steht besonders im Auslaut, in den Verbindungen /ft/,

/fs/ und für den aus der 2. LV aus /p/ hervorgegangenen stl. Reibe-
laut /f/ oder /ff/ (hier niemals durch ⟨v⟩ wiedergegeben). Im 13. Jh.
wird /f/ zur stl. Lenis. Im Anlaut und intervokalisch wird ⟨v⟩ ge-
schrieben, doch kann vor *u, ü, iu, üe, ou* und vor *l* und *r* auch ⟨f⟩
stehen, es ist dann wie /v/ zu sprechen. Beispiele: *slâfen* (/f/ < /p/, stl.):
brief, aber *brieves*; *varn, visch,* aber *funden, frouwe* neben ⟨v⟩.

4) ⟨pf⟩ und ⟨ph⟩ haben als Affrikata den gleichen Lautwert. Vereinzelt
steht ⟨ph⟩ auch für /f/, bes. vor /t/. Die ältere Schreibung ist ⟨ph⟩,
im 13. Jh. überwiegt ⟨pf⟩. Zwischen Vokalen erscheinen auch ⟨ppf⟩
und ⟨pph⟩. Im Md. kann ⟨ph⟩ auch aspiriertes /p/ meinen.

5) /w/ ist bilabial (= engl. *w*) zu sprechen. Im Laufe des 13. Jhs. wird
es zum labiodentalen Laut = sth. /v/, während /v/ stl. (> /f/) wurde.
⟨w⟩ ist aus den ahd. und mhd. Schreibungen ⟨vv, vu, uv, uu⟩ hervor-
gegangen, die auch in mhd. Hss. noch neben ⟨w⟩ vorkommen; auch
einfaches ⟨u⟩ und ⟨v⟩ wird – bes. im Md. – für /w/ geschrieben,
vor allem nach Konsonanten: *suern* = *swern* ‚schwören‘. In den Hss.
steht statt ⟨uw⟩ vielfach nur ⟨w⟩, z. B. *vrowe* = *vrouwe, niwe* =
niuwe; auch für ⟨wu⟩ kann ⟨w⟩ stehen: *wnne* = *wunne, wrden* = *wur-
den.* Andere Zeichen für ⟨wu⟩ sind: ⟨w̌, ẘ, ẅ⟩ (zur Wiedergabe im
Ahd. s. o. Schreibung).

6) /s/ ist *sch*-ähnlich zu sprechen, aber sonst stimmhaft oder stimmlos
wie im Nhd. Im 13. Jh. wurde /s/ sth. oder stl., und zwar sth. vor
Vokal (im Südd. auch vor /l, m, n, w/) und nach /l, m, n, r/: *hülse,
amsel, insel, verse*; stimmlos in stimmloser Umgebung: im Silben-
und Wortauslaut, in den Verbindungen /st, sp/ außer im Anlaut und
nach allen Konsonanten außer Nasalen und Liquiden und in der
Gemination, z. B. *halses* = sth., aber *hals* (Auslaut, daher stl.),
ebenso: *gense*, aber *gans, kebse* usw. Nach /r/ blieb /s/, wo es sth.
war, erhalten, hier gehört es zu einer anderen Silbe als /r/: *verse,
hirse, mörsære* u. a., aber sonst wurde es zu /sch/, so bes. in den
Lehnwörtern: *birsen* ‚pirschen‘ < afrz. *berser, burse* ‚Bursche‘ <
mlat. *bursa* ‚Geldbeutel‘, dann ‚Gesellschaft, die aus einer gemein-
samen Kasse lebt‘, ferner in *kirse* ‚Kirsche‘ < vulgärlat. *cerĕsia,
murs* ‚morsch‘ (beide mit /rsch/ aus dem Nd., woher auch *Dorsch*
stammt), aber im Mhd. ist noch /rs/ zu sprechen.

7) ⟨sk, sc⟩ sind als /sch/ zu lesen, aber ⟨sm, sn, sl, sw, rs⟩ und auch ⟨st,
sp⟩ mit stimmlosem /s/ und nur leichtem *sch*-Klang (s. § 50).

8) /ch/ ist im Obd. auch nach hellen Vokalen als *ach*-Laut zu sprechen,
also auch *ich* mit zurückgezogener Zunge. Im Md. ist zwischen dem
ich- und dem *ach*-Laut wie im Nhd. zu trennen.

§ 4 Der mittelhochdeutsche Reimpaarvers

Alle mhd. Romane, Novellen, kleineren Erzählungen, Fabeln usw. und auch Epen und Gedichte – soweit nicht in Strophenform mit eigenem Versmaß geschrieben – sind in Reimpaarversen abgefaßt. Diese Verse richtig zu lesen ist ebenso wichtig wie die Beachtung der Ausspracheregeln (§ 3, Aussprache I.).

1. Das Grundschema eines Verses der klass. mhd. Zeit

Der mhd. Reimpaarvers hat vier Takte, die im $^2/_4$-Takt zu lesen sind, d. h. in regelmäßigem Wechsel von Hebung und Senkung, aber mit freiem Auftakt (also wie der Jambus bzw. Trochäus):

(Auftakt) | x́ × | x́ × | x́ × | x́ (×) |
ein | *rítter* | *só ge* | *léret* | *wás*   (Arm. Heinrich 1)

Der erste Takt beginnt mit der ersten Hebung,[13] der zweite mit der zweiten usw. Statt einer Haupthebung – durch Akut ´ bezeichnet – kann auch eine Nebenhebung – durch Gravis ` bezeichnet – als Taktbeginn stehen, z. B.

des | *nèmet* | *künstec* | *liche* | *wár* | (Parz. 173, 6)

Wie in der Musik ein Takt statt durch zwei Viertelnoten auch durch eine halbe oder durch mehrere Achtel- oder Sechzehntelnoten gefüllt werden kann, so auch der Sprechtakt durch eine lange Silbe oder durch mehrere kurze.
Als Zeichen werden verwendet: × = ¼, – = ½, ⌣ = Kürze, ∧ = Pause.
Alle einer Haupt- oder Nebenhebung folgenden Silben innerhalb eines Taktes stehen in der Senkung. Das obige Schema kann nun in mannigfacher Weise variiert werden, da die Silbenzahl zwischen 4 und etwa 13 schwankt. Ein völliges Gleichmaß von Hebung und Senkung, wie es das Schema angibt, kann als Ideal gelten, ist aber in der klassischen Zeit gar nicht erreicht worden (am nächsten kommt ihm Konrad von Würzburg am Ende der klass. mhd. Periode). Es ist aber auch die Frage, ob die Dichter es überhaupt angestrebt haben, und ihre Größe ist nicht danach zu bemessen, wieweit sie ihm nahekommen, sondern eher nach der kunstvollen Ausgestaltung der festliegenden Taktzahl.
Was der ersten Hebung vorangeht, ist Auftakt – er kann fehlen oder bis zu drei Silben haben –, alle anderen Silben sind in die vier Takte einzuordnen (nur ganz selten kommen drei, z. B. im Erek Hartmanns, oder auch einmal fünf Takte vor). Hat ein Vers nur vier (oder fünf) Silben, muß (fast) jede Silbe einen Takt füllen und eine Hebung tragen, z. B.

| *hér* | *bèrge* | *ná* | *mèn* | = | x́ | x́ × | x́ | x́ ∧ | (Parz. 662, 29)

---

[13] Hebung oder Iktus; die Taktstriche sind nur für das Auge, sie bedeuten keine Pause.

Das andere Extrem wäre etwa:

von Lirivoin rois Schirnîel
und von | Ávendroin sînen | brúoder | Míra|bèl | (Parz. 772, 1 f.)

(oder man läßt mit *sînen* den zweiten Takt beginnen, wobei *bruoder* in die Senkung müßte, falls nicht ein fünfter Takt für diesen Vers anzusetzen ist):

oder: *wæren | Gáwâns | zwéne, die | müesten ir | lében |*   (Parz. 603, 27).

2. Die Kadenz (= Versschluß)

Die Kadenz ist für die Verteilung der Hebungen und damit für die Takteinteilung eines Verses oft ausschlaggebend; denn in Zweifelsfällen ist nicht vom Versbeginn, sondern vom Versende auszugehen. Hier liegt die Betonung fest, während sie am Anfang frei ist: der Auftakt kann fehlen oder bis zu drei Silben haben, und sein Vorhandensein oder Fehlen richtet sich oft nach der von der Kadenz ausgehenden Festlegung der Ikten. Es brauchen überhaupt nur drei Kadenzarten unterschieden zu werden:

1. die männliche oder stumpfe (a) | ´– |, | x́ x |, | x́ ∧ |
2. die klingende oder weibliche (b) | ´– | x́ ∧ |
3. die dreisilbige (c) | x́ x | x́ ∧ |.

Der letzte Takt, also der 4. im Reimpaarvers, kann in der klass. mhd. Zeit nur eine lange Silbe oder statt dessen zwei Silben, deren Wurzelsilbe kurz sein muß, oder eine kurze Silbe enthalten, jeweils mit einem Haupt- oder Nebenton. Es sind also nur möglich:
| ´– | oder | x́ x | oder | x́ ∧ |, mit Nebenton: | –̀ | oder | x̀ x | oder | x̀ ∧ |.
(Für die wenigen Verse in der klass. Zeit mit nur drei oder aber fünf Takten trifft für den jeweils letzten Takt dasselbe zu.)

a) Tragen diese Silben einen Hauptton ´, heißt die Kadenz **männlich** oder **stumpf** (einsilbig oder zweisilbig),

z. B. *wíp : líp, hán : (ge)tán, ze hánt : (ge)wánt* = lange Silbe
sát : stát, vól : wól, ín : hín = kurze Silbe
wĕsen : lĕsen, ságen : klágen, hábe : ábe = zwei kurze Silben.

Hiervon wird also nur der letzte Takt betroffen.

b) Die beiden anderen Arten betreffen auch den vorletzten Takt. Im allgemeinen gilt, daß die in der natürlichen Rede unbetont bleibenden Silben und Wörter, z. B. Artikel, Personalpronomen, Präpositionen, unbetonte Mittel- und Endsilben auch im Vers keine Hebung erhalten[14],

---

[14] Doch kann, um den alternierenden Rhythmus herzustellen, ein für den Sinn des Satzes unwichtiges Wort mit einem Iktus versehen sein (s. 3., Anm. 15).

aber am Satzende tritt diese Regel völlig außer Kraft: Ist die vorletzte
Silbe im Verse lang – sie kann es von Natur sein (durch langen Vokal
oder Diphthong) oder durch die Position (wenn einem kurzen Vokal
mehrfache Konsonanz folgt) –, so bekommt diese Silbe einen Haupt-
akzent und füllt den ganzen vorletzten Takt; die folgende, sonst un-
betonte Silbe bekommt einen Nebenakzent im letzten Takt, so daß also
der vorletzte und der letzte Takt mit den beiden Silben gefüllt sind.
So werden z. B. *vróuwe, stéine, mórgen, mínne* usw. am Versende zu
vróuwè, stéinè, mórgèn, mínnè: | ́ | ̀ |, z. B.

Ich kláge des hóves | lás|tèr| }
der íst gehǽnet | vás|tèr| } (Stricker, Klage 113 ff.)
an sínem ínge|sín|dè| } Positionslänge
dannę er ímmer úber|wín|dè|)

daz schádet dem hóve | sé|rè| }
daz ér nu nímmer mé|rè   } Naturlänge
wider án die ére kómen | mác) = männliche Kadenz

In all diesen Fällen muß beim Sprechen der vorletzte Takt etwas länger
ausgehalten werden – wie in der Musik eine halbe Note –, die letzte
Silbe kann kurz oder lang sein, darf aber niemals tonlos gesprochen
werden (wie in der Prosa etwa *steine,* sondern *stéi-|nè*). In Kinderliedern
gibt es dazu etliche Parallelen, z. B. „Bácke, bácke |Kú|chèn|, der Bäcker
hát ge|rú|fèn|" oder „Hóppe, hóppe |Réi|tèr|, wénn er fällt, dann |schréit|
èr|", hier mit einer Kadenz, die aus dem Mhd. übernommen sein könnte.
Das Versende – der vorletzte und der letzte Takt – klingt stets, daher
der Name (zweisilbig) k l i n g e n d e oder w e i b l i c h e K a d e n z . Diese
Kadenz ist ein Charakteristikum der klass. mhd. Verse überhaupt, fast
die Hälfte aller Verse um 1200 ist so abgefaßt.
Als Ausnahme können die Verse gelten, in denen Wörter mit langer
vorletzter Silbe im letzten Takt anzusetzen sind: | ́∧ | *stéine* (wenn etwa
schon drei Hebungen unbedingt für den vorangehenden Vers gebraucht
werden). Hier ist jeweils zu überlegen, ob nicht ein fünfter Takt – also
4. u. 5. Takt: | ́ | ̀ | – anzusetzen ist oder nicht doch – etwa durch Ver-
längerung des Auftaktes – ein vierhebiger Vers mit klingender Kadenz
möglich ist. Statt | ́ ∨ | ist also, wenn irgend möglich, immer | ́ ̀ | zu
lesen. Die Kadenz | ́ ∨ |, die meist von den Dichtern gemieden wird,
heißt weiblich voll; nur in der Strophik und in der frühmhd. Zeit kommt
sie öfter vor.

c) Enthält der vorletzte Takt statt einer langen Silbe zwei Silben, deren
zweite jedoch unbetont ist, so entsteht der Typus | ̀ × | ̀ |, also
eine d r e i s i l b i g e K a d e n z , z. B. |dőrper|hèit|, |rítter|schàft|, |hóchge|-
mùot|, |kűne|gìn|, be|schéiden|hèit, er|kénne|lìch|. Länge oder Kürze der
Silben ist dabei gleichgültig; denn | ́ ∨ | ̀ ∧| oder | ̀ × | ́ | werden
wie | ̀ × | ̀ ∧ | gelesen.

Auch *e* kann in dritter Silbe einen Nebenton erhalten: *ságete* > *ságetè*, ebenso *klágetè*, *lĕbetè* usw., doch werden diese Formen in der klass. Zeit gemieden und eher synkopierte Formen verwendet: *sácte* : *klácte*, *lĕpte* : *swĕpte* (= männliche Kadenz).

Wörter vom Typ *búrgǣrè* – oder *búrgǣrè* – gehören zu den zweisilbig klingenden Kadenzen *-ǣrè*; denn die Hebung auf *búr-* gehört schon in den 2., also in den drittletzten Takt, desgl. etwa *zorn-* in *zórnec|líchè* usw.

Am faßlichsten ist die Darstellung des Reimpaarverses von Pretzel im ‚Aufriß für Deutsche Philologie' (3. Bd. 1. A., Sp. 2377–2386), vor allem die Behandlung der Kadenz. Heusler und seine Nachfolger (ganz abgesehen von Sievers, Saran usw.) komplizieren zu sehr. Arndt berücksichtigt die mhd. Verhältnisse gut. Geteilter Meinung könnte man allenfalls bei dem Ausdruck „stumpf" sein: Heusler, Arndt usw. verstehen darunter einen abgestumpften, also nur dreihebigen Vers bei der Norm von 4 Hebungen (auch wenn niemand das Gefühl hat, daß hier etwas abgestumpft ist), z. B. sollen stumpfe Verse vorliegen in Goethes:

Füllest wieder Busch und Tal x́ x   x́ x   x́ x   x́ ∧
Still mit Nebelglanz x́ x   x́ x   x́ ∧   ∧ ∧
Lösest endlich auch einmal x́ x   x́ x   x́ x   x́ ∧
Meine Seele ganz x́ x   x́ x   x́ ∧   ∧ ∧

(Arndt, S. 137 ff.)

Der 2. u. 4. Vers sind als dreihebige Verse aber nicht weniger vollständig als die beiden vierhebigen, daher ist es kaum berechtigt, von einem stumpfen Vers zu sprechen. Die 4. Zeile schließt auch nach meiner und anderer Darstellung mit einer stumpfen Kadenz, aber nicht weil ein Takt angeblich fehlt, sondern weil die Kadenz mit einem Hauptton im 3. Takt endet, also nicht klingend ist; die 2. Zeile ist mit dreisilbiger Kadenz zu lesen: *Still mit Nébelglànz*, oder *-glanz* wird mit ´ versehen, dann gilt das für die 4. Zeile Gesagte.

3. Das Versinnere

Mit dem Füllen der Takte im Versinneren verfahren die Dichter ganz unterschiedlich. Der regelmäßige Wechsel von Hebung und Senkung mit nur schwachtonigen Senkungssilben wird oft durchbrochen. Wolfram gestattet sich z. B. sehr große Freiheiten.

a) Am häufigsten ist aber doch der zweisilbige Takt, er kann zwei Kürzen – *kŭnec*, *hábet* – oder auch Länge und Kürze – *kŭme*, *tróume*, *wánken* – enthalten, zu lesen ist immer | x́ x |.

b) Einer Hebung kann auch eine doppelte Senkung folgen: *ságete*, *máneger*, bes. Präpositionen – *gegen*, *ane*, *über*, *obe* – stehen in der Senkung, auch eine lange Silbe kann vorangehen: *schóuwete*, *zórnigen*, *hôheste*, ja, ein Takt kann sogar drei lange Silben haben, wenn die zweite Silbe eine Positionslänge ist, z. B. *dégenschaft*, *rítterschaft*.
Ausnahmen sind dreisilbige Senkungen, etwa noch mit einer Länge; aber anstatt mehrsilbige Senkungen anzusetzen, ist eher der Auftakt etwas länger zu nehmen, oder es ist häufiger, als es in den Ausgaben

der Fall ist, Synkope oder Elision vorzunehmen. Die mhd. Dichter dürften kaum so steif gesprochen oder ihre Werke vorgetragen haben, wie es nach manchen Ausgaben zu sein scheint. Elisionspunkte könnten sehr gut auch für Synkopierungen verwendet werden (dann ist jedem freigestellt, sich nach ihnen zu richten), m. E. würden wir den Dichtern dadurch gerechter; der Stricker hat z. B. ein sehr glattes Versmaß, aber die Handschriften lassen es durchaus nicht immer erkennen.

c) Der einsilbige Takt mit beschwerter Hebung. Wie am Versende eine lange Silbe einen ganzen Takt füllen kann (in der zweisilbig klingenden Kadenz $| \perp | \overset{\times}{\times} |$), so kann auch im Versinnern die Senkung fehlen. Dadurch bekommt die alleinstehende Hebung ein besonderes Gewicht: sie wird beschwert, z. B.

> *dér was Hárt màn ge nánt* (Arm. Heinr. 4)
> $| \overset{\times}{\times} \times | \perp | \overset{\times}{\times} \times | \perp |$ (*Hárt-* ist beschwert)

Diese Versfüllung mit nur e i n e r (langen) Silbe dient den Dichtern dazu, besonders betonte, sinnschwere Wörter herauszuheben – wie es etwa in ahd. Zeit durch den Stabreim geschehen war. An anderer Stelle können derartig betonte Wörter oder Silben durchaus wieder Senkungssilben bei sich haben oder sogar ganz unbetont sein.[15] Wenn wir heute Sperr- oder Kursivdruck verwenden, um betonte Wörter zu kennzeichnen, dann entspricht das etwa dem Zweck einer beschwerten Hebung. Wolfram betont z. B. *Cundwîrâmûrs* verschieden in:

> *Cundwîrâmûrs, hie lít dîn schín*
> *sît der sné dem blúote wî̆ʒe bôt*
> *und éʒ den sné sus máchet rôt*
> *Cúndwîrâmûrs* $= | \perp | \perp | \perp | \perp |$!
> *dem gelíchet sích dîn béa cúrs*
> *des enbístu níht erlâʒèn.* (Parz. 283, 4–9)

In der 4. Zeile ist also jeder Takt beschwert, damit bekommt der Name an dieser Stelle ein ganz besonderes Gewicht. Wolfram führt beim ersten Nennen neue Personen oft mit beschwerten Hebungen ein: *sie hieʒ Jéschûtè, Ímánè* usw. Eine beschwerte Hebung im 3. Takt mit einsilbigem haupttonigem 4. Takt ist charakteristisch für den Stricker, z. B. *mit únrehtèm ge|wált | hân*, Klage 100; *hóf | sí̆*; *nôt | gít.*

d) Der einsilbige Takt mit kurzer Silbe. Eine kurze Silbe kann keinen Takt

---

[15] Es ist jedoch nicht so, daß im Mhd. nur wichtige Wörter im Vers den Ton tragen, oft stehen sogar Verben im Auftakt, ferner wird *unde* öfter betont, während die Negationspartikel *en*, selbst wenn sie einen Gegensatz bezeichnet, unbetont bleiben kann. Oft bestimmt einfach das Gesetz der Alternation die Betonung.

füllen, daher ist in solchen – allerdings seltenen – Fällen eine Pause an-
zusetzen, z. B.

swes | ér sie | bát ∧ | óder | híeʒ   (Heidin 47)
sô |dáʒ sîn| vél ∧ | líehten | schín   (Parz. 459, 13)

Auch eine Nebenhebung und pausierte Senkung ist möglich, z. B.

|getán | ìst ∧|, | húop | sìch ∧ |

e) Die pausierte Innenhebung. Fehlt eine Hebung im Verse, so sollte,
anstatt eine pausierte Innenhebung anzusetzen, eher ein Vers mit nur
drei Takten angenommen werden. In der Frühzeit, z. B. in Hartmanns
Erek, und auch im 13. Jh. gibt es diese Verse vereinzelt.

4. Der Auftakt

Es gibt vier Möglichkeiten für den Auftakt, die regellos aufeinander folgen
können: er kann fehlen, ein-, zwei- oder dreisilbig sein. Er ist in Zweifels-
fällen immer erst zuletzt zu bestimmen, wenn die Kadenz festliegt und die
Hebungen im Verse verteilt sind.
Manchmal dient ein zwei- oder dreisilbiger Auftakt dazu, die erste Hebung
besonders zu betonen, z. B.

der sélbè mûsǽrè
ervlüge den | kránech | wól würfę | ích in | dár   (Willehalm 273, 13).

Manchmal stehen schon genannte Namen im Auftakt und durchaus auch
Verben.

5. Bedeutung der Hebung, der Senkung und des Auftakts für
   den Satzsinn

Die Stellung eines Wortes in der Hebung, in der Senkung oder im Auftakt
sagt über die Bedeutung innerhalb des Satzes meistens gar nichts aus.
Vielfach soll nur ein alternierender Rhythmus gesichert sein. Nur die be-
schwerte Hebung hat oft für den Satzzusammenhang eine besondere Be-
deutung.

Zur Nibelungenstrophe

Anvers (Vers 1–4)	Abvers (Vers 1–3)
4 Hebungen mit klingender Kadenz	3 Hebungen mit männlicher Kadenz
(×)| x́ ×	x́ × |́⁻| x̀ ∧|	(×)| x́ ×	x́ ×	x́ (×)|
Uns ìst in álten mǽrèn	wúnders víl geséit
von hélden lóbebǽrèn,	von grózer árebéit,
von fróuden hóchgezítèn,	von wéinen únd von klágen,

aber der 4. Abvers hat 4 Hebungen mit männlicher Kadenz

(×)| x́ × | x́ × | x́ × | x́ (×)|
muget ír nu wúnder hǽren ságen,

von kűener récken strítèn

Lautlehre

Vokalismus

Kurze Vokale, lange Vokale, Diphthonge

§ 5 Übersicht

Kurze Vokale: mhd. /a, e, i, o, u; ä, ö, ü; ə/

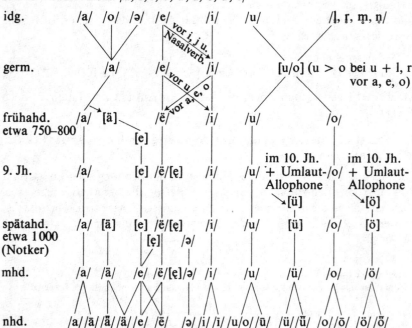

Im Schriftbild erscheinen die ahd. Phoneme /a, e, ę, i, u, o/ gewöhnlich als ⟨a, e, i, u, o⟩, aber es gibt Allographe: z. B. für das umgelautete /a/, das allgemein durch ⟨e⟩ wiedergegeben wird: ⟨æ, e, ei, i⟩ und auch ⟨ai⟩, die z. T. auf Allophonen von /e/ beruhen können.

Zum Schriftbild der mittelhochdeutschen Phoneme s. § 3.

Lange Vokale und Diphthonge

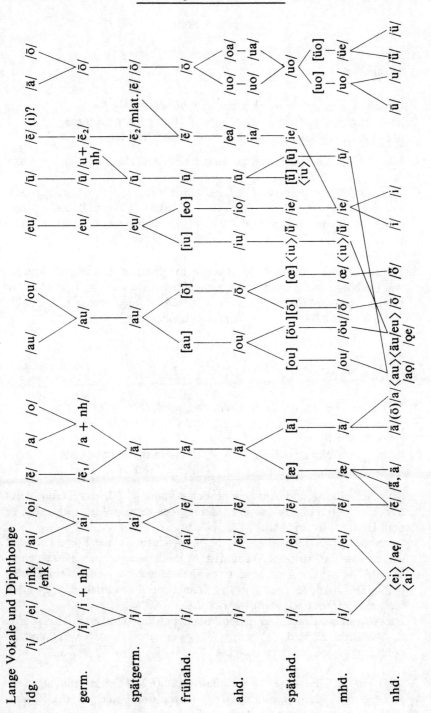

Kurze Vokale

§ 6 mhd. /a/

1. Griech. ἀγρός, got. *akrs*, ahd. *ackar*, mhd. *acker*;
lat. *hostis*, got. *gasts*, ahd. mhd. *gast*, Pl. ahd. *gesti*, mhd. *geste*;
idg. **pətḗr*, lat. *pater*, got. *fadar*, mhd. *vater*, Pl. *veter*.
Hier ist Phonemzusammenfall eingetreten von idg. /a, ə, o/ > germ.
/a/.
Das mhd. /a/ (< germ. ahd. /a/) bleibt im Nhd. als Kürze erhalten, oder
es wird – bes. in offener Tonsilbe – gedehnt (§ 29), z. B. *Acker*, aber
Vater. /a/ bleibt im Md. und Ostfr. oft in *van(e)*, *sal*, *wal* statt normal-
mhd. *von*, *sol*, *wol*.

2. Umlaut des /a/ ist im Mhd. nahezu in gleichem Umfang vorhanden
wie im Nhd., nur schwere Ableitungssilben haben ihn z. T. noch nicht
bewirkt, z. B. *behaltnisse*, *gevancnisse*, *wahtære*, *klagelîche* > nhd. *Behält-*
nis, *Gefängnis*, *Wächter*, *kläglich* (zum Umlaut s. § 24).

§ 7 mhd. /ë/, /e/

1. Griech. πέλλις, anord. ags. as. *fëll*, ahd. mhd. *fël*.
/ë/ < /i/ vor /a, e, o/ s. § 23, z. B. **nizdos* > ahd. mhd. *nëst*
/ë/ > /i/ vor /i, j/
/ë/ > /i/ vor Nasal + Kons. } = Umlautung (Wechsel) von
/ë/ > /i/ vor /u/ } /ë/ > /i/ (§ 21 ff.)

(Zur Schreibung und Aussprache der *e*-Laute s. § 3, das Trema dient
nur in der Grammatik zur Bezeichnung des germ. /e/ im Gegensatz zu
dem Umlaut -/e/ und -/ä/.)
Im Nhd. ist die Hebung von /ë/ > /i/ vor einem /u/ der Folgesilbe z. T.
wieder beseitigt, so beim Verbum, z. B. mhd. *nëmen*, *nime*, *nimest*, *nimet*
= nhd. *nehmen*, *nehme*, *nimmst* usw. Dehnung ist vielfach eingetreten
(§ 29). Das mhd. /e/ wird im Nhd. manchmal *ä* geschrieben, z. B. mhd.
rëchen > *rächen* nach *Rache*, *bër* > *Bär*.
Die Aussprache des /e/ war in den Mdaa. im Mhd. sehr verschieden, daher
wird manchmal statt ⟨e⟩ auch ⟨i⟩ geschrieben, und /ë/, /e/ und /i/
können miteinander reimen (vgl. § 8).

2. Mhd. /e/ = Umlaut-/e/ = Primärumlaut (§ 24,1), z. B. ahd. *gasti* >
gesti > mhd. *geste* > nhd. *Gäste* (*ä* wegen *Gast*), aber wo der Zusam-

menhang nicht mehr empfunden wurde, wird auch im Nhd. *e* geschrieben:
Eltern (Komparativ zu *alt*), *Geselle* (zu *Saal*).

3. Mhd. /ä/ = Sekundärumlaut (§ 24,2), nur in genormten Texten, nicht
in den Hss., z. B. *mähtec* < ahd. *mahtig*.

§ 8   mhd. /i/

Idg. **p(e)iskos* u. **p(e)iskis*, lat. *piscis*, got. *fisks*, ahd. *fisk*, mhd. *visch*;
/i/ < /ë/ vor /i, j/, Nasal + Kons. und /u̯/ s. § 22; /i/ > /ë/ vor /a, e, o/
s. § 23, z. B. auch *bicārium* > *becher*.

Das mhd. /i/ (< germ. /i/ < idg. /i/ oder /e/) bleibt im Nhd. meist er-
halten, und zwar als Kürze oder Länge (bei Dehnung s. § 29); vor /u/,
wo es erst im Ahd. aus /ë/ hervorgegangen war, kann es wieder durch /e/
ersetzt werden, so in der 1. Sg. Präs.; ahd. *nimu* > mhd. *nime*, aber nhd.
ich nehme; in der 2. 3. Sg. ist /i/ geblieben.
Im Md. wechseln /ë/, /e/ und /i/ oft miteinander, z. B. *giben, nimen = gë-*
ben, nëmen; *wilch, swilch = welch, swelch*; /e/ für /i/ z. B. in *erdisch*,
wert, vele, gevelde, mede, weder = irdisch, wirt, vile, gevilde, mite, wider;
aber md., südbair. *brengen* ist Umlaut aus **brangjan*.
In fremden Eigennamen wird statt *i* seit dem 14. Jh. auch *y* geschrieben.

§ 9   mhd. /o/, /ö/

1. Da das idg. /o/ mit /a/ zusammengefallen war, geht das ahd. mhd. /o/
auf Umlautung des /u/ zurück (s. § 23), z. B. germ. **wurdan* > **worda* >
ahd. *wort*. /o/ ist als Kürze oder Länge im Nhd. erhalten. Außerdem
kann mhd. /u/ vor Nasal im Nhd. zu /o/ werden, s. mhd. /u/ § 10, z. B.
sun > *Sohn, sunne* > *Sonne*.

2. Mhd. /ö/ = Umlaut des /o/ (§ 24,3), z. B. *dorf – dörfer, horn – hörner*,
bolz – bölzelîn (da /o/ aus /u/ vor /a, e, o/ entstanden war, konnte vor /i/
nur /u/ stehen, daher ist der Wechsel von /o/ > /ü/ gesetzmäßig, z. B.
golt – gülden, horn – hürnen, dorn – dürnîn, vogel – gefügele. Formen
wie *dorf – dörfer* sind daher nur Analogiebildungen etwa zu *lamp – lember*
usw.).
In den Hss. ist der Umlaut – bes. im Md. – vielfach unbezeichnet ge-
blieben.
Im Nhd. ist /ö/ auch aus /ü/, bes. vor Nasal, entstanden, z. B. *künec* >
König, s. § 10, in Fällen wie *holz – hülzen, wolken – gewülke* ist im Nhd.
/ö/ durch das Grundwort veranlaßt.

§ 10   mhd. /u/, /ü/

1. Idg. *k̑u̯on-, k̑un-, griech. κύων, got. *hunds*, ahd. mhd. *hunt*, nhd. *Hund*;
idg. *sŭnus = got., ahd. *sunu*, mhd. *sun*, nhd. *Sohn*;
idg. *k̑m̥tóm, lat. *centum*, got. *hund*, ahd. mhd. *hunt*, nhd. *hundert*;
/u/ > /o/ vor /a, e, o/ s. § 23, z. B. *buganaz > ahd. *gibogan*.

Das mhd. /u/ – es ist aus idg. /u/ oder den silbischen /n̩, m̩, l̩, r̩/ hervor-
gegangen[16] – bleibt im Nhd. als Kürze oder Länge (bei Dehnung s. § 29)
außer vor *nn, mm* erhalten (*wurf, guʒ* usw.). Vor Nasalen ist /u/ jedoch
oft zu /o/ gesenkt: *wunne, nunne, sunne, tunne, geswummen*; *sunder,
sus* > *sonst, sumer, vrum*.
Im Md. wird /u/ vielfach auch sonst zu /o/: *scholt, gebort, holde, dorfen*
u. a. Im Pl. der starken Verben (2. und 3. AR) ist /u/ durch den Vokal
des Sg. verdrängt, z. B. *zôch* – *zugen*, *half* – *hulfen*, aber nhd. *zog* – *zogen*,
half – *halfen* (s. § 123 u. 124).
In den Hss. wird oft ⟨o⟩ statt ⟨u⟩ wie auch ⟨u⟩ statt ⟨o⟩ je nach der
Mda. geschrieben.

2. Mhd. /ü/ = Umlaut des /u/ (s. § 24,3), z. B. ahd. *kuning* > mhd. *künec*
> nhd. *König*; ahd. *guldîn* > mhd. frnhd. *gülden*, bes. im Md.

Im Nhd. wurde /ü/ vor Nasal und nach /m/ oft zu /ö/, z. B. *münech,
günnen, mügen*. Verhindert wurde der Umlaut vor bestimmten Konso-
nantenverbindungen: /lt/ und /ld/, z. B. *schuldec, hulde*, im Obd. vor
/gg, ck, pf, tz/, z. B. *mucke, zucken, drucken, hupfen, nutze* und vor
Nasal + Kons., jedoch gibt es auch Doppelformen: *dunken: dünken* usw.
und im Konj. Prät. der starken Verben: *hulfe, zuge, wurfe* usw.
In den Hss. ist der Umlaut oft gar nicht bezeichnet.

Lange Vokale

§ 11   mhd. /ā/, /æ/

1. Idg. *sēmen- ‚Same‘, lat. *sēmen*, abulg. *sěmę* = ahd. *sâmo*, mhd. *sâme*;
idg. *dhētis (vgl. lat. *fēcī*, abulg. *dějǫ* ‚tue‘) = got. *gadēþs*, ahd. mhd.
tât.
/ā/ < germ. /a + ᵰh/ (Nasalschwund u. Ersatzdehnung s. § 64), z. B.
germ. *paᵰhtō > ahd. *dâhta* > mhd. *dâhte*; *vâhen* < *faᵰhan*.

Im Nhd. wird mhd. /ā/ vor mehrfacher Konsonanz, vor /t/ und -*er*
verkürzt: *brâhte, dâhte, jâmer, lâʒen, nâter* > *brachte, dachte Jammer,
lassen, Natter*, auch vor /ch/, z. B. in *schâch*, s. § 30.

---

[16] Aus lat. /o/ vor Nasal stammt /u/ z. B. in *pfunt* (< *pondo*) und *Kunkel* (< *concula*).

Häufig ist /ā/ > /ō/ geworden, es ist schon im 14. u. 15. Jh. in Hss. zu finden; im Nhd. erhalten in *ohne* < *âne, Ohnmacht* < *âmaht, Ohm* < *âme*, s. § 31.
Statt ⟨a⟩ wird in md. Hss. öfter ⟨ai, ae⟩ geschrieben.

2. Mhd. /æ/ = Umlaut des /ā/ (§ 24,3; sehr offener Laut), z. B. ahd. *wâri* > *wære, swâri* > *swære, lâri* > *lære* = nhd. *wäre, schwer, leer*. Im Nhd. ist dieses /æ/ in betonter Silbe lang geblieben, wird aber ⟨ä⟩ oder ⟨e (ee, eh)⟩ geschrieben. Im Md. fiel /æ/ in der Aussprache mit /ë/ zusammen, s. § 3 II, 1 e. Verkürzung konnte in Nebensilben eintreten: *vischære* > *Fischer, truhsæʒe* > *Truchseß, alwære* > *albern*.

§ 12   mhd. /ē/

Das ahd. mhd. /ē/ ist durch die ahd. Monophthongierung aus germ /ai/ (vor /r, h, w/ und im Auslaut) entstanden (§ 25), z. B. germ. *haira* ‚grauhaarig‘ > ahd. mhd. *hêr* ‚erhaben, vornehm‘, Komparativ dazu: *hêriro* > mhd. *hêrre* und *hërre* > nhd. *Herr*.
Schon im Mhd. gibt es bei mehrfacher Konsonanz Doppelformen, im Nhd. ist dann Kürze vorhanden, bei einfacher Konsonanz Länge: ahd. *mêriro* > mhd. *mêrre, merre* und *mêre* > nhd. *mehr*, mhd. *êre* > nhd. *Ehre*.
Im Md. gilt *hêre*, im Schwäb. u. Bair. *hërre*. Zur Herkunftsbestimmung einer Dichtung sagt Zwierzina (Zs.f.d.A. 44, S. 280), daß Reime von *her* = *Heer* auf *her* = Adverb und *-ær* auf md., Reime von *her* = Adverb auf *-êr* auf bair. Heimat weisen.
/ē/ kann auch aus dem Lat. entlehnt sein, z. B. *cēdrus* > mhd. *zêder, rēgula* > *rêgel*.

§ 13   mhd. /ī/

Idg. **swino-* (vgl. abulg. *svinŭ*, lat. *suillus*) > ahd. mhd. *swîn*, nhd. *Schwein*; idg. **steighonom* > germ. **stīganan* > ahd. *stîgan* > mhd. *stîgen* > nhd. *steigen*.
/ī/ < germ. /i + ɒh/ (Nasalschwund u. Ersatzdehnung s. § 64), z. B. germ. **þiɒhan* > ahd. *dîhan* > mhd. *dîhen* > (ge)*deihen*.
/ī/ < lat. Lehnwörtern: *vivārium* > ahd. *wîwâri* > mhd. *wîwære* ‚Weiher‘, *pīlum* > ahd. mhd. *pfîl* > *Pfeil, spisa* > *spîse* > *Speise*.
/ī/ < *-ibi-, -igi-, -idi-* durch Kontraktion s. § 70, z. B. *ligit* > *lît, gibit* > *gît*.

/ī/ wurde im Nhd. zu /ei/ diphthongiert wie /ū/ > /au/, /iu/ > /eu/, s. § 27, z. B. *mîn* > *mein, zît* > *Zeit*.

§ 14 mhd. /ō/, /œ/

1. Ahd. mhd. /ō/ ist – wie /ē/ < /ai/ – erst durch die ahd. Monophthongierung entstanden, und zwar aus germ. /au/ (vor Dentalen u. germ. /h/ und im Auslaut, s. § 25), z. B: got. *rauþs* = ahd. mhd. *rôt*.
Im Nhd. trat vielfach Kürzung ein: *hôch*, aber *hôchgezît* > *Hochzeit*, *gôʒ* > *goß*, *genôʒ* > *genoß*, doch ist im Prät. der 2. AR das lange *ō* auch in den Pl. gedrungen: *bôt* – *buten* = nhd. *bōt* – *bōten*, danach auch *bōg*.
In md. Hss. wird statt ⟨o⟩ häufig ⟨oi, oe, œ⟩ geschrieben.

2. Mhd. /œ/ = Umlaut des /ō/ (§ 24,3), z. B. *Röte* zu *rot*, *Größe* zu *groß*.
Im Nhd. ist der Zusammenhang mit /ō/ oft noch vorhanden, und die Länge des /œ/ ist geblieben.

§ 15 mhd. /ū/, /iu/

1. Idg. **sūro-* (abulg. *syru* ‚roh') > as. ahd. mhd. *sûr* > nhd. *sauer* (§ 33), air. *rūn* ‚Geheimnis' = got. as. ahd. *rûna*, mhd. *rûne*.
/ū/ < germ. /u + nh/ durch Nasalschwund und Ersatzdehnung, s. § 64, z. B. *dünken* : *dûhte*.
Ahd. mhd. /ū/ wird zu /au/ diphthongiert wie /ī/ > /ei/, /iu/ > /eu/ (§ 27), z. B. *brût* > *Braut*, *mûs* > *Maus*, *hûs* > *Haus*; undiphthongiert geblieben sind nur: *nû, dû, ûve* u. *ûfe* ‚Uhu'; neben *dû, nû* gab es im Mhd. auch die Kürzen *du* und *nu*.

2. Mhd. /iu/ = a) Umlaut des /ū/ (§ 24,3), z. B. *hûs* – *hiuser*
b) aus germ. /eu/ vor /i, j, u/ hervorgegangen, z. B. ahd. *fleogan*: 1. Sg. *fliugu*, 2. *fliugis*, 3. *fliugit*, mhd. *fliegen*, aber *fliuge, fliugest, fliuget*; *biegen*, aber *biuge, biugest, biuget*, s. § 23,3;
c) Umlaut von /iu/, z. B. *liuti* > mhd. *liute*, *ziuhit* > *ziuhet*.
/iu/ ist im Mhd. immer als langes /ǖ/ zu sprechen, s. § 3.
/iu/ wurde – wie /ī/ > /ei/, /ū/ > /au/ – zu /eu (äu)/ diphthongiert (§ 27), z. B. *hiute* > *heute*, *liute* > *Leute*, *triuwe* > *Treue*. Im Schwäb. u. Bair. ist jedoch altes /iu/ immer – bis heute – diphthongisch gesprochen worden, im Schwäb. als *ui*. Vom Md. ist der Wandel von /iu/ > /ū/ > /au/ vor /w/ ausgegangen, z. B. *briuwen* > *brûwen* > *brauen*, *triuwen* > *trûwen* > *trauen*, *kiuwen* > *kûwen* > *kauen*, vgl. auch *hiute* – *hûde* § 35,4c.

Diphthonge

§ 16 mhd. /ei/

Idg. *ghaidos ‚Ziege' (lat. haedus ‚Bock') > got. gaits, ahd. mhd. geiʒ; idg. *oinos ‚eins' (alat. oinos > lat. ūnus) > ahd. mhd. ein. -ei- < -ages. § 70, z. B. maget > meit.

Germ. /ai/ wurde schon im älteren Ahd. durch Kontaktassimilation zu /ei/, sofern nicht Monophthongierung zu /ē/ eintrat (§ 25). In mhd. Zeit gilt /ei/ – nach 1250 auch ⟨ey⟩ geschrieben –, aber ⟨ai⟩ ist Charakteristikum des Bair.
Luther schreibt für /ei/ < germ. /ai/ und für /ei/ < /ī/ unterschiedslos ei. Die nhd. ai-Schreibung dient nur der Unterscheidung: Saite, aber Seite, Rain und rein, Laib und Leib usw., doch wird ai nur für germ. /ai/ (nicht für /ī/ geschrieben.
Statt ⟨ei⟩ steht in den Hss. auch ⟨ai, æi, åi, äi, aĭ, ĕi, ị⟩.
Zur Rundung von /ei/ > /eu/ s. § 31, z. B. gescheit > gescheut.

§ 17 mhd. /ou/, /öu/

1. Idg. *aug- ‚mehren' (lat. augēre) > ahd. ouhhôn, mhd. in ouch, nhd. auch;
idg. *loŭəkā́ > germ. laugō > ahd. louga > mhd. louge = Lauge.

Wie bei germ. /ai/ > /ei/ erfolgte auch bei germ. /au/ im Ahd. eine Kontaktassimilation zu /ou/, sofern es nicht zu /ō/ monophthongiert wurde (§ 25). Schon in mhd. Zeit wird statt ⟨ou⟩ wieder ⟨au⟩ geschrieben (statt ⟨ou⟩ sonst auch ⟨ŏ, o, ů, u⟩ und, bes. im Bair., um die au-Aussprache zu kennzeichnen ⟨au, ao, åu, ŏu, ŏ⟩). In den Mdaa. sind /au/ < germ. /au/ und /au/ < /ū/ nicht zusammengefallen.

2. Mhd. /öu/ = Umlaut des /ou/ (§ 24,3). In den Hss. jedoch nicht immer, z. T. durch ⟨ou⟩, dann – bes. im Bair. – durch ⟨eu (ev, ew)⟩ oder sonst durch ⟨ŏu, ŏv, ŏ; ŏi, oi, öi⟩ bezeichnet. Im Nhd. gilt die etymologische Schreibung: Häuser, Freude < mhd. höuser, vroide.
Zur Entrundung von /öu/ > /ei/ s. § 31,2, z. B. eröugnen > ereignen.

§ 18 mhd. /ie/

a) /ie/ < germ. /eu/ s. § 23,3, z. B. germ. *fleugan > ahd. fleogan > fliogan > mhd. fliegen;

b) /ie/ < /ē₂/: (ē > ea > ia > ie)/ s. ahd. Diphthongierung § 26,1, z. B. *hear* > *hier*;

c) /ie/ < mlat. /ē/: *brēve* > ahd. *breaf* > *briaf* > *brief* s. § 26,1.

Zur Aussprache s. § 3 (immer als *i–e*).
Zur Monophthongierung s. § 28, z. B. *biegen* > *bigen*. *liegen* > nhd. *lügen* durch *Lüge*, *triegen* > *trügen* durch *Trug*, s. § 31,1.

§ 19 mhd. /uo/, /üe/

1. /uo/ < germ. /ō/ s. ahd. Diphthongierung § 26,2, z. B. *mōter* > *muoter*.

Zur Aussprache s. § 3 (immer als *u–o*).
Zur Monophthongierung /uo/ > /ū/ und Verkürzung s. § 28 u. 30 = nhd. /ū/ oder /u/, z. B. mhd. *buoch* > *Buch*, *muoter* > *Mutter*.

2. Mhd. /üe/ = Umlaut des /uo/ (§ 24,3), z. B. *müeter*.

Zur Aussprache s. § 3 (immer als *ü–e*).
Zur Monophthongierung s. § 28; *küene* > *kühn*, aber *Mütter*.
Zur Entrundung s. § 31.

Geregelter Vokalwechsel

I. Bis zum Mittelhochdeutschen

§ 20 Ablaut

1. Als Ablaut wird der aus dem Idg. ererbte und in allen idg. Sprachen zu belegende regelmäßige Wechsel bestimmter Vokale in etymologisch zusammengehörigen Wörtern oder Wortteilen bezeichnet (z. B. nhd. *singen – sang – gesungen*; *Hahn – Huhn*; *ziehen – zog – Zucht*; lat. *tegere* ‚bedecken‘ – *tēgula* ‚Dachziegel‘ – *toga* ‚Toga, Obergewand‘. Er kann in jeder Silbe auftreten (Wurzel- oder Suffixablaut) und in allen Wortarten. Im Unterschied zu den vokalischen Assimilationsvorgängen, die zu den einzelnen Umlautungen geführt haben (s. § 21 ff.), beruht er auf den idg. Akzentverhältnissen, besonders auf dem freien Wortakzent. Mit den beiden Arten dieses Akzents sind auch die beiden Arten des Ablauts zu verbinden: mit der dynamischen (oder exspiratorischen) Betonung der quantitative Ablaut, mit der musikalischen Betonung der qualitative. Dennoch darf nicht jede Erscheinungsform des Ablauts als

rein mechanische Folge des wechselnden idg. Akzents angesehen werden (auch wenn feststeht, daß der Ablaut z. B. in den Stammformen der Verben im Idg. ein redundantes Element war). Der morphologischen Relevanz eines besonderen Akzents im Frühidg., der etwa ein kurzes Vollstufenphonem in der Dehnstufe (oder umgekehrt ein dehnstufiges Phonem in einer anderen Wortform in der Normalstufe) erscheinen ließ, ist jedoch nur schwer nachzukommen. Auch bei den Wurzelnomina können die Ablautstufen morphologisch bedingt sein. Andererseits sind [e] und [o] im Idg. in vielen Fällen nur an den Wortakzent gebundene Allophone des Phonems /e/, die einzelsprachlich erst phonemisiert wurden.

Heute verbinden wir mit dem Ablaut vor allem die morphologische Funktion, die Tempora beim Verbum und die innere/implizite Ableitung (z. B. *Binde, Band, Bund* zu *binden*) zu kennzeichnen. Im Idg. waren die Tempora durch die Reduplikation (s. § 128) und die Endungen genügend voneinander abgehoben, so daß der an den Akzent gebundene Ablaut nur als Zusatz auftrat. Im Germ. ist jedoch die Reduplikation als Kennzeichen des Perfekts früh verlorengegangen, die Endsilben wurden beim Übergang vom Ahd. zum Mhd. abgeschwächt, und die phonematisierten Ablautallophone und Lautvarianten übernahmen allmählich eine morphologische Funktion, die noch dadurch gefestigt wurde, daß die unterschiedlichen Ablautstufen innerhalb eines Tempus (so im Prät. zwischen dem Sg. und Pl.) zugunsten einer von beiden im Nhd. wegfielen (vgl. mhd. *helfen, half – hulfen, geholfen*, nhd. *e, a, o*).

Da es sich bei der folgenden Darstellung des Ablauts durchweg um Phoneme handelt, sind keine Phonemstriche gesetzt.

2. Die zwei Arten des Ablauts
a) Der quantitative Ablaut (Abstufung der Vokaldauer):
der Vokal kann gedehnt oder bei Unbetontheit – bis zum völligen Schwund – verkürzt werden. Es gibt 4 Stufen:

1. die Hoch- oder Vollstufe VSt. (auch Normalstufe)   *e a o*[17]

2. die Dehnstufe DSt. $\bar{e}\ \ \bar{a}\ \ \bar{o}$

3. die Tief- oder Reduktionsstufe TSt. ∂

4. die Schwundstufe SSt.   — ; bzw. *ə* als SSt. zur DSt.

(Die Schwundstufe ist jedoch nur ein Sonderfall der Tiefstufe.) Zum Beispiel: *griech. πατέρα (patéra)* (Akk.) VSt., *πάτερ (páter)* (Vok.) TSt., *πατήρ (patér)* (Nom.) DSt., *πατρός (patrós)* (Gen.) SSt.

Im Germ. und Dt. sind die lautlichen Veränderungen zu beachten, z. B. idg. VSt. – DSt. *a – ā* = germ. *a – ō* = ahd. mhd. *a – uo* (ahd.

---

[17] Es gibt jedoch auch Langvokale als Vollstufe.

hana – hòn > *ħuon*); idg. *o – ō* = germ. *a – ō* = ahd. mhd. *a – uo*
(*varen – vuoren*); idg. *e – ē* = germ. *ë* oder *i – ē* = ahd. mhd. *ë, i – ā*
(*nëmen – nâmen*).
SSt. zu allen Längen ist *ə* (lat. *stāre* VSt. – *status* SSt. < *stətós). Die
dem ablautenden Vokal folgenden Halbvokale (*i̯* u. *u̯*) werden in der
SSt. zu Vollvokalen, griech. *φένγω* (*phéugō*) – *ἔφυγον* (*éphügon*); folg-
ten Liquiden oder Nasale, so werden sie in der SSt. silbisch: idg. *m̥, n̥,*
l̥, r̥ > germ. *um, un, ul, ur.*

b) Der qualitative Ablaut (= Abtönung): die Artikulationsstelle
des Vokals verschiebt sich, er wird bald vorn, bald hinten gebildet.
Dieser Ablaut von *e – o* ist schon im Idg. am häufigsten, seltener ist

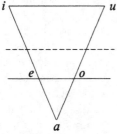 der von *a – o*. Auch die entsprechende Dehn-
stufe, also *ē – ō*, steht im Ablautverhältnis.
Treten die Halbvokale *i̯* und *u̯* hinzu, so ergibt
sich der Ablaut von *ei̯ – oi̯* oder *eu̯ – ou̯* (hierzu
fehlen die Dehnstufen, da es schon Di-
phthonge sind). Sehr deutlich ist der alte Ab-
laut noch im Griech. zu erkennen, im Germ.
und Dt. sind wieder lautliche Veränderungen
zu berücksichtigen. So erscheint idg. *e – o* im

Germ. und Mhd. als *ë, i – a*; idg. *ei̯ – oi̯* im Germ. als *i – ai* (ahd. mhd.
î – ei); idg. *eu̯ – ou̯* im Germ. als *eu (iu) – au*, ahd. *eo* > *io, iu – ou*, mhd.
ie, iu – ou; idg. *ē – ō* im Germ. als *ē – ō* = ahd. mhd. *â – uo*;

z. B. *e – o* griech. *λέγω* (*légō*) ‚lese‘ – *λόγος* (*lógos*) ‚Wort‘, mhd. *lësen – las,*
     ei̯ – oi̯ griech. *λείπω* (*léipō*) ‚lasse‘ – *λέλοιπα* (*léloipa*) Perf., mhd.
                                    stîgen – steic,
     eu̯ – ou̯ griech. *σπεύδω* (*spéudō*) ‚eile‘ – *σπουδή* (*spudé*) ‚Eile‘, mhd. *biegen*
                                           – bouc,
     ē – ō griech. *πατήρ* (*patér*) ‚Vater‘ – *ἀπάτωρ* (*apátōr* ‚vaterlos‘, mhd.
                                          tâten – tuon,
     a – o griech. *ἄγω* (*ágō*) ‚treibe‘ – *ὀγμός* (*ogmós*) ‚Furche‘.

3. Besondere Bedeutung hat der Ablaut bei der Flexion der starken Verben.
Beide Arten des Ablauts wirken hier zusammen, und es gibt feste Ab-
lautreihen, nach denen die Verben in 6 Klassen eingeteilt werden (die
in einigen Grammatiken die 7. AR ausmachenden Verben hatten im
Germ. noch reduplizierte Präteritalformen). Die ersten 5 Klassen haben
den qualit. Ablaut von *e – o* (*e/o*-Reihen, 3.–5. Klasse) bzw. die Er-
weiterung mit den beiden Halbvokalen *i̯* u. *u̯* (*ei̯ – oi̯* 1. Kl., *eu̯ – ou̯* 2. Kl.)
und die entsprechende Schwundstufe[18]; die 6. Kl. war ursprünglich
rein quantitativ (*a – ā; o – ō*), im Germ. wird daraus auf Grund der
lautlichen Veränderungen ein quantitativ-qualitativer Ablaut:

---

[18] Die DSt. im Pl. Prät. der 4. u. 5. Kl. und die VSt. im Part. Prät. der 5. Kl. sind sicher-
lich jünger als die SSt., s. § 125, Anm. 95.

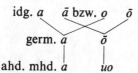

idg. *a*   *ā* bzw. *o*   *ō*

germ. *a*   *ō*

ahd. mhd. *a*   *uo*

Für die Ablautstufen in den einzelnen Klassen werden nun jeweils 4 Stammformen angegeben, da auch im Mhd. noch innerhalb des Präteritums der Sg. vom Pl. abgehoben ist (*hëlfen, half – hulfen, geholfen*), und zwar der Infinitiv (VSt.), der Sg. Prät. (abgetönte VSt. außer in der 2. Sg.), Pl. Prät. (SSt. bzw. DSt.) und das Part. Prät. (SSt. bzw. VSt.). Nach den Schwundstufen bzw. nach den dem ablautenden Vokal folgenden Konsonanten werden die Klassen eingeteilt. Ausführliche Beispiele für die einzelnen Klassen s. bei den starken Verben § 122 ff.

4. Nach der Laryngaltheorie gab es im Frühidg. mindestens drei Kehlkopflaute (Laryngale), die in den Einzelsprachen jedoch durchweg geschwunden sind (außer im Hethitischen): symbolisiert durch $H_{1,2,3}$ oder $ə_{1,2,3}$; H_1 ($ə_1$) bezeichnet etwa ein *h* oder einen *ich*-Laut, er sei ohne Einfluß auf einen vorangehenden oder ihm folgenden Vokal; H_2 ($ə_2$) sei etwa ein *ach*-Laut, er färbe andere Vokale zu *a* um; H_3 ($ə_3$) sei stimmhaft und gerundet, etwa got. *hv* (=hw), er färbe benachbarte Vokale zu *o* um.
Danach hätte es nur eine ursprüngliche Normalreihe gegeben:

e – o – Null.

Die kurzvokalischen Ablautreihen ergäben sich durch eine Verbindung der Vokale *e – o* mit einem unmittelbar vorhergehenden Laryngal:

$$(SSt)$$

$$H_1 e \ - \ H_1 o \ > \ e \ - \ o \qquad - \ \emptyset$$
$$H_2 e \ - \ H_2 o \ > \ a \ - \ a \ (\text{oder o?}) \ - \ \emptyset$$
$$H_3 e \ - \ H_3 o \ > \ o \ - \ o \qquad - \ \emptyset$$

Die langvokalischen Ablautreihen seien durch Kurzvokal + Laryngal entstanden: $\qquad$ (SSt)

$$e\,H_1 \ - \ o\,H_1 \ - \ H_1 \ > \ ē \ - \ ō \qquad - \ ə$$
$$e\,H_2 \ - \ o\,H_2 \ - \ H_2 \ > \ ā \ - \ ā \ (\text{oder ō?}) \ - \ ə$$
$$e\,H_3 \ - \ o\,H_3 \ - \ H_3 \ > \ ō \ (- \ ō) \qquad - \ ə$$

Dem entsprächen die Reihen mit Halbvokalen und Liquiden und Nasalen:

ei   – ai   i
eu   – ou   u
er(l, m, n)   or(l, m, n)   r̥, l̥, m̥, n̥

Ein Ablaut von a und o erklärt sich nach dieser Theorie durch
$$H_2 e = a, \quad H_2 o = o.$$

Kombinatorischer Lautwandel

§21 Übersicht

Der germanische Anfangsakzent bewirkt im System der kurzen Vokale vom Urgermanischen an assimilatorische Umfärbungen, die als „kombinatorischer Lautwandel, Vokalharmonie, regressive Assimilation" bezeichnet werden können. Es handelt sich dabei um die Angleichung eines betonten Phonems an das in einer Folgesilbe stehende unbetonte (z. T. auch schwachbetonte). Es tritt eine Umlautung ein, und sie ist, wenn vom Vokaldreieck ausgegangen wird, in drei Richtungen möglich: Wenn in einer betonten Silbe – es handelt sich dabei fast immer um Phoneme der Wurzelsilbe – ein durch starke Hebung des vorderen oder des hinteren Zungenrückens gekennzeichnetes Phonem steht, also /i/ (vorn) /u/ (hinten), denen mit flacherem Zungenrücken gebildete Vokale folgen: /a, e, o/, so erfolgt eine Assimilation der „hohen" Phoneme an die „tieferen":

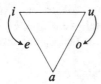   /i/ > /e/, /u/ > /o/ (s. §23)

Diese Senkung der hohen Phoneme wird in den deutschen Grammatiken gewöhnlich als „Brechung" bezeichnet, richtiger ist dagegen, von einem /a-, e-, o/-Umlaut zu sprechen (also nach dem die Umfärbung bewirkenden Phonem)[19] oder sogar nur von einem a-Umlaut.

Umgekehrt können aber auch die tieferen Phoneme /a, e, o/ durch die höheren /i, j, ī, u/ gehoben werden; so wird schon im Germ. /e/ vor /i, j/ zu /i/, und in althochdeutscher Zeit auch vor /u/. Dieser frühe i- bzw. u-Umlaut des /e/ > /i/ wird allgemein als „Wechsel von /e/ > /i/" bezeichnet (s. §22).

Bei der in althochdeutscher Zeit beginnenden Umlautung der hinteren Vokale /a, o, u/ durch ein /i, j, ī/ einer Folgesilbe (nur dieser Vorgang wird gewöhnlich als „Umlaut" oder „i-Umlaut" bezeichnet) erfolgt die Umfärbung stets in Richtung zum /i/, also „hinten" > „vorn", und damit beim /u/ > /ü/ auch horizontal (s. §24).

Bei allen Umlautungen wird bei der Realisierung des betonten vorangehenden hinteren Phonems die Zungenstellung des folgenden vorderen vorweggenommen (antizipiert). Der Umlautungsprozeß – die Bildung von Allophonen – beginnt zunächst jedoch nur, wenn das den Umlaut bewirkende

---

[19] Zur Fragwürdigkeit der Terminologie s. W. Morgenroth, Wiss. Zs. Greifswald, Jg. IX, 1959/60 Ges. u. Sprachwiss. Reihe Nr. 2/3, S. 209–216.

Phonem keinen Nebenton trägt, sondern in das durch den dynamischen Akzent betonte vorangehende Phonem einbezogen werden kann. Nur so ist zu verstehen, daß die der Phonemisierung folgende Graphematisierung in Fällen wie –́ ×̆, z. B. ahd. *wârî* > mhd. *wære*, ahd. *scônî* > mhd. *scæne* oder ×̆ × ×̆, z. B. ahd. *hánafîn, tágalîh* > mhd. *hänfen, tägelîh* erst seit frühmhd. Zeit erfolgt, dagegen bei Worttypen wie ×̆ ×, z. B. ahd. *gásti* > *gesti*, oder ◡̌ ◡ ×, z. B. ahd. *hamadi* > *hemidi* bereits im 8. Jh. festzustellen ist. Qualitative Veränderungen eines Phonems können auch bestimmte Konsonanten oder Konsonantenverbindungen bewirken, z. B. wird vor Nasalverbindungen idg. /e/ > germ. /i/, palatale Konsonanten begünstigen den Umlaut, andererseits können Konsonanten auch umlauthemmend wirken, z. B. /w, h/.
Im Vokaldreieck deuten die Pfeile diese Umlautungen an, Kürze und Länge der Vokale sind dabei nicht berücksichtigt.

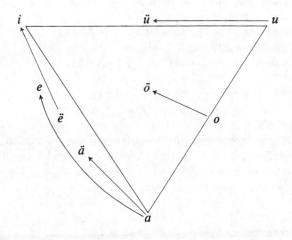

§ 22   Umlaut von /ẽ/ > /i/ (Wechsel)

Dieser Wechsel von /ẽ/ > /i/ ist z. T. schon im Germ. eingetreten, und zwar wird idg. /e/ zu /i/, 1. wenn in der Folgesilbe /i/ oder /j/ stand, 2. wenn dem idg. /e/ Nasal + Konsonant folgte, 3. in ahd. Zeit vor einem /u/ der Folgesilbe; sonst – vor /a, e, o/ – blieb das /e/ bis zum Mhd. und Nhd. erhalten.

1. /ẽ/ > /i/ vor /i, j/ der Folgesilbe

griech. *ἐστί* (*estí*) = *ist*; lat. *velit* = mhd. *ĕr wil*, lat. *neptis* = ahd. *nift*, mhd. *niftel* ‚Nichte‘; lat. *medius* = ahd. *mitti*, mhd. *mitte*; idg. **sedionom* > wgerm. **sittjan* > ahd. mhd. *sitzen* (§ 130 A); ahd. *ĕrda*: ahd. mhd. *irdîn*, *irdisch*; *bĕrg*:*gebirge* (< germ. **bĕrgaz*:ahd. *gibirgi*); mhd. *vĕlt*:*gevilde*

(< *gifildi*); mhd. *rëht:rihte*; *slëht:slihte* (*i*-Abstrakta im Ahd.); *gëben:gift*; *phlëgen:phliht*; *geschëhen:geschiht* usw.
Bei den st. Verben tritt dieser Wechsel zunächst in der 2. u. 3. Sg. Präs. ein: ahd. *nëman*, aber *nimis, nimit* = mhd. *nëmen:nimest, nimet*[20]; ahd. *gëban*, aber *gibis, gibit* = mhd. *gëben:gibest, gibet*. Im Ahd. kommt zu diesem älteren Umlaut vor /i/ in der 2. u. 3. Sg. auch der vor /u/ in der 1. Sg. Präs., also *nëmu > nimu, nimis, nimit:nëmamês* usw. = mhd. *nëmen:nime* (= *ich nehme, du nimmst, er nimmt*, aber *wir nehmen*, ebenso *du hilfst, er hilft*, aber *helfen* usw.).

2. /ë/ > /i/ vor Nasal + Konsonant

idg. *bhendh-* (lat. *offendix* ‚Knoten‘) = got. ags. as. *bindan*, ahd. *bintan*, mhd. *binden*; idg. *sent-* (lat. *sentire, sententia, sensus*) = ahd. mhd. *sin*; lat. *ventus* = ahd. mhd. *wint*; griech. πέντε (*pénte*) (< idg. *péŋqu̯e*) = ahd. *fimf, finf*, mhd. *finf, funf, fünf*. In Lehnwörtern: lat. *menta* > ahd. *minza*, mhd. *minze*; lat. *census* > ahd. mhd. *zins*.
In der Kl. 3a der st. Verben (*e* + Nasalverbindung im Idg.) wird dieses /e/ im Germ zu /i/, daher Wandel des idg. Ablauts von *e – o* hier zu *i – a* (mhd. *binden – bant, swimmen – swam, rinnen – ran*, s. § 124).

3. /ë/ > /i/ vor /u/ der Folgesilbe im Ahd. (u-Umlaut)

lat. *securus*: ahd. *sihhur*, mhd. *sicher*; germ. *fehu-* > ahd. *fihu*. Wichtig in der 1. Sg. Präs. st. Verben: *hilfu, gibu*, mhd. *hilfe, gibε* s. 1. (Hierher gehört auch der Diphthong /eu/ > /iu/ vor /u, i, j/ – sonst /eo/ > /io/ > /ie/ s. § 23,3). Doch ist das /ë/ auch öfter vor /u/ geblieben: ahd. *ërnust*, mhd. *ërnst*; ahd. *ëbur*, mhd. *ëber*, ahd. *mëtu*, mhd. *mëte*; auch vor *-unga*, mhd. *-ung* bleibt /ë/: *nëmunga, gëbunga, wërfunga*.

§ 23 Umlaut von /i/ > /ë/ und /u/ > /o/[21] (Brechung)

1. /i/ > /ë/

Im Ahd. wird vor einem /a, e, o/ der Folgesilbe /i/ > /ë/ umgelautet. Diese Umlautung tritt jedoch nicht ein, wenn dem /i/ Nasalverbindungen folgen, wenn den dunklen Vokalen /j/ oder /w/ vorangehen (z. B. bei den *jan*-Verben), und häufig auch nicht, wenn dem /i/ Lenes oder Sonore folgen; aber auch sonst unterbleibt sie häufig, wo sie zu erwarten wäre, z. B. in der 1. Kl. der st. Verben. Sie ist später und auch schwächer als die von /u/ > /o/.

---

[20] Im Idg. waren die Endungen (vgl. § 1 16): 1. Sg. Präs. *-ō* 2. *-esi* 3. *-eti*, im Germ. daher 1. *nëm-ō* 2. *nëm-isi* 3. *nëm-idi* > *nëmu, *nimis, *nimid* > ahd. *nimu, nimis, nimit*. Zuerst wurde also durch das auslautende *i* das *e* der Endung, dann durch dieses *i* das *e* der Wurzel verändert.
[21] Dieser Umlaut gilt nur für das Nord- und Westgermanische, das Gotische weicht ab.

Beispiele für /i/ > /ĕ/: idg. *nizdos (lat. nidus) = ags. ahd. mhd. nĕst, idg. *u̯iros (lat. vir) = germ. *wiraz > ahd. ags. as. mhd. wĕr ‚Mann', in ‚Werwolf' (in nĕst und wĕr liegt schon älterer Umlaut vor); ahd. stĕg, mhd. stĕgereif zu stîgan; lat. vicis = germ. *wihsla > ahd. wĕhsal > mhd. wĕhsel, dazu ahd. wĕhha > woche; germ. *kwikaz > ahd. quĕc (lat. vivus), nhd. keck und Queck(silber), aber: irqui̇́cken, mhd. erquicken (jan-Verb); germ. *libara > ahd. lĕbara, mhd. lĕber; germ. *hihara (vgl. lat. cicōnia) > ahd. hĕhara, hĕger > mhd. hĕher ‚Häher'; germ. *spikka > ahd. spĕc ‚Speck'; auch mhd. klĕben, lĕben, lĕcken, swĕben gehören hierher. In Lehnwörtern: lat. picem > ahd. mhd. pĕh, mlat. bicārium > ahd. bĕhhâri > mhd. bĕcher.
Doppelformen haben sich z. T. ergeben: mhd. wisse/wiste – wĕsse/wĕste ‚wußte', schif – schĕf, misse – mĕsse, krisme – krĕsme ‚Chrisma, Salbe', linen – lĕnen ‚anlehnen'; line – lĕne, lirnen – lĕrnen, schirmen – schĕrmen, schirm – schĕrm.
Stimmlose Konsonanten begünstigen die Umlautung, stimmhafte verhindern sie dagegen: ahd. nidar, mhd. nider; ahd. widar, mhd. wider; smid, smiden; rige ‚Riege'; zige; zil, zilen; bibe, biben ‚beben'; hine (< hina); auch vor /sk/ (mhd. sch) bleibt /i/: visch, vischen (< germ. *fiskaz, ahd. fiskôn).
Nicht eingetreten ist sie im Part. Prät. der 1. Kl. der st. Verben: ahd. gigriffan, giritan, gistigan = mhd. gegriffen, geriten, gestigen usw. Das Ablaut-i war offenbar so stark, daß es von dieser im ganzen etwas schwächeren „Brechung" – gegenüber der von / /u/ > o/ – nicht umgefärbt werden konnte.

2. /u/ > /o/

/u/ hatte schon im frühen Germ. als Allophon vor /a-, e-, o/-haltiger Folgesilbe [o] neben sich, dieses [o] wurde schon im Germ. phonemisiert. Diese Senkung von /u/ > /o/ ist intensiver als die spätere von /i/ > /e/.
/u/ bleibt vor Nasalverbindungen und vor /i, j/ der Folgesilbe erhalten. (Im Got. gibt es diese Senkung jedoch nicht): lat. iugum = germ. *i̯ukan > *i̯okan > ahd. mhd. joh ‚Joch'; germ. *wulfaz > *wolfaz > ahd. mhd. wolf, aber wülpinne ‚Wölfin'; ebenso /o/ < /u/ in mhd. vogel: vugelîn und gevügele (< gifugili); zorn: zürnen (< zurnjan), holz: hulzîn ‚hölzern'; horn: hürnîn, tor: türe, holt: hulde, hof: hübesch (hövesch ist jünger), sorge, vol: fülle, füllen; bote: bütel (< boto u. butil, zu bieten), gold: guldîn, wolle: wullîn, wort: antwürte, loch: lücke, loben: gelübede, vorhte: fürhten.
Bei den st. Verben der Kl. 2, 3b u. 4 geht /o/ auf das /u/ der Schwundstufe im Part. Prät. zurück, daher wechseln /u/ – /o/ in den Stammformen: biegen, bouc, bugen: gebogen (< ahd. gibogan < germ. *buganaz); bieten, bôt, buten: geboten; hĕlfen, half, hulfen: geholfen; wurden: geworden; genomen (< ahd. ginoman < *numanaz < idg. *nm̥onós). In der Kl. 3a aber bleibt /u/ – es folgt eine Nasalverbindung –: binden, bant, bunden:

gebunden (/o/, etwa in *geswommen, geronnen, gewonnen* usw., ist erst beim Übergang zum Nhd. vor dem Nasal entstanden, ebenso in *Sonne, Nonne, Wonne* < mhd. *sunne, nunne, wunne,* s. § 10).
Auch in *truhtîn* ‚Herr' ist das /u/ zu /o/ geworden (wohl wegen des *a*-haltigen *h*): *trohtîn,* daneben kommt aber auch *trëhtin* vor.
/u/ u. /o/ wechseln auch im Inf. u. Prät.: *fürhten* (< **furhtjan*), aber Prät. *vorhte* (< ahd. *forahta*); *würken* (< *wurkjan*):*worhte,* und bei Präterito-Präsentien: *wir suln:solte, wir tugen:tohte, wir mugen:mohte* (ahd. jeweils *-um* in der Endung der 1. Pl., aber im Sg. Prät. *-a* in der Endung).

3. Germ /eu/, mhd. /iu/, /ie/

Der germ. Diphthong /eu/ entwickelt je nach den Vokalen der Folgesilbe Allophone, wie es bereits bei seinen einzelnen Bestandteilen /e/ und /u/ der Fall war, d. h. vor /a, e, o/ – also den tieferen Vokalen – wird [u] zu [o] gesenkt, und [e] bleibt erhalten, so daß das Allophon [eo] entsteht; folgen jedoch die höheren – /i, j/ oder /u/ – wird [e] zu [i] gehoben, so daß sich [iu] ergibt. Beide Allophone werden schon in frühahd. Zeit phonemisiert. Für die ahd. Mundarten aber darf dieser Vorgang nicht allzu weit zurückverlegt werden; denn in Urkunden des 8. Jhs., aber auch vereinzelt in Denkmälern des 8. Jhs. ist auch ⟨eu⟩ noch belegt. Es ist weiterhin ein geographischer Gegensatz Nord/Süd festzustellen: In den obd. Mundarten geht die Tendenz dahin, daß /eu/ zu /iu/ wird – eine Parallelentwicklung gab es im Gotischen, dort wurde jedes /eu/ zu /iu/ –; denn die Regel, daß /eo/ vor /a, e, o/ entsteht, gilt ohne Einschränkung nur für das Altsächsische und für das Fränkische; im Obd. führt die Entwicklung nur dann zum /eo/, wenn zwischen /eu/ und /a, e, o/ Dentale oder germ. /h/ stehen, vor Labialen und Velaren entsteht /iu/. Wie sich aber auch sonst vokalische Veränderungen vom Norden nach dem Süden ausgebreitet haben (z. B. Diphthongierung, Umlaut), dringt auch das nördliche /io/ (< /eo/) allmählich – im 10. Jh. – in die obd. Mundarten ein. /eo/ geht vereinzelt schon im 8. Jh. in /io/ über, /io/ gilt im 9. und 10. Jh., dann erfolgt wieder eine Assimilierung der Diphthongteile zu /ie/. Dieses /ie/ < /io/ fällt dann auch phonetisch mit dem schon etwas früher aus /$\bar{e}_2$/ (> ea > ia > ie) entstandenen /ie/ zusammen. Ab 1000 (Notker) wird durchweg ⟨ie⟩ geschrieben; es bleibt bis zur nhd. Monophthongierung zu /ī/ auch im Mhd. als Diphthong [i–e] bestehen. In allen Fällen, in denen /iu/ entstanden war, wird bis in die mhd. Zeit hinein ⟨iu⟩ geschrieben, und es ist wohl auch bis zum 10. Jh. als [i–u], also getrennt, zu sprechen; dann erfolgt im Alem. eine Kontraktion zu einem langen [ü]-Laut, und dieses [ü] fällt mit dem Phonem zusammen, das sich beim Umlaut des langen /ū/ ergeben hat (z. B. *hūsir* > *hiusir*) und dem Umlaut des diphthongischen /iu/ (z. B. in *liuti*), die beide ebenfalls ⟨iu⟩ geschrieben werden. Dieses ⟨iu⟩ (= /ǖ/) wird später zu /ɔø/ diphthongiert (geschrieben ⟨eu⟩ oder ⟨äu⟩).
Beispiele für /eu/ > /eo/ vor /a, e, o/ im Fr. und im Obd. (hier nur vor

Dentalen und germ. /h/): germ. *beudan > ahd. beotan > biotan > bieten; germ. *teuhan (as. tiohan) > ahd. ziohan > ziehen; für /iu/ vor /i, j, u/: ahd. fliugu, fliugis, fliugit > mhd. ich vliuge, du vliugest, er vliuget. Durch die Diphthongierung ergibt sich in der 2. und 3. Sg. (in der 1. ist später Angleichung an den Pl. eingetreten): du fleugst, er fleugt; z. T. werden diese Formen noch im 19. Jh. verwendet („Was da kreucht und fleucht"), ebenso er beut ‚er bietet' < mhd. biutet < ahd. biutit usw. Doch sind all diese Formen durch Systemzwang wieder beseitigt worden: Inf. und das gesamte Präsens werden ausgeglichen, zumal das iu in der 1. Sg. nicht allzu fest war, daher heute: fliegen, ich fliege, du fliegst usw.

Beispiele für /eo/ > /io/ im Fr., aber /iu/ im Obd. vor /a, e, o/, wenn Labiale und Velare dazwischenstehen: fr. flioga, obd. fliuga ‚Fliege', fr. liogan, obd. liugan = mhd. liegen ‚liegen'; fr. tiof, obd. tiuf = mhd. tief.

§ 24   i-Umlaut

„Umlaut" bedeutet in den meisten alt- und mittelhochdeutschen Grammatiken die Umfärbung eines vokalischen Phonems durch ein /i, j, i̯/ einer Folgesilbe. Der Umlautungsprozeß beginnt damit, daß zu den germanischen kurzen und langen /a, o, u/ und zu den Diphthongen /ou, uo, iu/ z. T. schon seit dem 8. Jh. Allophone treten, wenn einer betonten Silbe eine unbetonte mit einem /i/-haltigen Element folgt und beide Silben eine gewisse Einheit bilden, so daß die Lippen- und Zungenstellung des [i, j] oder [i̯] bei der Realisierung des vorangehenden „tieferen" und „gerundeten" Phonems einfließt, d. h. vorweggenommen wird. Damit erklärt die Antizipationstheorie besser als die „Mouillierung" und die „Vokalunterströmung" das Zustandekommen des Umlauts.[22]

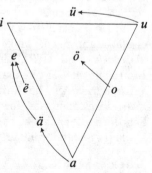

Zuerst entwickeln /a, o, u/ Allophone in Richtung des /i/, und sie verteilen sich komplementär [a ä], [o ö], [u ü], werden allmählich aber zu selbständigen Phonemen. Als eigenes Graphem erscheint das neue Phonem zunächst jedoch nur bei dem umgelauteten /a/ – schon im 8. Jh. – und durchweg als ⟨e⟩, aber daneben auch als ⟨e, æ, å, ei⟩

[22] Zu den Theorien s. außer Braune, Althochdeutsche Grammatik § 8 a u. § 51 – dort auch weitere Literatur – bes. H. Brinkmann, Sprachwandel u. Sprachbewegung in althochdeutscher Zeit, Jena 1931, S. 77 ff. – W. G. Moulton, PBB (Tüb.) 83, 1961, S. 19 ff. – V. Schirmunski, Zs. f. Anglistik und Amerikanistik 9, 1961, S. 139 ff. – St. Sonderegger, Kratylos IV, Wiesbaden 1959, S. 1–12. – E. H. Antonsen, PBB (Tüb.) 86, 1964, S. 177 ff. – G. Schweikle, ebd., S. 197 ff. Er gibt durch die Betonung des Akzents eine gute Erklärung.

und auch ⟨ai⟩ (bei völliger Assimilation sogar als ⟨i⟩) in den ahd. Hss.
Dieses /e/ tritt neben das alte germ. /e/ (in den Grammatiken ë) und über-
holt es sogar, indem es als geschlossener Vokal realisiert wird. Das Überholen
ist durch eine Phonemspaltung des germ. /ë/ zu erklären: das germ. /ë/ bil-
dete vor /i, j, ī/ hohe Allophone [bret:brẹtir], die dann mit dem /e/ < /a/
zusammenfielen. Auf das geschlossene [e] als Allophon von germ. /e/ weisen
vor allem die *i*- und auch *ei*-Schreibungen vor /i/ und /s/ hin: *velis – fili-
se – feiliso* im Abrogans und *suister* neben *suestar* im Tatian.
Dieser zuerst beim kurzen /a/ als ⟨e⟩ graphematisierte Umlaut – im 8. Jh.
erscheint ⟨e⟩ jedoch noch nicht konsequent, er setzt sich erst im 9. Jh.
überall durch – heißt „Primärumlaut".

1. Primärumlaut: /a/ > /e/

Er wird durch *e* in den Drucken wiedergegeben (es ist ein geschlossenes,
dem /i/ nahestehendes /e/):
ahd. *gast*, Pl. *gesti, kraft – krefti, aphul – ephili* (*i*-Deklination) = mhd.
gast, Pl. *geste, kraft – krefte, apfel – epfel*;
Neutr. Pl.: ahd. *lamb – lembir* > mhd. *lamp – lember* > *lemmer* (*mb* > *mm*);
2. 3. Sg. Präs. ahd. *faru – feris, ferit* > mhd. *vare – ver(e)st, vert*;
bei Bildungssuffixen:
Komparativ ahd. *lang – lengir – lengisto* > mhd. *lang – lenger – lengeste*,
dazu *lengî* > *lenge* ‚die Länge' (*î*-Abstraktum), adj. *ja*-Stämme: ahd. *festi*,
aber Adverb *fasto* > mhd. *veste – vaste, jan*-Verben: got. *branjan* = ahd.
mhd. *brennen*, aber *branta* > mhd. *brante* (sogen. Rückumlaut s. § 135a),
-isc; *mannisco* > *mennisc* > *Mensch*.
Dieses alte Umlaut-[e] ist mdal. in einigen Fällen gerundet zu [ö]: ahd.
framadi > *fremedi* > *fremede* > *frömde*; *skepfâri* > *schöpfer* usw. /ö/
ist im Nhd. anstelle des mhd. /e/ eingetreten in: *Schöpfer, schöpfen, Schöffe*,
zwölf = got. *twalif*, ahd. *zwelif, Löffel, Löwe* < lat. *leō, Hölle* (got. *halja*,
ahd. *hella*, mhd. *helle*), *gewöhnen* < mhd. *gewenen*, s. § 31.
Bestimmte Stellungen und einige Konsonantenverbindungen hindern und
verzögern jedoch die Antizipation des [i, j], so daß im Ahd. der Umlaut
nicht bezeichnet ist. Vom 12. Jh. an erscheint er aber auch hier in der
Schrift, und er heißt zur Unterscheidung von dem älteren (primären)
Umlaut „Sekundärumlaut".

2. Sekundärumlaut

vor /ht, hs/: ahd. *maht*, Pl. *mahti*, Adj. *mahtig* > mhd. *maht – mähte –
mähtec*, ebenso in mhd. *naht – nähte, geslähte, wahsen – wähset*;

vor /rw/: *garwen* > mhd. *gärwen* > nhd. *gerben, farawen* > *färwen*;

vor /l/- u. /r/-Verbindungen (hier war der Umlaut im Ahd. nur im Fränk.
eingetreten, im Alem. z. T., bes. bei den /r/-Verbindungen, das Bair. war
am beharrlichsten): ahd. obd. *halten – haltis, haltit*; *alt – altiro, altist*,

mhd. *halten – hältst, hält; alt – älter, ältest*; im Bair. fehlt der Umlaut
z. T. auch heute noch, z. B. *du haltest, er haltet*;

vor /lh/: *walh* ‚der Welsche' – *wälhisch, wälsch*;

bei /i/ in übernächster Silbe: ahd. *magadi* > mhd. *mägede, zahari zähere,
fravali* > *frävele* (nhd. = Frevel, ahd. mhd. = Mut), *faterlîh* > *väterlich,
tagalîh* > *tägelich, kraftlîh, langlîh, scantlîh* > mhd. *kräftlich* (aber schon
ahd. *kreftig*!), *länglich, schäntlich*;

auch vor *-nissa* und *-lîh, -lîn* (wegen des Nebentons im Ahd. kein Umlaut),
z. B. *vaterlîn* > *väterlîn*;

vor /-iu/: ahd. *alliu* (Nom. Sg. Fem. u. Nom. Akk. Pl. Neutr. von *al*)
mhd. *älliu*.

Dieser jüngere *e*-Laut ist offener als der des Primärumlauts, sogar noch
offener als das germ. /ë/, in den Drucken wird er durch *ä* wiedergegeben.
In den mhd. Hss. erscheinen die *e*-Laute durchweg als ⟨e⟩, nur obd. Hss.
schreiben für den Umlaut des langen /ā/ ein ⟨æ⟩.
Im Nhd. werden die beiden Umlaut-*e* bei Kürze nicht unterschieden, sie
werden offen gesprochen. In der Schrift erscheint *ä*, wo der Zusammenhang
mit /a/ noch erkannt wird, sonst *e*: *Gast – Gäste, Macht – mächtig*, aber:
alt – älter – die Eltern, fest – fast; bei den schwachen Verben *denken* (= got.
þankjan), *brennen, wenden, senken* usw., aber *hangen – hängen, trinken,
trank – tränken* usw.
Bei Dehnung fällt dagegen das /e/ des Primärumlauts mit dem langen
mhd. /ē/ und dem gedehnten germ. /ë/ zusammen: [ẹ̄], es ist ein langes,
geschlossenes /ē/, z. B. heben, Heer, Schnee, geben.
Das gedehnte /e/ des Sekundärumlauts fällt mit dem Umlaut des langen
/ā/ zusammen: [ä̱], es ist ein langes offenes /ǟ/, z. B. väterlich, wäre, käme.
ä steht statt mhd. /ë/ in: *Bär* < ahd. *bëro*, mhd. *bëre; gebären* < ahd.
gibëran, mhd. *gebëren*.

3. Umlaut der übrigen hinteren Vokale

Nach dem kurzen /a/ wird zunächst der Umlaut des langen /ū/ (schon bei
Notker um 1000) durch ⟨iu⟩ bezeichnet:
ahd. *hûs*: Pl. *hûsir* > *hiusir* > mhd. *hûs:hiuser* ⟨iu⟩ = /ǖ/. Dieser Um-
laut fällt mit dem aus dem germ. /eu/ entstandenen /iu/ zusammen, das
im Mhd. ebenfalls *ü* gesprochen wird, und auch mit dessen Umlaut, der
meist unbezeichnet bleibt: ahd. *liuti* – mhd. *liute, tiutsch* < ahd. *diutisk*
u. a.

Der Umlaut wird seit dem 12. Jh. ferner angegeben bei:
/ā/ > /æ/: ahd. *wâri* > mhd. *wære*, ahd. *sâlig* > mhd. *sælec*;
/ō/ > /œ/: ahd. *skôni* > mhd. *schœne*, ahd. *hôh*: Kompar. *hôhiro* > mhd.
hœher;

/u/ > /ü/: ahd. *sun*: Pl. *suni* > mhd. *süne* (nhd. /ü/ > /ö/ vor Nasal: *Söhne*);
/ou/ > /öu/: mhd. *ouge*:*öugelîn*, *öugen* (< *ougjan*);
/uo/ > /üe/: ahd. *truog*: Konj. *truogi* > mhd. *trüege*; *bluot* ‚Blüte' : *blüejen*.
/ū, ou, uo/ bleiben jedoch im Obd. unumgelautet vor folgendem Labial,
z. B. *erlouben, rûmen, uoben*; im Md. ist der Umlaut dagegen vorhanden.
Zu *ouwe, vrouwe* und /u/ vor /w/ s. § 35,4,6.
Das den Umlaut bewirkende /i/ war im Mhd. schon zu /e/ abgeschwächt,
außer in schweren Ableitungssilben, daher muß der Umlaut noch vor
oder während dieser Abschwächung eingetreten sein.[23]
Das kurze /o/ hat im Ahd. nirgends vor einem /i/ stehen können, da es nur
durch „Brechung" aus /u/ entstanden und vor /i/ nur /u/ möglich war. Wenn
im Mhd. (und auch im Nhd.) trotzdem /ö/ < /o/ vorhanden ist, so ist dieses
/ö/ nur durch Analogie zu erklären, z. B. *holz*:*hölzer*, *loch*:*löcher*; aber da-
neben noch die regelmäßige Form mit /u/ bzw. /ü/: *hülzîn, gehülze*, auch hier
ist /ü/ in Anlehnung an *holz* im Nhd. beseitigt: *Gehölz*, ebenso: *horn*:*hör-
ner*, aber daneben: *hürnîn, gehürne*; *hof*:*hövesch*, aber älter ist *hübesch*
(hier haben die verschiedenen Formen zu einer Bedeutungsdifferenzierung
geführt).
Umlaut können auch bestimmte – besonders palatale – Konsonanten be-
wirken, so *sch*: *dreschen, leschen*, hier ist /ë/ > /e/ geworden; auch vor *st*:
gestern, swester, deste.
Auch durch Enklise bewirkter Umlaut ist möglich: *sam mir* > *sem mir*,
daȝ ist > *dest, mag ih* > *meg ich*, s. § 2,1.

4. Zur Funktion des *i*-Umlauts

Der Umlaut hatte bis zur Abschwächung der ihn auslösenden Phoneme
/i, j, ī/ zu /e/ oder /ə/, also bis zur Phonemisierung der Umlauts-Allophone
keine Funktion innerhalb des Formensystems der Substantive, Adjektive,
Verben und in der Wortbildung. Diese – anfängliche – Funktionslosigkeit
läßt sich mit der des Ablauts im Idg. vergleichen, dieser war als mecha-
nische Folge des wechselnden dynamischen oder auch musikalischen Ak-
zents entstanden, der Umlaut auf Grund des starken germ. Anfangsakzents,
und erst seit dem 11. Jh. wird er allmählich zum Kennzeichen von Formen-
Oppositionen, ein Vorgang, der im Frühnhd. und im Nhd. z. T. zu analogen
neuen Umlauten führt:
a) bei Substantiven: Sg. – Pl. bei maskulinen und femininen *i*-Stämmen:
ahd. *gast – gesti* usw. s. o., analog (schon mhd.) *vater – veter, muoter –
müeter*; nhd. *Boden – Böden, Faden – Fäden, Vogel – Vögel, Acker –
Äcker*.
Bei neutralen idg. *-es/os-*, germ. *-iz/az*-Stämmen Umlaut + *er*, dann
übergreifend auf andere Neutra und Maskulina: *lamb – lember* s. o.

---

[23] Nach Schweikle hatte „dieser Endsilbenlaut nur die Richtung für den Assimilations-
vorgang anzugeben; die Kraft lieferte das Druckgefälle" (a. a. O. S. 224).

b) bei der Steigerung der Adjektive: Positiv – Komparativ/Superlativ, mhd. *lanc – lenger/lengest, hôh – hæher/hæhest.*

c) bei Verben: 2. u. 3. Pers. Sg. der starken Verben: ahd. *veris, verit* > mhd. *ver(e)s, vert* > nhd. *fährst, fährt.*

mhd. 2. Pers. Sg. Prät. Ind.: *du vüere, hülfe* (nhd. *du fuhrst, halfst*). Ind. – Konj. Prät.: mhd. *vuor – vüere* > nhd. *fuhr, führe.*

Präs. – Prät. der schwachen Verben mit sogen. Rückumlaut (s. § 135):

e – a	*brennen*	*– brante*	
ü – u	*füllen*	*– fulte*	
æ – a	*wænen*	*– wânte*	analog dazu: *ê – â kêren – kârte*
œ – ô	*hœren*	*– hôrte*	*lêren – lârte*
iu – û	*hiulen*	*– hûlte*	*iu – û liuhten – lûhte*
üe – uo	*vüeren*	*– vuorte*	

md. *öu – ou löugenen – lougente*

d) in der Wortbildung: die *i*-haltigen Suffixe bewirken in den abgeleiteten Formen vielfach Umlaut:

Maskulina – movierte Feminina: mhd. *hunt – hundinne* > *Hund – Hündin, vuhs – vühsinne, Koch – Köchin, man – mennin,* mhd. *hane – henin, affe – effin*;

Grundwort – Abstraktbildungen: mhd. *guot – güete* > *gut – Güte,* mhd. *hôh – hœhe* > *hoch – Höhe*;

Grundwort – Diminutive: mhd. *vrouwe – vrouwelîn* > *Frau – Fräulein,* mhd. *zunge – züngelîn* > *Zunge – Zünglein,* mhd. *tohter – tohterlîn* > *Tochter – Töchterlein*;

Grundwort – Adjektive: mhd. *nôt – nœtic, guot – gütig,* frnhd. *gold – güldin,* nhd. *Vater – väterlich, bruch – brüchic; man – menlich*;

Adjektiv – Adverb: ahd. *scôni – scôno* > mhd. *schœne – schône,* mhd. *fest – fast, spæte – spâte*;

starke Verben/Adjektive/Substantive – schwache Verben: mhd. *gruoz – grüezen,* nhd. *fallen – fällen, genësen – ernähren,* mhd. *rôst – ræsten* > *Rost – rösten, warm – wärmen, Traum – träumen.*

§ 25   Monophthongierung von germ. /ai/ und /au/

Die Bestandteile der beiden Diphthonge /ai/ (< idg. /ai, oi, əi/) und /au/ (< idg. /au, ou, əu/) assimilieren sich in den ahd. Mundarten unter bestimmten Bedingungen vollkommen, im Altsächsischen in jedem Falle, so daß je ein Monophthong entsteht; so wird im As. jedes /ai/ zu /ē/ und jedes /au/ zu /ō/ (germ. *bain* > as. *bên, baum* > *bôm, auga* > *ôga*). In den hd. Mundarten vollzieht sich die Assimilation von /ai/ > /ē/ nur vor /r, h, w/ (/ai/ wird zuerst > *ae* – so oft in Handschriften des 8. Jhs. –, dann tritt totale Assimilation ein); und die von /au/ > /ō/ nur vor Dentalen

/d, t, s, z, ʒ, n, l, r/ und germ. /h/ und im Auslaut (auch hier erfolgt zuerst die Senkung des zweiten Bestandteils *au* > *ao* dann die totale Assimilation). Die Monophthongierung des /ai/ > /ē/ breitet sich vom Norden her bereits im 7. Jh. zum Fränkischen aus; im Südrheinfr. ist *ai* noch in Urkunden belegt, aber schon in der ersten Hälfte des 8. Jhs. ist die Monophthongierung durchgedrungen. (Es entsteht ein offenes ē [ɛ:], das z. T. ⟨ae, æ, e⟩ geschrieben wird; es ist zwar vom geschlossenen /ē₂/ unterschieden, übt aber doch einen Druck („phonologischen Schub") darauf aus, so daß dieses /ē₂/ diphthongiert wird.) Beispiele: got. *air* = ahd. *êr* ‚früher', got. *aiz* = ahd. *êr* ‚Erz', got. *maiza* = ahd. *mêro* ‚mehr'. Im Sg. Prät. der 1. Kl. der starken Verben tritt durch die Monophthongierung eine Spaltung ein: Statt regelmäßigem *i – ei, i – i* (*rîtan – reit, ritun – giritan*) erscheint vor /r, h, w/ *ē*: *i – ē, i – i* (*lihan – lêh, liwum – giliwan*). Auch im Auslaut, in Endungen und Nebensilben wird /ai/ > /ē/: got. *wai* = ahd. *wê* ‚wehe', got. *sai* = ahd. *sê* ‚siehe', Dat. Pl. got. *blindaim* = ahd. *blintêm*, got. *þaim* = ahd. *dêm, beide* neben *bêde*.
Beispiele für die Monophthongierung von /au/ > /ō/: got. *dauþus* = ahd. mhd. *tôd*, got. *auþs* = ahd. *aodi, ôdi* > mhd. *oede*, anord. *grautr* = ahd. *grōʒ*, germ. **skaunis/z* > ahd. *skôni* > mhd. *schoene*, got. *hausjan* = ahd. *hôren*, got. *stautan* = ahd. *stôʒan*. In der 2. Kl. der starken Verben tritt dadurch ebenfalls eine Spaltung ein: Statt *eo (io, ie) – au (ou), u – o (biogan – boug – bugum – gibogan)* steht vor Dentalen und germ. /h/: *ō, eo (io, ie) – ō, u – o (biotan – bôt, butum – gibotan, ziohan – zôh, zugum – gizogan)*.
Die Monophthongierung von /au/ > /ō/ beginnt ebenfalls im Fränkischen, sie ist später – im 8. Jh. – feststellbar als die von /ai/ > /ē/. In den ältesten Denkmälern ist sie noch zu beobachten. Das zunächst sehr offene /ō/ [ɔ:] wird im Bair. und in bair.-fr. Quellen z. T. durch ⟨ao⟩ bezeichnet und ist anfangs wohl auch noch als Diphthong zu sprechen. ⟨ao⟩ zeigt zugleich, daß zuerst eine Senkung des zweiten Diphthongteils erfolgte, dann assimiliert sich der erste total, so daß der Monophthong entsteht (das gilt auch für die Monophthongierung von /ai/ > /ē/). Bair. Urkunden haben bis zum Beginn des 9. Jhs. durchweg ⟨ao⟩, aber auch die Abrogans-Hs. a hat 84 ⟨ao⟩ gegen nur 7 ⟨ô⟩. In den jüngeren bairischen Quellen findet sich dann nur noch ⟨ô⟩. Dieses anfangs offene /ō/ rückt langsam in die Stellung des germ. /ō/ vor, das in die Diphthongierung ausweicht. Der teilweise graphische Zusammenfall wird niemals ein lautlicher gewesen sein.
Für beide Monophthongierungen gilt, daß sie nicht vor dem bei der 2. LV aus germ. /k/ entstandenen ahd. /h/ erfolgen, sondern nur vor dem germ. /h/: got. *taikns* = ahd. *zeihhan*, got. *auk* = ahd. *ouh*, aber got. *hauhs* = ahd. *hôh*. (Im Altsächsischen werden dagegen jedes /ai/ und /au/ monophthongiert.) Für das Phonem /ō/ wird als Allophon schon Ende des 10. Jhs. ein [ȫ] vorhanden gewesen sein, in der Schrift erscheint das umgelautete Allophon des /ō/ jedoch erst vereinzelt im 11. Jh. als ⟨oi⟩.
Da /au/ und /ai/ nur kontaktbedingte Allophone entwickeln, [ę̄, ǭ] – soweit

es die Stellung vor /h/ betrifft – nur vor dem germ. /h/ entstehen, nicht aber vor dem bei der 2. Lautverschiebung aus germ. /k/ hervorgegangenen /h/, müßten die Allophone bereits vor dem Übergang des /k/ > /h/ aufgetreten sein, falls im Auslaut beide /h/ (germ. /h/ und /h/ < germ. /k/) als Phonem zusammengefallen sind; ein solcher Zusammenfall aber ist allein von der *h*-Schreibung im Ahd. kaum nachweisbar, und die vokalische Entwicklung vor h₁ und vor h₂ spricht eher dagegen, so daß von der Verschiebung des /k/ > /h/ kein Zeitansatz für den Beginn der Monophthongierungen zu gewinnen ist.

§ 26 Diphthongierung von /ē₂/ und germ., frühahd. /ō/

Als Folgeerscheinung der Monophthongierungen von germ. /ai/ > /ē/ und germ. /au/ > /ō/, also als „phonologischer Schub", erfolgt etwa von der Mitte des 8. Jhs. innerhalb der nächsten hundert Jahre die Diphthongierung des in den Grammatiken als ē₂ bezeichneten Phonems, das zwar verschiedener Herkunft, im Frühahd. aber doch als einheitliches Phonem vorhanden gewesen sein muß (über dessen Qualität allerdings die Ansichten auseinandergehen) und danach auch die des germ. /ō/. Als Voraussetzung für die Diphthongierung ist wohl von einer Zweigipfligkeit auszugehen, die auch in den Graphemen ⟨ee⟩ und ⟨oo⟩ zum Ausdruck kommt, und erst daraus entsteht durch die weitere Spannung [ea] und schließlich [ia], danach erfolgt wieder eine allmähliche Assimilierung der Diphthongteile > /ie/, die bis zur Monophthongierung im Mhd. erhalten bleiben, für /ō/ gilt dasselbe; /ie/ und /uo/ gelten vom Ende des 9. Jhs. an in allen Dialekten. Vorher jedoch ist vor allem der Diphthongierungsgrad des germ. /ō/ ein gutes Kennzeichen für die Unterscheidung der ahd. Mundarten.

1. /ē₂/: Diphthongierungsgrade: [ē, éè > ea > ia > ie]

Herkunft und Beispiele:
a) in germ. oder sehr früh entlehnten Wörtern: got., as. *hēr* = ahd. *hear, hiar, hier* (= mhd., nhd. *hier*); as. *mēda*, ags. *mēd* = ahd. *meata > miata > mieta* (Lohn, Miete); frühahd. *zêri > zeari > ziari > zieri* (schön, Zier); ae. *cēn* (= Fackel aus harzreichem Nadelholz) = ahd. *kên, kien* (Pechfackel, Kien); frühahd. *skêri* (scharf, hitzig im Aufspüren), Adv. *skêro > skiaro, skioro > skiero* (schnell, schier); got. *mēs* = ahd. *meas, mias* (Tisch); *Chrēchi > Chreachi, Kriachi* (= got. *Krēks*), (Griechen); got. *fēra* = ahd. *fêra, feara, fiara* (Seite).
b) durch Verschmelzung des Reduplikationsvokals /e/ mit dem Wurzelvokal der 1. Kl. der reduplizierenden Verben, z. B. germ. *hehaita > hehait > heait > hēt* (= anord., as., nnd.) > ahd. *heaȝ, hiaȝ, hieȝ*, ebenso in *halten, hielt; viel, bien* zu *bannen, vieng, hieng, spien* zu *spannen, wielt* zu *walten, gieng* zu *gangan* u. a.

c) lat. /ē/ in Lehnwörtern: *tēgula* > *zeagal* > *ziagal* > *ziegel* = mhd.; *brĕve* > *briaf* > *brief*; *spēculum* > *spiagel* > *spiegel*; *presbyter* > *prēstar* > *priester*, daneben auch *prēst, priast*; *fēbris* > *fiabar* > *fieber*. (Das kurze lat. /e/ war zur Zeit der Übernahme zu mlat. /ē/ geworden.)

Zur Chronologie:

In den älteren ahd. Denkmälern kommt /ē/ (z. T. als ⟨ee⟩) noch regelmäßig vor. Gegen 800 erscheint ⟨ea⟩; in der ersten Hälfte des 9. Jhs. geht die Entwicklung zu ⟨ia⟩ weiter (noch Otfrid hat vor allem ⟨ia⟩), aber auch ⟨ie⟩ gibt es jetzt bereits (bes. im Tatian), am Ende des 9. Jhs. gilt durchweg ⟨ie⟩. Dieses ⟨ie⟩ wohl auch Phonem /ie/ fällt dann zusammen mit dem /ie/ < /io < eo/ < germ. /eu/. /ie/ bleibt als Diphthong bis in die mhd. Zeit hinein bestehen bis zur Monophthongierung.

2. Germ. /ō/: Diphthongierungsgrade: $[\bar{o} > \acute{o}\grave{o} \overset{\text{oa—ua}}{\underset{\text{uo}}{<}} \text{uo}]$

In allen hochtonigen Silben vollzieht sich beim germ. /ō/ (< idg. /ā/ und /ō/) ein Diphthongierungsprozeß von der Mitte des 8. Jhs. bis zum Ende des 9. Jhs. in allen ahd. Mundarten (ausgenommen ist nur das Langobardische – hier bleiben /ē₂/ und /ō/ unverändert erhalten). Die Diphthongierung ermöglicht im 8. und 9. Jh. eine Unterscheidung der Mundarten: das Bairische bleibt bis etwa 850 beim /ō/ (z. B. Wess. Gedicht *cootlihhe*), nur Freisinger Urkunden haben schon vor 743 neben ⟨ô⟩ auch ⟨oa⟩. In der 2. Hälfte des 9. Jhs. setzt sich im gesamten Bair. ⟨uo⟩ durch, das ab 900 gilt. Im Alem. steht in der 2. Hälfte des 8. Jhs. neben ⟨ô⟩ bereits ⟨oa⟩, schon am Ende des 8. Jhs. beginnt ⟨ua⟩, das dann zum Hauptkennzeichen des Alem. im 9. Jh. wird. Im Laufe des 9. Jhs. erfolgt auch im Alem. der Übergang zum ⟨uo⟩; ⟨ua⟩ aber gilt auch im Südrheinfränkischen, es ist dem Alem. benachbart, Otfrid schreibt z. B. ⟨ua⟩. Unterscheidungsmerkmal zum Alem. ist dann der Durchführungsgrad der 2. Lautverschiebung (alem. /b/ > /p/). Im übrigen Fränkischen aber gilt seit Beginn der Diphthongierung – sie setzt im Rheinfr. bereits um 750 ein – ⟨uo⟩. In den älteren Urkunden kommt daneben noch ⟨ô⟩ vor, um 880 aber herrscht ⟨uo⟩.

Übersicht (nhd. *Buch*):

	Altsächs.	Fr.	Südrhfr.	Alem.	Bair.
750	*bôk*	*bôh, buoh*	*bôh*	(b)*pôh*	(b)*pôh*
bis 800	*bôk*	*buoh*	*buah*	*poah, puah*	*pôh*, Freising:
					poah
850	*bôk*	*buoh*	*buah*	*puah, puoh*	*pôh* (*puoh*)
900	*bôk*	*buoh*	*buoh*	*puoh*	*puoh*

Nach 900 gilt /uo/ bis hin zum Mittelhochdeutschen. Ab 1000 treten als Allophone von /uo/ auf: [ue] und vor /i, j/ und /i/ auch [üe]. /uo/ führt in der nhd. Monophthongierung zu /u/ oder /ū/; /üe/ zu /ü/ oder /ǖ/. Andere Beispiele sind: griech. πλωτός (*plōtós*) ‚schwimmend' = got. *flōdus* ‚Flut', ags. as. *flōt*, ahd. mhd. *fluot*; got. *fōtus*, ags. as. nnd. *fōt* = ahd. mhd. *fuoʒ*, Pl. *fuoʒi* > mhd. *vüeʒe* > Füße, lat. *flōs* (*flōrēre*) = got. *blōma*, as. *blōmo*, ahd. *bluoma* > mhd. *bluome*; lat. *māter* = as. *mōdar*, ahd. mhd. *muoter* > Mutter (Verkürzung s. § 30); lat. *frāter* = got. *brōþar* = ahd. mhd. *bruoder*; lat. *suāvis* = as. *swōti*, ahd. *suoʒi* > mhd. *süeʒe* > süß. Hierher gehören ferner mhd. *stuol, tuon, vruo* (*vrüeje* = nhd. *früh*), *kuo, bluot* > Blüte, *duo* (Zeitpartikel), *suone* > Sühne, *guot, huore, -tuom* usw. und Prät. der 6. AR: *varn:vuor* (< *fōr*), *tragen:truoc*; *gruop, wuosch, wuohs* (zu *wachsen*), *dwuoc* (zu *dwahen* ‚waschen'), *buoc* u. a. Auch das /ō/ in Lehnwörtern wurde diphthongiert: mlat. *prōvenda* > ahd. *phruonta* > mhd. *pfruonde* > Pfründe; lat. *probāre* > *provare* > afrz. *prover*: *pruef* = *probo, prueve* = *probat*, mhd. *brüeven, prüefen*, Prät. *pruofte*; kirchenlat. *eleemosyna* (griech. ἐλεημοσύνη) > ahd. *alamuosa* > mhd. *almuose*. In Nebensilben ist /ō/ jedoch nicht diphthongiert: Verben der 2. schw. Kl. im Ahd., z. B. *salbôn, fiskôn* > mhd. *salben, vischen*; Gen. Pl. der *a-*, *i*-Stämme: got. *dagōs*, ahd. *tago* > mhd. *tage*; ahd. *gestio* > mhd. *geste*; Gen. Dat. Pl. der *ō*-Dekl. ahd. *gebôno, gebôm* > mhd. *geben* u. a.

II. Vom Mittelhochdeutschen zum Neuhochdeutschen

§ 27 Diphthongierung von /ī/ > /ae/ ⟨ei⟩, /ū/ > /ao/ ⟨au⟩, ⟨iu⟩ /ǖ/ > /ɔø/ ⟨eu, äu⟩

Die mhd. langen Vokale /ī/, /ū/ und ⟨iu⟩ (= /ǖ/) wurden im Bair. schon im 12. Jh. zu ⟨ei, ou, öu⟩ (d. h. /ae, ao, ɔø/) diphthongiert; im Nhd. als *ei* oder *ai*, *au*, *eu* oder *äu* geschrieben. Vom südlichen Bair. breitet sich die Diphthongierung aus, im 13. Jh. wird das Bair. ganz erfaßt, dann das Ostfränkische im 14. Jh., und sie dringt mit dem obd. Siedlerstrom in die östlichsten Kolonisationsgebiete; im 15. Jh. auch ins Schwäbische und in den ostmitteldeutschen Sprachraum, doch halten sich bis zum 16. Jh. undiphthongierte Formen im Westmitteldeutschen. Nicht eingetreten ist die Diphthongierung in der Schweiz, im Elsaß, im Ripuarischen, im Osthessischen, in Westthüringen (die Diphthongierungsgrenze verläuft zwischen Weimar und Erfurt) und im Niederdeutschen.

Merkbeispiel: mhd. *mîn niuweʒ hûs* > nhd. *mein neues Haus*.

a) /ī/ > /ae/ ⟨ei⟩: *bî, bîhte, mîn, dîn, sîn, gîsel, île, îs, lîden, lîm, gelich, mîden, rîch, schrîben, schrîn, wît, zwîfel* > *bei, Beichte, mein, dein* usw. Wo eine Verwechslung eintreten könnte wegen des Zusammenfalls mit altem *ei*, z. B. mhd. *sîte* ‚Seite‘: *seite* ‚Saite‘, *lîp* ‚Leib‘: *leip* ‚(Brot-)laib‘, wird altes *ei* im Nhd. durch *ai* wiedergegeben, im übrigen aber ist in der Aussprache /ei/ < /î/ mit dem ahd. mhd. *ei* zusammengefallen, z. B. mhd. *mîn bein* > nhd. *mein Bein.*

b) /ū/ > /ao/ ⟨au⟩: *bû, brût, bûch, hûs, hût, mûl, rûm, sû, sûfen, sûgen, tûsent, ûf, ûȝ* > *Bau, Braut, Bauch, Haus* usw.
Wie nhd. /ei/ auf mhd. /ī/ oder /ei/ zurückgehen kann, so nhd. /au/ auf mhd. /ū/ oder /ou/: *mûs* > *Maus; ouge* > *Auge.*

c) ⟨iu⟩ /ǖ/ > /ɔø/ ⟨eu, äu⟩: Die Herkunft von mhd. /iu/ (s. § 15,2) spielt für die Diphthongierung keine Rolle, nur im Nhd. wird bei der Grundform *au* auch *äu* geschrieben, sonst *eu*: *hûs* : *hiuser* > *Häuser, mûs* : *miuse* > *Mäuse,* aber: *iuch* > *euch, diuten* > *deuten, liuchten* > *leuchten, liute* > *Leute, niun* > *neun, hiute* (< ahd. *hiu tagu* ‚an diesem Tage‘) > *heute, hiur* (< ahd. *hiu jâru* ‚in diesem Jahre‘) > *heuer,* *vriunt* > *Freund* usw. Hierher gehören auch die 2. u. 3. Sg. Präs. der st. Verben der 2. Kl.: *ziuhest* > *zeuchst, fliuget* > *fleugt, kriuchet* > *kreucht, biutet* > *beut*: /eu/äu/ < /iu/ fällt zusammen mit /äu/ aus mhd. Umlaut von /ou/: *ouge* : *öugelîn* > *Äuglein.*

Alle drei Vokale /ī, ū/ und /ǖ/ ⟨iu⟩, die im Vokaldreieck auf der oberen Linie liegen, also mit gehobenem Zungenrücken gesprochen werden, machen bei der Diphthongierung eine ungefähr gleichmäßige Veränderung in Richtung [a] durch; so wird /ī/ zunächst zu *ẹi*, d. h. geschlossenem *e + i*, diphthongiert, dann entsteht *ë + i* > *ä + i* > *aei* > *aᵉ*; die Entwicklung führt also vom geschlossenen zum offenen und dann zum überoffenen ersten Diphthongteil. Die phonetische Umschrift dieses Diphthongs ist im Nhd. *ae*, das bei ⟨ei, ai, ey, ay⟩ gesprochen wird. Das gleiche gilt für /ū/ (*ū* > *ou* > *au*) – Umschrift *ao* – und für *iu* (*iu* > *öu* > *äu*) – Umschrift *ɔø* –, geschrieben *eu, äu, oy.* Im Nhd. fallen in der Hochsprache alle drei Laute mit den alten (ahd. und mhd.) Diphthongen zusammen, da sie ebenfalls offener gesprochen wurden: mhd. *ei* > nhd. *ai* (= *ae*), mhd. *ou* > nhd. *au* (= *ao*), mhd. *öu* > nhd. *äu* (= /ɔø/). Dieser Zusammenfall ist jedoch nur im Mittel- und Niederdeutschen, soweit hochdeutsch gesprochen wird, eingetreten; im Süddeutschen wird noch zwischen den alten und neuen Diphthongen unterschieden.
Diese Diphthongierung läßt sich mit der ahd. von germ. /ē/ und /ō/ vergleichen, auch dort tritt eine Differenzierung der beiden Bestandteile bis zur äußersten Spannung ein: [*ē* > *ea* > *ia*] und dann eine Annäherung, ebenso bei [*ō* > *oa* > *ua* > *uo*] (s. § 26). Derartige Diphthongierungen sind keineswegs nur eine deutsche Eigentümlichkeit, sie sind ebenso in anderen germanischen und romanischen Sprachen vorhanden, und die ahd. Diphthongierung dürfte sogar in enger Verbindung mit der romanischen stehen.
Es ist ferner zu beachten, daß bei der in mhd. Zeit beginnenden Diphthon-

gierung, die allgemein als nhd. Diphthongierung bezeichnet wird, da
sie sich erst im Frnhd. voll durchgesetzt hat, nur die für die nhd. Schrift-
sprache wichtigen Veränderungen berücksichtigt sind. In den Mundarten
werden z. T. auch die anderen langen Vokale /ā, ē, ō, œ/ gespalten.

§ 28 Monophthongierung von /ie/ > /ī/, /uo/ > /ū/, /üe/ > /ǖ/

Die mhd. Diphthonge /ie, uo, üe/ werden, z. T. schon seit dem 11./12. Jh.
vom Mitteldeutschen ausgehend, verkürzt zu einfachen langen Vokalen
/ī, ū, ǖ/ (Beginn im 11. Jh. bei /uo, üe/, dann im 12. Jh. /ie/). Nur bei /ie/ ist
der zweite Diphthongteil im Nhd. beibehalten worden – e gilt jetzt ortho-
graphisch als Zeichen der Länge, aber gesprochen wird i (e ist als Längen-
zeichen z. T. auch in Wörter hineingekommen, in denen es im Mhd. nicht
vorhanden war: mhd. *zige* > nhd. *Ziege*, mhd. *vihe* > nhd. *Vieh*, mhd.
vil > nhd. *viel* usw.). Da die mhd. Längen /ī, ū, iu/ im Nhd. diphthongiert
sind, kann nhd. /ī/ nur auf mhd. /ie/ oder /i/, nhd. /ū/ nur auf mhd. /uo/
oder /u/, nhd. /ǖ/ nur auf mhd. /üe/ oder /ü/ zurückgehen (zu /i/ > /ī/,
/u/ > /ū/, /ü > /ǖ/ s. Dehnung § 29).

> /ie/ > /ī/: *biegen, bieten, brief, fliegen, hielt* (von *halten*), *lieben,*
> *miete, ziegel* u. a.
>
> /uo/ >/ū/: *bluome, bruoder, buoch, muot, suochen, tuon* (*Blume, Buch,*
> *Mut* usw.) u. a.
>
> /üe/ > /ǖ/: *güete, müede, grüene, trüege, slüege* (*Güte, müde, grün*
> usw.) u. a.

Die neuen Längen sind mit den alten mhd. Längen aber nicht zusammen-
gefallen (sonst hätten sie an der Diphthongierung teilnehmen müssen),
und *i* : *ie*, *ū* : *uo* werden auch nur vereinzelt miteinander gereimt. (Mund-
artlich, und zwar im Nordbair. und Hess. erscheinen jetzt „gestürzte"
Diphthonge *ēi, ōu*.)

§ 29 Dehnungen

Im Nfr. begann schon in ahd. Zeit eine Dehnung kurzer betonter Vokale.
Im 12. Jh. setzt sie sich im westl. Md. durch, im 13. Jh. wird das gesamte
md. Gebiet erfaßt und im 14. Jh. auch das Obd. außer dem Südalem.
und dem Südschwäb. Damit ist die Dehnung die umfangreichste Änderung
in mhd. Zeit überhaupt. Sie ist eingetreten

a) in offener Tonsilbe (offen bedeutet, daß beim Sprechen der dem Vokal
   folgende Konsonant zur nächsten Silbe gezogen wird, etymologische
   Grenze und Sprechgrenze fallen also nicht zusammen):

/a/ > /ā/: *aber, adel, ader, haben, hase, jagen, klagen, name* usw.
/e/ > /ē/: *edel, heben, legen, welen* ‚wählen‘, *wenen* ‚gewöhnen‘ usw.
/ĕ/ > /ē/: *bĕten, gĕben, lĕben, lĕsen, klĕben, nĕmen, sĕhen, trĕten* usw.
/i/ > /ī/: *biber, bine, vride, ligen, rise, sig(e), wise, zige* usw.
/o/ > /ō/: *oben, boge* ‚Bogen‘, *bote, hose, loben, gelogen, gezogen* usw.
/ö/ > /ȫ/: *öl, störe* ‚Stör‘, *hövesch, vögelîn* usw.
/u/ > /ū/: *jude, tugent, jugent, kugel, sudelen, sudel* ‚Feldkoch‘ usw.
/ü/ > /ǖ/: *vlügel, über, übel, kübel, zügel* usw.

Es fallen damit die kurzen mhd. /a, ę, ĕ/ (z. T. /ä/), /o, ö/ mit den mhd. Langvokalen /ā, ē, ō, œ/ im Frühnhd. zusammen und mhd. /i, ü, u/ mit den neuen Monophthongen aus mhd. /ie, üe, uo/.
Von zweisilbigen Flexionsformen wurde die Dehnung oft auf die einsilbige Grundform übertragen: *tages*: *tac* (im Nhd. beidemal langes *a*), *stabes*: *stap*, *sales*: *sal* ‚Saal‘, *wĕges*: *wĕc*, *hoves*: *hof*, *sunes*: *sun* usw. Bei Wörtern auf /r/ und /l/ gab es z. T. im Mhd. Doppelformen, hier mag die längere die einsilbige beeinflußt haben: *kole*: *kol*, *vile*: *vil*, *are*: *ar* ‚Aar‘ usw.
Vokalisch endende einsilbige Wörter sind bei Betontheit schon im Ahd. gedehnt worden: *du, nu, bi, ja, so.*
Vor /t/ und /m/ ist die Dehnung jedoch oft unterblieben, da die Silbengrenze in den Konsonanten verlegt wurde: mhd. *site* > *sit-te* ‚Sitte‘, *gate, wir sniten* > *schnitten, riten* > *ritten*; *kamer, komen, sumer, himel, doner, manec* > *manch* usw.
Zuerst ist die Dehnung wohl in Nebentonsilben eingetreten, die in ahd. Zeit noch offen waren: *-ini* > *-în*, z. B. *künegin* > *künegîn* ‚Königin‘, z. T. daneben auch *-inne*; *-wini* > *wîn* ‚Freund‘, nhd. *-wein*: *Ortwîn, Nentwîn, Wolfwîn, Trûtwîn* > *Trautwein.*
Auch /a/ in *lîcham(e), lîchnam(e)* ist im Fr. z. T. gedehnt, ebenso *-her* < ahd. *heri*: *Gunthêr, Gîselhêr,* Schwanken herrscht bei *-gêr*: *Rüedegêr* u. *Rüedeger, Adelgêr* u. *-ger* usw.

b) vor bestimmten Konsonantenverbindungen:
/a/ oder /e/ + /r/ + Kons., bes. /r/ + Dental oder Reibelaut:
mhd. *art, vart, bart, bars, zart* usw.; *hĕrt* ‚Herd‘, *pfert, wĕrt* usw., aber nicht *arm, darm, darf, arg, garn*; *derb, bĕrg, vĕrn, gĕrn, kerl* usw. (im Nd. ist überall die Dehnung vorhanden, *Karl* klingt wie *kahl*, vgl. das Engl.). Dehnung vor /l/ + Kons. ist nur mundartlich.

c) bei einsilbigen Wörtern mit einfachem Konsonanten:
bes. vor /r/: *ĕr, dĕr, wĕr, dar, ir, mir, wir, vor, vür, gar, dir* u. a., auch vor Nasal und Liquida, hier können aber auch ursprünglich zweisilbige Formen mitgewirkt haben: *im* (< ahd. *imo*), *dĕm* (< ahd. *dĕmo*), *wĕm, dĕn, wĕn, in* (< *inan*); *wol, vil.* Zum Teil geht die Dehnung vor /r/ schon bis in die ahd. Zeit zurück.

§ 30   Kürzungen

Lange Vokale sind im Nhd. öfter verkürzt (mhd. /ā, æ, ē, ō, œ, ī/), und zwar
besonders vor /ht/, also dem gutturalen Reibelaut + /t/ und vor /r/ + Kon-
sonant (s. 1.); sie fallen dann – wie z. T. auch verkürzte Längen aus mhd.
Diphthongen /ī/ < /ie/, /ū/ < /uo/, /ǖ/ < /üe/ – mit den entsprechenden
Kurzvokalen zusammen (s. 2.).

a) Die Verkürzung ist vor allem also vor Reibelauten eingetreten und in
   solchen Fällen, in denen der dem Vokal folgende Konsonant einen Teil
   der für den Vokal vorhandenen Energie auf sich gezogen hat (sowohl /ch/
   als auch /r/ können beliebig lang gesprochen werden).
   Diese Kürzung ist von den gleichen Mundarten ausgegangen, die auch
   die Monophthongierung der alten Diphthonge /ie, uo, üe/ begonnen
   hatten, also den mitteldeutschen; im Alem. ist sie dagegen nicht vor-
   handen und im Bair. auch nur begrenzt.
   Mhd. *âhte* > *Acht* ‚Verfolgung‘, *brâhte, brâht, bræhte* > *brachte, gebracht,*
   brächte, ebenso: *dâhte, dæhte, gedâht, andâht, tâht* > *Docht, dræhsler,*
   hôchvart > *hoffart, hôchzît* > *Hochzeit; hêrre* > *herre* > *Herr, hêr-lich,*
   -schaft, -schen; lêrche, Gêrbert, -trūt, -hart, hôrchen, lôrbêr; schâch, râche;
   ferner: *-lîch* > *-lich, -rîch* > *-rich* bei Unbetontheit, auch *nâch: nâch-*
   gebûr > *Nachbar,* aber *gelîch* > *gleich, Heinrich, Friedrich,* aber *reich.*
   Folgt dem langen Vokal ein einzelner Konsonant, ist ebenfalls Ver-
   kürzung eingetreten, wenn die Silbengrenze in diesen Konsonanten
   verlegt wurde (im Nhd. Doppelschreibung): *blâter* > *Blatter, nâter, jâmer;*
   bes. auch vor /ȝ/: *muoȝ, müeȝen, slôȝ, verdrôȝ, lâȝen;* vor /f/: *wâfen,*
   klâfter; vor /pf/: *krâpfe* > *Krapfen:*
   nhd. *dicht* statt mhd. *dîhte* kommt aus dem Nd.
   Vor /st/ unterblieb die Kürzung jedoch: mhd. *biest, trôst, Ostern, Öster-*
   reich, Kloster, wuost > *Wust,* aber in *Rost* (< mhd. *rôst*) und *Ost* ist
   die alte Länge nur mundartlich erhalten.

b) Auch Längen aus mhd. Diphthongen wurden z. T. gekürzt: Eine Ver-
   kürzung der Längen aus /ie, uo, üe/ ist vor mehrfacher Konsonanz und
   bei Verlegung der Silbengrenze in den dem Vokal folgenden Konsonan-
   ten eingetreten: /ie/ > /i/: mhd. *dierne, viehte, vier -zig, -zëhen, vienc,*
   gienc, hienc, lieht; /ie/ > /je/: *ie-man, -zuo* (= *jetzo* > *jetzt*), *ieglicher, iet-*
   weder, mit dem Ton auf dem *i: itz* < *ieze, iergen;* /uo/ > /u/: *vuoter,*
   gruonmât > *Grummet, Kuonze, muoter, muoȝ, Uolrich;* auch /üe/ > /ü/:
   müeter, müeȝen, nüehtern > *nüchtern, rüeȝel* > *Rüssel, pfrüende* >
   Pfründe. Verkürzung von /ei/ > /e/ liegt vor in: *einlif* > *eilf* > *elf;*
   zweinzec > *zwenzig* (erst seit dem 16. Jh. /a/ < altem /ai/: *zwanzig*),
   in Nebensilben: *-teil: vierteil* > *Viertel, ôheim* > *ôhem* > *Ohm,* hierher
   auch /ei/ < /agi/: *agilster* > *Elster, negelkîn* > *neilkin* > *Nelke, segense*
   > *seinse* > *Sense* u. a.

§ 31　Rundung und Entrundung

Hiermit wird die Artikulationsweise von Vokalen bezeichnet: mit gerundeten oder nichtgerundeten Lippen. Vom Mhd. zum Nhd. haben sich manche Veränderungen ergeben, die teils durch umgebende Konsonanten, teils wegen Sprecherleichterung oder durch Analogie hervorgerufen wurden.

1. Rundung

/e/ > /ö/: vor oder nach /l/ oder /sch/: mhd. *erlёschen*, auch *ergetzen* > *ergötzen*, *helle*, *leffel*, *leschen*, *scheffe*, *schepfen*, dazu *schepfer*, *schepfung*, *schrepfen*, *welben*, *gewelbe*, *zwelf*;

/e/ > /ȫ/: *vletze* > *Flöz*, in der Nachbarschaft von /w/: *sweren* > *schwören*, *gewenen* > *gewöhnen*, *lewe*; aus dem Nd. stammen: *peckel* > *Pökel*, *stenen* > *stöhnen*, *mewe*; mhd. *quёrder* > nhd. *Köder*;

/i/ > /ü/: mhd. *finf*, *flistern* > *flüstern*, *riffel(n)*, *rimpfen*, *wirde*, *wirdec*, hierher gehören auch – die nicht schriftsprachlichen – *Hülfe* neben *Hilfe*, *Sprüchwort* (durch *Spruch* beeinflußt), *Sündflut* statt *Sintflut* (Anlehnung an *Sünde* statt *sint* = immerwährend, vgl. auch nd. *ümmer*, *Hümmel*);

/ie/ > /ǖ/: mhd. *liegen* > *lügen* (durch *Lüge*, *Lügner* < *luginâri* beeinflußt, außerdem war mhd. *ligen* > *liegen* geworden, so daß die lautliche Unterscheidung wichtig war), mhd. *triegen* > *trügen* (vgl. *Trug*); mhd. *geswёr* > *geswier* > nhd. *Geschwür*. Nicht durchgedrungen sind *lüderlich* statt *liederlich*, *verdrüßlich* statt *verdrießlich*, *schlüßen* und *schwürig*;

/ā/ > /ō/: Den Übergang von /ā/ > /ō/ begünstigen Labiale, Nasale und Dentale und auch /h/: mhd. *âne* > *ohne*, *âmaht* > *Ohnmacht*, *mâne* > *Mond*, *mânôt* > *Monat*, *âme* > *Ohm*; nach /w/: *wâ*, *wâc* > *Woge*, *wâgen* > *wogen*, *arcwân* > *Argwohn*, *quât* > *Kot* (aber nicht in *Wahn*, *Waage*, *wagen*); vor Dental: mhd. *brâdem* > *Brodem*, *âtem* > *Odem* (durch Luther), daneben *Atem*, *zâfen* > *zoffen* 'hinterherziehen, -trotten' > *Zofe*, *slât* > *Schlot*; vor /h/: mhd. *tâhele* > *Dohle*, *mâhe* > *Mohn*, *tâhe* > (Töpfer-)*Ton*, nd. *drâne* > *Drohne*;
/ō/ wird verkürzt zu /o/ in: *brâmber* > *Brombeere*, *tâht* > *Docht*.

2. Entrundung

/ü/ > /i/: lat. *pūmex* > mhd. *bümeʒ* > *Bims*(stein), mhd. *büleʒ* > *Pilz*, *gumpen* 'hüpfen' > *gümpel* > *Gimpel*, *gupfe* 'höchste Spitze' > *güpfel* > *Gipfel*, *küssen* > *Kissen*, *küt(e)* > *Kitt*, *kürre* > *kirre* 'zahm', frnhd. *schlüngel* > *Schlingel*, *sprützen* > *spritzen*, lat. *struppus* > mhd. *strupfe*, nd. *strüppe* > *Strippe*, *zülle* > *Zille*

(< slav. *čolu* ‚Boot'), Zusammensetzungen mit *Find-* (-*ling,
-elkind, -ig*) gehen auf mhd. *vund-* zurück, aber das /i/ in *finden*
wird jenes /i/ veranlaßt haben; *würken* und *wirken* standen
schon im Mhd. nebeneinander im Md.; mhd. -*nis, -nisse, -nusse,
-nüsse*, im Nhd. nur -*nis*.

/ü/ > /ī (ie)/, /üe/ > /ie/: mhd. *grübiȝ* > *Griebs, müeder* > *Mieder,* mhd.
strützel > *Striezel*.

/öu/ > /ei/: mhd. *eröugen* ‚vor Augen stellen, zeigen' (zu *ouge*) > *ereignen,
Ereignis,* mhd. *slöufe* ‚Schlinge' > *Schleife,* mhd. *ströufen* ‚ab-
streifen, berauben' fällt im Nhd. mit mhd. *streifen* ‚streifen,
ziehen' zusammen.

/iu/ > /eu/ > /ei/: mhd. *kriusel* (zu *krûs* ‚Krug') > *Kreisel* (angelehnt an
Kreis), mhd. *spriuzen* > *spreizen* (zu *spriuȝ* ‚Stützbalken', also
‚sich strecken wie ein Balken', daneben auch mhd. *spriuȝen*),
mhd. *stiuȝ* > *Steiß* (*Steuß* noch im 18. Jh.).

3. Weitere Abweichungen vom Mhd. im Vokalismus:

Mhd. /æ/ > nhd. /ē/: *bequæme, genæme, vælen* > *fehlen, dræjen* > *drehen,
swære, sælic. ach* > *ich*: mlat. *tractōrium* > *trachter* > *trichter* > *Trichter*.
/e/ > /i/: *wehsen* > *wichsen* (aber: *Wachs*), ahd. *scerning* > mhd. *scherlinc,
schirlinc* > *Schierling,* mhd. *heppe* > *Hippe,* mhd. *pfërsich* > *Pfirsich* (vul-
gärlat. *persica*), mhd. *gëst, jëst* > *Gischt*. Auch hier ist der Einfluß der
Labiale und des /sch (ch)/ nicht zu verkennen.
Hagestolz statt mhd. *hagestalt* wegen *stolz* (Volksetymologie), lat. *bucina*
> mnd. *basûne* > mhd. *busûne* > *Posaune* (Luther), *wëterleich* (< *leichen*
‚tanzen, hüpfen') > *Wetterleuchten* (Volksetymologie).

Nebensilben

§ 32   Schwere Ableitungssilben

Ursprünglich handelt es sich vielfach um selbständige Wörter, die häufig
in Zusammensetzungen gebraucht wurden und z. T. ihre Selbständigkeit
verloren haben. Die alte Bedeutung ist aber oft noch heute in den Zusam-
mensetzungen erhalten, z. T. selbst bei Suffixen, deren Selbständigkeit
auch für das Germ. nicht mehr nachzuweisen ist.
Diese Ableitungssilben hatten fast immer einen Nebenakzent, der wie
der Hauptakzent des Grundworts keine Abschwächung des Vokals zuließ,
sie sind daher häufig vom Ahd. über das Mhd. bis heute erhalten geblieben.

Fehlte jedoch der Nebenton, unterlagen sie der Abschwächung, und schon im Mhd. stehen dann volle Vokale neben dem Abschwächungsvokal *e*. Zum Teil gab es im Ahd. eine lange Ableitungssilbe im Obd., aber eine kurze im Fr., die dann im Mhd. im Md. /e/ ergab.

1. **Fast unverändert im Mhd. und Nhd. sind:**

-bâre[24] (= nhd. *-bar*), *-haft*[25], *-heit*[26] (und nhd. *-keit*, s. Anm.), *-inc*[27] *-inne*[28], *-îe*, *-ieren*, *-lei*[29], *-nisse*[30], *-sal*[31], *-sam*[32], *-schaft*[33], *-tuom*[34] (> nhd. *-tum*), *-unge*[35], ferner: *-ant* (in Partizipialstämmen): *wîgant* ‚Kämpfer‘, *vâlant* ‚Teufel‘, *heilant, vîant* neben *vîent, vînt* ‚Feind‘;

---

[24] *-bâre* ist Adverb zu *-bære* < ahd. *bâro: bâri,* zu *bëran* ‚tragen‘, also eigentlich ‚fähig zu, tragbar‘, im Nhd. hat sich die Adverbform durchgesetzt (zunächst vor allem Substantive: mhd. noch *êrbære* ‚ehrenvolles Betragen‘, doch schon im Ahd. auch Adj.).

[25] Bedeutung: ‚mit etwas behaftet, versehen‘, z. B. *ellen(t)haft* ‚kühn, mannhaft‘, *tugenthaft.*

[26] Got. *haidus,* ahd. mhd. *heit* ‚Wesen, Beschaffenheit, Stand, Rang‘ noch als selbst. Subst. im Mhd., dient in Zusammensetzungen zu Abstraktbildungen, z. B. *schœn-, schônheit, kleinheit* ‚Feinheit‘, *kintheit;* die Verbindung mit mhd. *-ic, -ec* (s. d.) + *heit* ergibt *-ikeit, -keit: wërdec-* oder *wirdic-heit > wirdikeit* ‚Würdigkeit‘, *îtelic-heit > îtelkeit* ‚Leerheit‘, dann: ‚Eitelkeit‘.

[27] Als Abstammungs- und Zugehörigkeitsbezeichnung, z. B. *Kerlinge, Thüringe, Vlæminge,* Ortsnamen auf *-ing, Meiningen* u. a., auch in *-linc* (zunächst auf *l*-Stämme zurückgehend, dann auch mit diminutiver Bedeutung): *jungelinc, viustelinc,* jetzt oft mit verächtlichem Nebensinn: *Feigling, Rohling, Schreiberling* usw.

[28] Germ. *-injô-* zur Femininbildung (movierte Feminina, d. h. F. aus Mask. gebildet), ahd. *-inna: kuninginna,* mhd. *-inne > nhd. -in: küneginne > Königin* ferner mhd. *bërinne, botinne* usw.

[29] Diese Suffixe stammen mit etlichen anderen aus frz. oder lat. Lehnwörtern, und sie wurden z. T. auch an deutsche Wörter angefügt. *-îe =* nhd. *-ei* dient zur Bildung denominativer Abstrakta, es tritt bes. an Ableitungen auf *-er:* mhd. *buoberîe* ‚Büberei‘, *dorperîe, zegerîe* ‚Zaghaftigkeit‘, nhd. auch: *Bäckerei, Molkerei* usw.; *-ieren <* frz. Verbalendung *-eire, -ieir, -ir: turnieren, buhurdieren; -lei <* frz. *ley* ‚Art und Weise‘: *einer-leie, vier leie; allerlei* usw.

[30] *-nüsse, -nusse* stehen daneben, nhd. *-nis;* bei nominalen Ableitungen geben sie einen Zustand, bei verbalen das Ergebnis einer Tätigkeit an.

[31] Auch *-esal,* aus unsicherer Herkunft, zur Bildung von Abstrakta u. Konkreta: mhd. *-esal >* nhd. *-sal: trüebesal* ‚Trübsal‘, *müejesal* ‚Mühsal‘, *labesal* ‚Labsal‘ usw.; mhd. *-sel =* nhd. *-sel: Amsel, Rätsel.*

[32] Als Adjektiv: ‚ebenso, der nämliche‘, in Zusammensetzungen bezeichnet es Gleichheit, Ähnlichkeit, Neigung, Besitz; mhd. *tugentsam, lus(t)sam* ‚erfreulich, schön‘, *vreissam* ‚schrecklich‘.

[33] Ahd. *giscaft,* mhd. *schaft* ‚Gestalt, Eigenschaft‘, es bezeichnet in Zusammensetzungen einen Zustand oder ein Verhalten, zuerst nur *-scaf,* dann seit dem 9./10. Jh. auch *-scaft* in Zusammensetzungen: *ritterschaft, meisterschaft.*

[34] Got. *dôms =* ahd. mhd. *tuom* ‚Urteil, Sinn, Sitte, Ruhm‘. In Zusammensetzungen hat es verschiedene Bedeutung, fällt z. T. mit *-heit* und *-schaft* zusammen: *biscoftuom* und *-heit, wêtuom* ‚Schmerz‘.

[35] Germ. *-ungô* bei Tätigkeitsnamen: *handelunge, manunge, heilunge* usw.

-*lîn* (Diminutivsuffix) = nhd. -*lein*, daneben -*în* (im Fr. meist so erhalten), im Obd., bes. im Alem., verbindet es sich mit -*lîn* > -*ili(n)* > nhd. -*eli*: *estilîn* > *Ästeli, hüetilî(n)* > südalem. *Hüdeli*, ebenso *Nägeli, Chetelli*, schwäb. -*le*: *Knöpfle, Blüemle*; bair. -*el*: *Weibel, Hundel*; thür., ostmd. u. bair. -*la* < -*lain* < -*lîn*.

2. Doppelformen im Mhd.:

-*lîch*: -*lich*[36], im Obd., bes. im Bair. u. Ostfr., lang, im 13. Jh. schon diphthongiert > -*leich*, im Alem. u. Rhfr. gilt dagegen -*lich* (Hartmann hat -*lich*, Wolfram -*lîch*).

-*rîch*: -*rich*[37], Verteilung in Namen wie -*lîch*, -*lich*: *Friderîch, Dietrich.*

-*ic*, -*ec*[38]: < ahd. -*îg*, -*ag*. Im Mhd., bes. im Md. fallen beide Suffixe, in -*ec* zusammen, im Bair. gilt bes. -*ic* (mit *i* < *î*), z. B. *mæʒic* : *mæ-ʒec* ‚gemäß, angemessen, enthaltsam‘, im Nhd. ist wieder -*ig* eingesetzt; -*ic*, -*ec* + *heit* > *keit* s. o.;
auch -*ic*, -*ec* < ahd. -*ing*[39] stehen nebeneinander: *künic* u. *künec*.

-*isch* : -*esch*[40]. *hövisch* : *hövesch* und *hövsch*.

-*oht* : *eht*[41], im Md. -*icht*; z. B. *bartoht* : *barteht*, *steinoht* : *steineht*, *stuckoht* : *stückeht*.

-*iste* : -*ôste* : -*este* (Superlativsuffix s. § 94): *beʒʒiste* < *beʒʒ(e)ste* > *beste*, *oberôst* > *oberst*; -*ôst* gilt bes. im Südobd.

-*ære* : -*ere* (zur Bildung von Nomina agentis): ahd. obd. -*âri* > -*ære*, aber ahd. fr. -*ari* > mhd. md. -*er(e)*, *schrîbære* : *schrîber(e)*, später wird auch obd. -*ære* > -*er(e)*.

-*unt* : *ent*[42] : *liumunt* und *liument*, *liumet*, *liumt* ‚Ruf, Ruhm‘, z. T. noch *tûsunt*[43], *âbunt*[44] neben *tûsant*, *âbant* und *tûsent*, *âbent*.

-*ôt*, -*œde*, -*uot*, -*et* (Bedeutung: ‚versehen mit‘, und es dient als Suffix für Substantivbildungen): *arnôt* ‚Ernte‘, *weinôt* ‚das Weinen‘, *klagôt* ‚Klagen‘, *sûftôt* ‚Seufzen‘; *einôte* : *einæte* ‚Einsamkeit‘, *kleinôte* : *klein-*

---

[36] Ahd. *lîh*, mhd. *lich* ‚Leib, Körper‘ dient zur Bildung von Adj. u. Adverbien. Es weist auf die im Grundwort enthaltene Bedeutung hin ‚so beschaffen sein, in der Art wie‘, z. B. *veterlich, gevuoclich* ‚schicklich‘ zu *gevuoge* ‚Schicklichkeit‘; zur Adverbbildung dient -*liche(n)*, -*liche(n)*; die Dichter bevorzugen jeweils die eine oder andere Form.

[37] = mhd. *rîch* ‚mächtig, vornehm‘, als Subst. ‚Herrscher, Herrschaft‘ usw., als selbständiges Wort im Nhd.: *reich, Reich*, aber in Namen verkürzt zu -*rich*.

[38] Zur Bildung von Adjektiven verschiedenster Art (am häufigsten verwendet), zur Zustands-, Eigenschafts-, Ähnlichkeitsbezeichnung.

[39] Durch Dissimilation, s. § 67.

[40] Zuerst zur Zugehörigkeits- und Abstammungsbezeichnung, dann auch ‚in der Art wie‘ u. ä.

[41] = ‚versehen mit‘ und zur Ähnlichkeitsbezeichnung.

[42] Mit einem -*to*-Suffix an ahd. *hliumun*, got. *hliuma* ‚Gehör‘.

[43] < -*hunt*, eigtl. ‚Großhundert‘, s. § 100c.

[44] < ahd. *âbant* < idg. *ēponto* = ‚der spätere (griech. ἐπί) Tag‘.

œte : *kleinet* ‚feines, zierliches Ding‘, *mânôt* ; *mânet* ‚Monat‘; in *armuot, heimuot* neben *heimôt* ist an *muot* angelehnt worden. (Noch im Nhd. ist das Suffix z. T. erhalten: *Heimat, Zierat, Einöde, Kleinod, Armut, Monat.*)

3. Verbalformen, Einzelwörter und Sonderformen:

-unde im Bair., sonst *-ende* < ahd. Part. Präs. *-ônti* (bei den *ôn*-Verben): *dienunde, wachunde* : *wachonde* : *wachende*; auch auf Verben anderer Klassen wurde im Bair. *-unde* ausgedehnt. Ferner ist *ô* als Stammvokal der 2. schw. Kl. bes. im Südobd. erhalten, z. B. *gewarnôt, geoffenôt, gedienôt, getroumôt*, wobei teils auf langes, teils auf kurzes *o* gereimt wird. Im Alem. und im Rip. wird *-o-* auch statt anderer Vokale eingesetzt. (Im Alem. sind auch sonst unbetonte Vokale erhalten geblieben, z. B. *hërro* [< ahd. *hêriro*], *menscho* [< ahd. *mannisco*], *dëro* usw.)

arzât : *arzet* ‚Arzt‘ < ahd. *arzât* < spätlat. *archiäter*;

Doppelformen haben ferner die Wörter und Silben:

hêrre : *hërre*; *mêre* : *mërre*, *dû* : *du*, *gâr* : *gar*;

ûf: *uf* mit mdal. Verteilung: *uf* = md., *ûf* = obd.;

în : *in, -în, -in, -inne, drîn* : *drin*;

-hêr : *-her* in Namen: *Gunthêr* neben *Gunther*;

-iu : *-e* im Nom. Sg. Fem. und im Nom. Akk. Pl. Neutr. wird im Bair. z. T. zu *-eu* diphthongiert : *blinteu* < ahd. obd. *blintiu*, aber ahd. fr. *blintu* > mhd. md. *blinte*.

Zur mundartlichen Verteilung dieser nebeneinander bestehenden Formen s. vor allem Zwierzina, Mhd. Studien, Zs.f.d.A. 44 u. 45.

§ 33 Sproßvokale

Schon im Idg. hatten die Resonanten – die Liquiden und Nasale – /l, r, m, n/ in interkonsonantischer und z. T. auch in postkonsonantischer Stellung silbische Allophone [l̥, r̥, m̥, n̥] entwickelt. In den wohl meisten Fällen war ein den Resonanten vorangehender oder auch ein ihm folgender Vokal geschwunden, z. B. in den schwundstufigen Wurzelformen (Pl. Prät. und Part. Prät.) der Verben der 3. u. 4. Ablautklasse und im Urgerm. in der Flexionsendung der 1. Pl. Prät. (*-mé* > m̥ > *um*). Entsprechendes gilt auch für andere Wortklassen. Diese silbischen Allophone bilden vielfach Sproßvokale, die in den einzelnen Sprachen verschieden phonemisiert wurden; im Germ. immer als /u/, es entstanden also /ul, ur, um, un/, von denen /ul/ und /ur/ stets, falls dunklere Vokale folgten, wieder umgefärbt wurden zu [ol] und [or]; /um/ und /un/ hatten die Allophone [om, on] nur dann neben sich, wenn dem Nasal kein Konsonant folgte.

idg.	griech.	lat.	germ.		
ḷ	al, la	ol, ul	ul	[ol]	\vor a, e, o
ṛ	ar, ra	or	ur	[or]	∫(s. § 21 f.)
m̥	a (m)	em	um	[om]	\außer vor Nasal-
n̥	a (n)	en	un	[on]	∫verbindungen

Zum Beispiel idg. *kelb- > germ. *help- > ahd. helf(-an) > mhd. helfen; aber idg. *kḷb-onós (Part. Prät.) > germ. *hulp-anas/z > ahd. (gi-)holfan > mhd., nhd. (ge-)holfen.

idg. *kḷb-mé (1. Pl. Prät.) > vorgerm. *kulbḿ̥ > germ. *hulpum > ahd. hulfum > mhd. hulfen (nhd. halfen nach dem Sg. -a).

idg. *bher- > germ. *ber- > ahd. bër-an ‚tragen‘ > mhd. bërn; aber idg. *bhṛtís > germ. *burd > ahd. (gi-)burt > mhd. geburt.

idg. *nem- > germ. *nem- > ahd. nëm-an > mhd. nëmen; aber idg. *nm̥-onós (Part. Prät.) > germ. *num-anas/z > ahd. (gi-)noman.

idg. *bhendh- > germ. *bind- > ahd. fr. bind-an > mhd. binden; aber idg. *bhn̥dhmé (1. Pl. Prät.), *bhn̥dhonós (P. Prät.) > germ. *bundum, *bundanas/z > ahd. fr. bundum, (gi-)bundan > mhd. bunden, gebunden.

oder idg. √ *u̯el- (= lat. vellis ‚zottige Tierhaut‘) >. idg. *u̯ḷná ‚Wolle‘ > germ. wulla > wolla > ahd. wolla > mhd. wolle.

idg. *gu̯em- ‚gehen, kommen‘ > *gu̯m̥tis ‚das Gehen, Kommen‘ > got. ga-qumþs = ahd. cumft.

Ein ähnlicher Vorgang vollzog sich im Westgermanischen in Nebensilben: /l, r, m, n/ wurden in postkonsonantischer Stellung silbisch, wenn – durchweg auf Grund der germ. Auslautgesetze – ein Vokal oder eine Silbe weggefallen waren. So entstanden im Ahd. vor /m/ meist /u/, sonst vor allem /a/, z. B. urgerm. *fuglaz (got. fugls, an. fugl) > westgerm. *fugla > *fugḷ > as. fugal, ahd. fogal. (Im Genitiv, wo dem /l/ noch das Flexionsmorphem -es folgte, blieb /l/ konsonantisch – nicht silbentragend –; und so stehen im Ahd. nebeneinander Nom. fogal: Gen. fogles.) Andere Beispiele sind: germ. *akra- (> got. akrs) > ahd. ackar > mhd. acker; germ. *ēþmá- (> ags. ǣđm) > ahd. âtum > mhd. âtem; urgerm. *buþma > ahd. bodum und bodam > mhd. boden; germ. *taikna > ahd. zeihhan > mhd. zeichen.

Konsonantismus

Sonorlaute, Geräuschlaute

§ 34 Übersicht

Ort der Entstehung \ Art der Entstehung	Geräuschlaute						Sonorlaute		
	Verschlußlaute		Engelaute oder Reibelaute Frikativae		Hauchl.	Angeriebene Laute Affrikatae stl. Verschluß + Reibelaut	Nasales	Liquidae	Halbvokale
	Explosivae				Spirans				
	stl. Fortes Tenues	sth. Lenes Mediae	stl. Fortes	sth. Lenes					
Lippenlaut Labial	*p*	*b*	*f(v)*	*w(v)*, *b*		*pf, ph*	*m*		*u̯*
Zahnlaut Dental	*t*	*d*	*s, ʒ (= ss, ß)*, *sch*, *þ (= th)*	*s (= russ. ʒ)*, *d*		*z, zz (= tz)*	*n*	*l, r*	
Guttural — Vordergaumenl. Palatal	← *k* →	← *g* →	*(i)ch*	*j*					*i*
Guttural — Hintergaumenl. Velar			*(a)ch*	*g*	*h*	*kch, cch*	*ŋ (= ng, nk)*		

Sonorlaute

Halbvokale

Im Idg. standen [i̯] und [u̯] als Allophone neben /i/ und /u/, so daß /i/ und /u/ im Idg. zu den Resonanten /l, r, m, n/ gehören. Doch schon im Germ. sind die konsonantischen /i̯/ und /u̯/ von den vokalischen /i/ und /u/ streng zu scheiden. /i̯/ und /u̯/ sind die Vorläufer der heutigen /j/ und /w/, aber sie sind im Ahd. und z. T. im Mhd. nicht wie im Nhd. als Reibelaute zu sprechen, sondern mit vokalischem Einsatz, /w/ etwa wie das englische /w/ in water.

§ 35   mhd. /u̯ (w)/

1. Schreibung

Im Ahd. (im Hildebrandlied und in der Lex Salica) durch die w-Rune (ᚹ); im lat. Alphabet fehlt ein Zeichen für den Halbvokal, daher wird /u/ im Ahd. und Mhd. durch ⟨uu[45], uv, vu, vv⟩ (das später w ergibt) wiedergegeben, nach Konsonanten z. T. auch durch ⟨u⟩. Andere Schreibweisen, etwa ⟨ou, uo⟩, beweisen die vokalische Aussprache dieses Lautes, auch wird lat. v nicht für /u̯/ verwendet, da es sth. Reibelaut war und für inlautendes germ. /f/ eintreten konnte, s. auch § 44, 1.

2. Aussprache

Im Germ. u. Ahd. bis 1100 ist /u̯/ wie engl. /w/ zu sprechen, dann beginnt die Aussprache als bilabialer Reibelaut. Im 13. Jh. wird voller labiodentaler Reibelaut = nhd. /w/ erreicht, und über diesen sth. Reibelaut führt die Aussprache hinter /r/ und /l/ im Spätmhd. zum festen Verschlußlaut /b/. In den Mdaa., in denen /v/ nicht im 13. Jh. stimmlos geworden war, d. h. im Md., konnte nun auch ⟨v⟩ für /w/ eingesetzt werden.

3. Anlaut

a) Idg. *u̯eid-, *u̯oid- ,sehen, wissen', altgriech. *Ϝοῖδα*, lat. *video* < idg. SSt. *u̯id-, abulg. *vědě* ,weiß' = got. *wait*, ahd. mhd. *uueiჳ*.

Im Anlaut vor Vokal ist /u̯/ erhalten geblieben (vgl. idg. *u̯esonom* > mhd. *wĕsen*), in den Anlautverbindungen /wr, wl/ ist es, außer im As. und Mfr., schon in den ältesten Denkmälern geschwunden, z. B. mfr. im 14. Jh. *wrĕchen* (< as. *wrĕcan* = got. *wrikan*), aber ahd. *rĕcchan*[46] > mhd. *rĕchen*.

---

[45] Daher die englische Bezeichnung double u.
[46] Nur durch Sproßvokal kann es sich z. T. halten (*uuerecheo* ,ultor' Juniusglossen).

b) /w/ an 2. Stelle im Anlaut:

α) *kw* s. unter *qu* § 52,2, z. B. *quëden.*

β) /hw/ : /h/ schwindet schon im 8. Jh.: *huuër > wër, huuannan > wannen, huuelih >* mhd. *welch, huuio > wie, huuan > wann.*

γ) /sw/: bleibt erhalten, z. B. idg. **suordos >* germ. **suart(az) >* ahd. *suuarz >* mhd. *swarz > schwarz.*

δ) /thw/: as. *thwahan* = ahd. *dwahan >* mhd. *dwahen, twahen* ‚waschen, baden' > *zwagen* (seit dem 14. Jh., vgl. *Zwehle* ‚Handtuch').

Nachkonsonantisches /u̯/ geht vor /u/ verloren, z. B. as. *swôti* = ahd. *suoʒi >* mhd. *süeʒe*; ags. *hwōsta* = ahd. *huosto >* mhd. *huoste > Husten,* auch vor /o/ < germ. /u/ in germ. **sworga >* ahd. *sorga >* mhd. *sorge;* ferner **swō >* ahd. mhd. *sô.* Wechsel mußte bei Formen mit verschiedenen Vokalen eintreten, doch ist meist *w* beibehalten.

4. Inlaut

a) Zwischen Vokalen ist /u̯/ bis zum Mhd. meist geblieben[47], z. B. idg. **neu̯i̯os >* as. ahd. *niuwi >* mhd. *niuwe*; lat. *ovile* ‚Schafstall' = ahd. *ewist.* Im Nhd. schwindet dieses /w/: mhd. *-ouwe-, öuwe-, -ûwe, -iuwe* entsprechen nhd. *-aue-, -äue- (-eue-),* z. B. mhd. *ouwe, houwen, schouwen, gouwes, vrouwe; bûwen, trûwen; dröuwen, ströuwen; bliuwen, iuwer, niuwe, riuwe, triuwe > Aue, hauen, schauen, Gaues, Frau(e); bauen, trauen; dräuen, streuen, bleuen, euer, neu(e), Reue, Treue.*
Mhd. /w/ ist öfter erhalten im Frühnhd., z. B. *triwe > trewe* = *Treue* ⟨w⟩ steht im Mhd. sehr oft für /uw, wu/; es ist also *triu(= trü)we* und *treu(w)e* zu sprechen, in *Ew.* (= *Euer*) ist es bis jetzt erhalten (< mhd. *iuwer*).

b) Mhd. /āw/ > nhd. /au/, doch muß der Übergang in der Sprache schon im Mhd. stattgefunden haben, bevor /w/ zum Reibelaut wurde, z. B. mhd. *brâwe > Braue, klâwe > Klaue, phâwe* (lat. *pāvo*) *> Pfau, blâwer > blauer,* danach auch statt mhd. *blâ : blau,* ebenso *grâwer > grauer, grâ > grau,* mhd. *lâwer, lâ > lauer, lau* (zu /ā/ < ahd. /āo/ < /aw/ s. u. 5).

c) Mhd. /iuw/ wurde im Md. > /ūw/, daher im Nhd. /au/ statt mhd. /iu/, z. B. mhd. *kiuwen* = md. *kûwen >* nhd. *kauen,* aber noch *wiederkäuen;* mhd. *niuwe* = md. *nûwe >* nhd. *Nau-mann* neben *Neumann,* ebenso *Nauheim, Naundorf* und *ze der n(i)uwen burg > Neu-en-* oder *Nau-en-* (*> m)burg,* mhd. *entriuwen* = md. *trûwen > trûn > traun,* mhd. *briuwen* = md. *brûwen > brauen,* mhd. *griusen* = md. *grûsen, grûwen > grausen, grauen,* mhd. *hiute* = md. *hûde,* s. § 15,2c.

d) /w/ als Übergangslaut zwischen Vokalen statt /j/ oder /h/ im Thür.

---

[47] Vor /u/ ist /u̯/ noch im Germ. vorhanden: idg. **i̯uu̯n̥kós* (lat. iuvencus) > germ. **juwuŋgaz >* got. *juggs,* ahd. *jung,* mhd. *junc.*

s. § 36,3; z. B. *sæjen, sæwen* (auch diese Funktion zeigt, daß /j/ und /w/ vokalisch gewesen sein müssen, als sie im Spätahd. eingeschoben wurden).

e) Nach Velaren ist /u̯/ schon vorahd. geschwunden, z. B. idg. **seᵑgᵘh-* > got. *siggwan*, aber as. ags. ahd. *singan* > mhd. *singen*, ebenso got. *sigqan* = mhd. *sinken*, got. *stigqan* = mhd. *stinken*, got. *leihvan* = *lîhen* > *leihen*, got. *néhva* = ahd. *nâh*, mhd. *nâch* usw.

5. Auslaut

Im Auslaut war /w/ schon im Ahd. zu /o/ geworden; im Ahd. schon verband sich dieses /o/ mit dem vorangehenden /a/ in *frao* > *frô*, in *strao* > *strô, hrao* > *rô*[48], nach Kons. wurde /o/ im Mhd. abgeschwächt zu /e/: ahd. *scatawes* (Gen.): *scato* (Nom.) > *schate* ‚Schatten‘.
Nach /l/ und /r/ fiel /e/ im Mhd. ab (ahd. noch /o/): ahd. *falawêr : falo* > mhd. *val*, ahd. *mëlwes : mëlo* ‚Mehl‘ > mhd. *mël*, ahd. *garawêr : garo* > mhd. *gar*; ahd. *sêwes : sêo* > mhd. *sê*; ahd. *snêwes : snêo* > mhd. *snê* (in den flektierten Formen ist noch im Mhd. das /w/ überall vorhanden, z. B. *sêwes, snêwes* wie im Ahd.). Da aber im Nhd. /w/ nach /l/ und /r/ zu /b/ wurde, z. B. mhd. *alwære* > *albern, arw(e)iz* > *Erbse, härwe* > *herb, garwen, gërwen* > *gerben, garwe* > *Garbe, mürwe* > *mürbe, milwe* > *Milbe, swalwe* > *Schwalbe*, standen Formen mit /b/ z. T. neben solchen ohne /b/: mhd. *valwer* > *falber*, aber *fahl*, und durch Übertragung kommt auch hier das /b/ hinein: *falb*, ebenso *gel* und *gelb*[49].
Nach /û/ fiel /w/ im Auslaut im Ahd. weg: *bûwes : bû* = mhd., als Übergangslaut ist /w/ hier wieder eingeschoben: *bûwan* (statt *bûan*) > mhd. *bûwen* > *bauen*[50], *spriuwir* (Pl.), aber *spriu* ‚Spreu‘, *touwes : tou*.

6. mhd. /uw/

mhd. /uw/ geht auf die Geminata /u̯u̯/ zurück: Mit dem vorangehenden Vokal bildet das erste u̯ einen Diphthong oder nach /u/ einen Langvokal /û/[51], z. B. mhd. *triuwe* < ahd. *triuuua*[52] < germ. **trewwa* (= got. *triggwa*) < idg. **dreu̯-u̯o*, ebenso in mhd. *bliuwen* ‚bleuen, schlagen‘, *riuwen* ‚schmerzen‘, *kiuwen* ‚kauen‘ s. o., *iuwer, houwen, schouwen*; zu *vrouwen* (< germ.

---

[48] In den flektierten Formen steht *w: frawêr, strawes, hrawêr* usw.
[49] Auch in germ. **ihwa, *îgwa*, ahd. *îwa*, mhd. *îwe* ist /w/ > /b/ geworden: nhd. *Eibe* und mhd. *âventiure* > *Abenteuer*.
[50] Oft fehlt dieses /w/ als Übergangslaut auch (bes. im Alem., z. B. *unpuantlih* Pa).
[51] Die Gemination kann im Urgerm. oder Westgerm. (vor /j/ usw.) erfolgt sein (vgl. § 63).
[52] Nur sind die Verhältnisse im Ahd. vielfach unbestimmt, weil die Bezeichnung oft unvollständig ist. Wenn drei ⟨uuu⟩ für germ. /u̯/ geschrieben werden, z. B. Is. *euuuih* > mhd. *iuwih* > *iuch* oder Tatian *giscouuuota*, ist sicher, daß Diphthong und /u̯/ gemeint sind, z. T. steht jedoch nur ein ⟨u⟩, z. B. *triua, niuin* usw.

*frawjan > wgerm. *frawwjan > frauwen ohne Umlaut) lautet im Ahd.
das Prät. frewita (mit Umlaut von /a/ > /e/, aber ohne Gemination, da
/j/ vor /i/ wegfiel), daher stehen im Mhd. nebeneinander: vrouwen, vröuwen
und auch von ahd. frewita her der mhd. Inf. vreuwen, vrewen und das
Subst. vreude, vroude, vröude, s. Braune § 114, Baes. Einf. S. 135.

§ 36   mhd. /i̯ (j)/

1. Schreibung

i, j, g oder gi, im Spätmhd. auch y; j als Schriftzeichen ist nur ein am Wort-
anfang oder -schluß vergrößertes i, das sowohl für mhd. /i/ als auch für
den Halbvokal geschrieben wird. Als eindeutiges Zeichen für den Halb-
vokal bzw. Reibelaut gilt j erst seit dem 16. Jh.[53] Wann die Aussprache-
änderung zum Reibelaut stattgefunden hat, ist daher unsicher. Da /g/
mdal. als Reibelaut gesprochen wurde, kann es leicht für /j/ geschrieben
werden, bes. im Md. (im Mfr.).

2. Anlaut

Erhalten ist /i̯/ vom Idg. an, z. B. *i̯ugom, lat. iugum, got. as. juk, ahd.
mhd. joh > Joch.
Vor /i/ wurde /j/ im Wort- oder Silbenanlaut schon im Ahd. zu /g/, z. B.
jëhan, mhd. jëhen ‚bekennen', aber: gihu > gihe, gihist, gihit > mhd.
gih(e)st, gih(e)t, aber Prät. wieder jah, dazu bigiht > biiht > bîht > Beichte,
ebenso: jësen: gise, gisest ‚gären' (daneben als schw. Verb jern, gern),
dazu mhd. gist > nhd. Gischt; mhd. jëten ‚jäten', aber: gitest, gitet (im
Nhd. ist /j/ geblieben, doch mdal. oft gädn), vgl. auch rotwelsch joner
‚Falschspieler' > Jauner, Gauner.
Es gibt nur wenige mit /j/ anlautende Wörter, z. B. mhd. ja, jâmer, jagen,
jener[54], jodeln, jôlen, juchen, jûchezen ‚jauchzen', jugent, jung und einige
Lehnwörter, z. B. jenner < januarius, jope < frz. jupe, jubel < mlat. jubilus,
juriste < mlat. jurista.
Statt jâmer, jener kommen im Obd. auch âmer, ener vor, die schon im
Germ. neben den j-Formen stehen.

---

[53] Im Ahd. und As. schrieb man sowohl für den Vokal als auch für den Halbvokal i,
da j im lat. Alphabet fehlte, nur haben manche Denkmäler die Regelung, die etwa der
von ca, co, cu – ke, ki entspricht, daß vor a, o, u ein i (z. B. bei Otfrid) ohne Akzent
geschrieben wird (mit Akzent bedeutet den Vokal) und vor e und i ein g.
[54] Nhd. je: ahd. eo, io > mhd. ie ‚immer'; der Ton lag zuerst auf dem /i/, dann ie > ié,
/i/ wird zum Reibelaut /j/. ie kommt in verschiedenen Zusammensetzungen vor:
iemêr > immer, eigtl.: ‚immer mehr', mhd. ieder > jeder < ahd. eo-gihwedar ‚immer
jeder von beiden'; ie + zuo > ieze > i̯etzo > i̯etzt (mit unorganischem /t/) oder,
wenn der Ton auf dem /i/ bleibt, > itzo, itz.

3. Inlaut

a) Als Übergangslaut ist /j/ nach langem Vokal oder Diphthong vielfach
bis zum Mhd. erhalten, z. T. als ⟨g⟩ geschrieben, z. B. ahd. *frî*: *frîger*
= mhd. *fîiant* u. *uigandun* (1. Merseb.), *ei* – *eiies*[55] und mhd. *eijer*,
-eiger; *zwei* – *zweijer* – *zweiger* (Pl.); *leije*; *meije, meige*; *wîje, wîge* >
Weih; *reije, reige* > *Reihen, Reigen* u. a. Hierher gehören auch die Verba
pura, die kein lautgesetzliches /j/ haben, sondern zu den schwachen
Verben übergetreten sind und deren /j/ angenommen haben, z. B. ahd.
bâen > *bâian* > mhd. *bæien* > *bähen*; ebenso ahd. *blâian* > mhd. *blæjen*
> *blähen*, *krâian* > *kræjen*, *nâian* > *næjen*, *sâian* > *sæjen* (< idg. *sēi̯-
mit altem /i̯/); *wâian* > *wæjen* > *wehen*; *bluoian* > mhd. *blüejen, gluoian*
> *glüejen, hluoian* > *lüejen* ‚brüllen‘, *muoian* > *müejen* usw. *j*-Formen sind
bes. im Alem. belegt, doch auch im Bair. u. Md.; /w/ als Übergangslaut
tritt bes. im Ostfr., Rhfr. u. Thür. auf, z. B. *sæwen, blüewen*; statt ⟨j⟩
kann auch ⟨g⟩ geschrieben werden, und /j/ fällt z. T. ganz weg: *sæn, blüen*
usw.

b) /j/ nach Konsonanten (zahlreiche Wörter haben *j*-Suffixe, z. B. die *ja*-
und *jô*-Stämme bei Subst. u. Adj. und die *jan*-Verben [westgerm. Kon-
sonantengemination vor /j/ s. § 63b]): Im älteren Ahd. ist dieses /j/
noch als /i/ oder /e/ erhalten, z. B. *minnea* > *minna* > mhd. *minne*,
germ. *kuni̯a-* > ahd. *kunnie* > *kunni* > mhd. *künne* ‚Geschlecht‘, wgerm.
sibbjō- > ahd. *sippea* > *sippa* > mhd. *sippe* (got. *sibja*), *willeo* > *willo* >
mhd. *wille, enteôn* > *entôn* > mhd. *enden* (im Fr. ist dagegen /j/ noch
über den Anfang des 9. Jhs. hinaus erhalten, im As. während der ganzen
Periode).

c) Die *-jan*-Endung der schwachen Verben wurde im Ahd. zu *-en*, aber
erhalten noch im As. und in den ältesten ahd. Denkmälern (nach /r/
bis ins Mhd., s. folg. Absatz), aber auch dort, wo /j/ geschwunden ist,
ist das ehemalige Vorhandensein an der Wirkung zu erkennen: Gemina-
tion der vorangehenden Konsonanten (außer /r/) und, falls möglich, Um-
laut, z. B. got. *hafjan* (vgl. lat. *capio*) = ahd. *heffen* (mit Gemination u.
Umlaut) > mhd. *heven*; got. *ufþanjan*, as. *thennian* = ahd. mhd. *den(n)en*
‚dehnen‘, aber nach Kons. fällt /j/ vor /i/ weg, daher hier keine Verdoppe-
lung: *heffen, dennen*, aber: *hefis, denis, hefit, denit*; ebenso *zellen* ‚er-
zählen‘: *zelis, zelit*, mhd. *zelst, zelt*, und dieser einfache Kons. dringt
z. T. auch in den Inf., daher gibt es nur im älteren Mhd. noch Doppel-
konsonanten: *zellen, dennen* usw., s. § 130 A 3.

---

[55] Im Ahd. gibt es z. T. einen Unterschied in der Bezeichnung des Übergangslautes je
nach der Höhe oder Tiefe des folgenden Vokals, so im Tatian vor hellen Vokalen
g: *frige, i* vor dunklen und hellen: *friiu, fîiant*, zwischen Velar- und Palatalvokal *uu*
oder *h*: *sâuuen, sahit*.

d) Auch im Inlaut wird oft ⟨g⟩ statt ⟨j⟩ geschrieben, bes. nach /r/, und vor allem im Bair. kommt /rg/ sehr häufig vor, vielleicht wurde es hier schon im Mhd. als Verschlußlaut gesprochen. In einigen Wörtern ist /g/ im Nhd. erhalten geblieben: ahd. *scario* > mhd. und noch nhd. *scherge* ‚Gerichtsdiener‘, ahd. *fario* (zu *faran*) > mhd. u. nhd. *verge* ‚Fährmann‘; lat. *māteria* > mhd. *matërge*; lat. *ēlectuārium* > afrz. *lectuaire* > mhd. nhd. *latwerge* ‚dicker Saft‘; afrz. *estoire* > mhd. *storge* ‚Schar, Bedrängnis‘; got. *nasjan* (< germ. **nazjan*) = ahd. *nerian, nerigen, nergen*; im Alem. u. Fr. dagegen schwindet das /j/ hier, und eine Verdoppelung des /r/ tritt ein: *nerren*, ebenso *werren* (diese Gemination hat nichts mit der westgerm. zu tun; vielleicht jüngere Assimilation von /rj/ > /rr/)[56]; neben *hern* steht auch *herien, her(i)gen* ‚verheeren‘; *Maria* > *Merge*, auch nach /l/: z. B. lat. *vigilia* > *vigilge* ‚Gottesdienst, Totenamt‘, lat. *lilia* > *lilge*, mlat. *pētrosilium* > *pêtersilge*.

Nach anderen Konsonanten hat sich /j/ bzw. /g/ bes. in Lehnwörtern als Übergangslaut zwischen zwei Vokalen entwickelt, z. B. lat. *cavea* > mhd. *kefige* > *Käfig*, lat. *macellum* ‚Fleischbank‘ > *maceum* > mhd. *metzige* > *metzje* und mlat. *matiārius* > mhd. *metziger, metzjære* > *Metzger*, lat. *minium* ‚Zinnober‘ > *menige* > *Mennige, Venetia* > *Venedige* > *Venedig*, lat. *venia* > mhd. *venige, venje* ‚kniefälliges Gebet‘.

Nasale

§ 37   mhd. /m/

1. An- und Inlaut: idg. /m/ ist außer im Auslaut im wesentlichen erhalten geblieben. Anl. idg. **mātēr*, griech. μήτηρ, lat. *māter,* as. *mōder*, ahd. mhd. *muoter*. Inl. lat. *homo*, ahd. as. *gomo*, mhd. *gome* ‚Mann‘ in *briutegame* oder *briutegome*.

2. Auslaut: /m/ > /n/ im Germ. (Auslautgesetze). Wo /m/ im Ahd. im Auslaut steht, stand es im Idg. im Inlaut, oder es war gedeckt, z. B. idg. **dhogʷhomis* > germ. **dagumz* > ahd. *tagum*; dann geht /m/ seit dem 9. Jh. in /n/ über: *tagum* > *tagun* > mhd. *tagen, salbôm* (Dat. Pl.) > *salbôn* > mhd. *salben, ih bim* > *ich bin.*
Ahd. /m/ wird vor /f/ seit dem 9. Jh. zu /n/ (Assimilation), z. B. *fimf* > *finf, ziemen* : *zunft*, s. § 66 A 8 b (heute vielfach wieder *m*-Aussprache).

---

[56] Ob /j/ hinter /r/ schon im Ahd. Reibelaut war, ist umstritten; da die westgerm. Gemination fehlt, kann es auch zum Vollvokal /i/ geworden sein (vgl. Braune, Ahd. Gr. § 118, Anm. 3).

Geblieben ist das auslautende wurzelhafte /m/, weil inlautende *m*-Formen danebenstanden, z. B. in *arm* : *armêr*, *nim* : *nëmen*.

3. **Vom Mhd. zum Nhd.**: /mb/ > /mm/ durch Assimilation: *lamp* : *lember* > *lemmer* : *lam*; /nb/ > /mb/: *anebôȝ* > *Amboß*, /entf/ > /empf/; *ntb* > *mb* (*mp*); *hintbere, wintbrâ* > *Himbeere, Wimper, Lantperaht* > *Lamprecht* usw., s. § 66 A 1 (schon im Ahd. *hraban* > *ram*: *Wolfram, Bertram* usw.). Wo heute *m* vor Dental steht, ist ein *e* geschwunden: *kommst* < *komest, Grumt* < *gruonmât, Hemd* < *hemede, Hamster* < *hamestro, Zimt* < *zimet*.

4. Mhd. /mm/ < ahd. germ. /mm/, z. B. *swimmen, grim* – *grimmer, stum* – *stummer*, durch westgerm. Gemination: *vrum(m)en*, s. § 63. Assimilation von /nm/ u. /mn/ > /mm/, z. B. in *stimme* < *stimna*, ebenso in *vomme, amme, imme* < *von deme* usw., s. § 66 A 1 (u. § 2,1), zu einfachem /m/ in: *eime, dîme, Reimar* < *eineme, dîneme, Reinmar* < *Reginmar*.
Im Nhd. steht ⟨mm⟩ statt ⟨m⟩ zur Bezeichnung eines kurzen Vokals: mhd. *himel* > *Himmel, sumer* > *Sommer* usw.
Im Alem. steht ausl. statt /m/ vielfach /n/: *ôheim* > *ôhein*, s. § 38,4.
In unbetonter Silbe entsteht meist /n/: *bodem* > *boden*, s. § 38,5.

§ 38   mhd. /n/

1. **Anlaut**: idg. /n/ ist erhalten geblieben; im Inlaut z. T., im Auslaut immer geschwunden, z. B. lat. *noctis* = ahd. *naht* > mhd. *nacht*; idg. **añĝh-* ‚beengen‘, got. *aggwus* (*gg* nach griech. Vorbild), ahd. *engi* > mhd. *enge*; idg. **péṇqʷe*, griech. πέντε, ahd. *fimf* > *finf* (/n/ und /ɒ/ fielen im Germ. zusammen).
Im Germ. schwindet /n/ vor Reibelauten, bes. vor χ, z. B. *denken* : *dâhte* (= Nasalschwund u. Ersatzdehnung, s. § 64).
/n/ < /m/ im Auslaut im Ahd., z. B. *tagum* > *tagun*, s. § 37,2.
/n/ < /m/ vor /f/, z. B. ahd. *kumft* > *kunft*, s. § 66 A 8 b.
n-Schwund durch totale Dissimilation, z. B. *honang* > *honec*, s. § 67 B 1
/n/ < /l/ durch Dissimilation, z. B. mhd. *kliuwel* > *Knäuel*, s. § 67 A 1.
/n–n/ > /l–n/, z. B. *samenen* > *sameln* (Dissimilation, s. § 67 A 2).
/n/ > /m/ bei Assimilation, z. B. *anebôȝ* > *ambôȝ*, s. § 66 A 1.
/ntf/ > /mpf/ bei Assimilation, z. B. *entfâhen* > *empfangen*, s. § 66 A 3.

2. *n*-Abfall im Infinitiv = Kennzeichen des ostfr.-hess.-thür. Gebiets, Grenzorte sind etwa Fulda–Heiligenstadt–Nordhausen–Merseburg–Naumburg–Altenburg–Coburg–Würzburg–Fulda. Schon im 9. Jh. ist der *n*-Abfall in Würzburg belegt.

3. *n*-Einschub: mhd. *sus* > *sunst* > *sonst* (schon im 14. Jh. mit *n*; unorganisches /t/ und /u/ > /o/ vor Nasal); mhd. *nacket* > *nackent* (schon

im 13. Jh. mit /n/ aus flektierten Formen: *nackedem, -den*), mhd. *lîchame*
u. *lîchname* > *Leichnam* (ahd. *lîhhamo* mit schw. Flexion aus *lîhhinhamo
> *lîchinamo*); mhd. *nu* > *nun* (seit dem 13. Jh., seit dem 17. Jh. schrift-
sprachlich); mhd. *smutzen* > *schmunzeln*, mhd. *alwære* ‚ganz wahr‘ >
albern (mit /n/ aus flektierten Formen im 18. Jh.), md. *genug* > *genung*;
n-Anfügung bei Substantiven, z. B. mhd. *vride* > *Frieden, schate* >
Schatten, s. § 83,2.

4. Nasalierung von Stammsilbenvokalen ist bes. im Alem. (Schwäb.)
vorhanden: *meist* > *meinst, fûst* > *fûnst, sëhen* > *sënhen* u. a. Im Alem.
wird auch sonst /m/ durch Nasalierung öfter zu /n/: *heim* > *hein, ruom* >
ruon, kam > *kan* usw.

5. Nhd./n/ statt mhd. /m/ liegt vor in mhd. *bodem* (seit dem 15. Jh. schon *n*),
mhd. *buosem* und *buosen, vadem* (seit dem 12. Jh. *n*), *swadem, swaden*,
bës(e)m (im 16. Jh. *besen*), *brodem, gadem* ‚Zimmer‘ (im 15. u. 16. Jh.
gaden daneben).
/n/ wurde zu /m/ in *turn* > *Turm*, zuerst im Md.

6. ⟨nn⟩ gibt im Nhd. kurzen Vokal an, auch wo im Mhd. nur ⟨n⟩ stand,
z. B. mhd. *sin* > *Sinn*, mhd. *kan* > *kann*;
mhd. /nn/ < ahd. /nn/ < germ. /nn/ oder /nj̣/ > westgerm. /nn/ in:
dünne, kinne, minne, rinnen; /nj/ > /nn/ in *den(n)en* ‚dehnen‘, *künne* ‚Ge-
schlecht‘; germ. /nnj/ in *kennen*; /nn/ < /mn/ durch Assimilation, z. B.
ahd. *nemnen* > *nennen*, s. § 66 A 1 Anm. 76;
durch Assimilation < /nt/ in *phennic* < *phenting*.

Liquiden

§ 39 mhd. /l/

1. < ahd. germ. idg. /l/:
a) idg. /l/ blieb im Germ. als /l/ erhalten: griech. λευκός ‚weiß‘, lat. *lūx*
‚Licht‘, abulg. *luča* ‚Strahl‘, ahd. *lioht* > mhd. *lieht*; lat. *ulna* ‚Ellen-
bogen‘, ahd. *elina* > mhd. *elne* > *elle*; abulg. *stolъ*, ahd. mhd. *stuol*.
b) < got. ahd. /hl/ < idg. /kl/ (1. LV): griech. κλυτός, lat. *in-clut-us* = ags.
as. *hlūd*, ahd. *hlūt* > *lūt* = mhd.
c) < /n/ durch Dissimilation, s. § 67 A 3, z. B. lat. *asinus* > *esel*, mlat.
organa > *orgel*.
d) < /r/, z. B. *dörper* > *Tölpel, chiricha* > *chilicha* (Dissimilation), s.
§ 67 A 1.

2. Mhd. /ll/ < ahd. germ. /ll/, z. B. *wallen, stalles* – *stal, knolle, voller* – *vol, vëlles* – *vël* ‚Haut‘, *stolle* ‚Stütze‘, *wellen* ‚wollen‘ mit Vereinfachung im Auslaut;

< westgerm. /llj, lj/: *helle, welle, geselle, zellen* und *zeln* (bei *zeln* Ausgleich an die 2. 3. Sg. Präs., s. § 130 A 3);

durch Assimilation /l + l/: *ellende* < *elilenti*, s. § 66 A 5 c;

< /n + l/: *zwillinc* (ebda.); < /tl/ in *guollîch* < *guotlîch*, s. § 66 A 5 a.

§ 40   mhd. /r/

1. a) < ahd. germ. idg. /r/: idg. **roudhos*, lat. *rūfus*, got. *rauþs*, ahd. mhd. *rôt*; griech. φέϱω, lat. *ferō*, got. *baira*, ahd. *biru*, mhd. *bire* ‚ich trage‘; griech. μήτηϱ, lat. *māter*, ags. *mōder*, ahd. mhd. *muoter*.

b) < ahd. /r/ < urgerm. /z/ < idg. /s/ (vgl. § 58), z. B. got. *nasjan* = ahd. mhd. *nerien* < germ. **nazjan* < idg. **noséįonom*.

c) < ahd. /r/ < idg. /z⁺dh/: idg. **kuzdho-* = got. *huzd* (< germ. **huzda*) = ahd. mhd. *hort*; mhd. *gerte* < germ. **gazdjō*.

d) < ahd. germ. /hr, wr/: ahd. *hringa* > *ring*, *hrusti* > *rüstung*, *wrëchan* > *rëchen* = got. *wrikan*, ahd. *wreccheo* > *recke* ‚Verbannter, Recke‘, aber im Mfr. bleibt /w/ vor /r/ erhalten, s. § 35, 3 a.

2. /r/ > /l/ durch Dissimilation, z. B. lat. *turtur* > *Turtel*, s. § 67 A 1. *r*-Schwund durch totale Dissimilation, z. B. *quërdar* > *Köder*, s. § 67 B 2. /r/ > /l/ bei Assimilation, z. B. *wëralt* > *wërlt* > *wëlt*, s. § 66 C 2 d. *r*-Abfall im Auslaut nach langem Vokal im Spätahd.:*dâr* > *dâ*, *wâr* > *wâ*, *hiar* > *hia* > *hie*, *êr* > *ê*, *mêr* > *mê*, *sâr* > *sâ*. /r/ blieb bei den Ortsadverbien, wenn ein Vokal folgte: *dâr-ane, -inne, -ûfe, -ûʒe*; *wârinne, hierinne*, aber *dâbî, dâvor*; *hie* und *hier* stehen lange nebeneinander. Goethe hat oft die *r-lose* Form, heute noch: *hienieden, hie und da*. Nd. und md. sind die Pronominalformen ohne /r/: *wî* ‚wir‘, *gî* ‚ihr‘, *mî, dî* (Dat. u. Akk.), *de* oder *die* ‚der‘, doch z. T. stehen die *r*-Formen daneben; *he* ‚er‘ ergibt mit *ër*: *her*. Sproßvokale aus /r/, z. B. *gîr* > *Geier*, s. § 33. Metathese des /r/ (Umspringen): Sie ist vom Nd. ausgegangen und dringt nach Süden vor. Im Frühmnd. lebt sie besonders auf, als dort Sproßvokale aufkommen. /r/ verband sich mit dem neuen Vokal fester als mit dem alten (z. B. *dorp* > *dórup* > *dorúp* > *drup*; *berg* > *birig* > *brig*), aber die Verbindungen /tr/ und /vr/ sind fest; auf den Vokal folgen /rd, rt, rst, rs, rsch, rn/, doch nicht /rnd/, z. B. *Kirst* < *Krist* schon im Ahd.; dazu *Kerst* = *Kersten*; *Bernstein* < *brennen*, auch als *Barn-, Bornstein*; *brunnen* > mnd. *borne* (schon Ende des 9. Jhs. linksrheinisch *burne*), Luther hat *born* und *brunn* nebeneinander; *brësten* > *bërsten* (so Luther), auch *armborst, dritte* > *derde, derschen* < *drescen* ‚dreschen‘, *vorst* < *vrost*, *görte* < *grütze, versch* < *frisch, vrüchten* < *fürhten*.

Geräuschlaute

Labiale

§ **41** mhd. /b/

1. a) < ahd. /b/ < germ. /b/, soweit es nicht durch die Weiterwirkung
der 2. LV – bes. im Bair. – zu /p/ geworden ist, s. § 61, 1. Im Alem.
war /p/ schon im Ahd. wieder zu /b/ geworden; das bair. /p/ < /b/
wird von der binnendeutschen Konsonantenschwächung erfaßt und
fällt mit /b/ zusammen als stl. Lenis (vgl. § 62).
   b) < lat. rom. /p, b/. Im Mhd. stehen /p/ und /b/ vielfach in den Lehn-
wörtern nebeneinander, z. B. lat. *praedicāre* > *bredigen, predigen*, lat.
pirus > *birne, pumex* > *büme3* ‚Bims‘, *pāpa* > *bâbest, picem* > *pëch,
bëch, episcopus* > *bischof.*
   c) als Sproßkonsonant nach /m/, z. B. *sumer* > *sumber, kumt* > *kumbt*
im Spätmhd., s. § 66 A 2 Anm. 78.

2. /b/ < /w/ im Spätmhd. u. Nhd., z. B. *varwe* > *varbe*, s. § 35,5. /b/ > /p/,
z. B. *lobes*: *lop* (Auslautverhärtung), s. § 68. *b*-Schwund durch Kon-
traktion, z. B. *gibet* > *gît*, s. § 70. *mb* > *mm*, z. B. *umbe* > *um(me)*,
§ 66 A 2 (Assimilation), desgl. /tb/ > /tp/ > /p/: *entbern* > *enpern*, s.
§ 66 A 3 b. /b/: /f/ = grammatischer Wechsel, z. B. *heven* – *huoben*, s.
§ 58. /b/ > Reibelaut, bes. im Bair. seit der Mitte des 13. Jhs., z. B.
gibe > *giwe*, s. § 61,1.
/bb/ steht im Mhd. z. T. neben /pp/: *ribbe* : *rippe, sibbe* : *sippe, stübbe* :
stüppe ‚Staub‘.[57]
Zum Wechsel von /b/: /pp/, z. B. *knabe* : *knappe*, s. § 63.

§ **42** mhd. /p/

a) < ahd. /p/ < germ. /p/, jedoch nur in begrenztem md. Gebiet, in dem
/p/ nicht zu /pf/ oder /ff/ bei der 2. LV verschoben wurde: nördlich der
apfel/appel-, pfunt/pund-, dorf/dorp-Linie, s. § 59. Außerdem ist /p/ er-
halten in der Verbindung /sp/ (Ausnahme der 2. LV).
   b) < /p/ in Lehnwörtern, die nach der 2. LV übernommen wurden (sehr
zahlreich), z. B. *palas, palme, papier, paradîs, parol* ‚Wort‘, *pepelen*
(< *pappare*) ‚füttern‘, *përsone, prîs* ‚Lob, Ruhm‘, *prüeven*. Zum Teil

---

[57] *bb* im Nhd. stammt aus dem Nd. in: *Ebbe, Krabbe, krabbeln, kribbeln, knabbern,
Knubbe, Robbe, sabbern, schrubben, wabbeln* u. a., z. T. auch hd. *pp knappern*.

werden diese entlehnten Wörter im Mhd. mit *p* oder *b* geschrieben; *pp* neben *bb* s. § 41, 1. b).

c) < /b/ durch Auslautverhärtung, z. B. *lobes*: *lop*, s. § 68.

d) < nd. /p/, z. B. in *wâpen* neben *wâfen*, *dörper* (aus dem Md. *pacht* = mhd. *phacht*).

Im Nhd. auch /p/ < Assimilation von /ntb/ > /mp/: mhd. *wintbrâ* > *Wimper*, s. § 66 A 1.

§ 43   mhd. /pf/

< ahd. /pf/ < germ. /p/ im Anlaut und nach Konsonant, 2. LV s. § 60, ferner aus Lehnwörtern mit /p/, die von der 2. LV erfaßt wurden (s. die Beispiele unten). /pf/ ist der eigentlich obd. Laut (Alem., Bair., Ostfr.), die nordwestliche Grenze ist die *apfel/appel*-Linie. Verteilung von /p/ > /pf/ im An-, In- und Auslaut s. § 60 B 1.

In mhd. Doppelformen wie *gëlpf – gëlf, scharpf – scharf, harpfe – harfe* können /p/ und /pp/ die Ursache sein, z. B. auch in *tropfe, troffe*, falls nicht unterschiedliche LV von /rp/, /lp/ anzusetzen ist. Zur Verbreitung von *opfern – offern* s. Frings, Grundlegung ..., Karte 15.

Zum Beispiel: mhd. *pfaffe* < lat. *pāpa, pfâl* < lat. *pālus, pfalz* < lat. *palatium, pfanne* < vulgärlat. *panna, pfarre* (Kurzform) < mlat. *parrochia, pfat* (wohl aus einer iranischen Sprache nach der 1. LV entlehnt), *pfëffer* < lat. *piper, pfîfe* < vulgärlat. *pipa* ,Schalmei', *pfîl* < lat. *pilum, pfert* < mlat. *paraverēdus* ,Postpferd auf Nebenlinien' (zu griech. παρά ,bei' u. spätlat. *verēdus* ,Postpferd') > ahd. *pfarifrît* > *phärvrit* > *phär(i)t, pfingsten* < griech. πεντεχοστή ,der 50. Tag (nach Ostern)', *pfirsich* < vulgärlat. *persica, pflanze* < lat. *planta, pflaster* < lat. *emplastrum, pflûme* < lat. *prūnus* (s. § 67 A 3), *pforte* < lat. *porta, pflücken* < *piluccare* = ital.; *pfütze* < lat. *puteus, pfunt* < lat. *pondo* (/o/ > /u/ vor Nasal, wie in *Kunkel* < *concula*), *pfruonde* ,Pfründe' < roman. *provenda* < lat. *praebenda* (ahd. *pfrôvinta* > *pfruonta*).

§ 44   mhd. /f, v/

< ahd. /f (v)/ < germ. /f (= f$_1$/ im Gegensatz zu /f$_2$/, das bei der 2. LV aus germ. /p/ entstanden war).

/f$_1$/ unterscheidet sich von dem hd. /f/ in der Schreibung und Aussprache, s. § 3. Zur Erweichung von germ. /f/ s. § 62,2.

1. Im Anlaut ist nur germ. /f/ möglich (sonst /pf/, außer im Alem. mit /pf/ > /f/ und im Ostmd., wo /f/ statt /pf/ gesprochen wurde). Geschrieben

wird /f/ im Mhd. im An- und Inlaut intervokalisch ⟨v⟩, doch vor /r, l, u,
ü, iu, ou, üe/ auch ⟨f⟩, *dürfen* nur mit ⟨f⟩, Aussprache: leicht stimmhaft,
doch im Auslaut, in der Gemination und in /ft, fs/ stimmlos, daher hier
Zusammenfall mit $/f_2/$. ⟨v⟩ steht also nur für germ. /f/ oder auch in Lehn-
wörtern für lat. rom. /v/: *venster*, lat. *viola* > ahd. *vîola* > mhd. *vîol*
‚Veilchen‘, *brief*: *brieves* < *brēve*, s. § 3 A.

2. $/f_1/$ im In- und Auslaut ist nur in wenigen Wörtern vorhanden:
nĕve, oven, vrevel, hof: *hoves, zwelf*: *zwelve, wolf*: *wolves, fünf*: *fünve,*
heffen, einlif, zwelif, in *kraft, haft, after, dürfen.* $/f_1/$ wird jetzt im West-
md., in Nordthüringen und im nördlichen Obersachsen stimmhaft ge-
sprochen. Schon in ahd. Zeit war $/f_1/$ im Fr., bes. im Mfr., stimmhafter
als im Obd., wo lat. /v/ auch durch ⟨f⟩ wiedergegeben wurde (Otfrid:
uers und *fers* wie *fundament*), hier war es eher stimmlose Lenis.

$/f_1/$ steht mit /b/ im grammatischen Wechsel: *heven* – *huob*, s. § 58; zu
diesem alten Wechsel kommt noch ein jüngerer in alt- und nachahd. Zeit,
z. B. *avur*: *aber, wĕrven*: *wĕrben.*

3. /f/ < germ. /þl/ in got. *þláihan* = ahd. *flêhôn* > mhd. *vlêhen*, got. *þliuhan*
= ahd. *fliohan* > mhd. *vliehen.*
entf > *empf* durch Assimilation, s. § 66 A 3.

4. /ft/ > /cht/ im Mfr.: *luft* > *lucht, stiften* > *stichten, graft* > *gracht*
‚Graben‘, s. § 66 A 8 a.

5. mhd. /f/ < germ. /p/ ($= f_2$) = 2. LV § 60 u. s. o. f_1.

Dentale

§ 45   mhd. /d/

1. a) < ahd. /d (dh, th)/ < germ. /þ/ = 2. LV, s. § 62,1, z. B. *that* > *daʒ.*
  b) < ahd. /t/ nach Nasal und Liquida: *untar* > *under, haltan* > *halden*,
  ebenso ahd. /dt, tt/: ahd. *sandta* > *sante* > *sande*, s. § 66 A 4.
  c) als Gleitlaut im Bair. zwischen dentalem Auslaut und vokalischem
  Anlaut: *er* > *der, hat erzählt* > *hat-d-erz.* > *derz.*
  d) als unorganischer Dental bes. nach /n/ und Reibelauten, doch meist
  als /t/: *nieman* > *niemand(t)*, s. § 69.
  e) /d/ in mhd. *oder, odr* geht auf ahd. *eddo* < germ. got. *aiþþau* zurück.

2. Im Md. wird /nd/ > /ng/ und auch im Alem. z. T.: *tûsend* > *tûseng,*
tûsi(n)g.
Im Nhd. steht /t/ statt mhd. /d/ in: *dâhe, tâhe* > (Töpfer-)*Ton, dôn, tôn*

(< lat. *tonus*) > *Ton*, mhd. *dörpære* > *dörpel* > *Tölpel* (s. § 67 A 1), *draben* > *traben*, *dôȝen* > *tosen*, ahd. mhd. *drum* ‚Endstück, Splitter‘ > *trumm* (erhalten im Pl. *Trümmer*).
Zur Verschiebung von germ. /d/ im Md. s. Michels, S. 133.

§ 46 mhd. /t, tt/

1. a) < ahd. /t, tt/ < germ. /d, dd/ = 2. LV, s. § 61,2, z. B. *dag* > *tac*, *middi* > *mitte*, *leitten* (< germ. **laidjan*) mit Vereinfachung der Geminata nach langem Vokal (§ 130 A 1 b), ebenso in *breiten, diuten, liuten, dulten, hüeten*.
   b) < ahd. /t/ < germ. /t/: Ausnahmen der 2. LV: /tr, ttr, ht, ft, st/, z. B. *triuwe, stein, lieht*, ahd. *hlûttar* > *lûter* ‚lauter‘ (germ. /tr/), s. § 63,2b β.
   c) < ahd. /t/ und /d/ vor /w/ < germ. /dw, þw/, ahd. *dwëran* > mhd. *twërn* ‚drehen‘, ahd. *twiril* > mhd. *twir(e)l*, seit dem 14. Jh. *Quirl*; ahd. *dwërah, twërh* > mhd. *dwërch, twërch* = *quer, Zwerch*(-fell); *hierher* auch mhd. *twingen, twahen* ‚waschen‘, *twarc* ‚Quark‘, *twalm* ‚Qualm‘, *twengen* ‚zwängen‘.

2. als unorganisches /t/ nach /n/ und Reibelauten: *habech* > *habicht*, s. § 69.
   /tt/ kann germ. /dd/ und /þþ/ fortsetzen, z. B. mhd. *vëttach* ‚Fittich‘ < ahd. *fëthdhahha* u. ä. < germ. /þþ/, ebenso mhd. *smitte* ‚Schmiede‘ < ahd. *smiththa* u. ä., mhd. *ëte-* < ahd. *ëttes* u. ä. als Pronominalpräfix, mhd. *spotten, klëtte*.
   /t/ wird nach Nasal und Liquida zu /d/ erweicht, s. § 66 A 4.
   /t/ schwindet durch völlige Assimilation zwischen Konsonanten, s. § 66 C 1, z. T. schon im 12. Jh.
   /tl, dl/ (< *tel, del*) > mdal. /kl, gl/: *îtel* > obersächs. *eikl, einsidel* > bair. *ainsigl*.

3. Nhd. /d/ statt mhd. /t/ in: mhd. *tâhele, tâhe*, seit dem 13. Jh. *tole* (*dul, dolle*), seit Luther die thür. Form *Dohle*; mhd. *tâht* > *Docht, toter* > *Dotter, tump* > *dumm, tunst* > *Dunst, tunkel* > *dunkel, tunc* > *Dung* (sind zu erklären durch die binnendeutsche Konsonantenschwächung). Auf nd. Einfluß beruht das nhd. /d/ in: mhd. *tam*, mnd. *dam* > *Damm*, mhd. *tille*, mnd. *dille* > *Dill*, mhd. *tocke*, mnd. *docke* = nhd., mhd. *trëne*, bei Schottel aus dem Nd. *drone* > *Drohne*, mhd. *tîch*, mnd. *dîk* > *Deich*; ahd. *duft*, mhd. *tuft* > *Duft*. In Lehnwörtern wird manchmal /d/ wiederhergestellt, z. B. lat. *dāma*, ahd. *tâmo*, mhd. *tâme* = *Dam*(-hirsch); lat. *durāre* ins Nd. als *dûren*, seit dem 12. Jh. im Hd. *tûren* = nhd. *dauern*, lat. *dictāre*, mhd. *tihten* = *dichten* (auch im Ahd. schon als *dihtôn*), lat. *draco*, mhd. *trache* > *Drache* (auch lat. *dracco* > ahd. *traccho* > mhd. *tracke*); frz. *dôme* > ahd. mhd. *tuom* > nhd. *Thum* und seit Ende des 16. Jhs.

auch *Dom*; *tûsent* statt *dûsent* mit anlautendem /t/ wohl wegen des zweiten *t*; ahd. *diutisk* > mhd. *tiutsch* (und seltenerem *diutesch*) (mit /t/ im Anlaut aus der mlat. Form *theo-* oder *teudiscus*), Luther hat *deudsch* (da der Name mit dem vermuteten Stammvater *Teut* anstatt mit *diet* ‚Volk' verbunden wurde, hielt sich lange *t*).

§ 47   mhd. ⟨z⟩ = /tz/

a) < ahd. /z/ < germ. /t, tt/ (2. LV) als Affrikata im Anlaut und nach Konsonant, s. § 60, z. B. as. *twê* = ahd. mhd. *zwei*, as. *hërta* = mhd. *hërze*.

b) < ahd. /z/ < lat. /t/ (2. LV s. o.), z. B. *tēgula* > ahd. *ziagal* > mhd. *ziegel*.

c) = lat. rom. /c/ vor /e, i/.

⟨z⟩ steht in den Hss. nicht nur für die Affrikata, sondern auch für den stl. Reibelaut [s] = /ʒ/; in den Drucken ist ⟨z⟩ = /tz/ im Anlaut u. Auslaut, zwischen Vokalen steht ⟨tz⟩, vgl. zur Schreibung und Aussprache § 3. /z/ (Affrikata) entsteht auch durch Zusammenrücken von /l-ʒ/ und /n-ʒ/: lat. *monēta* > ahd. *muniʒa* > mhd. *münze*, mlat.-rom. *pellicia* > ahd. *pelliʒ* > mhd. *beliʒ* > *Pelz* (*p* wieder wie in lat. *pellis*). /z/ kann im Nd. auch durch Palatalisierung aus /k/ entstehen, z. B. *Ekehoe* > *Itzehoe*, *Bokenburg* > *Boitzenburg* usw.

§ 48   mhd. ⟨z⟩ = /ʒ/

< ahd. /ʒ/ < germ. /t/, und zwar ⟨zz⟩ inlautend nach kurzem Vokal, ⟨z⟩ nach langem Vokal und im Auslaut (2. LV, s. § 59 ff.), z. B. as. *water* > ahd. *waʒʒar* > mhd. *waʒʒer*, as. *fôt* > ahd. mhd. *fuoʒ*, as. *that* > ahd. mhd. *daʒ*.

1. /ʒ/ schwindet durch Kontraktion in *lâʒen* > *lân*, s. § 145,2, *daʒ ist* > *deist*, *dest*, *daʒ ich* > *deich* (Krasis, s. § 2,1).
/ʒ/ wechselt mit /z/ bei den schwachen Verben, z. B. ahd. *heizen*, aber 2. Sg. *heiʒʒis*; auch im Prät. müßte statt /z (= tz)/ im Präs. /ʒ/ stehen, z. B. *setzen*, aber *saʒte*, doch ist hier schon im Ahd. ausgeglichen worden, s. § 63,2. Im Mhd. stehen noch nebeneinander *grüezen – grüeʒen*, *heizen – heiʒen*, *beizen – beiʒen* (beide bedeuten ‚beißen machen' und sind vom starken Verb *bîʒen* abgeleitet); zum Wechsel von /z/ : /ʒ/ bei starken und schwachen Verben s. § 63,2 (*-jan* bewirkte Gemination, daher /tt/ > /tz/).

2. /ʒ/ fällt im Nhd. mit dem stl. /s/ zusammen[58], heutige Schreibweise:

---

[58] Im Ahd. und Mhd. waren beide Laute getrennt, s. § 62, 4.

⟨ß, ss⟩ oder im Auslaut ⟨s⟩ in alleinstehenden Formen, z. B. *Haß*: *Hasses*, aber: *was*, *das* (*das*: *daß* geht auf die Unterscheidung durch Maaler, J.: Teutsch Spraach, Zürich, 1561 zurück). In Zweifelsfällen ist im Mhd., da die Hss. nur *z* schreiben (ʒ nur in Grammatiken), von der nhd. Aussprache auszugehen, s. § 3 B 2 b.

3. /ʒ/ geht im Nhd. in sth. /s/ über in mhd. *âmeiʒe*, *kreiʒ* (mit *ß* noch im 18. Jh.), *lôʒ* (*ß* noch im 17. Jh.), dazu *losen*; lat. *mūtāre* > mhd. *mûʒen* > frühnhd. *maußen* > *mausern* (mit unerklärtem /r/), mhd. *verwîʒen* > *verweisen* (vielleicht mit *weisen* vermischt, von dem es unabhängig ist), nach /m/: mhd. *em(e)ʒec* > *emsig*, *gem(e)ʒe* > *Gemse*, *bineʒ* > *Binse*, *simeʒ* > *Gesimse*; ferner in mhd. *ärweiʒ* u. ä. > *Erbse*, *krëbeʒ* > *Krebs*, *obeʒ* > *Obst*, *veiʒet* > *feist*.

Ahd. *wîʒ(ʒ)ago* (ags. *wît(e)ga* ,Prophet') wird wohl unter Einfluß von *forasago* an *sagên* und *wîs* angelehnt und ergibt mhd. *wîssage*; ahd. *hiruʒ* (Gen. *hirzes*) > mhd. *hirʒ*, *hirz* > nhd. *Hirsch*.

§ 49   mhd. /s/

a) < ahd. germ. /s/ und germ. /ss/ im Auslaut, z. B. *lësan* > *lësen*, **wiss* in *gewis*.

b) < ahd. /s/ < germ. /hs/, z. B. got. *taíhswō* > ahd. *zëswa* > mhd. *zëswe* ,rechte Hand', *mist* = got. *maihstus*, s. § 66 C 2 g.

c) < /ʒ (ʒʒ) + s + t/: ahd. *beʒʒisto* > mhd. *beʒʒ(e)ste* > *beste*, s. § 66 A 7, zur Aussprache s. § 3, grammat. Wechsel von *s – r* s. § 58, Zusammenfall mit /ʒ/ im Nhd. s. § 48,2.

§ 50   mhd. /sch/

1. < ahd. /sk/: Seit der Mitte des 11. Jhs. wird statt /sk, sc/ der Zischlaut *š* (= /sch/) gesprochen, aber in den Hss. bleibt die alte Schreibung z. T. bis ins 14. Jh.: ahd. *skôni* > mhd. *schœne*, ahd. *fisk* > mhd. *visch*. Mhd. ⟨sk, sc⟩ – im Md. auch ⟨sg⟩ und ⟨sh⟩, manchmal sogar ⟨ss⟩ und ausl. ⟨s⟩ (bes. im Suffix -*isk*) – sind daher wie nhd. /sch/ zu sprechen.

2. Vor /l, m, n, w/, nach /r/ und in den Verbindungen /st, sp/ wird /s/ außer im Inlaut ebenfalls zu /š/, doch kommen *sch*-Schreibungen erst im 13. Jh. langsam auf: *slange* > *schlange*, *smal* > *schmal*; auch hier ist ⟨s⟩ im Mhd. mit einem leichten Zischlaut zu sprechen. Daß in der mhd. Zeit noch ein Übergangslaut vorliegt, ergeben die nur spärlichen Reime der Klassiker: sie vermeiden /sch/ im Reim. ⟨st⟩ und ⟨sp⟩ wurden in der

Schrift immer beibehalten, vielleicht weil sie im Inlaut ohnehin nicht zu
/scht/ wurden, z. B. *Stein* = *schtein*, aber *hasten*.

3. Doppelformen: neben *sal, sol, suln*, seit dem 11. Jh. auch *schal, schol,
schuln*; neben *scharpf, scharf* auch *sarpf, sarf*, jedoch selten im Mhd.

4. Konsonantenerleichterung bei /sk/ : /scht/ > /st/ (*mischen* : *miste* usw.
s. § 66 C 1), auch *bisch(e)tuom* > *bistuom* gehört hierher.

Gutturale

§ 51   mhd. /g/

1. a) < ahd. /g/ < germ. /g/ u. /gu/, z. B. *gast, nîgen, singen*, s. § 57.
b) < /c/ in Fremdwörtern, z. B. *gollier* u. *collier* = frz. ‚Halsband': afrz.
coultre ‚Steppdecke' > *gulter, culter, golter, kolter, kûter, gûter*; mlat.
carnarium ‚Beinhaus' > *karnære, kerner, gerner*; lat. *cuculla* > *kugel,
gugel, kogel*; lat. *vocātus* mit rom. *g* statt *c* > ahd. *fogât* = mhd. *voget*
> *voit*.
c) statt /gg/, z. B. *lig(g)en*, s. § 63,2.

2. /g/ > /k/⟨c⟩ durch Auslautverhärtung, z. B. *tag* > *tac*, s. § 68.
g-Schwund durch Assimilation, z. B. *morgene* > *morne*, s. § 66 C 2i,
durch Kontraktion, z. B. *saget* > *seit*, s. § 70.
/g/ > /k/ durch Assimilation, z. B. *entgëlten* > *entkëlten* > *enkëlten*,
s. § 66 A 3c.
g statt *i* s. § 36,3.
Grammatischer Wechsel von *h – g* s. § 58.
ng ist im Mhd. noch *n* + *g* zu sprechen, im Nhd. tritt Assimilation > *ŋ*
ein, mhd. *sin-gen* > nhd. *siŋen*.
Im Md. ist /g/ weithin im In- und Auslaut Reibelaut geblieben, so im
Rhfr., im Fr.-Thür., im Ostmd. Im Mfr., Nordthür. und nördl. Ober-
sächs. ist /g/ außer in /ng/ in allen Stellungen Reibelaut im Nhd. *gegen* :
gägen im Bair. Schwäb, *geine* bes. fr., aber nicht alem., *kegen* u. *kein*
im Ostmd.
/g/ wird manchmal sogar statt /j/ als Übergangslaut eingeschoben (z. B.
1. Merseb. Zauberspruch *uigandun* = *vîjandun* = ‚den Feinden'), s. § 36,3,
dort auch /g/ statt /j/ nach /r/: *verio* > *verge* usw.
/gg/ > /ck/ im Obd.: *brücke* und *brugge*, s. § 61,3.
Im Bair. gilt im Auslaut /ch/ statt /g/, z. T. auch im Alem. und Fr., sonst
ist /g/ verhärtet zu /k/ ⟨c⟩, s. § 68.

§ 52,1 mhd. /k/

a) < ahd. /k/ < germ. /k/ und /ku̯/, soweit es nicht zu /ch/ verschoben ist, z. B. ahd. *kiosan* > mhd. *kiesen*, s. § 57 C 1 c.
< lat. /(k) c/, z. B. *cellarium* > *keller*, mlat. *cappa* > mhd. *kappe*, mlat. *carra* > mhd. *karre*.
< /ch/ im Silbenauslaut nach /r/ und /l/, s. u.
Als Auslautverhärtung von /g/ (*c* geschrieben), s. § 68.
⟨c⟩ steht neben ⟨k⟩, nur wird ⟨k⟩ im Wort- oder Silbenanlaut, ⟨c⟩ im -auslaut geschrieben, Verdoppelung ist /ck/.

b) /ck/ wechselt im Obd. mit der Geminata /gg/, z. B. *egge – ecke* ‚Ecke‘, *brugge – brucke* ‚Brücke‘, *mugge – mucke*, *rugge – rucke* ‚Rücken‘, *snëgge – snëcke*. Hier steht im Nhd. immer /ck/, aber /gg/ ist durch nd. Einfluß geblieben in *rogge* – obd. *rocke* ‚Roggen‘, nhd. *flügge*, mhd. *vlücke* (später auch *Dogge, Flagge, schmuggeln*), die Geminata /ck/ (obd. > /cch, kch/ verschoben) ist im Nhd. ebenfalls /ck/: obd. *bucchen* = *bücken*, obd. *wecchen* = *wecken*.
/k/ < /ch/ im Silbenanlaut: *dehein* > (*de-)kein*.

c) in Fällen wie *storah* > *storch*, aber *storkes* (danach der Nom. *storc*), *marh* ‚Pferd‘ – *markes* > *marc*, *welc, welh* ‚welk‘, *kalc* und *kalh, varh*, aber *värkel* u. a. steht /ch/ im Auslaut nach ahd. Sproßvokal (z. B. *storah, farah*), /k (c)/ aber unmittelbar hinter /l/ und /r/, doch kann auch inlautendes /ch/ zu /k/ werden, s. § 53 (im Md. wird auch /ch/ im Auslaut zu /k/ verhärtet, z. B. *sak* im Ostmd. = *sah*).
Kennzeichen obd. Schreibungen im Mhd. ist anl. ⟨ch⟩ statt ⟨k⟩ und auch hinter /l/ und /r/. /lch/ gilt bes. im Alem., /rch/ auch weiter nördlich, /nk/ ist im Südalem. /nkχ/, im Oberwallis schwindet in germ. /nk/ der Nasal, heute ist es [ŋχ]. Zur Konsonantenerleichterung in Fällen wie *punct*, *tincta* s. § 66 C 1. Wechsel von *k* : *ch*, z. B. *denken – dâhte* oder *ck* : *h* : *decken – dahte*, s. § 64.

§ 52,2 mhd. ⟨qu⟩ = /kw/

Im Ahd. wird auch ⟨quu⟩ und manchmal auch ⟨cu (ku), chu⟩ u. ä. geschrieben; im Mhd. ⟨qu, qo, qw, quu⟩ (< germ. /ku̯/ < idg. /gu̯/ > got. /q/, z. B. idg. *gu̯em-* > got. *qiman* = ahd. *quëman* > mhd. *quëmen*.
Im Alem. schwindet /u/, z. B. md. *quam* = alem. *kam*, *quâle* = *kâle*, *quât* = *kât* ‚Kot‘, *quëc* = *këc*, *bequemlich* = *bekemlich*.
Im Bair. und z. T. auch in anderen Mdaa. verschmilzt /u/ mit dem folgenden Konsonanten und verdunkelt ihn: *quâmen* – alem. *kâmen* – bair. *kômen*; /quë, que/ > /kö/: *quëc* > *köck* (dazu *Quecke*, im Elsaß *Zwecke* < ahd. *quëcca*), *quëne* > *köne* ‚Frau‘, *queln* > *köln* ‚sich quälen‘, *quëste* > *köste*

‚Büschel', ahd. *quërdar* > mhd. *kërder* > *körder* > *Köder* (Dissimilation § 67 A); /qui/ > /kü, ku/: *quim(e)t* > *kumt*, doch auch *kümt*; *erquicken* > *erkucken, erkücken*; /quî/ > /kiu/: *quît* < *quidit* > *kiut*; /qua/ > /ko/: *quat* > *kot* ‚sprach', md. *quât* ‚böse, schlimm' > obd. *kôt, kât*, lat. *quattuor tempora* > *quatember* > *kotember*. /tw/ > /qu/ ist im Md. des 14. Jhs. entstanden (sonst wurde /tw/ > /zw/), z. B. *quer* < mhd. *twërh* (*Zwerchfell*), *Quark* < poln. *tvarog* (> *twarc, zwarc*), mhd. *quarz* < poln. *twardy*, thür. ostmd. *quatschge*, rhfr. *quekscht* < südostfrz. *davascena* ‚aus Damaskus' > nhd. *Zwetsch(g)e*.

§ 53   mhd. /ch/

< ahd. /hh/ < germ. /k/ nach Vokalen (= 2. LV, s. § 60 B 3), z. B. as. *maken* > *machen*.
Zur Aussprache s. § 3 (anders als germ. /h/ in mhd. *sach*.)
Auch /k (c)/ in Lehnwörtern wird verschoben: lat. *tunicāre* > *tünchen*. Schwund von /ch/ s. § 66 C 2, z. B. *kirch-messe* usw. > *kirmesse*.
Zum Nebeneinander von /ch/ : /ck/ in verwandten Wörtern s. § 63,2 b α, z. B. *wecken* : *wachen*.
Im Südbair. wird schon seit dem 9. Jh. ⟨ch⟩ auch für /k/ < auslautendem /g/ geschrieben, z. B. *tach* statt *tac, berch, burch* usw., gesprochen als aspiriertes *k*, dann als Affrikata. (/k/ > ⟨cch⟩ im Anlaut und nach Konsonant im Südobd. s. § 60 B 3, z. B. *kind* > *kchind, wecken* > *wecchen* usw.) /ch/ im Auslaut wird zu /k/ im (neuen) Silbenanlaut: *varch* ‚Ferkel' > *värkel*, doch auch *värhel*; *durch*, aber *dürkel* ‚durchlöchert', s. § 52,1 c.

§ 54   mhd. /h/

1.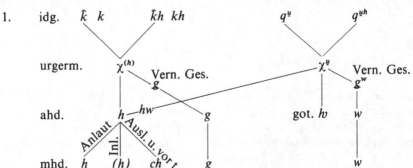

2. Idg. **k̑erd-* (lat. *cor* < idg. **kr̥d-*) = got. *hairto*, as. *hërta*, ahd. *hërza* > mhd. *hërze*; idg. **qᵘod*, lat. *quod* = got. *hᵛa*, as. *hwat*, ahd. *(h)waȝ* > mhd.

waȝ ‚was', s. § 35,3 b; idg. **leiqᵘ-* (lat. *relinquere*) = got. *leihvan*, ahd.
lîhan, aber mit gramm. W. *giliwan* (/u̯/ schwindet hinter /h/, daher *lîhen*;
andererseits schwindet /g/ vor /w/, daher *giliwan*, doch ist im Mhd., z. T.
schon im Ahd., die *h*-Form statt *w* eingesetzt), s. gramm. Wechsel § 58.
Dieses (germ.) /h/ (im Ausl. und vor /t/ = /ch/, z. B. mhd. *maht = macht*)
ist nicht mit dem /ch/ < germ. /k/, das bei der 2. LV entstanden ist, zu
verwechseln, s. § 62,3, zur Aussprache § 3⁵⁹. /h/ schwindet in unbetonter
Silbe, s. § 66 C 2, z. B. *ambaht* > *ambet*. Assimilation von /hst/ > /st/
ebd., z. B. got. *maihstus* > ahd. **mihst* > *mist*. Schreibung: Im Wort-
und Silbenanlaut *h* (= Hauchlaut), vor /t/ und /s/ (*ht*, *hs*) ist *h* als Reibe-
laut zu sprechen, jedoch ohne *c* geschrieben, ⟨ch⟩ nur im Auslaut:
sëhen : *sach, hæher* : *hôchzît*⁶⁰.

3. Schwinden des /h/: Da /h/ im Silbenanlaut zum Hauchlaut geworden
war⁶¹ (ursprüngl. velare Spirans, s. § 62,3), konnte es leicht bei der
Synkopierung der unbetonten zweiten Silbe aufgehoben werden, z. B. ahd.
stáhàl (mit Doppelakzent) > mhd. *stáhèl* (mit schwach betonter 2. Silbe)
> mhd. *stâhel* > *stâhl* (*h* hatte keine Funktion mehr und wurde als Deh-
nungszeichen aufgefaßt); ebenso ahd. *gimahal* > mhd. *gemahel* >
gemahl; ahd. *zëhan* > mhd. *zëhen* > *zehn*, ahd. *ahir* > mhd. *äher* > *ähre*.
Die für die zweite Silbe vorhandene Energie blieb jeweils erhalten, indem
der Vokal der ersten Silbe gedehnt wurde. Wieweit Dehnung in offener
Tonsilbe vorliegt, hängt von dem Vorhandensein, d. h. der Trennung
beider Silben ab; in jedem Fall bestand langer Vokal, und *h* blieb als
Dehnungszeichen. Es wurde auch in andere Wörter eingefügt, deren Vo-
kal gedehnt war, z. B. mhd. *nëmen* > nhd. *nehmen*, mhd. *sun, sunes* >
Sohn, mhd. *stëln* > *stehlen*; häufig ist /h/ in Wörter gekommen, in denen
als Übergangslaut [j] oder [w] und daneben z. T. schon /h/ im Ahd. und
Mhd. entstanden war, z. B. ahd. *bluoan* > *bluojan* > mhd. *blüejen, blü-
ewen* > *blühen*, ebenso *næjen* > *nähen*, *dræjen* > *drehen* usw. Auch bei
doppelakzentigem Sprechen eines langen Vokals ist *h* eingeschoben, z. B.
in ahd. mhd. *ê* ‚Gesetz' > *Ehe, gên, stên* > *gehen, stehen*, die vielleicht an
sehen angelehnt sind. Zunächst wurde *h* beliebig übertragen, bis dann die
Schreibung geregelt wurde⁶².

---

⁵⁹ Bes. zu beachten: *h* ist im Mhd. niemals Dehnungszeichen, sondern Hauchlaut im
Anlaut, Reibelaut /χ/ im Auslaut und vor /t/, s. a. a. O.
⁶⁰ Vorgesetzt ist /h/ in einigen Fällen, z. B. statt *elephant*: *helphant*.
⁶¹ Vor Konsonanz war /h/ schon im Ahd. geschwunden.
⁶² Bes. nach langen Vokalen und vor /r, l, m, n, t/ steht *h* jetzt, doch nicht vor /rt/ (*hart*),
/rd/ (*Beschwerde*), /rz/ (*Harz*), /rsch/ (*Barsch*), aber in *Fahrt* wegen *fahren* usw., auch
nicht bei Konsonantenhäufungen: *Schmer, Schwan, Strom* usw., nach /i/ steht meist
⟨e⟩ als Dehnungszeichen, doch ⟨h⟩ in: *ihr* (< mhd. *ir*, kurz!), *ihm* (< mhd. *im(e)*),
ihnen (< mhd. *in*), aber: *mir dir*.

4. Nach langem Vokal wurde das Schwinden des /h/ ohnehin begünstigt (zunächst bes. bei zwei gleichen Vokalen, z. B. ahd. *vâhan* > mhd. *vân*); *vlêhen* > *vlên*, *versmâhen* > *versmân*, desgl. *versmæhen* > *versmæn* usw., und zwar bes. im Md. und Obd. (Untersuchungen zur Abgrenzung fehlen), im Md. aber auch nach kurzem Vokal: *sëhen* > *sên*, *slahen* > *slân* usw.

Im Thür. u. Westmd. fällt ahd. -*ëha*- bei *h*-Schwund (*ea*) mit dem aus /ē₂/ entstandenen (ahd. /ea, ia/ >) mhd. /ie/ z. T. zusammen, und zwar im Thür. als ⟨ie⟩ = [i], z. B. *sie* (= *sên* < *sëhen*): *die*; *sit* : *sëhet*; sonst als /ē/: *geschên* : *gên* (s. Michels § 150).

Nicht geschwunden ist /h/, wenn die 2. Silbe einen Ton trug, z. B. *âhorn*, *ôhô*, *ûhu*, *aha*, hier wird /h/ noch als deutlicher Silbenanlaut empfunden (wie etwa in *Horn*).

5. Nach /r/ und /l/ ist /h/ (= [χ]) geschwunden; da ein vorangehender Kurzvokal in offener Tonsilbe jedoch gedehnt wurde (s. § 29), kann *h* als Dehnungszeichen nun vor /r/ und /l/ erscheinen: mhd. *bevelhen* > *befehlen*, *morhe* > *Möhre*, *vorhe* > *Föhre*; *twerch*, *querch* > *quer*, aber *Zwerchfell*.[63]

§ 55   Mhd. ⟨x⟩ und ⟨y⟩

Beide Buchstaben waren im Deutschen überflüssig, so wurde *x* auch nur in fremden Wörtern verwendet, allenfalls einmal für /gs/; *y* steht für /i/ und /j/ und in fremden Wörtern.

Geregelter Konsonantenwechsel

Lautverschiebungen

§ 56   Übersicht

In der folgenden Übersicht sind das idg. Geräuschlautsystem, das urgermanische, das germanische, das voraltoberdeutsche, das voraltfränkische und aus der althochdeutschen Periode das ostfränkische und – bei den Medien in Klammern – das oberdeutsche System nebeneinander gestellt. Die obere Reihe enthält im Idg. die stimmlosen Verschlußlaute (Tenues), die zweite

---

[63] Nhd. ⟨th⟩ stammt meist aus mlat. Quelle, z. B. *Thüringen*, *Theoderich*, sonst nach griech. Muster: *Thron*, *Thür*, *Thier*.

Reihe die stimmhaften (Medien) und die dritte die stimmhaften aspirierten Verschlußlaute. Als Engelaut gehört auch /s/ zu den Geräuschlauten, es hatte schon im Idg. als Positionsvariante [z] neben sich.

Idg.				Urgerm.				Germ.			
p	t	k	>	[f ƀ]	[þ đ]	[χ ǥ]	>	f	þ	χ	>
b	d	g	>	p	t	k	>	p	t	k	>
bh	dh	gh	>	ƀ	đ	ǥ	>	[ƀ b]	[đ d]	[ǥ g]	>
	s [z]		>		s [z]		>		s[z(> r)]		>

Voraltobd.	Voraltfr.

f, ff   þ, þþ h_χ ──────────────→
p, pp t, tt   k, kk ────────────→
b, bb d, dd g, gg   [ƀ b], bb   d, dd [ǥ g] gg
   s, ss   s, ss

Ahd. (ostfr. u. obd.)

f   [đ >]d, dd > tt   h, χ
pf, f(f)   tz, ȝ(ȝ)   kχ, k,χχ
b (> p)   t, tt   g (> k),   kk
   s, ss

§ 57 Die germanische Lautverschiebung (1. LV)

Die Vorgänge, die zu den Veränderungen des germanischen Systems gegenüber dem idg. System geführt haben, werden als germanische oder 1. Lautverschiebung (LV) bezeichnet; damit hebt sich das Germanische aus dem idg. Sprachverband heraus. Es hat jedoch auch in anderen Sprachen, z. B. im Armenischen, Lateinischen, Keltischen Lautverschiebungen gegeben, und die erste Phase der LV beginnt bereits im Idg. durch die Bildung von Geräuschlautallophonen bei dem noch freien Wortakzent in starktoniger Silbe. In der Stimmbildung trat bei den Tenues und bei den Medien eine Schwächung (Lenisierung) ein, akustisch wurden sie jedoch verstärkt; so entwickelten die Tenues aspirierte Allophone [p, ph], [t, th], [k, kh], die stimmhaften Medien stimmlose allophonische Lenes [b, ƀ], [d, đ], [g, g] und die aspirierten Medien stimmhafte Frikativ-Allophone [bh, ƀ], [dh, đ], [gh, ǥ]. Die Entwicklung dieser Allophone verlief dann in den Einzelsprachen unterschiedlich. Der eigentliche Prozeß der germanischen Lautverschiebung beginnt mit der zweiten Phase, in der die im Idg. im Hochton entstandenen Allophone durch den im Urgermanischen bestimmend werdenden dynamisch-musikalischen und dann vor allem dynamischen Akzent phonemisiert wurden.

7*

Im urgermanischen System sind in der oberen Reihe zu den stimmlosen Frikativen (aus idg. /p t k/) die stimmhaften gestellt worden, die dann im Germanischen mit den stimmhaften Frikativen der dritten Reihe zusammenfielen. Eine Erklärung für das gleichzeitige Auftreten von [f, ƀ], [þ, đ], [χ, ǥ] liefert das Vernersche Gesetz (s. § 58).

Neben [s] ist durch das Vernersche Gesetz [z] getreten, das ebenfalls phonemisiert wurde und mit dem idg. [z]-Allophon zusammenfiel. Im Nord- und Westgermanischen ging dieses /z/ in /r/ über (Rhotazismus).

Im germanischen System sind die aus den idg. aspirierten Medien und die nach dem Vernerschen Gesetz entstandenen stimmhaften Frikative bereits zusammengefallen und haben sich z. T. zu festen Medien entwickelt; daraus ergeben sich wieder das voraltoberdeutsche und das voraltfränkische System, die sich nur dadurch unterscheiden, daß im Voraltfränkischen stimmhafte Frikative neben den festen Verschlußlauten erhalten blieben, während im Voraltobd. die sth. Frikative sämtlich zu festen Verschlußlauten wurden. Es trat also eine Spaltung des Geräuschlautsystems ein (s. § 59, zur 2. LV), und nur aus ihnen konnten dann bei der 2. LV die Tenues hervorgehen.

Beiden Systemen aber war im Westgermanischen eine wichtige Veränderung vorausgegangen (dadurch vor allem unterscheidet sich das Westgermanische wieder vom Nord- und Ostgermanischen): Vor bestimmten konsonantischen Phonemen, besonders vor /j/ war eine Dehnung (oder Gemination, da die Dehnung so in der Schrift erscheint) der Geräuschlaute eingetreten, z. B. /pj/ > /pp/, /bj/ > /bb/ (s. § 63). Diese Dehnung erhält später bei den Vorgängen der 2. LV besondere Bedeutung.

Damit ergibt sich für die beiden Lautverschiebungen (zu Einzelheiten der 2. LV s. § 59ff.) die Herleitung S. 273.

Zeit der 1. LV: Der Beginn der 1. LV ist nur schwer zu bestimmen; wenn die 1. Phase – die Allophonbildung der Geräuschlaute im Idg. – hinzugerechnet wird, liegt er schon im 2. Jahrtausend v., die zweite Phase, d. h., die eigentlichen Vorgänge der germ. LV haben sich im 1. Jahrtausend v. vollzogen und waren im 3./2. Jh. v. beendet.

A Die Vorgänge bei der 1. Lautverschiebung

1. Die idg. Tenues /p, t, k/ und die Tenues aspiratae /ph, th, kh/ werden zu stl. Frikativen /f, þ, h/, bei Eintritt des VG (s. § 58) jedoch zu stimmhaften /ƀ, đ, ǥ/.

2. Die idg. Medien /b, d, g/ werden zu Tenues /p, t, k/.

3. Die idg. aspirierten Medien /bh, dh, gh/ werden zu stimmhaften Reibelauten /ƀ, đ, ǥ/; sie fallen mit den durch das VG entstandenen Lauten zusammen.

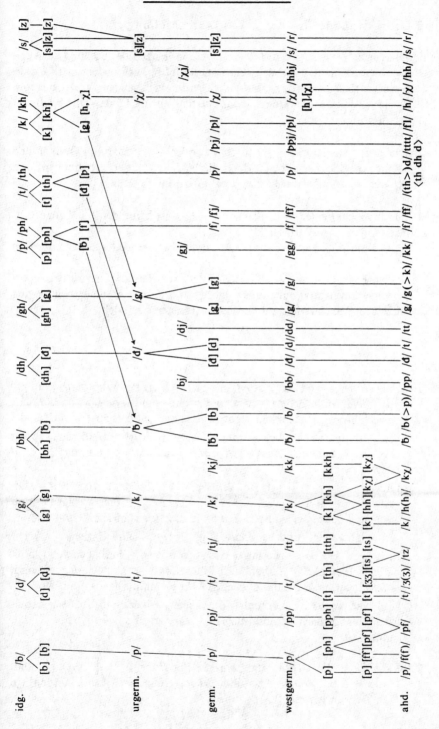

B Die Vorgänge bei der 2. Lautverschiebung

1. Die germ. Tenues /p, t, k/ (= A 2) werden je nach der Stellung zu Affrikaten (im Anlaut und nach Konsonanz) /pf, tz, kch/ oder zu stl. Frikativen (nach Vokal) /ff, ₃₃, hh/ (= ch)/, die nach langem Vokal oder im Auslaut vereinfacht werden (/kch/ entsteht nur im Obd., sonst bleibt /k/ erhalten).

2. Die germ. Medien /b, d, g/ (durch VG oder A 3) werden im Obd. zu den Tenues /p, t, k/ verschoben, doch bleibt davon nur /t/ erhalten, /p/ und /k/ werden zu stl. Lenes (also /b, t, g/ ist das Ergebnis).

3. Die Erweichung der stl. Frikative /f, þ, h, s/ ist kaum der 2. LV zuzurechnen (s. § 62); /þ/ wird zu /d/.
Zeit: Vom 4./5. Jh. bis zum 8. Jh., dann hat sie weitergewirkt bis zum 15. Jh.
In den Beispielen und auch in den folgenden Paragraphen zu den Lautverschiebungen sind nur wenige Phonemstriche gesetzt, da es sich bei den einzelnen Konsonanten durchweg um Phoneme handelt.

C Beispiele:

1. a) idg. *b* > *p* (= 1. LV) > *pf, ff (f)* (= 2. LV): abulg. *blato* ‚Sumpf‘ (lit. *balà*, russ. *boloto*) – ags. *pōl* – ahd. mhd. *pfuol* > nhd. *Pfuhl*; griech. βαίτη ‚Hirtenkleid‘– got. *paida*– ahd. mhd. (bair.) *pfeit* ‚Hemd‘; Inl.: abulg. *debelŭ* ‚dick‘ – mnd. *dapper* ‚tüchtig‘ – mhd. nhd. *tapfer*; lat. *trabs* ‚Balken, Haus‘ – got. *þaúrp* – nd. *dorp* > hd. *dorf (f < pf* nach *l* u. *r*).

   b) idg. *d* > *t* > *tz, ₃₃* (3): lat. *domāre* – got. *tamjan*, ags. *temian* – ahd. *zemmen* > mhd. *zem(m)en* > nhd. *zähmen*; lat. *dicere* ‚sagen‘ – got. *gateihan* ‚anzeigen‘ – ahd. *zīhan* > mhd. *zīhen* > nhd. *zeihen*; Inl.: lat. *edere* – ags. as. *ëtan* – ahd. *ë₃₃an* > mhd. *ë₃₃en*.

   c) idg. *g* > *k* > *k* u. *ch*: lat. *genus* – got. *kuni* – ahd. *kunni* > mhd. *künne* ‚Geschlecht‘ (erhalten in nhd. *König* < ahd. *kuning* > mhd. *künec*); lat. *gula* ‚Schlund‘ – ahd. *këla* > mhd. *kële* > nhd. *Kehle*; Inl.: lat. *augēre* ‚vermehren‘– got. *aukan*, as. *ôkian* – ahd. *ouhhôn*, erhalten in mhd. *ouch* > nhd. *auch*; lat. *egō*, griech. ἐγώ – got. *ik* – ahd. mhd. *ich*.

2. a) idg. *bh* > *b* > (*p*)*b*: idg. **bhrātēr* (lat. *frāter*) – got. *brōþar* – ahd. *bruoder* (obd. *pruader*) > mhd. *bruoder*; idg. **bhū-* ‚sein, werden‘ (in lat. *fui* ‚bin gewesen‘) – dt. in *bin*;

Inl. ai. *nabhas*, lat. *nebula* – ahd. *nebul* > mhd. *nebel*;

Gem.: idg. **s(u̯)ebhiā* – got. *sibja*, ags. *sibb* – ahd. *sippa* > mhd. *sippe*.

b) idg. *dh* > *d* > (*d*)*t*: idg. *dhogʷhos ‚Tag‘ – germ. *dagaz > got. *dags* (an. *dagr*) – ahd. *tag* > mhd. *tac* (*c* < *g* = Auslautverhärtung);

Inl.: idg. **u̯r̥dhom* – as. *word* – ahd. mhd. nhd. *wort*;

Gem.: idg. **medhi̯os* (lat. *medius*) – got. *midjis* = as. *middi* – ahd. *mitti* > mhd. nhd. *mitte* (*dj* > *dd* = westgerm. Kons.-gemination vor *j*, s. § 63, *dd* > *tt* = 2. LV).

c) idg. *ĝh* > *g* > (*k*)*g*: idg. *ĝhans- (lat. *anser* ‚Wasservogel, Gans‘ < *hanser*) – as. ags. *gōs* – ahd. mhd. nhd. *gans*; idg. **ĝhl̥tom* – got. *gulþ* – ags. ahd. *gold* > mhd. *golt*.

Inl.: idg. *seĝhis ‚Sieg‘ – got. *sigis* – as. *sigi*, ahd. *sigi, sigu* > mhd. *sic*; idg. *ghostis (lat. *hostis* ‚Feind‘, abulg. *gostь*) – got. *gasts* – ahd. mhd. nhd. *gast*; idg. **stei̯gh-onom* (in lat. *vestigium* ‚Spur‘) – ahd. *stîgan* > mhd. *stîgen*.

3. a) idg. *p* > *f* > *f*: idg. *por- – got. as. ags. ahd. *faran* > mhd. *varn*; idg. **p(e)iskos* (lat. *piscis*) – got. *fisks* – ahd. *fisk* > mhd. *visch*;

Inl.: lat. *nepōs* ‚Enkel‘ – ahd. *nĕva* ‚Verwandter, Neffe‘ > mhd. *nĕve*;

Gem.: lat. *capere* – got. *hafjan* = westgerm. *haffjan > ahd. mhd. *heffen*.

b) idg. *t* > *þ* > *d*: idg. **trei̯es* (lat. *trēs*, abulg. *trije*) – germ. *þriz > got. *þreis* – ahd. mhd. *drî* > *drei*; idg. *tu (lat. *tu*) – anord. ags. as. *þu* – ahd. mhd. nhd. *du*;

Inl.: idg. *pentonom ‚verbinden, finden‘ (lat. *pons* ‚Brücke‘) – got. *finþan* – ahd. *findan* > mhd. nhd. *finden*.

c) idg. *k* > *χ* > *h*: idg. **k̑m̥tóm* (lat. *centum*) – got. as. ags. *hund* – ahd. mhd. *hunt*; lat. *cornu* – got. *haurn* – ahd. mhd. nhd. *horn*; lat. *collum* (< *colsum*) – got. ahd. mhd. nhd. *hals*;

Inl.: lat. *decem* – got. *taihun*, as. *tëhan* – ahd. *zëhan* > mhd. *zëhen*.

4. a) idg. *ph* > *f* > *f*: idg. *phoino- – ahd. *feim* ‚Schaum‘; ai. *śapha* – ags. *hōf* – ahd. mhd. *huof* ‚Huf‘.

b) idg. *th* > *þ* > *d*: idg. **lei̯thonom* – germ. *liþanan – ahd. *lîdan* > mhd. *lîden* ‚gehen, leiden‘ (dazu *leiten*, s. § 130);

c) idg. *kh* > *χ* > *h*: idg. **k̑ǎkhā*- ‚Ast‘ (ai. *śākhā*) – got. *hōha* ‚Pflug‘ – ahd. Diminutiv: *huohili*.

§ 58   Das Vernersche Gesetz und der grammatische Wechsel

1. Unter ‚grammatischem Wechsel' versteht man im Ahd. u. Mhd. den Wechsel von *f* – *b*, *h* – *g*, *d* – *t*, *s* – *r* (< germ. *f* – *ƀ*, *h* – *g*, *þ* – *đ*, *s* – *z*) in Wörtern oder Wortteilen desselben Stammes, z. B. mhd. *heffen* – *huoben*, *ziehen* – *zugen*, *snîden* – *sniten*, *genêsen* – *ernern*. Dieser Wechsel wird durch das von dem Dänen Karl Verner entdeckte Gesetz[64] (Vernersches Gesetz, VG) erklärt, danach bildeten sich neben den in der 1. LV aus den idg. Tenues *p*, *t*, *k* und *s* entstandenen stimmlosen Reibelauten *f*, *þ*, *h*, *s* in stimmhafter Nachbarschaft stimmhafte, also *ƀ*, *đ*, *g*, *z*, wenn der unmittelbar vorangehende Vokal nach der ursprünglichen idg. Betonung nicht den Hauptton trug. Diese sth. Reibelaute fielen mit den aus der Verschiebung der aspirierten Medien entstandenen zusammen und gingen z. T. schon im Germ. in feste Medien, *b*, *d*, *g*, über, die dann durch die 2. LV zu *b* (*p*), *t*, *g* (*k*) wurden. *z* (= sth. *s*) wurde im Nord- und Westgerm. zu *r* (Rhotazismus), im Ostgerm. (Got.) z. T. wieder stimmlos (*s*).
Streng genommen ist also das VG nicht zugleich der gramm. W., es erklärt ihn nur. Das VG wurde auch bei Einzelwörtern wirksam, die im Germ. nicht mit anderen verwandt sind und auch keine anderen – im Germ. stl. – grammatischen Formen neben sich haben[65], z. B. idg. *t* > germ. *þ* > *đ* > *d* > ahd. *t*: idg. *pǝtér*, (griech. πατήρ) – germ. *faþær* > germ. *fadar* (VG: Akzent –/–, daher *t* > *þ* > *đ* > *d*) > got. *fadar*, dann 2. LV *d* > *t*: ahd. *fater*, mhd. *vater*; dagegen idg. *bhrātēr* (griech. φράτηρ) > germ. got. *brōþar* (Akzent –/–, daher nur 1. LV ohne VG, also nur *t* > *þ*), im Ahd. erst durch die 2. LV *þ* > *d*: *bruoder*; oder idg. *p* > germ. *f* > *ƀ* > *b* > ahd. *b* (*p*): idg. *sep(t)m̥*, (griech. ἑπτά) > germ. *sefúm* > *séƀum* > got. *sibun* (Akzent –/–, daher VG, *p* > *f* > *ƀ* > *b*), dann im Ahd. zwar 2. LV *b* > *p*, aber *b* hat sich bis heute gehalten; oder idg. *k* > germ. *h* > *g* > *g* = ahd. *g*(*k*): idg. *i̯uu̯n̥kós* (lat. *iuvencus*) > germ. *juwungaz* > got. *iuggs* = ahd. mhd. *jung* (aber daneben got. *jūhiza* ,jünger' (durch *k* > *h* ohne VG) < *júnhizan*; oder idg. *s* > germ. *s* > *z* > *r* = ahd. mhd. *r*: idg. *ai̯os* ,Erz' (lat. *aes*) > germ. *ai̯iz* > got. *aiz* = ahd. *êr* ,Erz', dazu das Adj. *êrin* ,ehern' (nhd. *Erz* geht aber auf das nicht verwandte ahd. *aruz* zurück!).

2. Überall, wo im Idg. in der Wortbildung, bei Wortableitungen oder auch innerhalb der Flexion ein und desselben Wortes, also in etymologisch zusammengehörigen Wörtern oder Wortteilen – auch Nebensilben wurden vom VG betroffen – der Akzent wechselte, mußte ein Nebeneinander von stl. und sth. Reibelaut im Germ. bzw. dessen Entsprechung in den jün-

---

[64] Kuhns Zs. f. vergl. Sprachforschung 23, S. 97 ff.
[65] Es ist daher nicht korrekt, in einem Wort wie *Vater*, das nur so erscheint und keine verwandte Form mit *d* neben sich hat, von einem gramm. W. zu sprechen; hier sollte nur gesagt werden, daß in der 1. LV eben das VG wirksam geworden ist.

geren Sprachstufen entstehen. Dieses Nebeneinanderbestehen bestimmter Konsonanten, das durch den Akzentwechsel entstanden ist, wird als ‚grammatischer Wechsel' bezeichnet. Er ist in den jüngeren Sprachstufen vielfach wieder ausgeglichen worden, doch ist er im Mhd. noch bes. deutlich beim Verbum vorhanden.[66]

Übersicht über die miteinander wechselnden Laute:

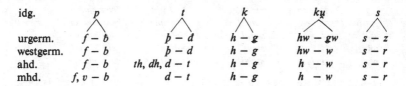

idg.	p	t	k	$k\mu$	s
urgerm.	$f - b$	$þ - d$	$h - g$	$hw - gw$	$s - z$
westgerm.	$f - b$	$þ - d$	$h - g$	$hw - w$	$s - r$
ahd.	$f - b$	$th, dh, d - t$	$h - g$	$h - w$	$s - r$
mhd.	$f, v - b$	$d - t$	$h - g$	$h - w$	$s - r$

Der grammatische Wechsel beim Verbum:
Im Urgerm. gilt für die Stammformen eines Verbs folgende Betonung: im Präs. und im Sg. Prät. liegt der Ton auf der Wurzelsilbe, d. h. 1. LV ohne VG; im Pl. Prät. und im Part. Prät. liegt er dagegen auf der Endsilbe, daher wurde das VG wirksam, z. B.

3. Gramm. W. von $h - g$:

idg.	*déu̯konom	*dedóu̯ka	—	*dedukmé	dukonós
germ.	*teuhanan	*tauha	—	*tugum	*toganas/z ($g > g$)
ahd.	ziohan	zôh	—	zugum	gizogan
mhd.	ziehen	zôch	—	zugen	gezogen
nhd.	ziehen	zog	—	zogen	gezogen

($d > t$ u. $k > h = $ 1. LV, $k > g = $ 1. LV u. VG; $t > z = $ 2. LV)
Zu zugen: zuc, zuges, zügel, herizogo > herzoge; zîhen, zêh – zigen, ge-zigen, dazu zeigen[67]; slâhen[68] – sluogen, geslagen, slac: swëher – swiger, swâger, zëhen – -zec, hâhen - hiengen, gehangen, vâhen[69] – viengen, ge-vangen.

---

[66] Das Got. hat auch hier vielfach zugunsten des stimmlosen Lautes ausgeglichen, z. B. got hafjan, hôf – hôfum, hafans ‚heben', aber as. heffian, hôf – hôbum, gihaban.

[67] Die Entstehung des gramm. W. bei anderen Wortarten kann hier nicht ausführlich dargestellt werden; es sei nur noch auf die Bildung der schw. Verben hingewiesen, so trug z. B. das Bildungssuffix -ei- der kausativen Verben stets den Ton, auch schw. Verben der 2. u. 3. Kl. waren suffixbetont, daher stehen die auf idg. Tenuis oder /s/ endenden Primärverben im gramm. W. mit den von ihnen abgeleiteten schw. Verben, z. B. zu *nesonom (mhd. genësen) das Kausativum *noséi̯onom > germ. *nazjan > ahd. nerien > mhd. nern ‚nähren', ebenso wësen : wern ‚währen', zîhen : zeigen, lîden : leiten, slâhan : slagen usw. (s. § 130A).

[68] Sg. Prät. sluoc geht auf das /g/ des Pl. zurück, ursprüngl. *slôh.

[69] vâhen < *faṇhan durch Nasalschwund u. Ersatzdehnung, s. § 64, vor /g/ aber bleibt das /n/.

Wenn dem idg. /k/ ein /u̯/ folgte, ist im Germ. ein Wechsel von *hw – gw* zu erwarten, da aber /u̯/ nach /h/ und /g/ vor /u̯/ schwinden, tritt schon im Ahd. ein Wechsel von *h – w* auf (s. § 54): *lĭhu, lêh – liwum, giliwan; sëhan, sah – sâwum, gisëwan* u. a., doch wird dieser Wechsel z. T. schon im Ahd. ausgeglichen, und im Mhd. sind nur vereinzelte Formen auf *w* belegt, z. B. noch *aha* ‚Fluß' u. *ouwe* ‚Aue, von Wasser umflossenes Land'.

4. Gramm. W. von *d – t*:

idg.	*snéi̯tonòm	*sesnói̯ta	– *sesnitmé	*snitonós
germ.	*sniþanan	*snaiþa	– *snidum	*snidanas/z (*d* > *đ*)
ahd.	snîdan	sneid	– snitum	gisnitan
mhd.	snîden	sneit	– sniten	gesniten
nhd.	schneiden	schnitt	– schnitten	geschnitten

(*t* > *þ* 1. LV ohne VG, *t* > *đ* 1. LV u. VG; *þ* > *d* 2. LV; *đ, d* > *t* 2. LV; *t* in mhd. *sneit* ist Auslautverhärtung von *d*; im Nhd. erst gibt es die einheitliche Form im Prät.); dazu *snîde* ‚Schneide', *der snit, diu snite, der snîter*; *mîden, meit – miten, gemiten*; *sieden, sôt – suten, gesoten*; *lîden* ‚gehen, leiden', *leit – liten, geliten*, dazu *leiten* ‚führen' (§ 130 A b); *sinden* ‚gehen' – *senten* (aber *t* nach *n* > *d*); der gramm. W. ist beseitigt bei *wërden* (noch ahd. *wërdan, ward – wurtum, wortan), scheiden, quëden, laden* u. a., auch bei *vinden* ist schon im Ahd. Ausgleich eingetreten, da schon im Spätahd. *nt* > *nd* wurde, aber auch noch: *vand – funtum, funtan*.

5. Gramm. W. von *f – b*:

as.	heffian	hôf	– hôbum	of-haban
ahd.	heffen	(huob)	– huobum	ir-haban
mhd.	heffen	(huop)	– huoben	gehaben
nhd.	heben	hob	– hoben	gehoben

(Im Inf. im Ahd. u. Mhd. auch *heven* u. *heben*, /v/ = /f/, /b/ kann aus dem Pl. Prät. in den Sg. und in den Inf. gedrungen sein, es ist vielleicht auch endbetonte Präsensform im Germ. anzusetzen. Im älteren Nhd. heißt es noch *huben*.)

Neben *heve* steht *hebe* ‚Hefe', *hebel*; *entseven* u. *entseben* ‚wahrnehmen', eigtl. ‚schmecken', Pl. Prät. *entsuoben, entsaben*, dazu *seber* ‚Schmecker, Koster'; *wërven* u. *wërben – wurben, geworben; dürfen – darben, verderben; haver – habere, swëvel – swëbel; vrävel(e) – vräbel* ‚kühn'; *draven – traben; wolf – wülpe, wülpin; hof – hövisch* (*hübesch* stammt aus dem Mfr.).

6. Gramm. W. von *s – r*:

vgl. die Herleitung von mhd. *wësen, was – wâren, gewësen* § 126; *kiesen, kôs – kur(e)n, gekor(e)n,* ‚prüfen, wählen', dazu *kür* ‚Wahl', *kosten; verliesen – verlur(e)n, verlor(e)n – verlust; rîsen, reis – rirn, gerirn*

‚niederfallen', aber auch: *risen, gerisen,* dazu *rêren* ‚fallen machen'; *ge-nësen* – *genâren* – *nar* ‚Nahrung', dazu *ernern*; (zu got. *lais* ‚ich weiß' mhd.) *lêren* ‚wissen machen' – *list* ‚Klugheit'; Komp. *mêre,* aber *meist; be3er* – *be3est; dürre* – *durst; türren* ‚wagen' – Prät. *torste; vriesen* – *vrurn, gevrorn* – *vrost,* doch ist schon im Mhd. *r* ins Präs. gedrungen: *vrieren.* Zum Teil ist schon im Ahd. Ausgleich eingetreten, z. B. statt laut-gesetzlichem *gewëran* : *gewësen,* statt *gelëran* : *gelësen,* im Mhd. und Frühnhd. geht der Ausgleich weiter.
Daß das VG auch heute noch seine Gültigkeit hat, zeigt die unterschied-liche Aussprache des *f*-Lautes in: *Nérven* : *nervôs,* des *s*-Lautes in nd. *úp-passen* : *pas úp* ‚paß auf' und bes. im Eichsfeldisch-Thüringischen: *máse* ‚Masse': *mazakríre, káse* ‚Kasse': *kazíre* ‚kassieren', s. PBB 43, 352 u. 44, 184, *Hannóver* : *Hannoveráner* entfällt nach H. Kuhn ZsfdA. 93, S. 13–18.

§ 59   Die hochdeutsche Lautverschiebung (2. LV)

1. Entstehung und Verbreitung

Es handelt sich bei der 2. LV um die Veränderung eines bereits in sich gespal-tenen germanischen Geräuschlautsystems. Auszugehen ist also nicht von einem gemeingermanischen System, sondern von einem südgermanischen – möglicherweise einem erminonischen – jedenfalls einem voraltoberdeutschen im Unterschied zu einem nordwestgermanischen oder ingwäonischen. Merk-mal für den Nordwesten sind die Reibelautallophone [b : ƀ], [g : ɠ], diese stimmhaften Reibelaute waren im Voraltobd. in Verschlußlaute übergegan-gen; im Voraltsächsischen kommt eine Sonorisierung inlautender stimmlo-ser Reibelaute hinzu, die im Voraltoberdeutschen fehlte. Wenn heute von einem oberdeutschen, einem mitteldeutschen und einem niederdeutschen Sprachgebiet gesprochen wird, so beziehen sich diese Bezeichnungen vor allem auf den Durchführungsgrad der 2. LV. Einigkeit herrscht in der For-schung allenfalls über den phonologischen Vorgang, nicht aber über die Ur-sachen, die Entstehungszeit und das Ausgangsgebiet. (Eine umfassende Dar-stellung aller mit der 2. – und auch 1. – LV zusammenhängenden Probleme gibt G. Lerchner: Zur II. LV im Rheinisch-Westmitteldeutschen, Halle 1971, 366 S.; dieses Werk ist vor allem eine Auseinandersetzung mit der An-nahme, daß die 2. LV auch im Fränkischen entstanden sein kann.) Der Be-ginn der 2. LV ist vielleicht schon im 3. Jh. bei den Alemannen anzusetzen; die Bayern sind wohl ohne LV in ihr Gebiet eingewandert und haben sie von den Alemannen übernommen; die Verschiebung der Medien wird dann allerdings bei ihnen sogar früher erkennbar als bei den Alemannen. Eine phonologische Trennung der Verschiebungen (Tenues und Medien) aber darf nicht vorgenommen werden. Von den Franken hat zunächst wohl die fränkische Oberschicht, die in Verbindung mit den Alemannen stand, die LV übernommen, bevor sie auch in die Sprache des Volkes eindrang. Doch schon das Ostfränkische ist nicht so stark an der LV beteiligt wie das Alemannische und das Bairische, so bleiben das anlautende *k* und auch die Medien *b* und *g* erhalten, nur *d* wird zu *t* verschoben; damit entspricht der ostfränkische Konsonantenstand am ehesten dem Neuhochdeutschen. Innerhalb des Fränkischen hat sich die LV in nördlicher Richtung mit unterschiedlicher Intensität ausgebreitet; die einzelnen Linien – von der *apfel/appel-* zur *das/dat-*, *dorf/dorp-*, *machen/maken-*, *ich/ik-*Linie – ergeben im Rheingebiet das Bild eines Fächers, so daß hier vom „rheinischen Fächer" gesprochen wird. Die sprachliche Grenze zum Niederdeutschen bildet die sogenannte Benrather Linie, es ist die *machen/maken-*Linie (nur im äußersten Nordwesten verläuft noch etwas nördlicher die *ich/ik-*Linie, die Ürdinger Linie, längs der Grenze von Limburg, Geldern, Moers, Cleve). Die einzelnen Linien haben sich z.t. erst nach jahrhundertelangen sprachlichen Bewegungen herausgebildet, noch im 13. Jh. verlief die Sprachgrenze im mitteldeutschen Gebiet viel weiter südlich als heute. Heute beginnt die Benrather Linie südlich von Eupen, sie führt dann von Aachen nach Benrath bei Düsseldorf – Solingen – Rothaargebirge – Winterberg – Berleburg – Kassel – Heiligenstadt – Worbis – Sachsa – Harzgerode – Magdeburg – Wittenberg – Luckau und dann zwischen Lübben und Beeskow nach Frankfurt (Oder). Für das Hemmen oder Eindringen sind staatliche, wirtschaftliche, kirchliche, kulturelle u. a. Belange gewiß wichtig, vor allem aber entspricht das voraltfränkische Geräuschlautsystem nicht dem voraltoberdeutschen, hier hat es z. T. spezifische Entwicklungen gegeben, die der Übernahme neuer oberdeutscher Phoneme Widerstand leisteten. „Das Fränkisch-Westmitteldeutsche ist eine Übergangslandschaft zwischen uralten Gegensätzen sehr verschiedener Sprachsysteme …" (Lerchner, a. a. O. S. 274). Das Eindringen der LV aber ist nicht nur in der geographischen Süd-Nordrichtung erfolgt (und keineswegs steht „ ‚die Masse der Lautverschiebungsfälle' wie ein geschlossener Heerbann an der Südgrenze des Fränkischen"), sondern auch von oben nach unten im Gesamtfränkischen von sehr früher Zeit an durch die fränkische Oberschicht, „wobei beide Dimensionen in dialektischer Einheit unauflöslich verbunden sind" (Lerchner ebda.). Die Ansicht der Junggrammatiker, daß es schon in ahd. Zeit innerhalb des Fränkischen fest umgrenzte Mundarten gegeben habe, hat bereits vor 100 Jahren Friedrich Engels als unrichtig erkannt, nur ist seine Schrift „Der fränkische Dialekt" damals ungedruckt geblieben, er war, und das ist das Bewundernswerte, als Nichtphilologe zu dem gleichen Ergebnis gekommen wie Ferdinand Wrede, aber die Anerkennung der Dialektgeographie hat noch etwa 40 Jahre auf sich warten lassen.

Obwohl sich die zweite Lautverschiebung nur in bestimmten Mundarten vollzogen hat, sind die phonologischen Vorgänge und auch die Wirkung ähnlich und z. T. sogar gleich denen der ersten Lautverschiebung im

1. Jahrtausend v. u. Z.: Im Idg. konnte jede Silbe einen Ton tragen, die Wort-betonung war frei; auch im Urgermanischen ist sie noch frei – dadurch ist das Vernersche Gesetz zu erklären –, aber der Akzent war im Germanischen dynamisch oder dynamisch-musikalisch. Im Germanischen liegt er dann auf der ersten Silbe. Da der Durchschnittsluftverbrauch im ganzen jedoch konstant bleibt, wirkt sich eine verstärkte Betonung einer Silbe innerhalb eines Wortes einmal auf die nachfolgenden aus – z. B. durch Abschwächen der Endsilben (germ. Auslautgesetze) –, zum anderen reagieren bei Verstärkung eines Phonems innerhalb einer Silbe die übrigen Phoneme durch eine Entwicklung von Allophonen, so entstehen z. B. als Verschlußlaut-Allophone aspirierte Verschlußlaute, und sie sind sowohl bei der 1. als auch bei der 2. LV anzusetzen. Im Germanischen hat dann ein langer Differenzierungsprozeß stattgefunden, der bei den einzelnen Stämmen zu einem unterschiedlichen Wort und Silbenakzent geführt hat und auch zu unterschiedlicher Intonation. Zwei große Typen mit einem jeweils eigenen Geräuschlautsystem haben sich dabei herauskristallisiert: ein norddeutscher – ingwäonischer – und ein süddeutsch-alemannischer (zunächst wohl erminonischer), und das mittlere Gebiet – das Fränkische – ist mehrfach gespalten.

2. Zur phonologischen Entwicklung

Bei der Tenuesverschiebung sind zunächst zu den Tenues /p/, /t/, /k/ in post-vokaler Stellung Allophone entwickelt worden [pʰ, p]; [tʰ, t]; [kʰ, k], die durch Aspiration entstanden sind. Dann erfolgt eine Schärfung dieser aspirierten Tenues [pᶠ, tˢ, kˣ]. Die bis zu dieser Phase noch unaspirierten Tenues (im Anlaut und nach Konsonant) werden jetzt ebenfalls aspiriert (außer in Verbindung mit Reibelauten (wie bei der 1. LV): /sp, st, sk, ft, ht/ und auch /tr/). Die in postvokalischer Stellung aspirierten und affrizierten Reibelaute gehen dann in lange stimmlose Reibelaute (Doppelfrikative) über: /ff, ȥȥ, hh/, die in ahd. Zeit nach langem Vokal und im Auslaut vereinfacht werden. Die im Anlaut oder in postkonsonantischer Stellung aspirierten Tenues entwickelten sich dagegen über [ppf, ttz, kkh] zu den Affrikaten /pf, tz, kh/. Grapheme sind im Ahd. für /pf/: ⟨pf, ph, pph⟩ und im Alem. auch ⟨f⟩ (wobei unentschieden bleibt, ob es sich um die Affrikata oder – was eher anzunehmen ist – um den Frikativlaut /f/ handelt), für /ff/: ⟨ff⟩ und ⟨f⟩ (niemals ⟨v⟩), für /tz/: ⟨z, zz, c (tz)⟩, für /ȥȥ/: ⟨zz, z, zs (s)⟩ – in Grammatiken ȥȥ –, für /kh/: ⟨c, k, ch, kh⟩, für /hh/: ⟨hh, h, ch⟩.
In unmittelbarem Zusammenhang mit der Tenuesverschiebung steht die der Medien /b, d, g/. Zu ihnen entwickeln sich stimmlose Lenis-Allophone; durch die Phonemisierung der aspirierten und affrizierten p-Allophone (zu /ff, pf/) konnten – vielleicht als Sog – Fortis-Allophone von Lenis-Konsonanten entstehen. Damit wird zugleich die zeitliche Differenz erklärt; zu vergleichen wäre etwa bei den Vokalen die Monophthongierung von /au/ zu /ō/, der die Diphthongierung von germ. /ō/ zu /uo (ua)/ als Schub folgt.

3. Rheinischer Fächer

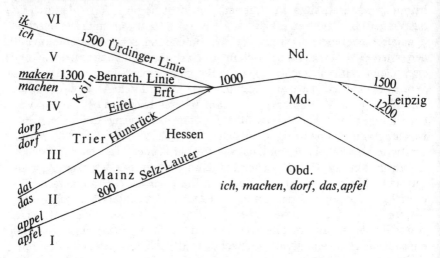

appel/apfel-Linie

I *apfel*-Gebiet = obd. Raum: alem., bair. u. ostfr. Die Linie beginnt im Grenzgebiet zwischen Franken und Alemannen. Straßburg und Würzburg sind etwa die südöstlichen Grenzpunkte, Speyer und Mainz die nordwestlichen, sie liegen im *appel*-Gebiet. Um 800 verläuft die Grenze ungefähr schon an gleicher Stelle. Würzburgs und Bambergs Einfluß haben die *pf*-Grenze über den Thüringer Wald nach Norden verschoben. Thüringen gerät in den Einfluß des Maingebietes.

II *appel*-Gebiet = mainzisch-pfälzisch-hessischer Kulturraum = rheinfränkisch. Am unteren Neckar und Main um Aschaffenburg gibt es kein alem. *pf* mehr. Von der *appel*-Grenze bis zur *ik/ich*-Linie erstreckt sich der md. Raum, also von der Selz-Lauter-Schranke bis zur Ürdinger Linie.

III Trierer Raum in der Moselgegend = moselfränkisch. Südliche Grenze zum Mainzer Raum ist die *dat/das*-Linie: Hunsrückschranke.

südl.:	*das, was, es, bruder*	nördl.:	*dat, wat, it, bröder*
(Mainz)	*lib, korb, gekennt, gaul*	(Trier)	*lēf, korf, gekannt, perd*
II	*strählen, fescht*	III	*kämmen, fest*
			ich schlien ‚ich schlage‘

IV Kölner Kulturraum = ripuarisch. Vom Trierer Raum durch die Eifelschranke abgegrenzt = *dorp/dorf*-Linie.

südl.:	*dorf, zeichen, grumper*	nördl.:	*dorp, zeggen, erpel*
(Trier)	*haus, aus, kend ‚Kind‘,*	(Köln)	*hüs, üs, kenk, wengter*
III	*wenter ‚Winter‘*	IV	*hunk, wing, brung*
	hund, wein, braun		

Im Kölner Raum verläuft die Benrather Linie = *maken/machen*-Linie, und zwar längs der Nordgrenze Jülichs, Kurkölns und Bergs, Erftbarriere genannt; an der Erftmündung wird der Rhein überschritten.

	südl.: *ch: machen, bruuche, buuch*		nördl.: *k: maken, bruuke, buuk*
IV	*riich, melech* ‚Milch'	V	*riik, melek*
	bisse ‚beiße', *grusz* ‚groß'		*bite, grōt,*
	tzit, katz		*tit* (*tzik*), *katt*
	hertz, bääser ‚besser', *hees* ‚heiß'		*hert, bääter, heet*
	loofe, roofe, seefe		*loope, roope, seep*
	kaoche waser en der käsel		*koeke waater en der keetel*
	on äse meter läfel		*on eete meter leepel.*

Im nördlichen, z. T. auch im südl. Gebiet gibt es auch Ingwäonismen:

	fōnef, sāge, nūn, hān, hāve		*fif, segge, negen, heb*
IV	*mir, mich, dir, dich*	V	*mi, di*
	wir, ihr, ŭch		*wi, gi, ŭ*
	-*en* in der 3. Pers. Pl. Präs.		-*et* in der 3. Pers. Pl. Präs.

Die nördliche Grenze bildet die *ik/ich*-Linie = Ürdinger Linie, längs der Grenze von Limburg, Geldern, Moers, Cleve.

Die lautlichen Vorgänge (vgl. die Übersicht § 56)

§ 60   Tenuesverschiebung

Am wichtigsten ist die Verschiebung der germanischen Tenues /p, t, k/. Es sind zwei Stellungen zu unterscheiden:

I. 1. nach Vokal werden die Tenues zu doppelten stimmlosen Reibelauten: /**ff, ȝȝ, hh**/, die nach langem Vokal und im Auslaut vereinfacht werden, z. B.:

		as.	ahd.	mhd.
/p/	> /ff (f)/	*opan*	*offan*	*offen*
		slāpan	*slâfan*	*slâfen*
		skip	*skif*	*schif*
/t/	> /ȝȝ (ȝ)/	*ëtan*	*ëȝȝan*	*ëȝȝen*
		bītan	*bíȝan*	*bíȝen*
		dat	*daȝ*	*daȝ*
/k/	> /hh (h)/	*brëkan*	*brëhhan*	*brëchen*
		tëkan	*zeihhan*	*zeichen*
		ik	*ih*	*ich*

I. 2. nicht nach Vokal, d. h. im Anlaut oder nach Konsonanz, zur Affrikata: /**pf, z** (= **tz**)/, /**kch**/ (*kch* im Anlaut, jedoch nur im Obd.), z. B.:

/p/ > /pf/	as. *plëgan*	ahd. *phlëgan*		mhd. *pflëgen*
	appul	*apful*		*apfel*
	hëlpan	*hëlpfan* > *hëlfan*		*hëlfen*
	thorp	*dorpf* > *dorf*		*dorf*

(nach *l* u. *r* wird *pf* schon im 9. Jh. zu *f* weiterverschoben im Obd. u. Ostfr., aber im Hess. u. Nordthür. gilt noch in mhd. Zeit *pf*)

/t/ > /z (= tz)/	as. *tiohan*	ahd. *ziohan*		mhd. *ziehen*
	settian	*setzen*		*setzen*
	hërta	*hërza*		*hërze*
	holt	*holz*		*holz*
/k/ > /kch/	*korn*	obd. *chorn*	fr. *korn*	*korn*
	werk	obd. *werch*	fr. *werk*	*werc*
	drinkan	obd. *trinchan*	fr. *trinkan*	*trinken*
	wekkian	obd. *wecchan*	fr. *wekken*	*wecken*
got. *sakkus*		obd. *sacch*		*sack*

Erläuterungen:

II. 1. /p/ > /pf/[70]: *p* steht im Anlaut in kaum einem germanischen Wort; durch Entlehnungen, bes. aus dem Lat., ist es zu uns gekommen (§ 43). Im In- und Auslaut ist es im Germ. häufig. Anl. /p/ bleibt unverschoben im Langob., Rhfr. u. Mfr.; im Bair. > /pf/, im Alem. > /f/[71], also im Obd., Thür., Ostmd. /pf/ (im nördl. Ostmd. wird *f* gesprochen, geschrieben allerdings auch ⟨ph⟩, später ⟨pf⟩).
Inl. /p/: In den Verbindungen /rpf, lpf/ reicht die Affrikata am weitesten (obd., ostfr., rhfr., moselfr., thür., ostmd.), nur im Rip. sind /rp, lp/ unverschoben; also gemeinhd. u. md. *hëlpfan*, *wërpfan* gegen mfr. *hëlpan*, *wërpan*. Im 9. Jh. werden /rpf/ und /lpf/ im Obd. und Südrhfr. zu /rf, lf/; die Affrikata aber bleibt bis ins Mhd. im Mfr., im nördl. Rhfr. (Hessen) und Nordthür.
In allen anderen Stellungen (z. B. /mp, pp/) wird /p/ nur im eigentlichen Obd., also im Alem. Bair. Ostfr., zu /pf/ verschoben, im Rhfr.[72], Mfr., Nordthür., Ostmd. dagegen nicht; *appel/apfel*-Linie s. Frings,

---

[70] Die 2. LV unterbleibt wie die 1., wenn stl. Reibelaute vorangehen, also bei /st, ft, ht, sp, sk/, und wenn /r/ folgt: *triuwa*.

[71] ⟨f⟩ im Alem. statt ⟨pf⟩ kann vielleicht auch /pf/ meinen, also nur Schreibung sein, auch im Bair. sind einige ⟨f⟩ statt ⟨pf⟩ belegt (vgl. Frings, Grundlegung, Karten 2, 33, 34 *pfund – pund*).

[72] In mhd. Zeit aus dem Nl. oder Nd. übernommene Wörter bleiben z. T. unverschoben, z. B. *dörper* ‚Tölpel' – hd. *dorfære*, *schapel* ‚Kranz', *wâpen* neben *wâfen*.

Karten 1, 2, 3, 33, 34 u. öfter. Der *pf*-Laut in *apfel* gilt als eigentliches obd. Kennzeichen.
/p/ > /ff/ nach Vokalen gilt im gesamten obd. u. md. Gebiet.

II. 2. /t/ > /ʒʒ/ gilt im gesamten obd. und md. Gebiet mit Ausnahme des Mfr., wo die pronominalen Neutra *dat, wat, dit, it, allet* und /rp/ unverschoben geblieben sind (mfr. also: *that waʒʒar*).
/t/ > /z/ (Affrikata), /z/ reicht am weitesten von den Affrikaten, seine Grenze verläuft ungefähr wie die Benrather Linie. /z/ ist ein rein hd. Laut. Im Nd. kommt /z/ nur in einigen Fällen vor, wo es durch Palatalisierung aus /k/ entstand, s. § 47.

II. 3. /k/ > /kch/ (Anl. und nach Kons.), diese Verschiebung hat sich am wenigsten ausgebreitet: nur im Alem. u. Bair., also nur im Südobd.; heute nur im Schweizerischen, am Bodensee, im Elsäss. u. Südbair.; schon im nördl. Alem. und im nördl. Bair., im Ostfr. sowie im Md. gilt unverschobenes /k/;
/k/ > /hh/, mhd. stets ⟨ch⟩ geschrieben, im gesamten obd. und md. Gebiet bis zur *maken/machen*-Linie = Benrather Linie, s. § 59.

§ 61   Medienverschiebung

Die Medienverschiebung ist schwächer und vollzieht sich während der ahd. Zeit (vgl. die Übersicht § 56). Es entsteht ein Gegensatz zwischen dem Obd. und dem Fr.: obd. /p, k/: fr. /b, g/. Zur Aussprache als Verschlußlaut oder als Reibelaut und zu ihrer mdal. Einordnung s. Braune-Eggers, Ahd. Gr. § 88.

1. /b/ > /p, b/

as.	ahd. obd.	ostfr.	mhd.
bindan	*pintan* =	*bintan*	*binden*
gëban	*këpan*	*gëban*	*gëben*
sibbia	*sippa*	*sippa*	*sippe*
gaf (< germ. **gab*)	*kap*	*gab*	*gap*

Im Bair. ist die Verschiebung am stärksten, /p/ bleibt bis in die mhd. Zeit. Vom 11. Jh. an erscheint wieder ⟨b⟩ für /p/, nur im Anl. bleibt ⟨p⟩ neben ⟨b⟩. Im Mhd. wird /b/ im Bair. von stl. Lenis zu sth. /ƀ/ u. nhd. /b/: ahd. *gibu* > *kipu* > *giƀe* > *giƀi* > *gibi*; ⟨p⟩ ist offenbar nur die graphische Bezeichnung des stl. Verschlußlautes /b/, der in spätahd. Zeit wieder auftritt und dann im Mhd. erweicht wird, s. § 62. Im Alem. hält sich /b/ länger, aber im 8. Jh. ist ⟨p⟩ häufiger als ⟨b⟩. Mhd. ⟨p⟩ im Auslaut ist Auslautverhärtung, z. B. ahd. *wîb* > mhd. *wîp*, s. § 68. Im Md. gilt im Mfr. u. z. T. im Nordthür. Reibelaut wie im Nd., im Ostmd. Lenis.

2. /d/ > /t/

as. *dag*	ahd. *tag*	mhd. *tac*
beodan	*biotan*	*bieten*
middia	*mitti*	*mitte*

Im Obd. und Ostfr. erscheint ⟨t⟩ in allen Stellungen; im Rhfr. und Mfr. dagegen nur im Auslaut, das Südrhfr. hat im Anl. ⟨d⟩ sonst ⟨t⟩; das Rhfr. in der Gem. ⟨tt⟩ und auch ⟨td⟩. Kennzeichen des Rhfr. ist also /d/ im Anlaut gegen ostfr. obd. /t/; Kennzeichen des Südrhfr. ist anl. /d/ (und /ua/ < germ. /ō/). Es ist jedoch nicht immer zu sagen, ob es sich um die LV oder um die Auslautverhärtung handelt.

Zu *d* im Anlaut statt *t* (Übernahme aus dem Nd.) s. § 46.

3. /g/ > /k, g/

as. *gast*	ahd. obd. *cast* = ostfr. *gast*	mhd. *gast*
biogan	*piukan* *biogan*	*biegen*
bruggi	*prukki* *brukki*	*brükke*
dag	*tac* *tag*	*tac*

germ. /g/ war Reibelaut geblieben im Germ. außer in der Gem. und nach /n/. /g/ zeigt eine parallele Entwicklung zu /b/. Im Obd. wird es zuerst zu /k/, dann wieder zu /g/, das als stl. Lenis gesprochen wird.

Im Md. behielt /g/ intervokalisch weithin den Wert eines sth. Reibelautes, z. B. im Thür.; im Auslaut kann Stimmtonverlust eintreten.

Zum unverschobenen /gg/ aus dem Nd. s. § 52,1 b.

§ 62   Frikativenverschiebung (Konsonantenschwächung)

Im gesamten Md. und Obd., ausgenommen das Rip., das westl. Moselfr., das östl. Ostmd. und das Südobd., werden die Fortes /p, t, k/ schon seit dem Mhd. geschwächt zu Lenes, andererseits sind auch die Lenes /b, d, g/ stimmlos geworden, so daß diese Laute zusammenfallen: *p* wird wie *b*, *t* wie *d*, *k* wie *g* gesprochen (vgl. die sächs. Aussprache von *Paul* als *Baul* usw.); nur in der Schriftsprache wird streng unterschieden, vgl. u. *þ* > *d*. Dieser Vorgang wie auch die im folgenden behandelte Schwächung der Reibelaute wird als **binnendeutsche Konsonantenschwächung** bezeichnet.

Die Schwächung der Reibelaute kann kaum zur 2. LV gerechnet werden. Es handelt sich um eine Erweichung der Reibelaute /f, þ, h, s/ > /v, d (h, s)/, die im 6. Jh. von Dänemark ausgegangen ist und nach Süden dringt. Sie beginnt in den Nebensilben, und ihr Ausgang ist in der starken Anfangsakzentuierung im Norden zu suchen. Diese Erweichung der Reibelaute verläuft also der sonstigen LV gerade entgegengesetzt; doch dringt auch vom Süden eine Verschiebung von *þ* > *d* > *d* seit dem 8. Jh. nach dem Norden vor (dadurch entsteht wieder eine Media, nachdem *d* > *t* (s. § 61,2) geworden war).

1. /þ/ > /d/
Die Verschiebung ist an *þ* > *đ* > *d* am besten zu erkennen:

got. *þata*	as. *that*	ostfr. *thaʒ*	rhfr. *dhaʒ*	obd. *daʒ*
wairþan	*wërđan*	*wërdan*	*wërdhan*	*wërdan*
warþ	*warth*	*ward*	*wardh*	*ward*

/d/ wird dann wie die aus germ. /ƀ/ u. /g/ entstandenen /b, g/ behandelt. Es tritt Stimmtonverlust ein, d. h., /d/ wird als stl. Lenis gesprochen und fällt mit /t/ < /d/ im Md. u. Obd. (s. o.) zusammen.
In der nhd. Schriftsprache sind voneinander zu trennen: /t/ < /d/, /d/ < /þ/.

2. germ. /f (= f_1)/ wird wohl durch die vom Norden ausgehende Spirantenschwächung von stimmloser Fortis zur Lenis, und zwar zuerst im Inlaut nach /r/ und /l/ und vor Vokalen (seit dem 8. Jh.), dann (seit dem 9. Jh.) auch im Anlaut. (Im Ags. mit ⟨f⟩, im As. mit ⟨f⟩ und ⟨v⟩ oder ⟨ƀ⟩, im Ahd. neben ⟨f⟩ auch mit ⟨u⟩ und ⟨v⟩ bezeichnet; Notker wechselt noch zwischen ⟨f⟩ und ⟨v⟩ seinem Anlautgesetz entsprechend.) Die Schreibung mit ⟨u⟩ und ⟨v⟩ zeigt, daß das germ. /f/ stimmhaft geworden war, diesem /f_1/ stand nun das neue hochdeutsche /f/ < germ. /p/ (2. LV) als stimmlose Fortis gegenüber, und für dieses /f_2/ kann niemals /v/ eintreten, z. B.:

got. *tweifls*	ahd. *zwîval*,	aber got. *gripan*	ahd. *grîfan*
afar	*avur*	*skapans*	*skaffan*
wulfis	*wolves*	*hilpan*	*hëlfan.*

Noch im Mhd. ist das germ. /f/ nicht mit dem hd. /f/ im Inlaut gereimt worden: *grâven* : *slâfen* ist nicht gestattet. Im Anlaut wurden /v/ und /f/ wohl gleich gesprochen, im Auslaut wird stets ⟨f⟩ geschrieben, hier entsprechen /f_1/ und /f_2/ einander: *brief* : *lief*, *huof* : *schuof* sind möglich; in der Verbindung /ft, fs/ blieb auch das germ. /f/ immer stimmlos, s. auch § 3.

3. germ. /h/ war ein velarer stl. Reibelaut; es wird zum weichen Reibelaut, und ihm steht das hd. /hh/ < germ. /k/ (2. LV) als harter Reibelaut (Fortisspirans) gegenüber. Im Silbenanlaut (d. h. im Wortanfang und zwischen Vokalen) wurde germ. /h/ schon in vorliterarischer Zeit zum Hauchlaut, daher der Wechsel von *sëhan* : *sah* (= *sach*). Anlautend vor Kons. ist /h/ (= /ch/) im älteren Ahd. geschwunden (im Hildebrandliede noch der Stab: *helidos ubar hringa*).

4. germ. /s/: es wird immer durch ⟨s⟩ bezeichnet, davon ist das hd. /s/ < /t/ stets orthographisch unterschieden: ⟨zz, zs⟩ u. ä. (= /ʒʒ/). Beide Laute sind durch die Artikulationsstelle getrennt: hd. /ʒ/ = postdental oder alveolar, germ. /s/ palatal (*sch*-ähnlich), daher konnte es in bestimmten Verbindungen auch in den *sch*-Laut übergehen. Es wurde teils sth., teils stl. gesprochen, s. § 49f.

8*

§ 63 Doppelkonsonanten

1. Vorkommen und Aussprache im Mhd.

Die Konsonanten /b, d, g; p, t, k; f, s, z; m, n; l, r/ kommen im Mhd. auch verdoppelt vor, und sie müssen – anders als im Nhd. – auch doppelt gesprochen werden wie im Südalem. oder wie ein Ausländer, etwa ein Ungar, die nhd. Geminaten spricht: Zwischen den Konsonanten muß eine Exspirationspause liegen: *bit-ten* (im Nhd. werden die Doppelkonsonanten dagegen nur verschärfter, nicht länger als die einfachen gesprochen). Zum Teil geht diese Aussprracheänderung wohl schon ins Mhd. zurück, das lassen Schreibungen wie *dike, drite, bruke, smeket, aker* vermuten. Im Mhd. ist die Geminata im Auslaut immer vereinfacht, im Nhd. verlangt die etymologische Schreibung dagegen nach kurzem Vokal immer Doppelkonsonanten; auch im Inlaut wird, vielfach im Gegensatz zum Mhd., stets Doppelkonsonant geschrieben, z. B. mhd. *geriten, site, wëter, vëter, hamer, himel, komen, sumer* usw. In diesen Wörtern hat ursprünglich keine Doppelkonsonanz vorgelegen, hier ist nur die Silbengrenze in den Konsonanten verlegt worden.

2. Herkunft

a) aus dem Urgerm.

α) durch Assimilation, bes. bei Nasalen und Liquiden, z. B. /nn/ < /nu̯/: mhd. *minner* < ahd. *minniro* < *minu̯izṓn* (lat. *minuo*), ebenso *brinnen, beginnen, gewinnen, spinnen, rinnen*; /nn/ < /nd/: mhd. *sinnen* < *sinþ-nan* zur √ *sent-* ‚gehen‘; /ll/ < /ln/: *wolle* < *u̯l̥ná̃*, abulg. *vluna*, ferner: *vol, vel, al*; /ll/ < /d̄l/: *stal* < *stad̄laz, wallen* ‚wandern, pilgern‘ < *waþlōn*.

β) durch Intensiv- oder Iterativbildungen, also durch Lautsymbolik; durch die Verdopplung trat eine semantische Differenzierung ein. Dabei entsteht statt jedes einfachen Lautes stimmloser doppelter Verschlußlaut am Wurzelende, und zwar statt jedes Labials (b̄, f, p, b) *pp*, statt jedes Dentals (d, þ, t, d) *tt*, statt jedes Gutturals (g, h, k, g) *kk* im Germ., die durch die 2. LV zu *pf, tz* verschoben werden; *kk* bleibt als *ck* erhalten, nur im Obd. entsteht durch die 2.LV *kch*. Die zugrunde liegenden Wörter oder etymologisch verwandte Wörter haben dagegen den – möglicherweise durch die 2. LV veränderten – entsprechenden einfachen Konsonanten. So gehört zum st. V. 1. Kl. *nîgen* ‚sich (ver)neigen‘ einerseits das schwache (Kausativum) *neigen* ‚neigen machen‘ = *jan*-Verb, andererseits die Iterativ- oder auch Intensivbildung *nicken* ‚immer wieder neigen‘, ebenso gehören zusammen *g – ck: biegen – bücken; smiegen – smücken* ‚an sich drücken, schmiegen‘; *sîgen, sîhen* ‚sinken‘ – *sickern*; *sûgen – suckeln* ‚in kleinen Zügen saugen‘, *suckel* bair. ‚Saugschweinchen‘; *vliegen – vlocke; wëgen* ‚sich bewegen‘ – *wackeln; strîchen* u. schw.

streichen – stricken, stric, strickes; *ziehen – zücken, zucken, zuc, zuckes* ‚schnelles Ziehen‘; *nieʒen – nutzen, nuz*; *rîʒen – ritzen*; *smîʒen* ‚streichen, schlagen‘ – *smitzen* ‚geißeln, schlagen‘; *stôʒen – stuz, stutzes* ‚Stoß, Anprall‘, *stützen* u. nd. *stottern*; *glat – glaz* ‚Glatzkopf‘; *knote – knotze* ‚Knorre‘; *snîden – snitzen, snitzære, sniz, snitzes* ‚Schnitt‘; *schieben – schoup* ‚Garbe‘, *schüpfen* ‚in schaukelnder Bewegung halten‘, *schopf* ‚was sich vorschiebt‘; *knouf – knopf*; *slîfen – slipfen* ‚ausgleiten, fallen‘, *slipfec* ‚schlüpfrig‘; *sliefen* ‚schlüpfen‘ – *slüpfen, slupf* ‚Schlüpfe, Schlinge, Unterschlupf‘; *roufen – rupfen, snûfen – snupfen*; Tierbezeichnungen, z. B.: *ziga – zickelîn, krëbeʒ – krabbe, krabbeln*; *kater – katze*; ob *snëgel* ‚Schnekke‘ – *snëkke*; *rabe – rappe* hierher gehören, ist fraglich, eher zur westgerm. Gem. vor /n/, s. u.; in Personennamen, bes. bei Kurzformen, z. T. wohl durch Assimilation: *Odoberht – Otto, Ratpot – Rappo, Sigibert – Sicco*; in Kosewörtern: *atta* ‚Vater‘, *amme*.

b) aus dem Westgerm., durch die westgerm. Konsonantengemination vor /j/ – hier am häufigsten –, /r, l/ und z. T. auch vor /w, m, n/. Richtiger wäre wohl, von einer Konsonantendehnung oder -längung vor /j/ zu sprechen. Dadurch hebt sich das Westgerm. vom Nord- und Ostgerm. ab. Es können alle Konsonanten verdoppelt werden außer /r/.

α) vor /j/: dieses /j/ ist nur noch im As. und im ältesten Ahd. erhalten, die Infinitivendung *-jan* wird schon im Ahd. zu *-en*. Die Wirkung des /j/ aber besteht sowohl in der vorangehenden Gemination als auch im Umlaut, z. B. got. *bidjan* – as. *biddian* – ahd. mhd. *bitten*; got. *satjan* – as. *settian* – ahd. mhd. *setzen* (Kausativum zu *sitzen* < *sittian* s. § 130 A 1 a); *skapjan* > *skeppian* > *skepfen* s. § 127; got. *sibja* – as. *sibbia* – ahd. *sippa* > mhd. *sippe*; germ. **kunja-* – as. ahd. *kunni* ‚Geschlecht‘ > mhd. *künne*; got. *wilja* – as. *willio*, ahd. *willeo, willo* > mhd. *wille*.
In verwandten Formen mußte, wo das /j/ nicht vorlag, ein Nebeneinander verschiedener Laute entstehen, da die einfachen Konsonanten anders als die geminierten bei der 2. LV verschoben wurden. So wechseln *g – ck* (< *gg*), *b – pp* (< *bb*), *d – tt* (< *þ – þþ*):
hac, hages ‚Umzäunung, umzäuntes Grundstück, Hain‘, dazu *hagestolz* ‚Besitzer eines kleinen, eingefriedeten Grundstücks‘ – *hecke* (< **hagg-jō*); *slac, slages – manslegge*, obd. *manslecke* ‚Mörder‘ (< **-slaggjō*); *stieben, stoup, stoubes – stüppe* ‚Staub‘; *wëben, wabe – wëppe* und *wippe, wüppe* ‚Gewebe‘ (md. *wëbbe*, nicht verschoben); *smit, smides – smitte* (< **smiþþjō*) ‚Schmiede‘;
ferner *ch – ck* (< *k – kk*); *ff, f – pf* (< *p – pp*); *ʒʒ, ʒ – tz* (< *t – tt*): *dach – decken*; *bachen* ‚backen‘ – *becke* ‚Bäcker‘; *rëchen – recke*; *lûchen* ‚schließen‘ – *lücke*; *slîfen – sleipfen* ‚gleiten machen‘; *schaffen – schepfen*; *vergëʒʒen – ergetzen* ‚vergessen machen‘; *haʒ, haʒʒen – hetzen*; *heiʒ – hitze*; *laʒ – letzen* ‚hemmen‘, *naʒ – netzen*, *weiʒ – witze* ‚Wissen, Klugheit‘,

mḗʒʒen – mḗtze ‚Maßgefäß'; *bîʒen – beizen* (eigtl. ‚immer wieder beißen',
ebenso:) *rîʒen – reizen* (< *writan* [in ne. *write*] – **wraittjan*); *ḗʒʒen – ätzen*,
wachen – wekken; *zam – zemmen*; *zal* ‚Zahl, Erzählung' – *zel(l)n* ‚zählen,
erzählen' usw.

Wirkung des /j/ innerhalb der Konjugation:

Ein Wechsel mußte auch innerhalb der Flexion eines Wortes eintreten,
wenn das /j/ in bestimmten Formen im Germ. ausgefallen war; so bes.
beim schwachen Verbum vor /i/ in der 2. u. 3. Sg. Präs., im Imp. und im
gesamten Prät., wo es zwischen zwei Konsonanten zu stehen kam und in
/i/ überging. Hier war also keine Gemination möglich (bei den langsilbigen
Verben ist auch dieses /i/ in vorahd. Zeit noch geschwunden, daher der
sogen. Rückumlaut, s. § 135a), z. B. ahd. *zellen*: Präs. 1. *zellu*, aber 2. u. 3.
zelis, zelit, Pl. *zellamês* usw., Imp. *zeli*, Prät. *zalta* mit e i n e m /l/ + Rück-
umlaut; ebenso *brennen*: *branta* usw. = mhd. *zel(l)n, zel(e)st, zel(e)t*,
zelln, Prät. *zalte*; *brennen – brante*, s. § 130 A 3. Bei Infinitiven auf /ck,
tz/ oder /pf/, die aus Geminaten hervorgegangen waren, mußte in diesen
Formen der im Germ. zugrunde liegende einfache Verschlußlaut, also
/k, t, p/, erscheinen (der erst durch /j/ geminiert wurde) und entsprechend
im Ahd. u. Mhd. /ch, ʒʒ, f/, also eigentlich ahd. *decken, decku, *dehhis,*
*dehhit, deckamês; Prät. *dahta*, aber hier ist schon früh ausgeglichen wor-
den, vor allem im Präs. und fast immer auch im Prät., so daß hier nur e i n e
Form gilt bis auf vereinzelte Reste; so erscheint zwar noch ahd. zu *stepfen*
– stafta, zu *knupfen – knufta*, und auch ins Mhd. haben sich noch einzelne
Formen hinübergerettet, z. B. *decken – dahte*[73], *smecken – smahte* u. a.,
daneben stehen aber Formen mit /c/: *dacte, smacte* usw.; auch zu *setzen*
wäre *saʒte* zu erwarten, aber schon im Ahd. *satzte* oder *sazte*, wobei we-
gen der *z*-Schreibung unentschieden bleibt, ob Affrikata oder Frikativa
gemeint ist; ebenso bei *beizen – beiʒte, reizen – reiʒte* usw. Bei den Verben
mit einer Affrikata hat diese sich oft in allen Formen durchgesetzt, zumal
sie vielfach aus starken Verben ohne Affrikata hervorgegangen waren,
z. B. nhd. *beißen* stark, aber *beizen* schwach s. o.; meist aber ist die Ge-
minata im Mhd. zugunsten des einfachen Lautes beseitigt worden, bes.
bei /l/ u. /n/, z. B. setzen sich statt *zelln, quelln, welln, frummen, dennen,*
wennen, leggen, die meist nur dem älteren Mhd. angehören, *zeln, queln,*
weln, frumen, denen, wenen, legen durch; bei /kk/ und /g/ hat sich /g/
durchgesetzt (eigtl. *lekken – leg(e)st*): *legen – leg(e)st* usw.; bei /t/ – /tt/
dagegen /tt/: *bitten, retten, schütten*; aber in *büeʒen, grüeʒen, schleiʒen,*
schweiʒen ist der stl. Reibelaut geblieben. Bei *flöʒen* u. *flözen* ist eine Be-
deutungsdifferenzierung eingetreten: *flözen* ‚auf dem Wasser fortschaffen',
sonst ‚ein-*flößen'*.

---

[73] Nicht zu verwechseln mit *dâhte* von *denken* (s. § 136).

β) vor /r/ und /l/: es werden nur germ. /p, t, k/ verdoppelt, und nach der Verdopplung bilden sich aus /r/ und /l/ häufig Sproßvokale, z. B. got. *akrs* (lat. *ager* u. *agere* ‚treiben‘) – ahd. *akkar* > mhd. *acker*; anord. *vakr* – mhd. *wacker* neben *wachen*; germ. **kupra-* (lat. *cuprum*) > mhd. *kupfer*; anord. *dapr* = mhd. *tapfer*; germ. **bitraz* ‚beißend‘ (zu *bîtan*) > mhd. *bitter*; anord. *eitr* – mhd. *eiter* u. *eitter*; germ. **otr* > mhd. *otter* (alle mit unverschobenem /t/ vor /r/); *splitter* neben *splī₃(₃)en*; *zittern* (< **titrōn*);
germ. **apla* (anord. *epli*, ags. *æppel*) > ahd. *aphul* > mhd. *apfel*; anord. *kitla* – mhd. *kitzeln*; germ. **lutla* > as. *luttila* – ahd. *lutzil* > mhd. *lützel*; lat. *facla, facula* – ahd. *fakkala* > mhd. *vackel*.

γ) vor /w/: nur Labiovelare, /k/ u. /h/, werden verdoppelt: got. *naqaþs* (⟨q⟩ = /kw/) – ahd. *nacchut* > mhd. *nacket*; got. *aqizi* – ahd. *ackus* > mhd. *ackes* ‚Axt‘; germ. **kuikua-* > ahd. *quëc* und ahd. mhd. *quic, quicker* u. *këck* s. § 52,2.

δ) vor /m/ und /n/: vor /m/ ist die Verdopplung ganz selten, vor /n/ vor allem bei Substantiven der *n*-Deklination vorhanden, wo in einigen Kasus durch Endbetonung Schwundstufe eintrat und *n* an den vorangehenden Konsonanten rückte; etwa: **knabōn* – Gen. Pl. **knabnōm* > **knabbnō*, ebenso im Dat. Pl. **knabbnum*, dann konnten sich die Doppelformen in zwei verschiedene Paradigmen spalten: *knabe* u. *knappe*, ebenso *rabe* – *rappe*, ahd. *tropfo* (< /pp/) und *troffo* (< /p/) zu *triefen*, *bache* – *backe* ‚Speckseite‘ – ‚Hinterbacke‘, *rogge* ‚Roggen‘ (< **rugn*), ⟨gg⟩ seit Gottsched, zum Unterschied von (Spinn-)*rocken*, *brocke* zu *brëchen*, *snëpfe*, *snëcke* neben *snëgel*, *trocken* < **drukkna*.

c) durch die 2. LV: /ff/ < /p/, /₃₃/ < /t/, /hh/ = mhd. /ch/ < /k/ nach kurzem Vokal, z. B. *ë₃₃en* < *ëtan*, *offen* < *opan*, *stëcken* < *stëkan*, s. § 59 f.

d) durch Zusammenrücken zweier Konsonanten bei Synkope (s. § 1,3), bes. im Prät. der schw. Verben: *breitete* > *breitte*, *leitete* > *leitte*, schon im Ahd. *leit(i)ta* usw., ferner *ellende* < ahd. *el(i)lenti*, *hërre* < *hêr(i)ro*.

e) durch jüngere Assimilationen, z. B. *phenting* > *phenning*, *stimna* > *stimma* > *stimme*, s. § 66.

§ 64   Nasalschwund und Ersatzdehnung

Schon im Germ. ist – wie auch später – in manchen Verbindungen, so besonders vor Reibelauten, der Nasal geschwunden. Die für den Nasal gebrauchte Energie bleibt jedoch erhalten, indem der vorangehende Vokal zunächst nasaliert und dann gedehnt wird, daher ‚Ersatzdehnung‘ (ein Vorgang, der auch in anderen Sprachen und zu allen Zeiten festzustellen ist, vgl. lat. *mensis*: ai. *mās* ‚Monat‘).

Im Germ. wird bes. die Verbindung kurzer Vokal + Nasal + gutturaler Reibelaut davon betroffen; vor Verschlußlaut bleibt dagegen /n/ erhalten:

/-aʋh/ > /-āh/[74]: mhd. *denken*: *dâhte* < ahd. *dâhta* < germ. *þaʋhtō* < *þanktō* (mit /k/ > /h/ vor /t/, s. § 65; im Nhd. Verkürzung des /ā/ vor mehrfacher Konsonanz); ebenso: *bringen*: *brâhte* < *braʋhtō*; mhd. *vân* < *vâhan* < germ. *faʋhan*, aber im Prät. mit /n/: *vienc*; mhd. *hâhen* ‚hängen, hangen' < ahd. *hâhan* < germ. *haʋhan*, aber Prät. *hienc* ‚hing'; mhd. *âht(e)* ‚Acht, Verfolgung' < ahd. *âhta* < *aʋhtō*; mhd. *zæhe* < ahd. *zâhi* < *taʋhi*.

/-iʋh/ > /-îh/: mhd. *dîhen* ‚gedeihen' < ahd. *dîhan*, das /n/ ist im Part. noch im ags. *geþungen* ‚erwachsen' erhalten, idg. *teʋkō*; mhd. *drîhe* ‚Stricknadel' < germ. *þriʋh-* ‚drängen' < idg. *trenk-* (dass.), mhd. *drîhen* ‚mit der *drîhe* arbeiten', d. h. Fäden zusammendrängen; daneben mhd. *dringen* ‚flechten, weben, drängen' mit /g/ < /h/ durch gramm. W.; mhd. *sîhen* ‚seihen' < ahd. *sîhan* < germ. *siʋh-*.

/-uʋh/ > /-ūh/: mhd. *dünken*: *dûhte* < ahd. *dûhta* < germ. *þuʋhtō* (Konj. *diuhte*, dazu im Nhd. ein neues unpersönliches Präs.: *deucht*).

Vgl. ferner das Nebeneinander von hd. *fünf*: as. *fîv*, hd. *uns*: as. *ūs*, *andere*: ags. *oðer*, *s. ôdre* im Hildebrandliede, *Gunther*: *Gūdrun*, got. *finþan*: as. *fiðan*.

Im As. sind unter Ersatzdehnung auch die /n/ vor /ð, f/ und /s/ geschwunden, bei sekundärem /s/ ist /n/ dagegen erhalten: *anst, kunst*.

§ 65 Lautveränderungen vor /t/

1. Im Deutschen gibt es bei etlichen etymologisch zusammengehörigen Wörtern einen Wechsel vom Verschlußlaut zum Reibelaut, wenn dem Verschlußlaut ein /t/ folgt. So steht statt /b, pf/ ein /f/ vor /t/, statt /g, k, ck/ ein /ch/ (ahd. mhd. /h/) vor /t/, z. B. mhd. *gëben, gâbe – gift*; *graben, gruobe – gruft*; *heben, huoben – haft, hüfte*; *klieben* ‚spalten' – *kluft*; *ziehen, zugen – zuht*; *schepfen – schafte*; *biegen, bugen – buht*; *bringen – brâhte*; *denken – dâhte*; *dünken – dûhte*; *mügen, mac – du maht, mohte, diu maht*; *pflëgen – pfliht*; *tugen – tohte* ‚taugte'; *wëgen – gewiht*; *würken – worhte, gewürhte* ‚Werk, Arbeit';

die Verben mit /ck/ haben /h/ oder auch /c/ vor /t/: *decken – dahte* u.

---

[74] Dadurch entsteht im Germ. wieder ein langes /ā/, das alte idg. /ā/ war im Germ. zu /ō/ geworden.

dacte; *drücken – druhte* u. *dructe*; *smecken – smahte* u. *smacte*; *strecken – strahte* u. *stracte*; *stricken – strihte* u. *stricte*, hier wie auch bei den Verben auf /pf/ ist z. T. schon im Ahd. die Präsensform in das Prät. gedrungen, z. B. *knüpfen — knufte* u. *knupfte*; *stepfen – stafte* u. *stapfte* (s. § 63,2: Wirkung des *j*).

Erklärung: Es handelt sich hier um den Primärberührungseffekt, d. h. um das Aufeinandertreffen bestimmter Konsonanten und ihrer Veränderungen bei der Entstehung eines Wortes im Idg. So sind schon im Idg. alle sth. labialen und gutturalen Verschlußlaute (*b, bh, g, ĝ, gh, ĝh*) vor /t/ stimmlos geworden und haben die Behauchung verloren, also: /bt/ u. /bht/ > /pt/, /gt/ u. /ght/ >´/kt/, z. B. idg. *reĝ-*[75] ,strecken, richten', lat. *regere*, griech. ὀϱέγω, aber im Part. wird idg. *regtós* > idg. *rektós* = griech. ὀϱεχτός- ,gestreckt', lat. *rectus*; im Germ. wird /p/ > /f/, /k/ > /h/ vor /t/ (/t/ bleibt dagegen erhalten), daher idg. *rektos* > germ. *rĕhtaz* > ahd. mhd. *rĕht*, nhd. *recht*.

Ebenso: *denken – gedâht*: idg. *tong-* (= lat. *tongēre* ,kennen') – *tonktós* (Part. > germ. *þaηhtaz* > got. *þāhts*, ahd. *gidâht* > mhd. *gedâht* (/ā/ durch Nasalschwund vor /h/ und Ersatzdehnung (§ 64), dann im Nhd. Verkürzung vor mehrfacher Konsonanz), ebenso im Prät. mhd. *dâhte* < ahd. *dâhta* < germ. *þaηhtō* mit /h/ < idg. /k/; oder: *geben – gift*: idg. *ghebhonom* > ahd. *gĕban* > mhd. *gĕben*, aber vor /t/: idg. *ghebhtis* ,das Geben' > idg. *gheptis* > germ. *giftiz* (/e/ > /i/ vor /i/, /gh/ > /g/ = 1. LV u. /p/ > /f/) > ahd. mhd. *gift* (die alte Bedeutung ,Gabe' ist noch in *Mitgift* erhalten).

2. Ein Dental vor /t/ im Idg. ergab in mehreren idg. Sprachen durch Assimilation /ss/, z. B. lat. *percutere* ,durchbohren', Part. *percussus* (< *percuttos*), *sedēre*, aber *obsessus* (< *obsettos*), *lassus* ,müde' (< *ladtos*) = mhd. *las*. Im Germ. wurde *ss* nach langem Vokal vereinfacht: idg. *μoida* > germ. *μait* (1. LV) > ahd. mhd. *weiჳ* (2. LV), aber 2. Sg. idg. *μoidtha* > *μoitta* > germ. *waissa* = got. *waist* (mit jüngerem /t/ in Analogie zu den anderen Prät.-Präs.), ebenso im Ahd. u. Mhd. *du weist*. Regelm. Prät. ist wegen /tt/ > /ss/ im Ahd. u. Mhd. *wisse* oder *wesse*; ebenso zu *müeჳen* 2. Sg. *muost* und Prät. *muose* (mit *s* statt *ss* nach langem Vokal); die Präteritalformen auf /t/: *wiste, weste, wuste; muoste* sind jung. In mhd. *gewis* ,gewiß' < ahd. *giwis* liegt germ. *wissaz* < idg. *μittós* (Schwundstufe zu *μoid-* + Part. *-tós*) zugrunde. Ebenso sind zu erklären mhd. *gieჳen – güsse* ,Überschwemmung' (< ahd. *gussi* < idg. *ghudt-*), *misselich* ,verschieden' ist zu verbinden mit lat. *mutare* ,verändern', *wetzen – was*

---

[75] Noch erhalten im got. *ufrakjan* ,ausstrecken' (u. got. *rikan* ,anhäufen' = ahd. *rĕchan* ,rechen') mit /k/ < /g/ durch die 1. LV, im Westgerm. Kons.-Gem.: *rakkjan* > ahd. mhd. nhd. *recken*.

,scharf' (< ahd. *hwas*), *laden – last* (eigtl. *las*, /t/ ist in Analogie zu *traht* angefügt).

Also: idg. Labial   + /t/ > /ft/   germ. bis heute
     Guttural + /t/ > /ht/   germ. bis heute (/ht/ = /cht/)
     Dental   + /t/ > /ss, s/ germ. bis heute, evtl. mit /t/.

§ 66 Assimilation

A Partielle und völlige Assimilation

Assimilation ist die völlige oder teilweise (partielle) Angleichung eines Lautes an einen ihm benachbarten[76]; sie tritt in allen Sprachstufen auf. Im Konsonantismus wird sie für das Mhd. wichtig.

1. /n/ > /m/ vor Labial: mhd. *anebôʒ* > *ambôʒ, an dëme* > *anme* > *amme, eineme* > *einme* > *eim(m)e, imme* (< *in dëme*), *dîme* (< *dîneme*), *vomme, getâme* (< *getâneme*), ahd. *ambar, einbar, eimbar* > mhd. *einber, eimber, eimer*, ahd. *in bor* ,in die Höhe' > mhd. *enbor(e)* u. *embor* > frühnhd. *entbor* > nhd. *empor* (/tb/ > /p/, dann Ass. von /n/ > /m/ vor /p/), ebenso mhd. *wintbrâ(we)* > nhd. *Wimper*, mhd. *inbîʒ* > *imbîʒ, Reginmar* > *Reinmar* > *Reimar, un* > *um* in *ummære* ,unlieb', *umbil* ,ungemäß', *ummaht, ze der hôhen burg* > *Homburg, ze der n(i)uwen burg* > *Naumburg, Hûnbold* > *Humbold* usw.[77]

2. /mb/ > /mm/: *umbe* > *umme* > *um, ambet* > *ammet* > *Amt*[78], *lamp, lambes* > *lammes, kamp, kambes* > *kammes, krump, krumber* > *krummer, tump, tumber* > *dummer*, ahd. *stumbal* ,Stumpf' > mhd. *stumbel* u. *stummel*, dazu ahd. *stumbilôn* > mhd. *stümbeln, stümmeln*, ahd. *humbal* > mhd. *humbel, hummel*, ahd. *zimbar* > mhd. *zimber* u. *zimmer*.

3. a) /entf(v)/ (< ahd. /ant-/) > /emph(pf)/: *entvâhen* > *enphâhen* > *empfangen, entvëlhen* > *enphëlhen* > *empfehlen, entfinden* > *enphinden* >

---

[76] Auch die Umlautungen und auch /e/ > /ö/ vor bestimmten Konsonanten usw. sind assimilatorische Vorgänge. Partielle Assim.: wenn sie nur zu einer Ähnlichkeit der beiden Kons. führt, die dann in der Artikulationsstelle übereinstimmen, z. B. Dental + Labial > Labial + Labial, z. B. 1. /nb/ > /mb/, oder 3.

[77] Im Ahd.: *stimna* > *stimma* u. *stëmma* = mhd. *stimme*, ahd. *nemnen* (as. *nemnian*) > *nemmen* u. *nennen* ,einen Namen geben'.

[78] Andererseits wird im Frühnhd. oft zwischen einen Labialnasal und Dental ein labialer Verschlußlaut eingeschoben, z. B. *er kumt* > *kumbt*, mhd. *vremede* > frühnhd. *frembde*; daher kann frühnhd. *ampt* sowohl mhd. /b/ fortsetzen als auch neuer Einschub sein (zu vergleichen ist der Einschub des /f/ zwischen /m/ und /þ (t)/ im Germ., etwa in *-kumft*, ahd. *zumft, -numft*); auch an auslautendes /m/ wird manchmal im Frühnhd. in Analogie zu *tump* usw. /b/ gefügt: *nimb, fromb*, auch mhd. *stump*.

empfinden; im Mhd. auch noch *enphallen, enpfarn* u. a. Schon im Mhd. schwindet der Dental, dann erfolgt die Assimilation von /npf/ > /mpf/;

b) /entb, entp/ > /emp/ (u. /enb/): *entbrëchen* > *enbrëchen* > *emprëchen* ‚hervorbrechen, öffnen' (/tb/ > /tp/ > /p/, /n/ > /m/ vor /p (b)/, /p/ < /b/ vor /r/);

c) /entg, entk/ > /enk/: *entkleiden* > *enkleiden, entgëlten* > *entkëlten* > *enkëlten* (doppelte Assim.);

d) /enttr/ > /entr/: *enttrinnen* > *entrinnen* (*trinnen* noch in ab-*trünnig*, *trennen* erhalten, *enttrinnen* zusammengefallen mit *ent-rinnen*), *entdekken* > *entecken*, doch auch *endecken, entdecken*.

4. /nt, mt/ und auch /lt, rt/ > /nd, md, ld, rd/: schon am Ende der ahd. Zeit ist die Erweichung eingetreten, z. B. ahd. *bintan* > *binden* (Notker) mhd., ahd. *hant*, Gen. Dat. Sg. u. Pl. *henti* > *hende* (Notker) = mhd., ahd. *untar* > mhd. *unter* > *under*, ahd. *unti* > mhd. *unde*, ahd. *lant, lantes* > mhd. *lant, landes, winter* > *winder*. In den Präteritalformen der schwachen Verben und der Prät.-Präs., deren Wurzel auf /n, m, l, r/ endet, tritt diese Erweichung ebenfalls ein (doch kann /t/ in Analogie zu anderen Verben auch bestehenbleiben, so daß sich oft Doppelformen im Mhd. ergeben)[79]: *dienen, diente* > *diende, nande, rande, kande, wânde, rûmde* (< *rûmda* < *rûmta*); nach /l/ in: *solte* > *solde, wolte* > *wolde, dulten* > *dulden, schëlten* > *schëlden, halten* > *halden* usw., ferner: *schilt, schiltes* > *schildes, alt, alter* > *alder, kalt, kalter* > *kalder*, ahd. *wëralt, wëralti* > mhd. *wërlt, wërlte, wëlte* > *wërlde, wëlde;* nach /r/: *swërt, swërtes* > *swërdes*; /ndt/ > /ntt/ > /nt/ und /nd/ (doch hier noch öfter Doppelformen als sonst), z. B. *senden: sandta* > *santte* > *sante* > *sande, swenden: swante* u. *swande*, oder nach *nn: brennen: brante* > *brande*, jedoch seltener. Auch Zahlen sind betroffen: *sibente* > *sibende, niunde, zëhende*, aber *t* wurde in Analogie zu *dritte* wieder eingeführt.

5. a) /tl/ > /ll/: *guotlîche* > *guollîche*, auch *guonlîche* ‚gut, gütig, freundlich'[80];

   b) /dl, del/ > /ll/ > /l/: *Uodalrich* > *Uod(e)lrich* > *Ullrich* > *Ulrich*;

   c) /nl, nel/ > /ll, l/: ahd. *zwineling* > *zwinlinc* > *zwillinc*, ahd. *einlif* > *eil(l)if* > *elf*, mhd. *einlant* > spätmhd. *eilant*, aber nhd. *Eiland* < afries. *eilant* ‚Au'.

6. /sk/ > /sch/: lat. *scōla* > ahd. *skuola* > mhd. *schuole*; ahd. *skuoh* > mhd. *schuoh*, ahd. *fiskôn* > mhd. *vischen*. In der Schreibung erscheint ⟨sch⟩ erst seit dem 11./12. Jh. (s. § 50).

---

[79] Die für die einzelnen Dichter geltende Form muß oft erst aus den Reimen erschlossen werden, z. B. hat Hartmann wohl *nande, kande*, aber *sante*.

[80] Die sonst für das Ahd. angeführten Wörter *stërro, stërno*, die auch im Mhd. nebeneinander bestehen, dürften auf verschiedene Bildungssuffixe zurückgehen, auch mhd. *vërn* neben *vërre* erklärt sich aus ahd. *fërrana* neben dem Adv. *fërro*.

7. /ʒ/ > /s/ vor /s/: ahd. *grôʒisto* > mhd. *græʒ(e)ste* > *græste*, ahd. *beʒʒisto* > *beʒʒ(e)ste* > *beste*, *leʒʒisto* > mhd. *leste*; nhd. *letzte* aus dem Nd.: as. *lezsto* = *letsto*, vgl. ags. *latost* > ne. *last*, *daʒ ist* > *dast*, *deist*, *dest* (vgl. § 2).

8. a) /ft/ > /cht/: im Mfr. u. Nd.: *sanft* > *sacht*, *niftel* > *Nichte*, *luft* > *lucht*, *after* > *achter*, *gerüefte* > *Gerücht* (*berüchtigt*), *ruohbar* zu mhd. *ruoft* ,Leumund', mnd. *ruehte*.

b) /mft/ > /nft/: Als Übergangslaut hatte sich im Germ. zwischen dem Labionasal und dem Dental ein labiodentales /f/ entwickelt, das die Assimilation von /mf/ > /nf/ bewirkte: z. B. ahd. mhd. *kumft* > *kunft* (zu *komen*), ahd. mhd. *zumft* > *zunft* (zu *zëmen* ,ziemen'), ahd. *firnumft* > mhd. *vernunft* (zu *firnëman* ,erfassen, hören'), dann im Mhd. noch Dissimilation zu *vernuft*, ahd. *ramft* > mhd. *ranft* ,Einfassung' (verwandt mit ,Rahmen'), ahd. *fimfto* > *finfto* > mhd. *finfte*, *funfte*.

9. /bt/ > /pt/, /gt/ > /ct/, /dt/ > /tt (t)/: *loben*: *lopte* usw., s. Auslautverhärtung § 68.

B Notkers Anlautgesetz im Mittelhochdeutschen

Bei Notker steht im Wort- oder Silbenanlaut stimmloser Verschlußlaut (statt sth.), und zwar im Satzteil- oder Satzbeginn und nach stimmlosem Laut, dagegen stimmhafter Verschlußlaut nach stimmhaftem Laut, (nach Vokalen und /r, l, m, n/). Es handelt sich dabei nur um /b, d, g/, die zu /p, t, k/ in stl. Nachbarschaft werden, z. B. *Ter bruoder*, aber: *unde des pruoder*, oder: *Tes koldes*, aber: *unde demo golde*; *unde gastkëbûn* (mit /k/ statt /g/ nach /t/).
Ähnliches ist auch in gewissen mhd. Assimilierungsvorgängen zu finden, z. B. /tb/ > /tp/ > /pp/ > /p/: *Liutbolt* > *Liutpolt* > *Liuppolt* > *Liupolt* (*Leopold*), *Dietbolt* > *Dietpolt* > *Diepolt* > *Dippold* u. ä. (aber: *Wilibald*); /tg/ > /tk/ > /kk/ > /k/: *Liutgart* > *Liutkart* > *Liukart* > *Leukart* (nhd. *Leukhard*, *Leuckert*, mit Entrundung: *Leickert*), aber: *Irmengart*. Hierher gehören auch /entg/ > /entk/ > /enk/ und /entb > entp > enp/, s. 3. b, c. Ferner: ahd. *dës diu* > *dësde* > *dësto*. In vielen Namen ist im Anlaut der stl. Laut geblieben: *Palther* statt *Balther*, *Pertram* statt *Berhtram* usw., bes. im Bair.

C Assimilation bis zum Schwund

1. Von drei Konsonanten wird der mittlere oft assimiliert und ausgestoßen: ahd. /skt/ > /st/: *misken*, aber *mista* usw., ebenso mhd., bes. alem.: *wischen*: *wiste*, *wunschen*: *wunste*, *lëschen*: *lëste*, *laste*, *verlast*.
/t/ schwindet im 12. Jh. in: *lustsam* > *lussam*, *ërnestlîch* > *ërneslîch*; im 13. Jh. in: *anges(t)lîch*, *daʒ ist wâr* > *deiswar*, *deswar*, *geis(t)lîch*, *truh(t)-*

sæʒe, mas(t)boum, /k/ in: *mar(c)grave, Vol(c)mar,* mlat. *tincta (aqua)* ‚gefärbte Flüssigkeit' > ahd. *tincta* > frühmhd. *tinkte* > mhd. *tinte;* mlat. *punctus* ‚punktiert' > mhd. *bunt,* mlat. *expunctus* ‚Stichloch' > mhd. *spunt* und *pun(c)t;* /nt/ > /m/ vor /b/: mhd. *hintbere* > *Himbeere.*

2. a) Schwund von /ch/ zwischen Konsonanten in Zusammensetzungen mit *kirche:* mhd. *kirmësse, kirspil, kirwîh.* > *kirwe, kirbe* (alem. auch *kilchwîh* u. ä.), *kirtac;*
   b) in /ht/ in unbetonter Silbe: ahd. *ambahti* > *ambaht* > mhd. *ambet* (dann Assim. /mb/ > /mm/ > *ammet* usw.), ahd. *ni eo wiht* > *niuwiht* > *niuwet, niewet, niwet* oder *nieht·* > *niht* > *nit* usw., s. § 113,2 ahd. *hînaht* ‚heute nacht' > mhd. *hîneht* > *hînht* > *hînt* > nhd. *heint;*
   c) in der Verbindung /rht/, bes. im Westmd., z. B. ahd. *bëraht* > *bërht* > *bërt,* Reime von *vorhte : porte;*
   d) andererseits kann auch /r/ schwinden: *Bërthold* > *Bëhtold, vorhte* > *vohte,* auch in /rlt/: ahd. *wëralt* > mhd. *wërelt* > *wërlt* > *wëlt;*
   e) ebenso /f/ im Mfr., z. B. *dart = darft, dorte = dorfte, sente = senfte;*
   f) /hs/ > /ss/: bes. im Md., z. B. *wahsen > wassen, wuohs > wuos, sëhs > sëss,* Reim von *vahs* ‚Haar': *was* ‚war' (Herbort von Fritzlar);
   g) Schwund vor /st/: schon im Ahd. *mist* = mhd. < *mihst* = got. *maíhstus,* ebenso ahd. *lastar,* mhd. *laster* ‚Schimpf' < *lahstar,* ahd. *skuohsûtâri* > mhd. *schuohsûtære* > *schuostære,* nhd. *Schuster (sûtâri* Nomen agentis zu lat. *sûtor* ‚Flickschuster', erhalten in Namen wie *Sauter, Sutter* usw.);
   h) /h/ schwindet im Silbenanlaut nach /r/ und /l/ im 12. Jh. im Md.: mhd. *bevëlhen > befehlen, förhe > Föhre, mörhe > Möhre* u. a. Im Md. reimen *bevëlhen : stëlen, marhen* ‚den Pferden': *wâren.* Im Alem. auch schon früh: *weliher > weleher > weler, soliher > soler* u. ä., /chv/ > /ff/ in mhd. *hôchvart* > spätmhd. *hoffart.*
   i) /g/ schwindet zwischen /r/ u. /n/ in: *morgene > morne.*

§ 67 Dissimilation

Die Dissimilation (Entähnlichung) ist wie die Assimilation eine Sprecherleichterung: Gleiche oder einander ähnliche Laute werden in ihrer richtigen Reihenfolge leicht verschoben, oder es bereitet Schwierigkeiten, den gleichen Laut kurz hintereinander gut zu artikulieren[81]; daher geht oft einer der beiden Laute in einen anderen über, oder er kann ganz schwinden = totale Dissimilation. Die Diss. tritt häufig bei Liquiden und Nasalen auf, die in

---

[81] Auch bei gleichen Silben und Wörtern ist das der Fall, daher z. B. die Sprechscherze und -übungen: „Der Potsdamer Postkutscher putzt den Potsdamer Postkutschkasten", oder „Fischers Fritze fischt frische Fische, frische Fische fischt Fischers Fritze".

einem mehrsilbigen Wort an verschiedenen Stellen vorkommen; viele Lehnwörter werden davon betroffen. Manche Wörter erfahren sogar eine doppelte Diss.: einmal vom Lat. zum Ahd. und Mhd., dann vom Mhd. zum Nhd.

A Partielle Dissimilation

1. /l/ und /r/: lat. *barbārius* ‚Bartscherer' > mhd. *barbier*, spätmhd. *barbierer*, seit 1421 *balbirer*; mnl. *dorpere* > mhd. *dörpære* ‚Bauer, Ungebildeter' > *dörpel*, seit Luther dann: *Tölpel*; frz. *arquiere* ‚Schießscharte' < lat. *arcus* ‚Bogen' > mhd. *arkere, erkere* > frühnhd. (alem.) *erkel* ‚Erker'; ahd. *kirihha* > mhd. *kirche* und mdal. *kilche*; ahd. *kliuwilîn*, Kugel' > mhd. *kliuwel* > *kniuwel* > nhd. *Knäuel*; ahd. *chlobilouh* > mhd. *klobelouch* > *knobelouch* > *Knoblauch*; mhd. *klüppel* (zu *klopfen*) mischt sich mit md. *knüppel* (statt obd. *knöpfel* zu *knopf* ‚Knorren an Gewächsen') zu nhd. *Knüppel*; lat. *corpor* in *corpus* > mhd. *körper, körpel* ‚Körper'; lat. *marmor* > ahd. *marmul* > mhd. *marmel* (> elsäss. *Warmel*) > frühnhd. *marbel*; lat. *martyrium* > ahd. *martira* > mhd. *marter* u. *martel*, dazu *marterære* > *martelære, marteler*; lat. *mōrum* ‚Brombeere, Maulbeere' (> frz. *mûre*) > ahd. *môr, mûrberi* > mhd. *mûlbere*; lat. *murmurare* > ahd. *murmurōn, murmulôn* > mhd. *murmeln* > frühnhd. *murbeln*; lat. *palliolum* > mhd. *phellôr, phellôl, pheller, phellel* ‚kostbarer Seidenstoff'; lat. *peregrinus* > mlat. *pelegrinus* > mhd. *pilgrim, bilgrim* ‚Pilger'; lat. *mortārium* > mhd. *morter, mortel* > ‚Mörtel' und auch zu mhd. *morsære, morsel*: ‚Mörser', mnd. *möser* mit Totaldissimilation des ersten /r/; lat. *turtur* > ahd. *turtulatûba* u. *turtilatûba* > mhd. *turteltûbe* > *Turteltaube*, daraus durch erneute Diss. bair. *Gürteltaube*.

2. /m/ und /n/ > /m/ u. /l/ oder /l/ u. /n/: got. *himins*, anord. *himinn* = ahd. *himil* > mhd. *himel*; lat. *cuminum* > ahd. *kumîn, kumil* > mhd. *kümel*, daneben *kümen* und mnd. *kömen*; zu ahd. *saman* (Adverb) *samanôn* > mhd. *samel(e)n* > *sammeln*; durch Suffixvertauschung /n/ > /l/ in: lat. *asinus* > ahd. *esil*, mhd. *esel*; *catinus* > *kessel* (schon got. *asilus*, *catilus*).

3. /r/ und /n/ > /r/ u. /l/: lat. *organum* > ahd. *organa* (Pl.), *orgela* > mhd. *organe, orgene*, dazu *orgelen* (aus dem Pl. *orgenen*), dann zum Sg. *orgel*, aber noch /n/ in *Organist*; griech. περϰνός ‚bunt', westgerm. **forhnaz* > ahd. *forahana* > *forhen*, dann obd. *-le*-Suffix: *forenle* > *forelle*, thür. *fórelle* hat noch die alte Betonung, ebenso rhfr. *fúrälle*; lat. *prūnum* > ahd. *pfrûma* > mhd. *pfrûme*, mnd. *prûme* und ahd. *pflûmo* ‚Pflaumenbaum' > mhd. *pflûme* (/m/ ist wohl durch /u/ veranlaßt).

4. Ferner: lat. *biblia* > mhd. *bibel* > *fibele* (kurz nach 1400 *Fibel* = Grund- oder ABC-Buch, weil die Lesebücher biblische Texte enthielten); *Flachfeld* > *Blachfeld*; ital. *tartuffoli* > *tartüffel* (im 17. u. 18. Jh.) > *Kartoffel*.

Auch in vielen Personen- und Ortsnamen ist Diss. vorhanden, z. B. *Christophorus* > *Christoffel*, badisch *Gutenbach* < *Budenbach, Mollenbach* < *Bollenbach, Helmsdorf* < *Hermsdorf* usw.

B Totale Dissimilation:

1. *n*-Schwund: Bes. häufig fällt /n/ vor Konsonant weg in Suffix- oder Endsilben, wenn die vorangehende Silbe schon auf einen Nasal endet: z. B. ahd. *honang* > *honag* > mhd. *honec* > *Honig*; ahd. *kuning* > *kunig* > mhd. *künec* > *König*, ahd. *phenning* > *phennig* > mhd. *phenni(n)g* > *Pfennig*; mhd. *hanekrât* > *Hahnenschrei*; *hanevuoȝ* neben *hanenvuoȝ*; mhd. *swînînbrâte* > *Schweinebraten*, mhd. *sunne(n)schîn*; im Part. Präs. *senende* > *senede*, danach auch *spilende* > *spilede* > *spilde, helende* > *helede* > *helde*; mhd. *verliumunden* > *verliumenden* > *verleumden*, mhd. *liumunt, liument* > *liumut, liumet, liumt, liumundic* > *liumtic*; *vernunst* > *vernust, vernunft* > *vernuft*; ahd. *saman* > mhd. *sament* > *samet* > *samt* > *sant* ‚bei-, zusammen, zugleich'; vor sekundärem /t/: *mînen(t)wegen, dînen(t)wegen* > nhd. *meinet-, deinetwegen* (Formen mit *n* noch im 18. Jh.). *ing* > *ig* in Namen: *Werningerode* > *Wernigerode* (wegen des vorangehenden Nasals geschwunden, aber *Elbingerode*), in Ortsnamen auf *-ingheim* wird entweder *heim* > *en*: *Gemmingen, Illingen, Sickingen,* oder *n* dissimiliert > *igheim*: *Bidigheim* < *Budincheim; Henning* > *Hennig*, ebenso *Brünig, Lünig, Hartig* < *-ing* usw.

In Flexionssilben: mhd. *ze dem grüenen bërge* > *Grüneberg, schœnen beck* > *Schönebeck* (aber *Schwarzenburg, Langenbeck*), *Hennenberg* > *Henneberg* usw. *-ingen* kann auch ohne vorangehenden Nasal zu *-ig* werden: mhd. *vertagedingen* > *verteidingen* > *verteidigen*.

2. *r*-Schwund: /r/ schwindet in mhd. *körder* (< ahd. *quërdar*) > *köder*; mhd. *allerêrst* > *alrêst*; ahd. *mardar* > mhd. *marder* u. *mader*; frz. *parlier* ‚Sprecher' > spätmhd. *parlier* > *Polier* (*o* in Analogie zu *polieren*), mhd. *vordern* > *vodern* (so bes. im Ostmd. seit dem 14. Jh.); mhd. *wîȝer dan ein slôȝ* – nd. *slôtewit* (zu *slôȝ(e)* ‚Hagelkorn') > *schlossweiß* > *schlohweiß; Bürgermeister* > *Bürgemeister; Erhart* > *Ehret; Gerdrut* > *Gedrut* usw. /ch/ schwindet in mhd. *rîchlîchen* > *rîlîch*, mhd. *wîch* > *wî(h)-*: *ze den wîhen nachten* > *wînahten* > *Weihnachten*, mhd. *wîchrouch* > *Weihrauch*; /t/ in *diutesch* > *tiutsch* > *tiusch*.

§ 68 Auslautverhärtung

Im Mhd. werden die phonetischen Unterschiede je nach der Stellung der Konsonanten im Inlaut oder Auslaut genauer wiedergegeben als im Nhd. So werden die stimmhaften Laute a) im Auslaut und b) vor stimmlosen Lauten stimmlos gesprochen, also /b, d, g, v/ wie /p, t, c (= k), f/, und zwar im Mhd. wie im Nhd., und im Mhd. werden diese stl. Laute auch geschrieben,[82] z. B.

a) mhd. *slac – slages* = nhd. *Schlag – Schlages*; mhd. *tac – tages* = nhd. *Tag – Tages*; mhd. *lop – lobes* = nhd. *Lob – Lobes*, ebenso mhd. *wîp – wîbes*; *friunt – friundes*; *nît – nîdes*; bei Verben: *snîden*, aber Imp. *snît*, Prät. *sneit* ,schnitt‘[83], *swîgen* – Prät. *sweic*; *biegen – bouc*; *schrîben – schreip*; *wërben – warp*; *wërven – warf*; *hoves – hof*. Auch /h/ wird zum Reibelaut, sobald es in den Auslaut tritt: *sëhen – sach*; *ziehen – zôch*[84], als Auslautverhärtung kann jedoch nur gelten, wenn im Md. (Rhfr., Ostmd. und Ostfr.) /ch/ und /h/ im Auslaut in /g/ oder /k/ übergingen (ebenso /v/ und /w/ in /b/ und /p/, vgl. Michels, S. 142), z. B. ostmd. *er sak* (= *er sah*).

b) Verhärtung vor stimmlosem Laut = assimilatorische Auslautverhärtung; *loben : lopte, houbet : houpt, neigen : neicte, reden : redete > rette > rete, kleiden : kleid(e)te > kleitte > kleite* usw.

Ausnahmen: bei vokalischem Anlaut eines enklitischen Wortes: *gáb er, néig er, bánd er* (bei Zusammen- und Getrenntschreibung); hier steht das folgende Wort unter dem Akzent des vorangehenden, und der sth. Konsonant steht also intervokalisch oder als Silbenanlaut, daher wird er nicht stimmlos.

§ 69   Unorganisches /t/

Im Spätmhd. tritt öfter ein etymologisch nicht berechtigtes /t/ (= epithetisches /t/) an den Wort- oder Silbenauslaut an, und zwar nach /n, r, s, f, ch/; dadurch wird der Luftstrom abgeschlossen, in einigen Fällen mag /t/ auch in Analogie zu anderen Formen hinzugekommen sein.

a) nach /n/: z. B. mhd. *ieman > iemant, nie man > niemant* ,jemand, niemand‘, *iergen(t), niergen(t), allen(t)halben, beiden(t)halben, mînen(t)-halben, dînen(t)halben* (danach wohl auch *eure(n)t-, unser(n)t-, derentwegen* usw.), *wîlen(t)*, lat. *decanus > ahd. tëchan > mhd. tëchan(t), dëchent*, mlat. *cinnamonum > ahd. sinamîn* u. *cinment > mhd. zinment > zimmat > Zimt* (mit *t*-Anfügung, /nm/ > /mm/), *sin(t)vluot* (*sin* ,immerwährend‘, /t/ seit Notker, dann an *Sünde* angelehnt).

---

[82] Die Hss. schwanken in der Wiedergabe der Auslautverhärtung; in allen genormten Textausgaben ist sie aber durchgeführt. Schon im späteren Mhd. nach 1250 gilt wieder die etymologische Schreibung.

[83] Diese Form im Sg. des Prät. ist bes. zu beachten, hier liegt kein gramm. W. wie im Pl. *sniten* oder im Part. *gesniten* vor, sondern /t/ in *sneit* usw. steht für /d/ als Auslautverhärtung.

[84] Diese Erscheinung kann jedoch nicht als mhd. Auslautverhärtung bezeichnet werden, schon im Ahd. besteht dieser Unterschied: *sah = sach*, und zwar ist hier /h/ im Anlaut und Silbenanlaut zum Hauchlaut geworden, nach Vokal jedoch Reibelaut geblieben.

Seit dem 15. Jh. tritt /t/ vor -*lich* vielfach auf: *öffen(t)lich, eigen(t)lich, ordentlich, namentlich, wöchentlich, freventlich* u. a. und bei Verbaladjektiven: *hoffentlich, wesentlich, wissentlich, flehentlich* (mhd. außer *wiȝȝentlich* ohne *t*), vielleicht ist *t*-Antritt durch das Part-Präs. auf -*nt* begünstigt worden.

mhd. *enbëren* ‚nicht haben‘ u. ä.: hier ist *en* die Negationspartikel, aber in Analogie zu *ent* < ahd. *ant* ist hier u. öfter /t/ angefügt worden; auch *engegen* > *entgegen, enzwei* > *entzwei* usw. mit *en*- < *in*-.

b) nach /s/: ahd. *ackus* > mhd. *ackes* > *Axt* (seit Luther), mhd. *obeȝ* > *Obst, bâbes* > *Papst, palas* > *Palast, sëlbes* (= Gen.) > *selbst, enëben* ‚in gleicher Linie‘ > *neben(t)*, dazu der Gen. *nëbens* > *nebenst* (dann Ausfall von *en* wie in *siebzehn* < *sibenzehen*) > *nebst*, ahd. *sus* > mhd. *sus(t)*, dann im Spätmhd. mit *n*-Einschub > nhd. *sonst*, mhd. *ie-zuo* > *ieze* > frühnhd. *jetz*, dann > *jetzt, eines* > *einst*, bei Notker neben *anderes* auch *anderst*.

c) nach /f/: ahd. mhd. *huf*, Pl. *hüffe*, seit dem 15. Jh. mit /t/; *Hüfte* vom Pl. her, seit Luther; ahd. mhd. *saf* seit dem 14. Jh. *saft*, ahd. mhd. *warf* > *Werft* ‚Kette eines Gewebes‘ und nl. *werf* > *Werft* ‚Schiffsbauplatz‘, ahd. *skaf* > *schaft* seit dem 9. Jh.

d) nach /ch/: mhd. *habech* > *Habicht*, ahd. -*ahi* > mhd. -*ech* > -*echt*, -*icht*: *dornach* > *Dornicht, rôrach* > *Röhricht* (noch frühnhd. *rörich*), spätmhd. *kerach* > frühnhd. *kerecht*, seit Luther *Kericht*, mhd. *spüelach* > *Spülicht* u. a., mhd. *bredige, predige* (< mlat. *praedica*) > *Predigt* (seit Luther).

e) nach /r/: *iender* ‚irgendwo‘ > *iendert, niender* > *niendert, ander(t)halp, inner(t)halp.*

f) /d/ ist eingeschoben in mhd. *spinnel* > *Spindel, quënel* > *Quendel, minner* > *minder*.

§ 70 Kontraktionen

1. /-egi-, -igi-/ > /-ei-/: Zwischen hellen Vokalen, bes. nach /e/ und /i/ und vor /i/ wird /g/ palatalisiert (der Verschluß im hinteren Gaumen wird nach vorn verlegt, dabei geht /g/ in den Reibelaut über – der Zungenrücken berührt den Gaumen nicht mehr, es entsteht /j/, das dann mit /i/ zusammenfällt und schwindet), z. B. ahd. -*agi-* > -*egi* > -*eji-* > -*ei*-: ahd. *magad*, Gen. *magadi* > *magedi* > *megidi* > *meid; gagani* > *gegini* > *gegin* > *gein* ‚gegen‘; zu *sagen*: *segist, segit* > *seist, seit* < *sagis, sagit* statt normalahd. *sagês, sagêt*; ahd. *egidëhsa* > *egedëhse, eidëhse; gitregidi* > *getregede, getreide; gijagida* > *gejegede* > *gejeide* ‚Jagd‘; *tagedinc* > *teiding* ‚Gerichtstag, Verhandlung‘; *Magin-, Ragin-* > *Megin-,*

Regin- > *Mein-, Reinhart*; zu *ligen*: *ligist, ligit* > *lîst, lît*; zu *pflëgen*: *pfligist, pfligit* > *pflîst, pflît*; *bigihti* > *bijîhte* > *bîhte*.
Aber immer gibt es daneben auch unkontrahierte Formen, neben *meide*: *mägede*, neben *gein*: *gegen(e)*, neben *seist*: *sagest*.

2. /-age-/ > /-ei-, -ai-/: Charakteristikum des Bair.; vor /t/ u. /st/: hier kann /e/ > /i/ vor dem Dental gehoben sein, oder es ist Sekundärumlaut eingetreten, doch immer gibt es auch hier unkontrahierte Formen.
Im Bair. wird auch nicht umgelautetes *-agi-* oder *-age-* < *-agê-, -ago-* kontrahiert; es stehen nebeneinander: *seist, seit* < ahd. *segis, segit* und *saist, sait* < ahd. *sagês, sagêt*, doch oft auch *seist, seit* geschrieben, *kleist, kleit* < *klagest, klaget*, aber die Aussprache weicht ab:
/-igi-/ > /-î-/ fällt mit altem /î/ > /ei/ zusammen,
/-age-/ > /-ai-, -ei-/ mit altem /ei/ > /ai/; neubair. /oa/: *soast, soat*,
/-egi-/ > /-ei-/, hier schwankt die Reimbindung, neubair. *sēst* < *seist*.

3. Da /g/ im Md. auch sonst vielfach als Reibelaut gesprochen wurde, fiel es hier auch zwischen dunkleren Vokalen z. T. weg: *nagel* > *nail* oder *nâl*, Pl. *negele* > *neile* ,Nagel, Nägel', *zagel* ,Schwanz' > *zeil* oder *zâl*, Pl. *zegele* > *zeile*, *legen* > *lein*, *sëgen* ,Segen' > *sein* oder *sên*, *sëgenen* > *seinen* oder *sênen*, im Moselfr. /-age-/ > /-ā-/, /-ëge-/ > /-ē-/: *sênete* < *sëgenete*, *rênes* < *rëgenes*.

4. Kontraktionen von /-ibi-, -idi-/ > /-î-/ sind wohl durch satzunbetonte Formen zu erklären: *gibit* > *gît*, *quidit* > *quît* (zu *quëden* ,sagen').
/-ade-/ > /-ā-/ im Alem.: *schaden* > *schât, schâte, geschât*, ebenso bei *laden, baden* > *bât*.

5. Zu *haben* > *hân*, *lâʒen* > *lân* s. § 145,1,2.

6. Zu Kontraktionen über /h/ s. § 145,3, z. B. *versmâhen* > *versmân, sëhen* > *sên*.

Formenlehre

Deklination

Allgemeines

§ 71 Deklinationsarten und Stammbildung

Es werden eine substantivische und eine pronominale Deklination unterschieden. Die substantivische ist entweder vokalisch (stark von J. Grimm genannt) oder konsonantisch (schwach[85]), im Nhd. auch gemischt. Die Deklination der Pronomen ist rein pronominal (s. § 105 ff.), die der Adjektive sowohl substantivisch als auch pronominal (s. § 90 ff., bes. 92): in die starke Flexion der Adjektive sind pronominale Formen eingedrungen; außerdem kann jedes Adjektiv im Germ. schwach flektiert werden. Die Zahlwörter werden wie Adjektive oder Substantive flektiert (s. § 100 ff.). Die beiden Arten der substantivischen Deklination haben ihren Namen – vokalische und konsonantische – nach dem stamm- (vielfach zugleich wort-)bildenden Element, das im Idg. bzw. im Germ. an die Wurzel tritt. Besteht dieses Stammsuffix aus einem Vokal (= Themavokal), so gehört das betreffende Wort (es kann ein Subst. oder Adj. sein, da diese ursprünglich nicht in der Wortbildung, sondern nur in der Funktion getrennt waren) zur vokalischen (= starken) Deklination, und der Vokal gibt zugleich den Stamm und damit die Deklinationsklasse an (daher: Themavokal); endet das Stammsuffix jedoch auf einen Konsonanten (mit oder ohne vorangehenden Vokal), so gehört das Wort – es hat auch etliche konson. Adjektivstämme gegeben – zu den konsonantischen Stämmen und damit zur konsonantischen Deklination.

In der starken Dekl. werden im Germ. die a-, ō-, i- und u-Stämme unterschieden. Treten noch Halbvokale hinzu, so ergeben sich zu den a-Stämmen ja- u. wa-St., zu den ō-Stämmen jō- u. wō-St. Zum Vergleich mit nichtgerma-

---

[85] Von J. Grimm wurde nur die n-Dekl. wegen ihrer besonderen Bedeutung im Dt. (s. S. 133) als ‚schwache‘ Dekl. bezeichnet.

nischen Sprachen, etwa dem Slaw., Lat., Griech., muß wegen der einzelsprachlichen lautlichen Veränderungen ins Idg. zurückgegangen werden, und hier entsprechen den germ. *a*- usw. Stämmen die *o*-, *i̯o*-, *u̯o*-St., den germ. *ō*- usw. Stämmen die *ā*-, *i̯ā*-, *u̯ā*-St. (*i*- u. *u*-St. sind geblieben). In den Grammatiken ist daher zu beachten, ob die Stämme nach dem idg. oder germ. Stand bezeichnet werden – in dieser Grammatik nach dem germ.

Die *a*-Stämme enthalten ursprünglich nur Maskulina und Neutra, die *ō*-Stämme nur Feminina, die *i*- und *u*-Stämme alle drei Geschlechter. An das Stammsuffix tritt noch ein flexivisches Element, das Kasussuffix, das manchmal jedoch auch wegbleiben kann; so wird z. B. bei einigen kons. Stämmen der Nom. Sg. durch die Dehnstufe des Stammsuffixes gebildet. Im übrigen sind diese Kasussuffixe in allen Deklinationsklassen ziemlich einheitlich: Mask. u. Fem. idg.: Sg. N. -; -*s*, G. -*s*, -*es*, -*os*; -*so*, -*sio*, D. -*ei*, A. -*m*, Pl. N. -*es*, G. -*ōm*, D. -*mis*, A. -*ns*, Neutr.: N. Sg. -*m*, N. A. Pl. - (*ā*). Differenzierungen ergeben sich im Idg. vor allem durch den Ablaut in den Stamm- und in den Kasussuffixen und durch den Lautwandel, dann durch den germ. Anfangsakzent, der eine Abschwächung der Endsilbe zur Folge hat, die reduziert wird oder ganz abfallen kann (= germ. Auslautgesetze). Dieser Vorgang wird Jahrhunderte später, beim Übergang vom Ahd. zum Mhd., fortgesetzt (es ist sogar zu fragen, ob er jemals zum Stillstand gekommen ist). Kasussuffix des Gen. Sg. war z. B. -*es/-os*, -*s* oder -*so*, erhalten ist es noch in *Tages* (*a*-St.), aber geschwunden in (*der*) *Gabe*, im Got. noch *gibōs* (*ō*-St.), (*des*) *Erben* (*n*-St.), got. noch *arbjins*, ahd. mhd. *erben* (in *Herzens* u. v. a. ist das *s* erst seit dem 15. Jh. angetreten, ahd. mhd. (*des*) *hërzen*, aber got. *hairtins* mit dem ursprünglichen *s*). Es gibt jedoch auch Wörter, bei denen das Kasussuffix ohne Stammsuffix unmittelbar an die Wurzel tritt, sie heißen Wurzelnomina (ebenso gibt es auch einige Verben, die Wurzelverben, bei denen auf die Wurzel ohne Bindevokal die Personalendung folgt, wie überhaupt die Bildung der verbalen Flexionsformen z. T. große Ähnlichkeit mit der der Nomina hat).

Es sind also zu trennen: Wurzel (-morphem) + Stammsuffix oder -formans + Kasussuffix, Wurzel und Stammsuffix bilden den Wortstamm, Stammsuffix + Kasussuffix, die im Germ. vielfach miteinander verschmelzen (z. T. zu den jüngeren Sprachstufen hin sogar ganz abfallen), die Flexionsendung; z. B. nhd. *Tag*, mhd. *tac*, ahd. *tag*, got. *dags*, anord. *dagr*, urnord. *dagaR* gehen zurück auf idg. **dhogᵘh-o-s*: **dhogᵘh*- ist die Wurzel, sie enthält den Bedeutungskern, *o* ist Stammformans oder Themavokal (also idg. *o*-Stamm, germ. aber, da *o* > *a* wird (§ 6), *a*-Stamm), *s* ist Kasussuffix, und zwar für den Nom. Sg., daraus wird lautgesetzlich im Germ. **dagaz*, dann *z* > *r* außer im Ostgerm. (§ 58) und schließlich Abfall der Endung, so daß für den Nom. nur noch *Tag* übrigbleibt; zum Gen. Sg. s. o.

Im Griech. ist der Nom. Sg. der idg. *o*-Stämme noch in ursprünglicher Form erhalten: ὁ λόγος ‚Wort, Rede' (zum Stamm λογο-) oder φίλος ‚Freund' usw.;

im klass. Latein erscheint -us < alat. -os, z. B. *hortus* ‚Garten' < *hortos* <
*ghort-o-s = griech. χόρτος ‚Weide', das im Got. als *gards* ‚Hauswesen',
anord, *gardr* ‚Zaun' und ahd. *gart* ‚Kreis, Chor' belegt ist und wie im Griech.
und Lat. starkes Mask. der idg. *o-* (= germ. *a-*) Dekl. ist. Eine solche Her-
leitung und Parallelisierung mit anderen Sprachen ist in allen Deklinationen
möglich, z. B. lat. *hostis* = germ. **gastiz* > ahd. *gast* (*i*-St.), got. *sunus* =
ahd. *sunu* (*u*-St.).

(Eine Variante der normalen Bildungsweise Wurzel + Stammsuffix + Ka- ·
sussuffix besteht darin, daß zwischen Wurzel und Stammsuffix ein Suffix zur
Bedeutungsspezialisierung eingeschoben werden kann, z. B. bei **u̯eĝh-o-s*
‚Weg' (zur Wurzel **u̯eĝh-* / *u̯oĝh-* ‚bewegen' (lat. *vehere*) ein *n*: **u̯oĝh-n-o-s*
(also ablautende Wurzel + Suffix *n* + Stammsuffix *o* + Kasussuffix *s*) >
germ. **wagn(az)* > **wagn̥* > ahd. *wagan* > mhd. *wagen*; *n* führt also zur
Bedeutung ‚Bewegung mit einem Gerät').

Bei der schwachen Deklination lassen sich ebenso wie bei der starken
einzelne Stämme unterscheiden, je nach dem Konsonanten des Stammsuf-
fixes. Zum Teil hat dieser Konsonant noch einen (manchmal ablautenden)
Vokal bei sich, z. B. idg. **kan-ōn/-ēn* (zur Wurzel **kan-* ‚singen', vgl. lat.
canere) ‚Sänger = Hahn' > germ. **hanôn* > ahd. *hano* > mhd. *hane* (*n*-
Stamm, ohne Flexionsendung im Nom. Sg., s. o.). Es gibt -*es*/-*os*-St., *r*-St.,
-*nt*/-*nd*-St. (Partizipialst.), vor allem aber *n*-St., *an*-, *jan*-, *ōn*-, *jōn*-, *īn*-St.
Diese *n*-Deklination hat im Germ. besondere Bedeutung erlangt: Die mei-
sten schwachen Substantive werden wie die *n*-Stämme flektiert; schon im
Germ. dient diese Flexion dazu, Adjektive zu substantivieren, und schließ-
lich kann schon im Germ. jedes Adjektiv wie ein Substantiv der *n*-Dekl. flek-
tiert werden. Im Nhd. geht der Pl. der gemischten Dekl. auf die *n*-Dekl.
zurück.

Die Kasussuffixe stimmten ursprünglich durchaus mit denen der starken
Deklination überein, nur gab es Kasus, in denen an die Stammsuffixe kein
weiteres mehr trat (s. o.). Die ahd. mhd. Endung auf -*n* ist in jedem Falle
erst durch den Verfall der ursprünglichen längeren Endung im Germ. ent-
standen.

§ 72 Formenbestimmung

Bei der Formenbestimmung werden unterschieden:

1. das Genus (Geschlecht): Maskulinum, Femininum, Neutrum
2. der Numerus (Zahl): Singular, Plural (in Resten ein Dual)
3. der Kasus (Fall): Nominativ, Genitiv, Dativ, Akkusativ und Instrumental

Zum Numerus: Sowohl beim Nomen als auch beim Verbum gab es (noch im Got.) drei Numeri: den Singular für das Einzelne, den Plural für das Mehrfache und den Dual für die Zweiheit. Daß der Plural durch den Singular ersetzt werden konnte, zeigen noch Wendungen wie „vier Mann", „fünf Glas"; es genügte also, ein Zahlwort oder eine unbestimmte Zahl vor den Singular zu stellen. Der Dual ist in den meisten idg. Sprachen untergegangen, erhalten ist er im Ai., im Griech., im Lit., im Abulg., im Lat. in Resten, im Germ. noch im Got., hier auch beim Verbum, sonst im Deutschen nur noch im Bair. in einigen Pronominalformen (z. T. sogar bis heute, jedoch nur als Form (vgl. § 105)).

Zum Kasus: 8 Kasus gab es im Idg.:

1. Nominativ, als Subjektkasus.

2. Akkusativ, Kasus des näheren Objekts und auch der Richtung = Direktivus.

3. Genitiv: Kasus des Bereichs; das Besondere ist, daß er auch von Substantiven und Pronomen abhängen kann.

4. Dativ: Kasus des entfernteren Objekts und des Zwecks. Da der Dativ ebenso wie der Nom. und Akk. ursprünglich präpositionslos war, konnte er leicht die Funktionen des Ablativs, Lokativs, Direktivs und Instrumentals übernehmen.

5. Ablativ: Kasus der Urheberschaft, des Ausgangspunktes und des Ortes.

6. Lokativ: nach Präpositionen (ursprüngl. ohne Präpos.) auf die Fragen „woher, wo" und bei der Zeit „wann".

7. Instrumental: Kasus der Begleitung, dann des Mittels und Werkzeugs, er ist im Ahd. und auch im Mhd. noch vereinzelt vorhanden (*wiu*, bair. *weu*).

8. Vokativ: Kasus der Anrede, er fiel mit dem Nom. zusammen.

§ 73 Entwicklung im Althochdeutschen und Mittelhochdeutschen

In fast allen Sprachen ist ein Zusammenfall einzelner Kasus eingetreten (= Synkretismus ‚Verschmelzung'). Im Deutschen sind der Abl., Lok., Instr. im Dat. aufgegangen, der Abl. z. T. auch im Gen., der Vok. stimmt mit dem Nom. überein, aber die Trennung der Kasus wird weiter beseitigt; der Akk. ist gleich dem Nom., im Dat. Sg. fällt das im Mhd. fast immer noch vorhandene *e* weg, und der Gen. wird im Nhd. oft ersetzt. Im Pl. stimmen der Nom., Gen. und Akk. vielfach überein; in der schwachen Dekl. ist nur noch der Nom. von den übrigen Kasus unterschieden. Aber die Funktion der abgefallenen Kasusendungen muß von anderen grammatischen Mitteln übernommen werden, um die syntaktischen Beziehungen klar erkennen zu lassen, z. B. dienen feste Wortstellung oder Präpositionen dazu (vgl. das Frz. und Engl.). Im Mhd. sind nun auf Grund der Endsilbenschwächung viele Kasusendungen und auch etliche Deklinationsklassen zusammengefallen. Schon im Ahd. ist dieser Prozeß festzustellen. Die *u*-Stämme gehen in die *i*-Deklination, die *es-/os*-Stämme in die *a*-Deklination über usw. Durch die Abschwächung der Endungen gehen weitere Unterschiede zwischen den Klassen verloren, z. B. im Dat. Pl.: *i*-Dekl. *-im*, *a*-Dekl. *-um* > mhd. *-en* usw. Auch zwischen den nicht umlautfähigen *i*-Stämmen und den ·*a*-Stämmen gibt es keinen Unterschied mehr in der Flexion, z. B. *schrit, schrites* wie *tac, tages*. Auf die *i*-Dekl. weist nur noch der Umlaut hin, der nun auch auf die *a*-Stämme übergreift. Beim Plural auf *-er* ist von alten *es-/os*-Stämmen kaum mehr zu sprechen, da diese Bildungsweise auch andere Neutra und im Spätmhd. auch Maskulina erfaßt.

Eine Substantiveinteilung nach den Stammklassen, wie sie noch in den mhd. Grammatiken zu finden ist, wird im Mhd. daher allein durch eine historische Betrachtungsweise gerechtfertigt, für das Erlernen des Mhd. ist eine solche Spaltung aber nur erschwerend. Hier folgen zunächst, um die Entwicklung erkennen zu lassen, einige ahd. Paradigmen und die aus ihnen hervorgegangenen mhd., dann eine zusammenfassende Übersicht, danach eine noch weitergehende Zusammenfassung nach Stopp/Moser (desgl. im § 81).

Ahd.

	Maskulina					Neutra	
	a-St.	*ja*-St.	*wa*-St.	*i*-St.	*u*-St.	*a*-St.	alter *es-/os*-St.
Sg. N. A.	*tag*	*hirti*	*sêo*	*gast*	*sigu*	*wort*	*lamb*
G.	*tages*	*hirtes*	*sêwes*	*gastes*	*siges*	*wortes*	*lambes*
D.	*tage*	*hirtie*	*sêwe*	*gaste*	*sige*	*worte*	*lambe*
Instr.	*tagu*	*hirtiu*	*sêwe*	*gastiu*	*sigiu*	*wortu*	*lambu*
Pl. N. A.	*taga*	*hirte*	*sêwa*	*gesti*	*sigi*	*wort*	*lembir*
G.	*tago*	*hirte*	*sêwo*	*gesteo*	*sigeo*	*worto*	*lembiro*
D.	*tagum*	*hirtum*	*sêwum*	*gestim*	*sigim*	*wortum*	*lembirum*

Substantive

§74

Starke Deklination* (historische Paradigmen)

Maskulina

	a-St.			ja-St.		wa-St.	i-St.	ter-St.	Wurzelnomina
Sg. N. A.	tac	kil	vogel	hirte	jeger(e)	sê	gast	vater	man
G.	tages	kils	vogel(e)s	hirtes	jeger(e)s	sêwes	gastes	vater(es)	man(nes)
D.	tage	kil	vogel(e)	hirte	jeger(e)	sêwe	gaste	vater(e)	man(ne)
Pl. N. A.	tage	kil	vogel(e)	hirte	jeger(e)	sêwe	geste	veter(e)	man(ne)
G.	tage	kil	vogel(e)	hirte	jeger(e)	sêwe	geste	veter(e)	man(ne)
D.	tagen	kiln	vogel(e)n	hirten	jeger(e)n	sêwen	gesten	veter(e)n	mannen

Neutra

	a-St.	ja-St.	wa-St.	alter es-/os-St.	
Sg. N. A.	wort	künne	knie	lamp	
G.	wortes	künnes	knie(we)s	lambes	
D.	worte	künne	knie(we)	lambe	
Pl. N. A.	wort	künne	knie	lember	
G.	worte	künne	knie(we)	lember(e)	
D.	worten	künnen	knie(we)n	lember(e)n	

Die mhd. starke Deklination

Endungen	(bei Apo- u. Synkopierung) spër; vogel	tac, hirt-e, gast	sê	vater man 1.	2.	wort, künn-e	knie	lamp
Sg. N. A. −, e	spër; vogel	tac, hirt-e, gast	sê	man		wort, künne	knie	lamp
G. es (wes)	-s	(tag-) -es	-wes	−, -nes,	-es	-es	-wes	b-es
D. e (we)	—	-e	-we	−, -ne,	-e	-e	-we	b-e
Pl. N. A. e (we); Mask. / Neutr. −, er	—	-e geste	-we	−, -ne,	veter(e)	-e	−	lemb-er
G. e (we) / er(e)	—	-e	-we	−, -ne,	veter(e)	-e	-we	-er(e)
D. en (wen) / er(e)n	-n	-en	-wen	-wen mannen,	veter(e)n	-en	-wen	-er(e)n

* Feminina s. §78ff.

I. Bemerkungen zur starken Deklination

a) Zur Apokopierung und Synkopierung: Maskulina und Neutra
führen sie in gleicher Weise durch. Bei einsilbigen Wörtern auf *-l* und *-r*
mit vorangehendem kurzen Vokal und mehrsilbigen auf *-el*, *-er*, *-em*, *-en*
mit langer Wurzelsilbe wird *e* apo- und synkopiert, z. B. *spërs*, *kil* = Dat.
Sg. usw., *hungers* usw. Mehrsilbige mit kurzer Wurzelsilbe auf *-el* usw.
schließen sich der Apo- und Synkopierung langsamer an, bei ihnen sind
auch noch die vollen Formen möglich, z. B. *vogel(e)s*, *nagel(e)*. Unbetonte
Mittelsilben verlieren das *e* ebenfalls häufig durch Synkope: *dienest*, aber
dienste Dat. Sg. Das Dativ-*e* wird im Mhd. auch sonst vielfach apoko-
piert, zuerst besonders im Bair.

b) Die Übersicht zeigt, daß für den Singular eine Trennung nach Stämmen
nur bedingt notwendig ist: Die Deklination der *a*-Stämme *tac* und ihrer
Variante dazu *hirt-e* (*ja*-St.) bestimmt die Kasusendungen auch der an-
deren Stämme. Die Wurzelnomina und die Verwandtschaftsnamen auf
-ter, die bis auf den Dat. Pl. auch unflektiert vorkommen, schließen sich
den Normaltypen an. Nur bei den wenigen *wa*-Stämmen schiebt sich in
den obliquen Kasus das alte *w* ein, jedoch nicht im N., A, Pl. des Neu-
trums: *sêwe* (Mask.), aber *knie* (Neutr.) (Belege s. u.).

Wo der Nom. Sg. umgelauteten Wurzelvokal hat – wegen eines *i* in der
Endsilbe im Ahd., das auch bei *a*-Stämmen möglich ist –, ist der ganze
Sg. ebenfalls umgelautet, z. B. mhd. *esel* < ahd. *asil*, *engel* < *angil*, *zügel*
< *zugil* – alles *a*-St. –, *jeger(e)* < *jagâri*, *künne* < *kunni*, *antlütze* < *ant-
lutzi* usw. – *ja*-St.

c) Im Plural sind zuerst Maskulina und Neutra zu trennen, beide haben
wieder zwei Deklinationsweisen (abgesehen von dem bereits im Sg. vor-
handenen Umlaut und Auftreten von *w*): Beim Maskulinum kann im
Pl. – ausgehend von den alten *i*-Stämmen – Umlaut vorkommen oder
fehlen; beim Neutrum sind der Nom. u. Akk. entweder ohne besondere
Endung, oder der ganze Pl. wird – ausgehend von ursprünglich nur we-
nigen *es-/os*-Stämmen, die sich der *a*-Dekl. angeschlossen haben – auf *-er*
+ Umlaut gebildet: Mask. *tage* : *geste*; Neutr. *wort*, *künne* : *lember*. Beide
Bildungsweisen – Umlaut beim Mask. und *-er* + Umlaut beim Neutr. –
gehen im Mhd. auf Wörter über, die nicht zu ihrer Stammklasse gehören;
nur bleibt die *-er*-Bildung im Mhd. noch auf Neutra beschränkt, im Nhd.
ist sie auch auf Mask. ausgedehnt: *Geister*, *Götter* usw., mhd. *geiste*, *gote*;
andererseits tritt das Plural-*e* von *tage* im Mhd. auch an Neutra: *wort*:
Pl. *worte* und *wörter*, s. u. § 76.

II. Synchrone Klassifizierung

Bei einer rein synchronen Beschreibung der mhd. Substantivflexion wird von einer Trennung des mhd. Wortstammes von der Flexionsendung ausgegangen, wobei die morphologische Grenze nicht mehr der der historischen Stammklassen entspricht, sondern dem neuen mhd. Flexionsstand Rechnung trägt. Waren in der Übersicht oben noch *tac* : *hirte* : *sê* : *sper* getrennt worden (z. B. *-e* in *hirte* als Rest des alten *ja*-Stammes), so gelten jetzt als Wortstamm – wobei jeweils vom Gen. Sg. ausgegangen wird – *tag-*, *sêw-*, *hirte-*, *sper-*. Damit ergibt sich für den Nom. Sg. als Flexionsendung die Nullstufe -0, für den Gen. *-(e)s*; die Endung wird als Flexiv bezeichnet. So ergeben sich für die 1. und auch für die 2. Klasse der starken Maskulina und Neutra im Sg. folgende Flexive: Sg. N. A. 0-, G. *-(e)s*, D. *-(e)*; Flexivvarianten, z. B. die syllabische mit *-e* (*tag-es*, *sêw-es*), die asyllabische ohne *-e* (*hirte-s*, *sper-s*) oder die Möglichkeit beider Varianten (*jeger(e)-s*) bilden flexionelle Unterklassen. Die von Jacob Grimm getroffene Einteilung in starke und schwache Substantive wird wegen des generellen Unterschieds im Gen. Sg. von *-es/-s* und *-en/-n* beibehalten.

Die Verteilung von *-es* : *-s* bzw. *-en* : *-n* ergibt sich aus den Apokopierungs- und Synkopierungsregeln (s. § 1,3 und § 74a). Für den Stammauslaut gelten die mhd. Regeln der Auslautverhärtung (s. § 68), dazu kommt, daß inl. *-w-* im Auslaut -0 ist: *sêw-es* : *sê*.

Die mhd. Flexionsklassen werden also bestimmt durch die jeweilige feste Gruppierung der Flexive. Ohne Berücksichtigung der Unterklassen gibt es für die starken Substantive 3 Flexionsklassen (oder Deklinationen) und für die schwachen Substantive eine: In der 1. und 2. Klasse stimmen im Singular Maskulinum und Neutrum überein, im Plural Maskulinum und Femininum; die 3. Klasse enthält nur Feminina. Für die schwachen Substantive gibt es nur eine Klasse für alle drei Geschlechter.

Starke Deklination

I. Klasse	Neutra	Maskulina	Feminina
	wort-, kniew-; *spil-*, *künne-*; *wazzer-*	*tag-, sêw-*; *sper-*, *hirte-*; *jeger(e)-*	*zît-* *krône*
Sg. N. A.		-0	-0
G.		-(e)s	-(e), -0
D.		-(e)	-(e), -0
Pl. N. A.	-0	ohne Umlaut -(e)	
G.	-(e)	im Plural -(e)	
D.	-(e)n	-(e)n	

II. Klasse	Neutra	Maskulina	Feminina
	lamb-, blat-; swîn-	*gast-; apfel-*	*kraft, naht*
Sg. N. A.			-∅
G.		= I. Klasse	-∅, -(e)*
D.			-∅, -(e)*
Pl. N. A.	-er(*) -∅	mit Umlaut	-(e)*
G.	-er(*) -(e)	im Plural	-(e)*
D.	-er(*) -(e)n	=	-(e)n*

III. Klasse	Nur Feminina:	*wirtîn, gâbe, gabel(e); zal-; ê -êwe*
Sg. N. G. D. A.		-∅
Pl. N. A.		-∅
G. D.		-(e)n

Die mittelhochdeutsche starke Deklination

§ 75 Maskulina

Die Mehrzahl der mhd. Maskulina wird wie *tac* und *hirte* flektiert, aber
auch der durch die *i*-Stämme entstandene Umlaut im Plural breitet sich auf
andere Wörter aus. Eigennamen haben im Akk. die pronominale Endung:
Sîfriden, Hartmuoten usw.
Der Wortschatz der starken Maskulina setzt sich aus alten *a-, ja-, wa-, i-*
und *u*-Stämmen, den Verwandtschaftsnamen auf *-ter*, Wurzelnomina und
Eigennamen zusammen.

1. *a*-Stämme sind z. B. *âbent, acker, âtem, boum, engel, esel, gart* ‚Stachel',
*gêr, helt, himel, hir3, lût, mantel, rëgen, sant, slâf, slü33el, stein, troum, vels,
vlügel, vogel, wolf,* Wörter auf *-ing,* z. B. *künec < kuning, pfenninc* usw.
Umlaut kann im Pl. neben der umlautlosen Form stehen bei *gedanc*: *ge-*
danke und *gedenke, stap*: *stäbe, sarc, schalc* ‚Knecht', *nagel, satel, snabel,
zagel, haven* ‚Topf', *wagen, mantel, hamer, halm, stoc, boc, loc* ‚Locke'.
Auch bei *hof, vrosch, wolf, boum* u. a. kommt der Umlaut vereinzelt vor.

2. *ja*-Stämme haben im Mhd. als Kennzeichen das Endungs-*e* und Umlaut
im Sg. und Pl. bei umlautfähigem Wurzelvokal, z. B. *rücke, kæse, ende,
hirte, hirse, weize* u. a. Hierher gehören die Nomina agentis auf *-ære, -ere*
< ahd. *-âri* und *-ari*: *vischære, schiltære* ‚Maler', *jegere, ritter, wachtære,
schuolære, schrîbære*; Lehnwörter: *kerkære, wîwære* ‚Weiher', auch die
Völkernamen auf *-ære, -ere, -er: Baiwâri > Baiere > Beier, Rômære.*

---

* = mit Umlaut

3. *u*-Stämme, die zu den *ja*-Stämmen übergegangen sind: *site* ‚Art und Weise', *unsite* ‚Unart', *vride, unvride, sige* > *sic, mëte* ‚Met', *wite, wide* ‚Holz'. *sun* wird schon im Ahd. nach der *i*-Dekl. flektiert: *sun* gibt es im Obd. und im Md. außer im Nordmd., wo es als *sune*, also wie ein *ja*-Stamm, erscheint. Langsilbige *u*-St. werden wie *i*-St., d. h. mit Umlaut, oder wie *a*-St., d. h. ohne Umlaut, flektiert: *schilt, wider, wirt*.

4. *i*-Stämme sind z. B. *âl, bart, brant, darm, dôn, grunt, gruoʒ, guʒ, hals, harm* ‚Hermelin', *huot, kranz, lôn, luft, luhs, napf, pfâl, pfuol* ‚Sumpf', *rât, schaft, spruch, vluʒ, fuhs, fuoʒ* (s. § 88,3), *wunsch, wurf*.

5. *wa*-Stämme sind: *sê, klê, snê, lê* ‚Hügel', *rê* ‚Leichnam', *bû, smër. schate* ist in die *ja*-Dekl. übergegangen, im Gen. *schatewes* und *schates*.

6. **Vom Mhd. zum Nhd.:**

   a) Genuswechsel: Einige Maskulina im Mhd. sind im Nhd. Feminina geworden: *braht* ‚Lärm, Pracht', *angel, angest, art, asch* ‚Esche', *banc, bineʒ, bort, distel, gewalt, grât* ‚Gräte', *gîsel, hîrât, last, list, loc* ‚Locke', *humbel, hornuʒ* ‚Hornisse', *oter, pîn, trahen* ‚Träne', *tuc* ‚Tücke', *touf, wâc* ‚Woge', *zaher* ‚Zähre', *zêder, vurt*. Doch sind einige davon auch im Mhd., besonders im Md., schon Fem. Neutra sind gegenüber mhd. Mask. *flôʒ, gemach, lop* (beide auch mhd. Neutr.), *schrôt, sëgel, ziuc*; ahd. *dër, daʒ liut* ‚das Volk', Pl. *liuti* ‚heer- und dingberechtigte Mitglieder des Volksverbandes' > mhd. *liute* > mhd. *Leute*.

   b) Gen. Pl. auf -*en*: Im Obd., bes. im Alem., gibt es seit dem 13. Jh. statt -*e* im Gen. Pl. -(*e*)*n*, das aus der schwachen Dekl. stammt: -(*e*)*n* bleibt z. T. bis zum 18. Jh., vereinzelt bis jetzt: *aller Orten, allerorten, allerwegen, jemalen, niemalen* neben *jemals, niemals* bis zum Beginn des 19. Jhs. (bei Goethe: *andrer Orten*, bei anderen: *Geschäften halber, deiner Freunden, dieser Tagen* usw.).

§ 76   Neutra

Ein Unterschied in der Flexion gegenüber den Maskulina besteht nur im Nom. Akk. Pl.: Sie sind endungslos, oder der Pl. wird auf -*er* gebildet, das ursprünglich nur den *es-/os*-Stämmen zukam.

Zu dieser Flexion gehören *a*-, *ja*- und *wa*-Stämme; die wenigen Neutra der *i*- und *u*-Dekl. sind in die *a*-Dekl. übergetreten.

Apokopierung und Synkopierung s. § 1,3.

Sg.: Gen.: Endungslosigkeit kommt vereinzelt bei *hûs, maʒ* ‚Speise', *kriuz* vor.

Dat.: Apokopierung wie beim Mask.; alter Lok. (ohne Endung) liegt wohl bei *ze holz* ‚im Walde‘, *ze hûs* vor. Ländernamen auf -*lant* sind endungslos.

Instr.: erhalten bei *iht* ‚Ding‘ und der Negation *niht*: *mit ihtiu, an ihtiu* ‚mit irgendeinem Ding, auf irgendeine Weise‘, *von, ûʒ, ûf, vür, ze nihtiu.*

Pl.: Drei Bildungsweisen sind möglich:

a) endungslos: *diu wort, diu lant* (ursprünglicher Pl.);

b) auf -*er* und, falls möglich, mit Umlaut: *diu wörter, diu lender* (s. § 74 u. bes. 77);

c) auf -*e*: *diu worte, lande* (Analogie zu den Maskulina seit dem 12. Jh.).

Wegen der Übereinstimmung des endungslosen Plurals (a) mit dem Singular verschwindet er allmählich, und die beiden anderen Bildungsweisen dehnen sich aus. Auch hier stimmt das Md. am ehesten mit dem Nhd. überein; hier ist zuerst die dem Mask. entsprechende Pluralbildung auf -*e* eingetreten.

Wortschatz

Als *a*-Stämme wie *wort* werden flektiert z. B. *âs, ambet* (und *ambahte*), *barn* ‚Kind, Getragenes‘, *bat, buoch* (ursprünglich Wurzelstamm), *dach, dinc, gëlt, golt, gadem* ‚Haus, Gemach‘, *gras, heil, horn, houbet, îs, îsen, jâr, kar* ‚Gefäß‘, *lachen* ‚Laken, Tuch‘, *lâchen* ‚Heilmittel‘, *laster* ‚Schimpf, Schande‘ (nicht nhd. ‚Laster‘), *lëger* ‚Lager‘ (*lëger* wurde als Pl. aufgefaßt und ein neuer Sg. *lager* gebildet), *lieht, mâl, maʒ* ‚Speise‘, *mëʒ* ‚Maß‘, *muos* ‚Speise‘, *mies* ‚Moos‘, *nëst, obeʒ, ors* ‚Pferd‘, *phert, sahs* ‚Schwert, Messer‘, *schâf, schapel, seil, sêr* ‚Schmerz‘, *spër, spil, swërt, swîn, stat* ‚Gestade‘, *tier, vahs* ‚Haar‘, *vërch* ‚Leben‘, *viur, volc* ‚Kriegsvolk‘, *wal* ‚Schlachtfeld‘, *waʒʒer, wëter, wiht, zeichen, zil* und die Subst. auf -*în* > -*en*: *becken, küssen* ‚Kissen‘.

Die *ja*-Stämme unterscheiden sich nur durch das auslautende /e/ und z. T. durch Umlaut von den *a*-Stämmen. Hierher gehören viele Kollektiva; im Nhd. ist häufig das /e/ apokopiert: *gebeine, gebirge, gedürne* ‚Gedörn‘, *gelücke* und *glücke, gemüete* ‚Gesamtheit der Gedanken und des Empfindens‘, *gesihte, gesidele* ‚Sitzmöglichkeit‘, *gesinde* ‚Weggefährten, Gefolge‘, *geslähte, gespræche, gesteine, gestirne, getihte* ‚Schriftwerk‘, *gevidere, gevilde, gewæte* ‚Kleidung‘; *antwürte, antlitze*; Wörter auf -*nisse*, -*nusse* (z. T. auch Fem.): *vinsternisse, vancnisse*, auf -*ische*, -*esche*: *hîwesche* ‚Familie‘, *mensche* (auch schw. Mask.), *bette, bilde* ‚Gebilde‘, *ellende* ‚anderes Land, Leben in der Fremde‘, *ende* (auch Mask.), *hirne, kinne, kriuze, kleinæte, netze, rîche, stücke, stuppe* ‚Staub, Pulver‘, *vihe* (*u*-St.). /e/ ist schon mhd. abgefallen in *ber* (auch Fem. ‚Beere‘), *her* ‚Heer‘, *mer* ‚Meer‘ (eigentlich *i*-Dekl.).

Als Übergang zur *wa*-Dekl. (*knie*) können *hou, höu, houwe, höuwe* ‚Heu‘ und *gou, göu, göuwe, gouwe* ‚Gau‘ gelten. Wie *knie* (als *wa*-Stämme) werden flektiert: *blî* ‚Blei‘, *hor* ‚Kot, Schmutz‘, *mël* (Gen. *mëlwes*, ‚Mehl‘), *smër* ‚Fett‘, *spriu* (Pl. auch *spriuwer*, es ist auch Fem.), *strô, tou, wê* ‚Weh‘. Neben *knie* kommen auch *kniu* und Formen ohne *w* vor.

Genuswechsel im Mhd. und vom Mhd. zum Nhd.:

Mhd. Neutrum, nhd. Mask.: *bloch* ‚Holzblock‘, *eiter, gou, honec*; mhd. Neutr. und Mask.: *apgot, adel, bast, getwërc, lôn, mort, ort, pfat, sanc, tâht* ‚Docht‘, *tranc, wuocher, zouber, zwîc.* Mhd. Neutr. und z. T. Fem., nhd. Fem.: *armbrust, armüete* (doch auch fem. *i*-Dekl.), *heimuote* oder *heimüete* ‚Heimat‘, *äher* ‚Ähre‘, *jaget, mære, milze, rippe, tenne* (auch Mask. und Fem.), *wette, wolke(n), wâfen.*

§ 77 Pluralbildung auf *-er*

Die Pluralbildung auf *-er* geht auf die idg. *es-/os*-Stämme zurück, die zur konsonantischen Deklination gehören[86]. Im Germ. gibt es nur neutrale *es-/os*-Stämme, und zwar vorwiegend Bezeichnungen für Tiere und aus der landwirtschaftlichen Sphäre: so mhd. *lamp, rint, varh* ‚Ferkel‘, *huon, ei, kalp, luoc* ‚Wildlager‘, *blat, rîs* ‚Reis‘, dazu ahd. *liodar* ‚Geräusch‘, *leffur* ‚Lippe‘, ferner gehören hierher *eher* ‚Ähre‘, *dëmere* ‚Dämmerung‘, *trester, treber* ‚Bodensatz‘. *es/os* wurde im Germ. zu *iz/az*, dann im Ahd. *ir/ar* und im Mhd. zu *er.* Da die Endung im Nom. Sg. jedoch im absoluten Auslaut stand (ohne Flexionsendung), fiel sie im Germ. ab: idg. **lombh-os* > germ. **lamb-az* > ahd. *lamb*, diese Wörter stimmten damit mit den neutralen *a*-Stämmen überein, und die ganze Flexion des Singulars richtete sich nach ihnen. Vereinzelt ist noch der alte Gen. und Dat. überliefert: *hrindares* ‚Rinds‘, *chalbire* ‚dem Kalb‘, auch in Flur- und Ortsnamen noch: *Kälbersbach* < ahd. *Kelbirisbach, Blättersbach* < ahd. *Pletirspah*, auch in *Ähre, Treber, Dämmer-ung* (s. o.) ist die alte Endung bis heute im Sg. bewahrt.

Im Plural ist dagegen die Endung erhalten geblieben, da sie hier gedeckt war. Sie erscheint im Ahd. als *-ir*, das seinerseits wieder Umlaut bewirkt. Damit ergeben sich gleich zwei Pluralkennzeichen, die sich schnell auf andere Neutra, die ursprünglich zu den *a*-Stämmen gehörten, ausdehnen. Begünstigt wurde der Vorgang dadurch, daß der Nom. Akk. Pl. der neutralen *a*-Stämme

---

[86] Alle drei Geschlechter waren vertreten, vgl. griech. γένος, γένους < *γένεσος, lat. *genus* (< **genos) generis* (< **geneses*) = mit Ablaut ahd. *kunni*, mhd. *künne, corpus corporis, opus operis*, oder *honor* (< *honôs) honôris* Mask., *arbor* (< *arbôs) arbôris, flôs flôris* Fem. usw. *os* war ursprünglich das Suffix für den Nom. Akk. Vok. des Neutrums, *es* für die obliquen Kasus; Mask. und Fem. hatten im Nom. die entsprechende Dehnstufe.

endungslos war und mit dem Singular übereinstimmte: *daȝ wort* : *diu wort.*
Nom. Akk. Pl. idg. **lombh-es-ā* > germ. **lambizō* > *-u* > ahd. *lembir* >
mhd. *lember* > nhd. *Lämmer;* Gen. idg. **lombh-es-ōm* > germ. **lambizō^n* >
ahd. *lembiro* > mhd. *lembere;* Dat. idg. **lombh-es-mis* > germ. **lambizum*
> ahd. *lembirum* > mhd. *lember(e)n.*

Im Ahd. erhalten zu den oben genannten – wohl echten – *es-/os-*Stämmen
etliche Neutra den *ir-*Plural, z. B. *vëlt, bant, blëh, borst, brët, dorf, abgot,*
grab, hâr, hol ‚Höhle‘, *holz, hornuȝ, hûs, krût, loub, rad, riet* u. ä., *swîn, tal,*
teor ‚Tier‘, *smalenôȝ* ‚Schaf‘ usw., daneben sind aber auch die endungslosen
Plurale belegt.

Im Mhd. (im 12. Jh.) kommen weitere hinzu, doch jetzt auf *-er: göter, klei-*
der, körner, lieder usw., im 13. Jh. *beiner, bilder, büecher, gleser, güeter,*
höupter, cleinœder, liehter, pfender, rösser, swërter u. a.

Im 14. Jh. greift die Bildung auch auf Maskulina über, und neue Neutra
kommen hinzu: *ämter, böumer, börter, dinger, geister, fässer, gëlder, tröger,*
hälmer, männer, märker, mäuler, schlösser, weiber u. a., im 15. Jh.: *gemächer,*
klötzer, kreutzer, schilder, seiler, steiner, sträucher, teiler, türmer, würmer
usw.

Auch alte *ja-*Stämme werden erfaßt: *Amt, Bild, Gemüt, Geschlecht, Gespenst*
u. a.

In den Mundarten geht die *-er-*Bildung noch weiter, z. B. hess. *Hähner,*
Märkter, Unfläter, Wäger u. a., thür. *Fädemer, Keiler* u. a., obersächs. *Häl-*
mer, Hälser, Klößer, Kränzer, nd. *Stöcker,* schwäb. *Bröter, Röhrer, Papierer*
u. a.

Wo zwei Formen nebeneinander bestehen bleiben, tritt eine Bedeutungs-
differenzierung ein; *-er* hebt dabei den Plural stärker hervor:

Worte = zusammenhängende Wörter (geflügelte W.): *Wörter* = Einzelwörter;

Gesichte = Erscheinungen: *Gesichter* = Antlitze;

Tuche = verschiedene Stoffarten: *Tücher* = Einzeltücher;

Scheite = absichtlich gespaltene Holzstücke: aber *Scheiter* = Haufen;

Bande = Fesseln: *Bänder* = (Gewebe-)Streifen: *Bände* = Bücher;

Reste = beliebige Überbleibsel: *Rester* (in der Kaufmannssprache);

Schilde in Kampf*schilde: Schilder* = Tür*schilder* usw.;

Dinge und *Dinger;*

Mannen = Lehnsmannen usw.: *Männer* (zu *Mann* s. § 88) usw.

§ 78 Feminina

Übersicht:

Es gibt zwei Deklinationen:

1. die der *ō*-(*jō*, *wō*-) Stämme, denen sich die *ī*(*n*)-Abstrakta (mhd.-*e*) angeschlossen haben,
2. die der *i*-Stämme mit den wenigen Feminina der *u*- und einiger konson. Stämme.

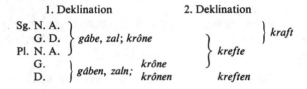

	1. Deklination	2. Deklination
Sg. N. A.	⎫	⎫ *kraft*
G. D.	⎬ *gâbe, zal; krône*	
Pl. N. A.	⎭	⎬ *krefte*
G.	⎬ *gâben, zaln; krône krônen*	
D.		*kreften*

§ 79 Erste Deklination

Zur Apokopierung und Synkopierung s. § 1,3.

1. Substantive auf -*n* bleiben z. T. ganz unflektiert, auch im Dat. Pl., da *n* + *en* miteinander zu *n* verschmelzen können: *den ketenen* > *keten*, *vërsenen* > *vërsen*. Diese Wörter haben z. T. schon im Mhd. Doppelformen: ohne und mit *n*, im Nhd. ist das *n* im Sg. überall weggefallen: *lügen* und *lüge* (< ahd. *lugi*), *büte*(*n*) > nhd. *Bütte* ‚Gefäß‘, *vërse*(*ne*), *kete*(*ne*) (< lat. *catēna*), *kütte*(*n*) = *Quitte*, *mette*(*n*) (< *lat. mātūtina*), *küche*(*n*) (< lat. *coquina*).

2. **Doppelformen** haben auch die movierten (von Maskulina abgeleiteten) Feminina auf -*în* oder -*inne*. Im gesamten Sg. und Nom. Akk. Pl. gilt entweder die eine oder andere Form. Hierher gehören z. B. *künegîn* – *küneginne*; *vürst-în*, -*inne*; *eselîn* – *eselinne*; *tiuvel-în*, -*inne*; *wirt-în*, -*inne*; *wülp-în*, -*inne* usw.
   Ferner haben einige *wō*-Stämme Doppelformen: *brâ* – *brâwe* ‚Braue‘, *ê* – *êwe* ‚Gesetz‘, *drô*, *drôu* – *drouwe*, *drôuwe* ‚Drohung‘, *diu* – *diuwe* ‚Dienerin‘ (urspr. *jō*-St.), *klâ* – *klâwe* ‚Klaue‘, *nar* – *narwe*, *ströu* – *ströuwe* ‚Streu‘ (*jō*-St.), *swal* – *swalwe*, *wê* – *wêwe*. Hier ist also auch im Nom. Sg. im Gegensatz zu den *wa*-Stämmen das *w* bewahrt, und je nach der im Nom. Sg. zugrunde liegenden Form werden die übrigen Kasus mit *w* oder ohne *w* gebildet: z. B. *brâ*: Dat. Pl. *brâ*(*e*)*n*, aber *brâwe*: Dat. Pl. *brâwen*.
   Bei den übrigen *wō*-Stämmen ist das *w* im Mhd. noch vorhanden: *ouwe*, *riuwe* ‚Leid‘, *ruowe*, *triuwe*, *varwe*.

3. Der Nom. Sg. hätte auf Grund der Auslautgesetze endungslos sein müssen, aber die Akkusativform ist in den Nom. gedrungen. In stehenden Wendungen ist die Endungslosigkeit jedoch im Mhd. bewahrt und z. T. auch in einem anderen Kasus zu finden, so bei *ahte* ‚Achtung, Art und Weise': *in manger aht, buoʒe* : *buoʒ tuon eines dinges* ‚Abhilfe schaffen gegen etwas', *halbe*: *ander(t)halp, ober-, dewëder-, vater-, mîn- halp* usw., *sîte* : *einsît, jensît, stunde* ‚Augenblick, Mal': *ein-, drî-stunt, tûsentstunt, ze dërsëlben stunt* ‚im gleichen Augenblick', *wîse: ander wîs* ‚auf andere Weise', *in gelîcher, knëhtes* usw. *wîs,* auch als Mask.: *in mangen wîs.*
Auch die Eigennamen auf *-burc, -gunt, -heit, -hilt, -lint, -rât, -rûn* sind im Nom. und im Akk., z. T. auch in anderen Kasus, endungslos (*Kriemhilt*: Gen. Dat. Akk. meist *Kriemhilde,* aber auch schwach: *Kriemhilden*); ferner z. T. die Abstrakta auf *-unge,* das zu *-unc* wird.

4. *krône* ist Beispiel für einige im Gen. Pl. abweichende Wörter, so bilden‧ den Gen. Pl. ohne *n* vor allem *aventiure, mîle, raste* ‚Wegstrecke, Rast', *rotte* ‚Schar', *strâle* ‚Pfeil, Blitz, Strahl', *ünde* ‚Woge'; ferner: *hande, leie, slahte* ‚Art', verbunden mit *aller, ander, einer, manger, zweier* usw. (vgl. nhd. *allerhand, mancher-, zweierlei*). Wolfram hat *zweier, drîer varwe,* und hierher gehört wohl auch: *der wintersorge hân ich drî* (Walther).

5. Im Mhd. wird häufig ein Plural von Abstrakten gebildet (im Nhd. meist durch den Sg. oder eine entsprechende Wendung zu übersetzen), z. B. *in triuwen, êren, sælden.* Auch können die Abstrakta personifiziert werden: *vrou minne, êre, sælde* usw., sie werden dann schwach flektiert. Bei einem Gen. auf *-en* wird aber zuerst zu prüfen sein, ob nicht ein Gen. Pl. vorliegt; denn gerade die Abstrakta – auch die Adjektivabstrakta auf *-î(n)* = mhd. *-e* – bewahren die starke Flexion, wenn keine Personifikation vorliegt, länger als die Konkreta, die oft auch schon im Mhd. schwach flektiert werden können.

6. Zum Wortschatz: Viele Verbal- und Adjektivabstrakta, die z. T. konkrete Bedeutung angenommen haben, gehören hierher, ferner eine Reihe von Lehnwörtern. Eine Trennung in *ō-, jō-, wō*-Stämme ist für das Paradigma überflüssig. Die *wō*-Stämme sind oben (2.) schon erwähnt.

a) Die *jō*-Stämme (sie haben, falls es möglich ist, umgelauteten Wurzelvokal): z. B. *brücke, brünne, gerte, helle, hütte, krippe, minne, pfütze, rede, sünde, stirne*; Wörter auf *-nisse, -nüsse* und die Wörter auf *-în, -inne* (zu *kuningîn* s. auch oben). Diese movierten Feminina gehen auf germ. *-injō* > ahd. *-in* zurück; aus den obliquen Kasus drang jedoch *-inna* in den Nom. Sg. ein = mhd. *-inne,* andererseits wurde ahd. *-in* im Mhd. zu *-în* gedehnt und kam seinerseits in die übrigen Kasus (eigentlich hätte ahd. *-in* im Mhd. *-en* ergeben müssen). Es stehen also im Mhd. drei Formen nebeneinander: das alte *-in,* dann *-în* und *-inne,* das apokopiert ebenfalls -*in* ergibt und so allein bis zum Nhd. bleibt; die beiden anderen Formen verschwinden. Hierher gehören z. B. ahd. *friundin, gestin, grâvin, skelkin, effin, eselin, lewin,* mhd. *gefertinne, gesellinne, hundinne, vühsinne, wülpinne.*

b) Reine ō-Stämme sind z. B. *ahte* ‚Achtung, Aufmerksamkeit' (zu *ahtôn* ‚beachten'), *âhte* ‚Acht = Verfolgung', *bâre* (zu *bëran*), *bëte, bite, bîte* ‚Warten', *genâde, hëlfe, huote, île, klage, lêre, miete, pflëge, râche, sache, sage, schande, sêle, sprâche, trahte* ‚Streben', *volge, vrâge, wâge* ‚Bewegung, Waage', *weide, wambe* ‚Bauch'. Lehnwörter: *lîre* ‚Leier', *mîle, mûre, pîne* ‚Strafe', *pforte, schuole, spîse, vîre* ‚Feier', *koste* ‚Preis, Aufwand', *rotte* (alle aus dem Lat.), aus dem Rom.: *aventiure, baniere* ‚Banner, Fahne', *reviere* ‚Gegend', *tavelrunde, leie* ‚Art und Weise', *mûte* ‚Zoll, Maut'.

c) *i*-Abstrakta sind: *schœne, hœhe, menege, tiufe, veste, witze* (ahd. *skônî* und *skônîn,* im Mhd. noch erhalten in *menegîn* und *vinsterîn*). Ferner ahd. -*ida*-Bildungen: mhd. *gebærde* (< ahd. *gibârida*), *gemeinde, sælde* (< ahd. *sâlida* ‚Glück, Heil'), *vröude* (< *vrawida*), *vroide, vreude,* auch *vrouwede* u. ä.

7. Vom Mhd. zum Nhd.

Schon im Mhd. werden – bes. im Md. – viele starke Substantive schwach flektiert, z. B. *bâre, ërde, porte, strâȝe, ruote, tavelrunde.* Im Nhd. sind die starke und die schwache Flexion zusammengefallen, der Sg. wird stark, der Pl. schwach flektiert: *Sache* Sg., *Sachen* Pl., andererseits ursprünglich schwach ist z. B. *zunge* (im Nhd. stark). Historisch gesehen liegt eine gemischte Dekl. vor, nach der systematischen nhd. Grammatik wird diese Dekl. als schwach bezeichnet.

Apokopierung ist im Nhd. häufig eingetreten: mhd. *mâȝe* > *Maß, mûre* > *Mauer, stirne* > *Stirn*; ebenso *aventiure, quâle, trahte* u. v. a.; auch dieser Vorgang beginnt schon im Mhd., vgl. z. B. -*inne* > -*in,* -*unge* > *unc.*

Einige mhd. Feminina sind im Nhd. Maskulina oder Neutra geworden: *gehôrsame, gürtel, scheitel* (st. und schw.), *vrävele, witze*; *aventiure, baniere, gewiȝȝen, mâȝe, reviere.*

Zur Flexion der Abstrakta s. o.

Verlust des *n* im Nom. Sg., da die flexionslosen Formen als schw. Substantive angesehen wurden, z. B. bei *ketene* > *Kette* (s. o.).

§ 80   Zweite Deklination

1. Kennzeichen der *i*-Dekl. ist der Umlaut außer im Nom. Akk. Sg., er geht
auf die ahd. Kasusendungen zurück: Sg. N. A. *kraft*, G. D. Pl. N. A
krefti, G. *krefteo, kreftio*, D. *kreftim*[87]. Doch gibt es schon im klasṣ.
Mhd. im Sg. Doppelformen. Die nichtumgelautete Kurzform des Nom.
Akk. kann neben der umgelauteten auch für den Gen. und Dat. stehen,
also *kraft* neben *krefte*; ähnliches gibt es bei den Wurzelstämmen (*naht,
burg*), die im Sg. unverändert bleiben, aber durch den Übertritt in die
i-Dekl. im Pl. Umlaut annehmen. Vereinzelt werden diese Wurzelstämme
allerdings auch im Sg. von der *i*-Dekl. erfaßt und zeigen ebenfalls im G.
D. Umlaut. Der nhd. Formenausgleich beginnt hier schon. Auch nicht-
umlautfähige Wörter haben Doppelformen im Gen. Dat. Sg., z. B. *erbeite*
und *erbeit, wîsheite – wîsheit, zîte – zît, arweize – arweiȝ* ‚Erbse‘.

2. Die (falls möglich, umgelauteten) längeren Formen des Gen. Dat. Sg. und
des Pl. dringen aber auch in den Nom. Sg. ein, so daß es auch hier Dop-
pelformen gibt, z. B. *stat* (eigtl. N. A. Sg.), *stete* (G. D. und N. G. Pl.), die
z. T. bis ins Nhd. hinein bestehen bleiben und eine Bedeutungsdifferen-
zierung erfahren können (*statt* in *Werk-, Wahl-statt* und *Stätte*), *vart* und
verte ‚Fahrt‘ und ‚Fährte‘, *maget* und *meide* ‚Magd = Mädchen‘ und
‚Maid‘ (begünstigt wird dieser Vorgang durch Analogie zu den ō-Stämmen
auf -*e*); N. A. Sg. *tugende, wërlt* und *wërlte*, doch ist hier das *e* im Nhd.
wieder abgefallen; ferner: *ant* > *Ente* (= G. D. Sg.), *druos* > *Drüse*,
eich > *Eiche, huf* > *Hüfte* (mhd. Gen. *hüffe, t* im Nhd. ist unorganisch),
hurt > *Hürde* ‚Flechtwerk, Tür‘, *lîch* > *Leiche* (aber noch bis zu Luther:
‚lebender Körper‘), *schiht* und *geschiht* > *Geschichte* ‚Ereignis‘, *sûl* >
Säule (mhd. Gen. *siule*), *stuot* > *Stute*, eigtl. ‚Standplatz, Gestütsort‘ (zu
stân), *vurch* > *Furche, bîht* (< *bigiht*) > *Beichte* (aber auch schon *bîhte*
im Mhd.).

3. Zur *i*-Dekl. gehören alle Feminina, die auf Konsonant ausgehen (darunter
sind viele Verbalabstrakta), z. B. *anst* ‚Liebe, Gunst‘, *bluot* ‚Blüte‘, *brunst,
geburt* (zu *bëren* ‚tragen‘, eigtl. ‚das Zuendetragen‘), *gluot, gunst, gift* ‚Ga-
be‘ (erst nhd. Bedeutungsverengung zu ‚Gift‘, die alte Bedeutung noch in
Mitgift), *kunft* ‚Kommen‘, *kunst* (zu *können*) ‚geistiges Können, Ver-
stehen‘, *maht* (zu *mugen*) ‚physisches Können‘, *nôt, genuht* ‚Menge, Fülle‘,
pfliht, sât, schrift, vrist, vurt, zît;
ferner alle Wörter auf -*heit, -keit* und -*schaft*.

---

[87] Im Idg. stimmte die feminine *i*-Dekl. mit der maskulinen *i*-Dekl. überein (z. B. im
N. Sg. germ. *gastiz Mask., *kraftiz Fem.), aber die Mask. schlossen sich im Sg.
an die Dekl. der *a*-Stämme an, so daß nur noch der Pl. gemeinsame Formen hat. Zu
beachten ist außer dem Umlaut auch der Gen. Pl. der Fem. auf -*e* gegenüber -*en*
der 1. Dekl.

10*

4. Wurzelstämme, die in die *i*-Dekl. eingegangen sind, sind z. B. *gans*, *geiȥ*, *kuo* (so im Sg., Pl. *küeje*), *sû* (Pl. *siuwe*), *mûs*, *eich* (> *Eiche*), *nuȥ*, *milech*, *brust*, *bruoch*, *wiht*; zu *brust* und *naht* s. § 88.
Der Umlaut im Pl. bei den *-ter*-Stämmen *muoter* und *tohter* kommt im Mhd. auf, vgl. § 86.
Einziger femininer *u*-Stamm ist *hant*, jedoch schon früh in die *i*-Dekl. gekommen. Alte, nichtumgelautete Formen der *u*-Dekl. sind noch in einigen Wendungen erhalten: *zen*, *bî handen*, nhd. *zuhanden*, *ab-*, *vorhanden* (hier Dat. Pl.), im Gen. noch im Mhd. in *aller handen* (nhd. *allerhand*), *maneger hande* ‚allerhand'.

Die mhd. schwache Deklination

§ 81   Übersicht

	Maskulina	Feminina	Neutra
Sg. N.	*han-e*	*zung-e*	*hërz-e*

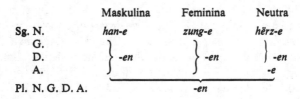

| Pl. N. G. D. A. | *-en* | | |

nach § 74 II. ergibt sich folgendes Paradigma

	Neutra	Maskulina und	Feminina
	herze-	*hane-, recke-, ber-*	*zunge-, kol-*
		veter(e)-; pfâ-	*vackel(e)-; krâ-*
Sg. N.	Ø	-Ø	
G.	-(e)n	-(e)n	
D.	-(e)n	-(e)n	
A.	-Ø	-(e)n	
Pl. N. G. D. A.	-(e)n		

Apokope und Synkope ist bei Wörtern auf *-l*, *-r*, *-m*, *-n* sehr oft vorhanden, z. B. *ar(e)*, *bër(e)*, *bir(e)*, *spar(e)* ‚Sperling', *spor(e)*, *star(e)*, *kol(e)*, *nam(e)*, *lîcham(e)*, *an(e)* ‚Ahne', *han(e)*, *cran(e)*, *swan(e)*. Nach *n* bleibt das *e* jedoch auch erhalten. Sämtliche obliquen Kasus haben bei Synkope nur *n*: *bërn* ‚Bären', *koln* ‚Kohlen' usw. *m + en* und *n + en* können miteinander verschmelzen, so daß nur *n* bleibt: *bësemen* > *bësemn* > *bësem* > *bësen*, *Hagenen* > *Hagen(e)n* > *Hagen*. Das substantivierte Partizipialadjektiv *gevangen* ‚Gefangener' bleibt daher in allen Kasus unverändert.

§ 82 Herkunft

Die *n*-Stämme dienten der Individualisierung. Viele Substantive mit persönlicher Bedeutung, Nomina agentis, Menschen-, Tier- und abgeleitete Sachbezeichnungen und auch Körperteilnamen gehören daher zu ihnen. Jedes Adjektiv konnte mit einem -*n*-Suffix substantiviert und individualisiert werden: mhd. *blint – blinden* = der Blinde – des Blinden usw., daher gehen viele schwache Substantive auf Adjektive zurück, und auf dieser Fähigkeit der *n*-Stämme beruht auch die ganze schwache Adjektivdeklination, die es nur im Germ. gibt. So wird z. B. zu einer Verbalwurzel **kan-* (in lat. *canere* ‚singen‘) ein Nomen agentis mit Hilfe der Dehnstufe -*ōn* für den Nom. Sg. gebildet (ohne bes. Kasussuffix): **kan-ōn* > germ. **hano(n)* > ahd. *hano* > mhd. *hane*, die eigentliche Bedeutung ist also: ‚der Sänger‘; zu **slid-* (in engl. *slide* ‚gleiten‘) gehört ahd. *slito* > mhd. *slite* ‚Schlitten‘, eigentlich: ‚der Gleiter‘. Vielfach werden von der Schwundstufe starker Verben schwache, d. h. individualisierende Substantive gebildet, z. B. zu *ziehen*: mhd. *herzoge*, d. h. ‚der dem Heer Voranziehende‘, zu *triefen*: *tropfe*, zu *biegen*: *boge*, zu *klieben*: *klobe* ‚Kloben‘, zu *bieten*: *bote* (*o* ist hier stets aus *u* entstanden), zu **knusjan* (nd. *knüsen* ‚stoßen, Hockey spielen‘): *knorre*, zu *gëben*: *gëbe* ‚der Geber‘, zu *brëmen* ‚brummen‘: *brëme* ‚Stechfliege, Bremse‘ usw. Als Konkurrenzform steht im Ahd. die Nomina-agentis-Bildung auf -*âri* (zur *ja*-Dekl.) = mhd. -*ære*, -*ere* daneben, und schon im Mhd. nehmen die schwachen Substantive zugunsten der -*ære*-Bildung etwas ab; so stehen z. B. nebeneinander *gëber* und *gëbe* – beide bedeuten ‚der Geber‘.

§ 83 Maskulina

1. Etwa 150 Substantive gehören zu dieser schw. Deklination, und es folgt nur eine Auswahl. (Zu trennen wäre vom germ. Standpunkt noch nach -*an*- und -*jan*-Stämmen, z. B. *erbe* < ahd. *erbo* < *erbeo* = got. *arbja* oder mhd. *bürge* < ahd. *burgo* < *burgeo*; doch schon im 9. Jh. ist das *e* < *j* weggefallen, so daß im Mhd. die Zugehörigkeit zu den -*jan*-Stämmen nur noch am Umlaut oder an der durch das *j* entstandenen Gemination festzustellen ist; aber hinter *r*, z. B. in mhd. *verge* ‚Fährmann‘ < *verje* < *verio*, ist im *g* das alte *j* erhalten (s. § 36,3 d).)
Bei der folgenden Übersicht sind die im Mhd. auch stark flektierten Substantive mit + versehen, dann ist jeweils das *e* apokopiert. Etliche Maskulina können im Mhd. auch als Feminina erscheinen, sie sind mit * versehen.

a) Personenbezeichnungen: (*nâch-ge-*)*bûre*[+], *bürge*, *gome* ‚Mann‘, *briute-game*, *ge-liebe* ‚Geliebter‘, -*maʒʒe* ‚Eßgenosse‘, -*nôʒʒe*[+] ‚Genosse, Gefährte‘, -*selle* ‚Saalgenosse‘, -*sinde* ‚Weggefährte‘, -*sippe* ‚Verwandter‘,

-*verte, grîse* ‚Greis‘, *grâve, gastgëbe, lîtgëbe* ‚Wirt‘, *hërre, jude, kempfe, mensche, recke, scheffe, schenke, scherge, schultheiʒe, schütze, truhsæʒe, veter(e), vorvëhte* ‚Vorkämpfer‘, *vürsprëche, vürste, würhte* ‚Wirker‘.

b) Körperteile u. ä.: *backe, dûme, guome* oder *goume, knoche, krage, mage, mane* ‚Mähne‘, *niere, rache; huoste, snupfe, schëme* ‚Schatten‘.

c) Tierbenennungen: *âmeiʒe*, blintslîche, grîfe[+], hase, hirʒe[+], karpfe, këver(e), kraniche, made, rabe, rappe, ratze, slange, (höu-)schrëcke, snëcke, snëpfe, storche[+], strûʒ(e)[+], wîwe* ‚Weih‘.

d) Natur- und Sachbezeichnungen: *bache, balke, balle, borte, brunne, buochstabe[+], bluome*, galge, garte, gêre* ‚Rockschoß, Zipfel‘, *hâke, haver(e), hëlm(e), hopfe, kaste, kërn(e)[+], kîme, klobe, knolle, knote, kolbe, krâpfe, kuoche, lade, leime[+]* ‚Lehm‘, *mâge* ‚Mohn‘, *nache, mânde[+], rase, rëbe, rieme, rîfe, rocke* ‚Spinnrocken‘, *rocke, rogge* ‚Roggen‘, *rise, sâme, schërbe, schinke, schupfe, sparre, seite[+]*, stëcke, stërn(e), stolle, stûche*, sunne[+]*, vlade, vlëcke[+], wase, zapfe, trûbe.*

e) Lehnwörter: *abërelle* (< *Aprilis*), nhd. stark, schwach noch in *Aprillenwetter, -zeit, maie* (schwach noch in *Maiensonne, -lust* ‚-zeit, -nacht), *merze* (auch noch schw. neben starker Flexion: *Märzenbecher, -bier*), *balsame, karre, pfaffe, pfülwe* ‚Federkissen, Pfühl‘, *pforte, psalme[+]* ‚-ôse*, *pfrieme, reie, rieme.*

f) Namen: *Etzele, Hagene, Fruote, Otte, Wate; Franke, Sahse* usw.

2. Zur Entwicklung: Zum Vergleich folgen hier die althochdeutschen Formen:

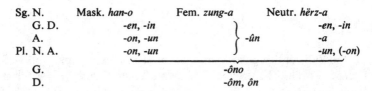

Sg. N.	Mask. *han-o*	Fem. *zung-a*	Neutr. *hërz-a*
G. D.	*-en, -in*		*-en, -in*
A.	*-on, -un*	*-ûn*	*-a*
Pl. N. A.	*-on, -un*		*-un, (-on)*
G.		*-ôno*	
D.		*-ôm, ôn*	

3. Vom Mhd. zum Nhd.: Die Zahl der schwachen Mask. hat im Nhd. abgenommen. Der Übergang in die starke Flexion beruht einmal darauf, daß durch die Apokopierung der Nom. Sg. in der st. und schw. Flexion gleich wurde: *hërr(e), mensch(e), smërz(e)* ohne *e* wie *tac, gast* usw.; dadurch wurden die Substantive auch stark flektiert, z. T. nur im Sg., z. T. im Sg. und im Pl., einige blieben auch schwach, z. B. *Herr, Mensch,* aber *Schmerz, -es*; zum anderen aber bildeten etliche Wörter seit dem 15. Jh. den Gen. nach Art der starken Substantive auf *s*: *Affe*: Gen. *Affens, Bote, Botens; Gesellens, Hasens,* dadurch unterschieden sie sich nicht mehr von den starken Substantiven auf *-n*: *Wagen*: *Wagens,* und jetzt wurde auch der Nom. entsprechend umgebildet, indem er ein *n* erhielt: *Name > Namen, Same > Samen* (so beides nebeneinander bei Luther), und viele an-

dere Substantive nehmen nun ebenfalls das *n* im Nom. an, z. B. *balke, knoche, huoste, galge, garte* usw. Auf diesem Vorgang beruht die soge-nannte gemischte Deklination, die es im Mhd. also noch nicht gab. Manchmal sind auch beide Formen nebeneinander geblieben: Gen. *Buchstabens* und ohne *s*, aber in *Affens, Botens* usw. ist das *s* wieder be-seitigt. Andere haben im Nom. wieder das *n* abgestoßen, oder es gibt beide Formen: *Funke: Funken, Friede: Frieden, Glaube: Glauben.*

§ 84 Feminina

a) Personenbezeichnungen: *amme, dierne* ‚Mädchen, Jungfrau‘, *geselle* ‚Ge-fährtin‘, *hîwe* ‚Gattin‘, *huore, muome* ‚Mutterschwester‘ und ‚Verwandte‘ allgemein, *quëne, kone* ‚Ehefrau‘, *wit(e)we, vrouwe*[88].

b) Körperteile: *galle, lunge, kële, tenke* ‚linke Hand‘, *zëswe* ‚rechte Hand‘, *zunge.*

c) Tiernamen: *amei3e*, bine* und *bîe, pîe* ‚Biene‘, *katze, märhe* ‚Stute‘, *mücke, tûbe*, vliege, nâtere, iuwele* und *iule* ‚Eule‘.

d) Sachbezeichnungen: *albe* ‚Bergweide‘, *asche, bluome*, brosme* ‚Brosame‘, *ga33e, gîge, glocke, harfe, hose, lücke, ne33ele, ouwe, salbe, schîbe, seite** ‚Saite‘, *swëgele* ‚Pfeife, Flöte‘, *stube* (eigtl. ‚Ofen‘, dann ‚heizbarer Raum‘), *schupfe, tasche, trûbe, vackele, videle* ‚Fiedel‘, *zeine* ‚Korb‘, Abstrakta: *sage, sîte, vaste, woche.*

e) Lehnwörter: *amîe, bire, galîe* ‚Galeere‘, *kapëlle, kappe, kemenâte* ‚heiz-bares Zimmer‘, *kërze, kevje* ‚Käfig‘, *kirche, lîre* ‚Leier‘, *pfîfe, pflanze, pforte, rôse*, strâ3e, lëcze* ‚Lektion, Vorlesung‘.

f) Eigennamen: z. B. *Eve, Hilde, Uote, Marie, Marthe.*
Im Mfr. steht statt *-en* im Akk. Sg. Fem. u. Mask. *-e.*
Zu den Adjektivabstrakta auf *-î* s. § 79,6c.
Wie bei den Mask. *-an-* und *jan*-Stämme im Mhd. zusammengefallen sind, so beim Fem. *-ôn-* und *jôn*-Stämme, zu den *jôn*-St. gehören z. B. *mücke, vrouwe, märhe.*

§ 85 Neutra

Neben *hërze* nur noch: *ouge, ôre, wange* und im Pl. *hîwen* ‚Mann und Frau‘, davon wird bes. *hërze* ohne *-n* im Nom. Akk. Pl. gebraucht (nach den *ja*-Stämmen).

---

[88] *vrouwe* steht in der Anrede und für den Pl.: *ir vrouwe.*
* = auch Maskulinum im Mhd.

Reste anderer Klassen

§ 86   Verwandtschaftsnamen auf -ter

Die fünf Verwandtschaftsnamen auf -ter wurden ursprünglich einheitlich flektiert, also die Mask. *vater, bruoder* wie die Fem. *muoter, tohter, swëster*. Da im Germ. die Flexionsendungen wegfielen, ergaben sich für alle Kasus des Singulars die gleichen, unflektierten Formen. Die beiden Mask. glichen sich aber schon im Ahd. den *a*-Stämmen an, so daß im Gen. Dat. neben *vater* auch *vateres, vatere*, neben *bruoder* auch *bruoderes* und *bruodere* standen. Die Fem. blieben im Sg. dagegen meist unflektiert. Im Pl. tritt im Mhd. häufig Umlaut auf: *veter, brüeder, müeter* usw., und beide Bildungsweisen (ohne oder mit Umlaut) stehen nebeneinander, z. B. Pl. N. A. *muoter*, G. *muoter(e)*, D. *muoter(e)n* oder N. G. A. *müeter*, D. *müetern*. Im Ahd. schließt sich an diese Flexion noch *swâger* an.
Der Wechsel von *t* und *d* in *vater* und *bruoder* beruht auf dem Vern. Gesetz (s. § 58). In *swëster* war ursprünglich kein *t* vorhanden, vgl. lat. *soror* < **sụesōr*. *-ter* stand im Ablaut mit *-tor*, die Dehnstufe dazu ist *-tēr, -tōr*, vgl. griech. Nom. Sg. πατήρ, φράτηρ, μήτηρ, θυγάτηρ, Vollstufe im Akk. Sg.: πατέρα, Schwundstufe im Gen. Dat.: πατρός, πατρί Reduktionsstufe im Voc.: ὦ πάτερ.

§ 87   Partizipialstämme auf -nt

Sie werden im Mhd. nach der *a*-Dekl. (wie *tac*) flektiert; nur noch *vriunt* ‚Freund‘ (als einziger Partizipialstamm auch Fem. ‚Freundin‘) hat einen doppelten N. A. Pl.: *vriunt* (= alt und endungslos) und *vriunde* (wie *tage* und die übrigen Partizipialstämme).
Es handelt sich um substantivierte Partizipia Präsentis, die die substantivische Flexionsendung *-s* an das Stammformans *-nt* fügten (sonst werden die Partizipien wie starke Adjektive flektiert); vgl. lat. *edens* (zu *edere* ‚essen‘), Gen. *edentis*, dazu *dens* (< **dents* ‚Zahn‘), Akk. *dentem*; griech. ὀδούς (< *ὀδόντς), Gen. ὀδόντος; germ. **tand(s)* > *tand*> ahd. *zan* (oder *zand* mit *d* aus den obliquen Kasus, eigtl. ‚der Esser‘) > mhd. *zan* > nhd. *Zahn*, im Mhd. stehen nebeneinander *zan*, Pl. *zene* oder *zant*, Pl. *zende* (bes. im Bair.). *vriunt* gehört zu got. *frijon* ‚lieben‘. Schon im Ahd. stirbt die Deklinationsklasse aus, im Wortschatz halten sich noch bis ins Mhd. und Nhd. *vîent* (‚Feind‘ zu ahd. *fîên*, got. *fijan* ‚hassen‘), *heilant* (as. *hêliand*, zu *heilen*), *wîgant* ‚Kämpfer‘ (zu ahd. *wîgan* ‚kämpfen‘, erhalten in *Weigant*) und *vâlant* ‚Teufel‘ (zu anord. *fæla* ‚erschrecken‘, erhalten in *Voland* u. ä.).

§ 88 Wurzelstämme und *n*-Stamm *man*

Die Maskulina *man*, *genôȝ* ,Genosse', *vuoȝ* und die Feminina *naht* und *brust* gehören hierher. Die Maskulina werden schon im Ahd. wie *tag*, also als *a*-Stämme flektiert, die Feminina als *i*-Stämme; daneben bewahren sie z. T. aber auch ihre Eigenart, d. h. Endungslosigkeit auf Grund der Auslautgesetze. Wurzelstämme werden sie genannt, weil an die Wurzel die Flexionsendung trat.

1. *man*:

Sg. N. A.	⎫	
G.	⎬ *man*;	*mannes*
D.	⎭	; *manne*
Pl. N. A.	⎫	; (*manne*)
G.	⎬ *man*;	*manne*
D.	⎭	; *mannen*

man kann für alle acht Kasus gelten, die Formen hinter dem Semikolon gelten nur für den betreffenden Kasus. Die Pluralformen *Mannen* (schwach, mit Bedeutungsdifferenzierung) und *Männer* (-*er*-Pl.) sind erst neuhochdeutsch. Zusammensetzungen sind z. B. *dienest-*, *wërc-*, *schifman*, *comman* ,Mann'.

2. *genôȝ* ist nur im Dat. Sg. und im Nom. Akk. Pl. endungslos geblieben in der Bedeutung ,gleich': *ir genôȝ* ,ihresgleichen', sonst richtet sich die Flexion nach *tac*. Seit dem Spätmhd. kommt die schwache Flexion auf.

3. *vuoȝ* bleibt bes. nach Zahlwörtern als Maßangabe flexionslos. Ohne Umlaut ist öfter der Dat. Pl. *ze vuoȝen* und danach auch der N. A. Pl. *vuoȝe*, meist aber wird es mit Umlaut nach der *i*-Dekl. flektiert: *vüeȝe*, der Dat. Sg. ist manchmal ohne Endung: *ze vuoȝ*.

4. *naht* hat teilweise Doppelformen (ohne und mit Umlaut, wie die *i*-Dekl.):

Sg. N. A.	⎫			Pl. N. A.	*naht, nahte, nehte*
G.	⎬ *naht*	⎱		G.	*nahte, nehte*
D.	⎭	⎰ *nahte, nehte*		D.	*nahten, nehten*

Umlautlosigkeit ist erhalten in *ze den wîhen nahten* ,Weihnachten'. Der Gen. Sg. *nahtes* (nhd. *nachts*) ist nach *tages* gebildet (*des* oder *eines nahtes* nach *tages*).

5. *brust* gehört im Mhd. ganz zur *i*-Dekl., als Rest der kons. Dekl. sind nur noch vereinzelte unumgelautete Pluralformen belegt: *bruste*, *brusten*.

§ 89   Personennamen

Sie werden stark oder schwach flektiert. Die maskulinen Eigennamen richten sich nach der *a*-Dekl. (wie *tac*), wenn sie auf Konsonant enden: *Parzival, -es, -e*, aber im Akk. Sg. meist mit *-en* (nach der pronominalen Adjektivflexion, ahd. *-an*): *Parzivalen*. Es können aber auch der Dat. und Akk. miteinander wechseln, also Dat. auf *-en*, Akk. auf *-e*, und beide Kasus sind vereinzelt auch endungslos. Geschlechts- und Stammesbezeichnungen auf *-unc* oder *-inc* bilden auch einen starken Plural: *Dürinc: Düringe*. Maskulina auf *-e* werden schwach flektiert: *Wate*, G. D. A. Sg. *Waten*, also regelmäßig, mit Apo- und Synkopierung die Namen auf *-ene, -ele: Etzele: Etzeln, Hagenen > Hagen*, s. § 1,3a und § 81.

Feminine Namen auf *-e* werden ebenfalls schwach flektiert: *Hilde, Hilden*. Zu den starken femininen Namen, die nach der *ō*-Dekl. flektiert werden, gehören alle auf *-gunt, -hilt, -lint, -rûn, -trût* und auch, in Analogie zu ihnen, die auf *-burc, -heit, -rât*. Sie bewahren den endungslosen Nom. Sg.: *Brünhilt*, G. D. A. *Brünhilde*, vereinzelt sind auch schwache Formen und endungslose belegt.

Lat. Eigennamen können sowohl lat. als auch deutsch flektiert werden; die deutsche Flexion, ob stark oder schwach, richtet sich nach dem Auslaut.

Adjektive

§ 90   Schwache Flexion

Bei jedem Adjektiv ist die starke und die schwache Flexion möglich. Die schwache Flexion stimmt völlig mit der schwachen Substantivflexion überein (N. Sg. aller drei Geschlechter und A. Sg. Neutr. *-e*, sonst in sämtlichen Kasus und im gesamten Plural *-en*, *-(e)n* als Endung, s. § 81). Gegenüber dem Nhd. ist zu beachten, daß der A. Sg. Fem. im Mhd. auf *-en* ausgeht (im Nhd. dem N. angeglichen – bei den Substantiven im Nhd. im Fem. im ganzen Sg. nur *-e* –: mhd. *ich sach die guoten vrouwen* kann Sg. sein!).

§ 91 Starke Flexion

1.   Übersicht

	Mask.	Neutr.	Fem.
Sg. N.	*blint, blinder*	*blint, blindeʒ*	*blint, blindiu*
G.	*blindes*		*blinder(e)*
D.	*blindem(e)*		
A.	*blinden*	*blint, blindeʒ*	*blinde*
Pl. N.	*blinde*	*blindiu*	*blinde*
G.		*blinder(e)*	
D.		*blinden*	
A.	*blinde*	*blindiu*	*blinde*

2.

	Mask.	Neutr.	Fem.
Sg. N.	*hol, michel*	*hol, michel* (u. A.)	*hol, michel*
	holer, micheler	*hol(e)ʒ, michel(e)ʒ*	*holiu, micheliu*
G.	*hol(e)s, michel(e)s*		*holer, holre*
D.	*hol(e)m(e), michel(e)m(e)*		*micheler, michelre*
A.	*hol(e)n, michel(e)n*	*hol(e)ʒ, michel(e)ʒ*	*hol(e), michel(e)*
Pl. N.	*hol(e), michel(e)*	*holiu, micheliu*	*hol(e), michel(e)*
G.		*holer, holre, micheler, michelre*	
D.		*hol(e)n, michel(e)n, gevangenen > gevangen*	
A.	*hol(e), michel(e)*	*holiu, micheliu*	*hol(e), michel(e)*

hol ‚hohl' für die Adj. auf *-l, -r*; *michel* ‚groß' für die Adj. auf *-el, -er, -en* als Beispiele für mögliche Apokopierungen und Synkopierungen.

3. Die Adjektive auf *-e* (z. B. *mære* ‚berühmt', *schœne, küene,* ahd. *ja*-Stämme, germ. auch *i-* und *u*-Stämme, s. u.) behalten das *-e* in der unflektierten Form (*schœne = blint*), sonst wird es durch die Flexionsendung ersetzt: *schœn-er, schœn-eʒ, schœn-iu* usw. wie *blint*.

4. Bei einigen Adjektiven (den *wa-/wō*-Stämmen) taucht das stammhafte *w* in den Flexionsformen auf (im Auslaut ist es im Mhd. ganz geschwunden, im Ahd. z. T. noch als *o* erhalten, s. § 35,5): mhd. *grâ, blâ, vrô, gël, val* (< ahd. *grâo* ‚grau', *blâo* ‚blau', *frâo* ‚froh', *gëlo* ‚gelb', *falo* ‚fahl'): *grâwer, blâweʒ, vrôwiu, gëlwer, valweʒ* usw.

5. Abweichungen von den Paradigmen gibt es vor allem im Md.: Statt *-iu* im Fem. und Neutr. enden die Formen auf *-e* (fr. im Ahd. *iu > u > e*), im G. und D. sind besonders md. *michelme, michelre* (*holme, holre*). Im Westmd. (Hess., Moselfr., Rip.) wird im D. Sg. Mask. und Neutr. *-em >* *-en*, und im Fem. im G. D. Sg. und im G. Pl. der schwachen Deklination steht statt *-en: -er*. Im Rip. ist die Flexion sehr stark an das Nfr. angelehnt: dem Artikel *die, de* entsprechend im N. Sg. Mask. und Fem. *-e*: *gôde* (= A. Fem.). Beim Neutr. ist *-et* (mhd. *-ëʒ*) nur bei *allit/-et* ‚alles', *andert* ‚anderes' und *sëlft – (sëlbeʒ)* vorhanden (alle drei nur substanti-

visch verwendet), sonst fehlt die Endung: *gôd*, D. *-en*, (s. o.), aber Fem.
G. D. *-er*. Im Pl. sind alle drei Geschlechter gleich: N. *gôde*, G. *gôder(e)*,
D. *gôden*, A. *gôde*. In der schw. Flexion im N. A. Pl. *gôde* und *gôden*,
G. *gôder* (s. o.), D. *gôden*.

6. Im Md. halten sich auch die nichtapokopierten Formen, die im Obd.
sonst nur im Frühmhd. erhalten sind. Wenn im Nhd. das Auslauts-*e* auch
dort wieder vorhanden ist, wo es im Mhd. apokopiert war, so kann das
auf das Md. zurückgehen, andererseits ist gerade im Md. der Mittelvokal
geschwunden: vgl. mhd. obd.: *dër lûter*, aber md.: *dër lûtre*, nhd. *der
laut(e)re*.

7. *iu* der Flexionsendungen bewirkt bes. im Alem. und Fr. Umlaut: *älliu*,
auch *ändriu*, ferner: *gänziu*, *völliu*, *græʒiu*, *kürziu*, *stärkiu* u. a. Da in den
meisten Kasus jedoch kein Umlaut möglich war, ist er auch durch Sy-
stemzwang häufig unterblieben.

§ 92 Herleitung

Im Idg. hat es zwischen Adjektiv und Substantiv nur einen Unterschied in
der Funktion gegeben, nicht in der Stammbildung. Daher können im Germ.
(wie auch mutatis mutandis in anderen idg. Sprachen) beim Adj. wie beim
Subst. die *a-(ja-, wa-)*, die *ō-(jō-, wō-)*Stämme, die *i-* und *u*-Stämme getrennt
werden. Es gab auch konsonantische Adjektivstämme, die im Germ. jedoch,
bis auf die *n*-Stämme, untergegangen sind. Die Flexion stimmte völlig mit
der der Substantivklasse überein. (Vgl. Mask. lat. *hortus – longus* (< idg. *-os*):
germ. **lang-az*, Neutr. *verbum – longum* (< *-om*): germ. **lang-an*, Fem.
ancilla – longa: germ. **lang-ō*.)
Da im Germ. die auslautenden Endungen auf Grund des starken Anfangs-
akzents weggefallen sind, blieb im N. Sg. nur *lang* – d. h. die sogen. unflek-
tierte Form – für alle drei Geschlechter übrig (im Russ. dagegen beim prä-
dikativen Adj.: красив-красива-красиво). Im Germ. gab es jedoch beim
Adj. einige Neuerungen, von denen zwei die Flexion betrafen, so daß der
Formenverfall wieder ausgeglichen wurde:

1. An die Wortwurzel treten Endungen der pronominalen Flexion, *d-ër*, *d-iu*,
d-aʒ; *blint*: *blint-er*, *blint-iu*, *blint-eʒ* usw.[89].
Im Germ. hat jedes Adj. diese Flexion angenommen, daher also im N.
Sg. aller Geschlechter und im A. Sg. Neutr. das Nebeneinander der sogen.
unflektierten und der flektierten Form, substantivische Flexion haben

---

[89] Vgl. auch lat. *tōtus, ullus, nullus*: Gen. nicht *tōt-i* wie *hort-i*, sondern wie beim Demon-
strativpron. *ille, is – illius, eius*: *tōtius* usw.

sonst nur noch G. Sg. Mask. und Neutr., A. Sg. Fem., und dabei stimmt
die subst. mit der pronominalen Flexion überein.

2. Jedes Adjektiv kann nach der *n*-Deklination (also der schwachen Dekl.)
flektiert werden. Diese Eigenart teilt das Germ. mit keiner anderen idg.
Sprache. Mit der Abschwächung der vollen Endsilbenvokale beim Über-
gang vom Ahd. zum Mhd. mußte jedoch jede Unterscheidung der Kasus
mit Ausnahme des Nominativs und des Akk. Neutr. wegfallen.

3. Ferner gingen die *i*- und *u*-Stämme in die *ja*- bzw. *a*-Deklination über,
z. B. **skaun-iz* > ahd. *scôni* > mhd. *schœne*; bei den *u*-Stämmen trat an
die pronominale Endung ein *j*: got. *hardus* (Mask.); *hardjata* (Neutr.),
daher noch im Mhd. *herte* und *hart* nebeneinander. Als *u*-Stamm ist nur
noch *filu* ‚viel' im Ahd. erhalten. Zu den *u*-Stämmen gehörten noch *dürre*,
dünne, *enge* u. a., zu den *i*-Stämmen *schœne*, *gemeine*, *genæme* u. a.

§ 93   Wortschatz

1. *a-/ō*-Stämme: zu ihnen gehören die meisten mhd. Adjektive, daher nur
Beispiele: *alt, blint, guot, heil, hôch, lanc, liep, lôs, rëht, siech, starc, tief,
tôt, warm, wâr*; auf *-ic, -ec* (< ahd. *-ag, -îg* = griech. *-ικός*, im Nhd. das
häufigste Suffix zur Adjektivbildung): *gewaltic, geloubic, güetec, gültec,
mähtec, sündec*; auf *-în* (Stoffbezeichnung, mhd. auch *-en*): *eichîn, guldîn,
hanafîn, hulzîn* ‚hölzern', *hurnîn* ‚hörnern', *irdîn*; auf *-isch* (< ahd. *-isk* =
griech. *-ισκος* Herkunft und Zugehörigkeit): *diutisch* > *diutsch* ‚zum Volke
gehörig', *frenkisch, irdisch* (zu *ërde*), *himelisch, hövisch*; auf *-eht, -oht* (<
ahd. *-ht, -oht* ‚versehen mit etwas', got. *-ahs*): *barteht* ‚bärtig', *vëlseht* ‚fel-
sig', *horneht* ‚gehörnt', *lockeht, steineht* ‚steinig' (doch im Ahd. auch als
ja-Stamm *-ahti*, z. B. *steinahti*); auf *-el* (< ahd. *-il*, Adj. der Neigung):
lützel ‚klein', *dürkel* ‚durchlöchert', *michel* ‚groß' (griech. *μεγαλός*), *übel*;
auf *-r, -er* (< germ. *-ro/-ra*): *bitter, lûter, hêr, sêr* ‚schmerzlich', *sûr, tiur,
vinster, sicher*. Ferner die Adj. mit den Kompositionsgliedern *-lîch* (<
germ. **lîkaz*), *-rîch, -sam, -bâr, -haft, -valt* und die Part. Prät. Zum Teil
stehen neben den *a-/ō*-Stämmen auch schon *ja-/jō*-Stämme, z. B. ahd.
-ahti.

2. *ja-/jō*-Stämme: da sie im Ahd. auf *-i* enden = mhd. *-e*, ist der Wurzel-
vokal umgelautet; im Nhd. ist das *-e* oft apokopiert: *bœse* (< ahd. *bôsi*),
brœde ‚gebrechlich', *dræte* ‚schnell', *gæbe* ‚angenehm', *grüene, hæle* ‚ver-
holen, glatt', *lære* ‚leer', *mære* ‚berühmt', *kiusche* ‚zurückhaltend', *kleine*
‚fein', *küele, küene, milte* ‚freigebig', *niuwe, œde, schiere* ‚schnell', *stæte*
‚beständig', *trüebe, wîse, wüeste*, z. T. auch Doppelformen: *dicke – dick,
hêre – hêr, lîhte – lîht, rîche – rîch, schœne – schôn, süeʒe – suoʒ* usw., mit

Präfixen, z. B. *gehiure* ‚freundlich', *gewære* ‚aufrichtig', *biderbe* ‚tüchtig',
Komposita: *alwære* ‚in jeder Beziehung wahr' > ‚albern', *diemüete* ‚de-
mütig', auf -*bære*: *êrbære* u. a., ferner die jüngeren: *nidere, behende, vërre*
‚ferne' und die Part. Präs.

§ 94 Steigerung

Die Steigerung erfolgt durch Suffixe:

a) für den Komparativ idg. -*i̯es*, -*i̯os*, -*i̯ōs*, -*is*, davon gilt im Germ. zunächst
   nur die Schwundstufe -*is*/-*iz*, aber ein neues Suffix -*ōs*, -*ōz* kommt hinzu;
   dann tritt die Endung der schwachen *n*-Dekl. an das Suffix an: idg. -*en*/
   -*on* > germ. -*o*, ferner wird *z* > *r*, also: -*izo*, -*ōzo* > ahd. -*iro*, -*ôro* >
   mhd. -*er(e)*;

b) für den Superlativ idg. -*is* + Dentalsuffix *t*: -*is-t*; germ. stehen wieder
   -*ist* und -*ōst* nebeneinander + *o*. Alle Suffixe treten unmittelbar an die
   Wurzel.

> Komp.: ahd. *jung-iro*   > mhd. *jünger(e)* zum Positiv germ. *jung-az*
> Superl.: ahd. *jung-isto* > mhd. *jüng(e)ste* oder aber
> Komp.: ahd. *jung-ôro* > mhd. *junger(e)*
> Superl.: ahd. *jung-ôsto* > mhd. *jung(e)ste*.

Umlautfähige Vokale wurden durch -*iro*, -*isto* umgelautet. Die Verteilung
war im allgemeinen so, daß die *ja*-/*jō*-Stämme alle *i*-haltigen Suffixbildungen
annahmen, die einsilbigen *a*-/*ō*-Stämme beide Suffixe nebeneinander hatten
und die mehrsilbigen und zusammengesetzten *a*-/*ō*-Stämme die *ō*-haltigen
Suffixe anfügten. Im Mhd. aber sind beide Komparativ- bzw. beide Super-
lativendungen durch die Abschwächung zusammengefallen: Komp.: -*er(e)*,
Superl.: -*est(e)*, die mhd. umgelauteten oder nichtumgelauteten Formen ge-
hen also auf die ahd. Bildungsweise zurück, doch kommen auch im Mhd.
noch -*ist* und -*ôst* vor: *minnist, vorderôst* u. a., bes. im Alem. -*ô*-Formen.

Synkopierungen und Apokopierungen treten vielfach ein, z. B. geht *hërre*
‚Herr' auf den Komp. von *hêr* zurück: ahd. *hêriro* und *hêrôro* > *hêrro* >
mhd. *hërre* > *herr*, nhd. *die Eltern* < mhd. Komp. *elter(e)n* (zu *alt*) < ahd.
altirôn. Superl.: ahd. *hêristo* > mhd. *hêreste* > *hêrste, græʒeste* u. *græste* =
Superl. zu *grôʒ* usw.

Die Flexion des Komp. u. Superl. stimmt im Mhd. mit dem Positiv über-
ein (im Ahd. beide nur schwach). Im Nom. Sg. des Komp. wird *e* apokopiert,
so daß nur -*er* bleibt, z. B. *der græʒer*.

§ 95 Suppletiv-Steigerung

1. Einige Adjektive bilden in fast allen idg. Sprachen die Steigerungsstufen von anderen Stämmen, es sind die besonders häufig verwendeten *gut*, *schlecht*, *groß*, *klein*:

mhd. *guot*	*be33er(e)*	*be33est, beste*
übel	*wirser(e)*	*wirsest, wir(se)ste*
michel	*mêre, mêrer(e), mêrre*	*meiste*
lützel	*minner(e), minre*	*min(ne)ste, minnest*

In *mêrer(e)* (*mêrre* und *merre*) liegt doppelter Komp. vor: *mêr* + *iro*; *mêr(e)* ist allein schon Komp.: germ. **majizō* = got. *maiza*, **mē-* (auch in ahd. *māri* ‚berühmt‘, mhd. *mære* ‚Kunde‘, ursprüngliche Bedeutung: ‚hervorragend‘) ist die zugrundeliegende Wurzel.

2. Zur Herkunft: Gerade diese „unregelmäßigen" Formen lassen erkennen, daß ursprünglich andere Wörter zur Steigerung verwendet wurden: zu *gut* etwa ‚herrlich, glücklich‘ – das sind Bedeutungen von idg. **bhād-* > germ. **batizo* > ahd. *be33iro*. Als Superl., d. h. als weitere Steigerung, ließe sich etwa ‚wunderbar, großartig‘ dazustellen. Die nächste Stufe ist dann der Vergleich und die Verbindung aller drei Bedeutungen zu einer festen (Steigerungs-)Reihe, lat. z. B. in *bonus – melior – optimus*. Mit Hilfe von Suffixen aber – und das ist die jüngste Stufe – läßt sich die Steigerung erheblich vereinfachen und auch auf jedes beliebige Adjektiv ausdehnen (vgl. ähnliches beim griech. Verbum für *sehen*: Präs., Fut. und Aorist: ὁράω ‚ich sehe‘, ὄψομαι ‚ich werde s.‘, εἶδον ‚ich sah‘).

3. Fehlender Positiv: Präpositionaler oder adverbialer Positiv ist bei einigen Komparativen und Superlativen zu ergänzen:

ê, êr bei *êrer(e), êrre, erre – êr(e)ste*;

in: *inner – innerste*; *nider*: *nider – niderste*;

obe: *ober(e) – ober(e)ste*; *hinden*: *hinder(e) – hinderste*;

û3: *û3er(e) – û3er(e)ste*; *unden*: *under(e) – underste*;

vor: *vorder(e) – vorder(e)ste*; dazu ahd. *furiro, furisto*, mhd. nur Subst.: *vürste* ‚Fürst‘; *le33este – leste* ‚letzte‘ = Superlativ zu *la3* ‚träge, lässig‘, der Zusammenhang ist verlorengegangen.

Adverbien

Adjektivadverbien

§ 96 Bildung auf -*e* < ahd. -*o*

Sie werden im Mhd. durch Anhängen eines -*e* < ahd. -*o* an die Wurzel oder an das Adj.-Suffix gebildet, also hat das Adverb keinen Umlaut. Bei den *ja-/jō*-Stämmen steht im Mhd. zwar in jedem Falle – beim Adj. und beim Adv. – ein -*e* am Wortende: *schœne* – *schône*, aber in *schœne* geht es auf ahd. -*i* (*skôni* = Adj.), in *schône* auf ahd. -*o* (*skôno* = Adv.) zurück (aus mhd. *schône* ist durch Bedeutungswandel nhd. ‚schon‘ geworden, als der Zusammenhang mit *schön* nicht mehr erkannt wurde, s. u.); ebenso: *spæte* – *spâte*, *træge* – *trâge*, *veste* – *vaste* (zum Bedeutungswandel s. u.), bei den *a-/ō*-Stämmen: ahd. *lang* – *lango* > mhd. *lanc* – *lange*, *gelîch* – *gelîche* (aber bei mehrsilbigen Adjektiven, d. h. bei einem ahd. *i* in der Mittelsilbe, bleibt der Umlaut bestehen: ahd. *ubil* – *ubilo* > mhd. *übel* – *übele*, ebenso *edele* – *edele* [< ahd. *adili* – *adilo*] usw.). Es kann aber auch der Umlaut auf das Adv. im Mhd. übertragen werden, z. B. *süeʒe* (< *suoʒi* und *suoʒo*); darauf beruht später z. B. die Abspaltung von *schône*; zuerst làutete das Adv. zu *schœne*: *schône*, dann aber auch *schœn(e)*, und *schôn(e)* war frei, so daß es eine neue Bedeutung annehmen konnte; dasselbe ist bei *veste* – *vaste* der Fall: *fast* bedeutet heute ‚beinahe‘, und die Verbindung mit ‚fest‘ wird nicht mehr empfunden; *dicke* kann als Adv. ‚dick‘ und ‚oft‘ bedeuten.

Die Adverbbildung auf germ. *ō* > ahd. *o* > mhd. *e* geht auf den neutralen Ablativ der *a*-Stämme (idg. *o*-St.) zurück: idg. -*ōd*, erhalten im Altlat. *meritōd* > *meritō*, ebenso: *subitō*, *continuō* usw.; daneben auch im Idg. der ablautende Abl. auf -*ĕd*: altlat. *facilumĕd* > *facillimē*, *benĕ* < *benē*, *certē* usw., auch im Ags.: *gelice* zu *gelic* u. a.

§ 97 Bildung durch erstarrte Kasus oder durch Suffixe

Zur Adverbbildung dienen ferner der erstarrte Akk. Sg. Neutr. bei *alleʒ* > *alʒ* ‚ganz und gar‘, *gar* u. *garwe* ‚ganz, vollständig‘, *kleine*, *wênec*, *lützel* ‚nicht‘ oder ‚wenig‘, *michel* ‚sehr‘ oder ‚groß‘, *genuoc* ‚hinreichend‘, *vil* ‚sehr‘, die schon im Germ. substantiviert wurden, und unflektiertes *al* (oft als Verstärkung), *vol* ‚vollständig‘. Gen. Sg. Neutr. liegt vor bei: *alles* ‚ganz und gar‘, *nalles* ‚durchaus nicht‘, *twërhes* ‚kreuz und quer‘, *gâhes/gæhes* ‚schnell‘, *lënkes/linkes* ‚links‘, *rëhtes* ‚rechts‘, *slëhtes* ‚glatt‘, *strackes* ‚geradezu‘ usw.

Auch mit Hilfe von ahd. -*licho*, mhd. -*lîche* und -*lîchen* können Adj.-Adv. gebildet werden. Diese Bildungsweise haben vor allem die Adj. auf -*ec*, -*ic* und die auf -*isch*: *trûrec* – *trûreclîche*; *sælec* – *sæleclîche*; *hövesch* – *höveschlîche*. (Es ist auch Verkürzung zu -*liche*, -*lichen* möglich.) Neben *süeʒe* als Adv. stëht auch *suoʒlîche*, neben *trâge* (zu *træge*) auch *trâclîche*; Adv. zu *diutisch* ist *diutsche* ‚auf deutsch‘. Ohne Adj. sind die Adv. *gërne* ‚eifrig, bereitwillig‘, *ofte* ‚oft‘ (wie mhd. *dicke*), *nâhe* u. *nâ* ‚in der Nähe‘, *vërre* ‚ferne, weit‘, *gëster*(*n*). Das Adverb zu *guot* ist *wol*.

§ 98 Adverbien im Komparativ

Ahd. -*ôr* > mhd. -*er* (= Akk. Sg. Neutrum), daher kein Umlaut: *langôr* > mhd. *langer*, *schôner*, *gruoner*; Besonderheiten: Adv. zu *beʒʒer* ist *baʒ*, zu *wirser*: *wirs* ‚schlechter‘, ferner: *ê* ‚früher‘, *sît*, md. *sider*, *sînt*, *sint* ‚später‘, *mê*, *mêr*, *mêre* ‚mehr‘, *min*, *minner*, *minre* ‚weniger‘, *halt* ‚vielmehr, freilich‘.

Adverbien im Superlativ:

Ahd. -*ôst* > mhd. -*est* (-*ist*) (auch hier ist der endungslose Akk. Sg. Neutr. des Adjektivs Adverb), *langôst* > mhd. *langest* ‚sehr lang, aufs längste‘, *vastest*, *schônest*, *gruonest*; auch -(*e*)*ste* kommt vor: *êrste*, *meiste*, *beste*, *minste*, *wirste* neben *êrest* usw.; *êrst* wird durch *aller* verstärkt: *aller êrest*(*e*) > *alrê*(*r*)*st*(*e*). Statt *êrst* auch *dës*, *am êrsten* u. ä.; ferner *ze* + Superl.: *ze êrest*, *ze jungest*, *ze unterst*, *ze vorderst* usw., auch flektiert auf -*e* und -*en*: *ze jungest-e*, -*en* usw., auch mit *am*, *vom*.

§ 99 Substantiv- und Pronominaladverbien

Vielfach sind erstarrte Kasus von Substantiven zu Adverbien geworden: Akk. der räumlichen und zeitlichen Erstreckung: *alle wëge* ‚überall‘, *welchen ende* ‚wohin‘, *ie* ‚immer‘, *alle* – *manege wîle*, *manege* – *alle* – *vier stunt*, *jârlanc*, *tage-*(*tâ-*)*lanc*. Genitiv: *welches endes*, *eines* – *andern* – *dës tag*(*e*)*s*, *nahtes*, *âbendes* usw. Kausaler Gen.: *wës* ‚weshalb‘, *dës* ‚deshalb‘. Dativ der Zeit und des Ortes: *dâ heime*, *manegen enden* ‚auf allen Seiten‘, *beiden* – *dînen halben*; *morgen*(*e*) ‚am Morgen‘, *nähten* ‚letzte Nacht, gestern abend‘. Akkusativ der Beziehung: *niht* (< *ni eo wiht*) ‚nicht irgendein Ding‘, *alle wîs*, *manege wîs* ‚in jeder Hinsicht‘ usw.

Zahlwörter

§ 100 Kardinalzahlen

a) 1 *ein*: Flexion wie beim starken oder schwachen Adjektiv; st.: *einer, einiu, eineʒ*; schw.: *eine*. Ursprünglich Zahlwort, dann unbestimmter Artikel und unbestimmtes Pronomen (wie im Nhd.), auch der Pl. ist möglich. Bedeutet es ‚allein, einzig‘, so flektiert *ein* nur schwach: *eine rîten* ‚allein reiten‘, aber nach dem Gen. des Pers.-Pron. stark: *dîn eines muoter*.

2 u. 3: Nur der Nominativ (= Akkusativ) ist in den drei Geschlechtern verschieden:

	Mask.	Fem.	Neutr.
N. = A.	*zwêne*	*zwô (zwuo, zwâ)*	*zwei*
G.		*zwei(g)er*	
D.		*zwei(e)n*	

N. = A.	*drî, drîe*		*driu*
G.		*drî(g)er*	
G.		*drin, drî(e)n*	

4–12: entweder unflektiert oder nach der starken Adjektivflexion (oder im Mask. u. Fem. nach der *i*-Dekl., zu erkennen am Umlaut, z. B. *aht : ähte*).
4 *vier* oder N. = A. Mask. Fem. *viere*, Neutr. *vieriu*, G. *vierer, viere*, D. *vieren*, 5 *finf, fünf*, Pl. *finf-e, -iu*, 6 *sëhs* (md. *sess*), 7 *siben* (md. *seben, suben*), 8 *aht, ähte* (*alem. ähtewe*), 9 *niun* (md. *nûn*), 10 *zëhen* (md. *zên*), 11 *einlif* (*eilef* > *eilf* > nhd. *elf*), 12 *zwelif, zwelf*.

13 ff.: alle übrigen Zahlen bleiben unflektiert: 13 *drîzëhen, driuzëhen*, 14 *vier-*, 15 *fünf-*, 16 *sëh-*, 17 *siben-*, 18 *aht-*, 19 *niunzëhen* (also unflektierte Einerzahl + *zëhen*), 20–90 Einerzahl + Zehnersuffix *-zic, -zec* (*-zoc*): *zweinzec* (*zwênzec*) nach 1400 *zwanzic, drîzec, vierzec, finfzec* usw. 100 1. *zëhenzec* (md. *zenzec*) bis zum 12. Jh., 2. *hundert* (starkes Neutr.) = klass. Mhd., 3. *hunt* (Pl. st. Neutr.), mdal. z. T. bis jetzt; 200 *zweihundert*, 300 *drîhundert* usw., 1000 *tûsent*, ursprgl. Fem., dann neutrales Substantiv, auch *tûsunt* (md. *tûsing, tûsig* u. a.); 3422 *driu tûsent vierhundert zwei unde zweinzec* usw.

b) Die Zahlen bis 20 werden als Substantive und als Adjektive gebraucht. Als Substantive haben sie meist den partitiven Genitiv bei sich, z. B. *edeler dëgen fünfe, sîner liute sëhse*, bes. Adj. oder Demonstrativ- oder Possessivpron. + Subst. + Zahlw., aber es ist auch: *mit drîn küenen recken* möglich.

Die Zahlen von 20 an sind Substantive.

Zur Herkunft: 2: alter Dual, Fem. *zwâ* = *ō*-Dekl. wie *gëbâ, zwô* ist älter = adjektiv. Flexion wie ahd. *blinto*; in *zwuo* ist *ō* diphth. > *uo. zwô* ist im Mhd. am häufigsten (heute noch: *zwō: drei!*). Zum Teil ist auch im G. und D. der Geschlechtsunterschied im Frnhd. vorhanden: *zwêner, zwôer, zwôen, zweien*, doch tritt Analogie zu den Zahlen 4–12 ein: der Nom. wird eingesetzt, und hier dringt das Neutr. durch, nur der Gen. ist z. T. noch erhalten: *zweier Zeugen*; nach *viere* auch: *zweie*.
3: im Dat. ist *driu* die ältere Form (*i*-Dekl., Schwundstufe zu idg. *-ei*), im 13. Jh. noch vorhanden, dann wie in den anderen Kasus *î*. Neutr. *driu* bis zum 15. Jh. Adjektivisch heute nur noch *drei*, auch im Dat., substantivisch *dreie* neben *drei*, im Gen. noch *dreier*.

c) Unseren Zahlen entsprechen lautlich die lat. und griech.: *ūnus* < **oinos* = *ein*; *duo* = got. *twai* = *zwei*; *tri-a, -um* = *drî*; *quattuor*, griech. τέτταρες (< **qᵘetu̯ōres*) = got. *fidwōr* = as. *fiuwar*, ahd. *feor* > *fior* > *vier*; lat. *quinque*, griech. πέντε = ahd. *fimf, finf*; lat. *sex* = ahd. mhd. *sëhs-i, -e*; lat. *septem*, griech. ἑπτά (< idg. **septm̥* > germ. **sebun*, *t*- Schwund u. Vern. Gesetz u. *ë* > *i* vor *u* >) ahd. *sibun*; lat. *octō* = ahd. *ahto*; lat. *novem* = ahd. *niun* (< **neu̯un*); lat. *decem* = as. *tëhan* = ahd. *zëhan*. *einlif* > *elf* und *zweilif* > *zwelf* sind mit dem Element *-lif* gebildet (zu griech. λείπω), Bedeutung: ‚übrig‘ (über 10); diese Bildungsweise gibt es noch im Balto-Slaw.: lit. *vienúo-lika* = 11, *dvý-lika* = 12 (*-lif* steckt. auch in den Orts-namen auf *-leben* ‚Hinterlassenschaft‘, z. B. *Oschersleben*). Bei den Zehner-zahlen ist *-zec* (< ahd. *zug*) das Wort für ‚Dekade‘, griech. δεκάς; auch *hund-* hängt mit *zëhen* zusammen: **d(e)k̂m̥tóm* > **k̂m̥tóm* > lat. *centum*, germ. *hund* (= Zehnheit der Zehner) *-ert* (< *rabjan* ‚zählen‘); *tûsent* (< *þûshund* mit *h*-Schwund) = Großhundert, nur noch mit dem Slaw. ver-wandt; aslaw. *tysęšta, tū-s* steckt in lat. *tumēre* ‚schwellen‘, aind. *tavas* ‚Kraft‘). *Million* stammt aus dem Ital. *milione*, lat. *mille* = 1 000, *-one* = Vergrößerungssuffix.

§ 101 Ordinalzahlen

1. *êrste, êreste* (ahd. *êristo* = Superlativ zu *êr* ‚frühe‘); ahd. auch *furisto* ‚der Vorderste‘, im Mhd. aber nur als Subst. in *vürst(e)* erhalten.
2. *ander* = Pronominaladjektiv: *anderer, anderiu, andereʒ*; *zweiter* erst nach 1500 (nur bei *ander* ist noch starke Flexion vorhanden).
3. *dritte*, md. *dirte* (vgl. abulg. *tretiji* u. lat. *tertius*, ahd. *dritto*).
4.–19. mit *t*-Suffix (ahd. *-to*, mhd. *-te(de)*), *vierde, fünfte, sëhste*, md. *sette, sibente, sibende, ahtode, ahtede, ahte* usw.
13.–19. Kardinalzahl + *zëhente*: *drîzëhente, vierz.* usw. Im Ahd. wurden

beide Ordinalzahlen nebeneinandergestellt, aber nur die zweite flektiert: *drittozëhanto*, von Notker an steht die Kardinalzahl als erste.
20.–100. Kardinalzahl + Superlativsuffix ahd. *-ôsto*, mhd. *-este*: *zwein-zegeste, drîʒegeste* (oder *-igeste*) usw. – 100.: *zëhenzigeste* und *hundertste*. 1000. *tûsentste* u. *tûsenteste*.
Es gibt drei Gruppen bei den Ordinalzahlen: I 1. und 2. nicht vom Kardinal-stamm gebildet, II 3. bis 19. mit *t*-Suffix, III ab 20. mit Superlativsuffix *-ôsto*. Alle Ordinalzahlen außer *ander* werden schwach flektiert.

§ 102   Zahladjektive

a) **Einfache**: *einic* ‚einzig‘; *zwisc* ‚zwiefach‘ (Dat. Pl. mit *in*: *in zwischen, enzwischen* und: *zwischen*).
b) **Zusammengesetzte** (multiplikative Zahladjektive): Kardinalzahl + Suffix: *-valt, -valtic* > *-veltec, -ic*: *einvalt, einvaltic, -ec, -veltic; zwîvalt, drîvalt, viervalt* usw. – *hundertveltic* u. ä. *-lîch*, im Mhd. nur in der Textil-terminologie: *einlich, zwilich* ‚einfädig, zweifädig (gewebt)‘, *drilich* ‚drei-fädig gewebtes Tuch‘. *-vach* (erst nach 1300): *zwîvach, drîvach* usw.
Genitivische Umschreibungen mit *hant, leie* und *-slaht*: *drîer hande, zëhen hande, zwîer leie, drîer leie*, md. *nûnslaht* = *niunveltic*.

lei = lat. *lēgem* > frz. *ley* ‚Art‘: auch *maneger-, aller-, ander-lei*, seit 1200: *slaht* = Adj. ‚geartet‘.

§ 103   Zahladverbien

Einfache: *eines* (Gen. Sg.) ‚einmal‘, spätahd. schon *eines-t* (mit Bedeu-tungsdifferenzierung > nhd. ‚einst‘), diese Adverbbildung entspricht der der Adj.: *rëhtes* > *rëchts, zwir(e)* ‚zweimal‘, md. *zwîs* (ahd. *zwiro, zwiror*); md. *drîs* ‚dreimal‘.
Zusammengesetzte: Kardinal- oder Ordinalzahl + *stunt* (= adverbialer Abl. Pl. von *stunta, stunt* ist zwar nhd. ‚Stunde‘, bedeutet im Mhd. jedoch ‚Zeitpunkt, Mal‘) oder *werbe* (< ahd. *warba* ‚Umdrehung‘, vgl. ‚Wirbel‘) oder *mâl* (seit dem 13. Jh.): *vierstunt, zëhenstunt* ‚viermal, zehnmal‘ usw., *tûsentstunt* ‚tausendmal‘ (nicht ‚tausend Stunden‘), *anderstunt, drittestunt*. *drîwerbe* ‚dreimal‘, *siben werp* ‚siebenmal‘ (= md. *warf*), *tûsent warbe* ‚tau-sendmal‘; *ander warbe, ander werbe, dritte warp* ‚zum zweiten, dritten Male‘, im Ahd. nur vereinzelt.
ze einem mâle = *einstunt*, auch genitivisch: *eines mâles, zem andern mâle, ze dëm dritten mâle*.
Auch *weide, weit* ‚Fahrt, Reise‘ steht im Mhd. neben *stunt*: *drîweit, vierweide* ‚dreimal, viermal‘; *anderweit* ‚zum zweiten Male‘ ist noch nhd. erhalten.

§ 104   Bruchzahlen

Zur Bildung von Bruchzahlen dienen *halb* + Ordinalzahl und *teil* + Ordinal- oder Kardinalzahl: *anderhalb, -halp* = $1\frac{1}{2}$, *drittehalp* = $2\frac{1}{2}$, *fünftehalp* = $4\frac{1}{2}$. Bei *teil* wird die Ordinalzahl attributiv vorangestellt: *dër halbe teil* = $\frac{1}{2}$, *dër* oder *daȝ dritte* (ahd. *dritto*) *teil* = $\frac{1}{3}$. Ist der Zähler nicht 1, wurde schon im Ahd. die unflektierte Kardinalzahl + *teil* verwendet: *daȝ feorda teil* = $\frac{1}{4}$, aber *fiorteil* ‚Viertel‘. Im Mhd. entsteht daraus ein zusammengesetztes Zahlwort mit der Abschwächung von *teil* > *tel*: *vierteil* > *viertel*; *dritteil* ist nur so belegt.

Pronomen

§ 105   Ungeschlechtige Pronomen

	1. Person		2. Person		Reflexivum	
	mhd.	ahd.	mhd.	ahd.	mhd.	ahd.
Sg. N.	*ich*	*ih*	*du, dû*	*du, dû*	–	–
G.	*mîn* (md)	*mîn*	*dîn* (md.	*dîn*	*sîn* (Mask.	*sîn*
	mînes,		*-es, -er*		Neutr.)	(*ira*)
	später md.		wie *mîn*)		*ir* (Fem. auch	
	mîner)				*sînes, -er*)	
D.	*mir*	*mir*	*dir*	*dir*	*im* (M. N.),	(*imu, iru*)
					ir (F.)	
A.	*mich*	*mih*	*dich*	*dih*	*sich*	*sih*
Pl. N.	*wir*	*wir*	*ir*	*ir*	–	–
G.	*unser*	*unsêr*	*iuwer* (*iur*)	*iuwêr*	*ir*	(*iro*)
D.	*uns*	*uns*	*iu*	*iu*	*in*	(*im*)
A.	*unsich,*	*unsih*	*iuwich,*	*iuwih*	*sich*	*sih*
	uns		*iuch*			

Sg. G. *mînes, dînes, sînes* nur in Verbindung mit *sëlbes, eines* (als Verstärkung) und nur im Md., wie zunächst nur hier die im Nhd. geltenden *mîner* usw.

r-lose Formen *mi, di, wi, gi* u. *i* (= *ir*) sind im Md. häufig.

ich, du, ir können in der Enklise abgeschwächt werden > *ech, de te* (biste), *er*. Bei Betonung auch Dehnung von *ich* > *îch*; im Md. auch *iche* statt *ich*.

Krasis (Verschmelzung), z. B. *deich* = *daȝ ich* (s. § 2), und Kontraktionen sind sehr häufig, z. B. Negation + Pron. *ich enweiȝ* > *ichn* w., Pron. + Pron. *ich si – ëȝ – daȝ* > *ichs, ichȝ*; *du si – ës – ëȝ – daȝ* > *dus, duȝ* usw. Der Pl. *unsich* wird im Mhd. durch den Dat. *uns* ersetzt; *iuch* u. *iu* werden seit der 2. Hälfte des 13. Jhs. nebeneinander gebraucht, dann dringt *iuch* ‚euch‘ ganz in den Dat. ein. Im Bair. kommt der Dual (Nom. *ëȝ*, Akk. *ënc*) als Plural im 13. Jh. zuerst vor = ‚ihr, euch‘ (bis heute Kennzeichen des Bair. geblieben).

Reflexivpron.: die fehlenden Kasus werden durch das geschlechtige Pron. der 3. Person ersetzt (*im* noch bei Luther), *sich* im Dat. (wie im Nhd.) kommt in mhd. Zeit nur im Mfr. vor, sonst seit dem 16. Jh. Eigentliche Refl.-pron. sind nur *sîn, sich*.

Bei der Flexion dieser Pron. liegt Suppletivbildung vor, nur z. T. werden Kasussuffixe gebraucht.

§ 106   Geschlechtige Pronomen

Personalpronomen der 3. Person

	Mask.		Neutr.		Fem.	
	mhd.	ahd.	mhd.	ahd.	mhd.	ahd.
Sg. N. A.	*ër* (md. *hër, hê*)	*ër*	*ëz*	*iz*	*siu, sie, sî, si*	*siu, si*
G.	*sîn (ës)*	*(sîn)*	*ës (sîn)*	*ës*	*ir(e)*	*ira*
D.	*ime, im*	*im(o)*	*ime, im*	*imo*	*ir(e)*	*iru*
A.	*in*	*inan, in*	*ëz*	*iz*	*sie, sî, si*	*sia (sie)*
Pl. N. A.	*sie, sî, si*	*sie*	*siu, sie, sî, si*	*siu*	*sie, sî, si*	*sio*
G.	*ir(e)*	*iro*	*ir(e)*	*iro* ·	*ir(e)*	*iro*
D.	*in*	*im*	*in*	*im*	*in*	*im*

Sg. N. Neben *hër* und *hê* im Md. auch *hei* u. *hie*. Beim Fem. ist der A. in den N. gedrungen. Statt *ëz* im Mfr. *it*, sonst im Md. auch *iz* wie im Frühmhd.
G. Mask. *ës* ist verdrängt durch das refl. *sîn*; ins Neutr. dringt *sîn* ein.
G. D. Die vollen Formen *ime, ire* (< ahd. *imo, imu, iro* usw.) sind bes. im Frühmhd. noch belegt. Im Md. auch *em, öm, um*; auch in anderen Kasus statt *i: e, o, u, ö: er, on* usw.
A. Mask. vereinzelt noch *inen* (< ahd. *inan*). A. Fem. und Pl.: *si* war die unbetonte Form, betont: *sî*; alle Formen: *sie, siu, sî, si* im Sg. N. A. Fem. und im N. A. Pl. aller drei Geschlechter werden z. T. nebeneinander gebraucht, so daß *siu* im Fem. u. Neutr. durch jede andere ersetzt sein kann.
In der Schreibung sind *ëz* und *ës* im Nhd. zusammengefallen, daher Umdeutung des Gen. zum Nom. oder Akk.: *Ich bin's zufrieden. ir* und *in* sind wie Adjektive behandelt: *irer, inen*.
Diese Pronomen verbinden sich sehr häufig mit vorangehenden oder folgenden Wörtern (in der Enklise und Proklise, aber auch sonst): *mohte ër > mohter* im Reim auf *tohter, bat ër > bater: vater*; von *siu, sie, sî* bleibt oft nur noch das *s* übrig: *mohten si > mohtens, daz si > dazs*; der anlautende oder auslautende Vokal wird oft bei der Verbindung ausgestoßen: *ër im > ërm, si in > sin, ër ëz > ërz, mir ëz > mirz*, oder auch das *z: ëz ist > eist, daz ëz, iz > deiz* usw. Die Negation *en* wird auch hier oft angehängt: *ër enweiz > ërn weiz* oder *ërne weiz, ez engeschiht > ëzn gesch., ëzne* usw.; *ze* ist oft mit dem Pron. verbunden: *ze im > zim, ze ir > zir* usw. (s. § 2).

§ 107   Possessivpronomen

1. Als Possessivpronomen werden die Genitive der ungeschlechtigen Pronomen für die 1. u. 2. Pers. und der Gen. vom Reflexivum für die 3. Pers. beim Mask. u. Neutr., für das Fem. im Sg. und für den ganzen Plural die Gen. des Personalpronomens verwendet, also:
   Sg. *mîn, dîn, sîn* (Mask. Neutr.), *ir(e)* Fem.; Pl. *unser, iuwer, ir(e)* (im Bair. noch *ënker* als Plural, vom Dual *ëz, ënc*).

2. Flexion: die des starken Adjektivs, auch nach dem best. Artikel, also *mîner, mînez, mîniu; unserer*, Gen. Sg. *unseres*, Dat. *unserem(e)*. Auch

verkürzte Formen: Dat. *mînem(e)* > *mîme*, Gen. *mînes* > *mîns* und *mis*; im Md. (Fränk.) bes. die Kurzformen: *unser, unseʒ, unsiu*, ebenso: *iuwer, iuweʒ, iuwiu*, Gen. *unses, iuwes*, Dat. *unsem*, Akk. *unsen* usw., Pl. *unse, iuwe* usw. Im Nom. auch *unse*: *unse vrouwe, unse lant*. Bei adj. Gebrauch sind der Nom. Sg. aller Geschlechter, der Akk. Neutr. u. z. T. Fem. flexionslos, auch nach dem Artikel: *dîn klage, mîn hûs, ein mîn wange*, in den übrigen Kasus starke Flexion, s. o., erst ganz allmählich auch schwache.
ir wird erst im Mhd. flektiert, zuerst im Md. im 12. Jh.

3. **Gebrauch** der Possessivpron.: adjektivisch und substantivisch; subst.: *dër mîn* ‚der Meine‘, *daʒ sîn* ‚das Seine‘, *die sîne* ‚die Seinen‘ usw. *mîn* fungiert auch als Anredefloskel ohne Possessivcharakter: *mîn herre, mîn vrouwe*, vgl. nnl. *Mijnheer*, frz. *Monsieur*; *meine Dame* usw.

4. **Herkunft**: Es liegen alte Lokative der Personalpronomen und des Reflexivums zugrunde: idg. **mei-, *tei-, *sei-* + Suffix *no* + starke Flexionsendung: **mei-no-s* ‚bei mir seiend, zu mir gehörend‘ usw. (vgl. lat. *meus* < *mei̯-o-s*, abulg. *mojь*; lat. *tuus*, abulg. *tvojь* usw.) > germ. **mînaz* > ahd. mhd. *mîn*. Im Pl. idg. **ns* + *er* (= Suffix) + *o* (= stammbildendes Element) + *s* (= Flexionsendung) > germ. **unseraz* > *unser*; das Poss. der 3. Person Pl. und des Fem. Sg. fehlten, dann durch *ir* ergänzt.

§ 108 Bestimmter Artikel

	Mask. mhd.	ahd.	Neutr. mhd.	ahd.	Fem. mhd.	ahd.
Sg. N.	*dër* (md. *dê, die, dî*)	*dër*	*daʒ* (mfr. *dat*)	*daʒ*	*diu* (md. *die*)	*diu*
G.			*dës* (md. *dis*, mfr. *dit*)	*dës*	*dër(e)*	*dëra*
D.			*dëm(e) dëmu/o*		*dër(e)*	*dëru*
A.	*dën*		*daʒ* (mfr. *dat*)	*daʒ*	*die*	*dia*
I.	(nur Neutr.)		*diu* (spätbair. *deu*)	*diu*		
Pl. N. A.	*die*	*dê, dia*	*diu* (md. *die*)	*diu*	*die*	*dio*
G.			*dër(e)*	*dëro*		
D.			*dën* (alem. *dien*)	*dêm, dên*		

Der Instr. *diu* (md. *die*) kommt nur in Verbindung mit Präpos. vor: *von diu, ze diu* usw. und mit *dës*: *dëste* < *dës de* und mit Angleichung an den Komparativ: *dëster*; bis jetzt in *desto* erhalten.
Der Artikel wird vielfach abgeschwächt: *daʒ* > *deʒ, diu* > *die, de* und sogar *d* vor Vokal; *daʒ ich* > *deich, daʒ ist wâr* > *deiswâr* u. *deswâr*, in Verbindung mit Präpositionen, aber auch sonst in unbetonter Stellung bleibt häufig das *d* weg: *ze dëm(e)* > *zem*, *ze dër* > *zer* usw.; *dës morgens* > *smorgens*, ebenso *sâbents*.
Gen. Sg. *dës* kann auch ‚deshalb, deswegen‘ – entsprechend *wës* ‚weshalb‘ – und ‚dessen, davon, danach = seitdem‘ bedeuten (Gen. der zeitl. Erstreckung). Die vollen Formen *dëme, dëre* begegnen im Frühmhd. und später noch im Md. bes. substantivisch, die er-

weiterten Formen *dessen, deren* (mit schw. Adjektivendung) sind erst im Frühnhd. und im Nhd. (16./17. Jh.) In Gebrauch gekommen. Im Bair. steht statt *diu* auch *deu* u. *dei*.

Zur Geschichte des best. Artikels: *dër, diu, daʒ* waren ursprünglich Demonstrativpronomen, diese Funktion haben sie noch im älteren Ahd., einen Artikel gab es im Germ. ebensowenig wie im Lat. (*verbum* ‚das Wort‘). In dem Maße, in dem dieses Demonstrativpron. zum Artikel wurde, trat das zusammengesetzte Demonstrativpron. *diser* an seine Stelle, aber noch im jüngeren Ahd. und im Mhd. ist beim Übersetzen zu fragen, ob das Pronomen als Demonstrativum oder als Artikel wiederzugeben ist.

§ 109   Demonstrativpronomen

	Mask.		Neutr.		Fem.	
	mhd.	ahd.	mhd.	ahd.	mhd.	ahd.
Sg. N.	*dirre*	*dëse, dëser*	*ditze, diz, diʒ*	*diz*	*disiu*	*dësiu*
G.	*dises*	*dësses*			*dirre*	*dësera*
D.	*disem(e)*	*dësemu/o*			*dirre*	*dëseru*
A.	*disen*	*dësan*	*ditze, diz, diʒ*	*diz*	*dise*	*dësa*
Pl. N.	*dise*	*dëse*	*disiu*	*dësiu, disiu*	*dise*	*dëso*
G.		*dirre*	*dësero*			
D.		*disen*	*dësem, -en*			
A.	*dise*	*disiu*	*dësiu, disiu*	*dise*	*dëso*	

Dem im germ. Demonstrativpronomen (= mhd. Artikel) vorliegenden Stamm (idg. **te-/to-* >) germ. *dë-* ist eine deiktische Partikel – *se* – hinzugefügt worden. Die Flexion trug ursprünglich nur der erste Bestandteil: *dë*, N. *dë-se*, Gen. *dës-se*, dann wird auch *se* flektiert: *dës-ses* und schließlich die Innenflexion aufgegeben: *dë-ses*. Die *i*-Formen gehen auf die Kasus zurück, in deren zweiter Silbe ein *i* (*iu*) vorhanden war, so daß Wechsel von *ë* > *i* eintreten mußte. *rr* in *dirre* erklärt sich durch Assimilation von *s* an *r*: *dësera* > *dërer* > *dërre* (Synkope) > *dirre*.
Außer im Sg. Neutr. gibt es auch im Mhd. noch in allen Formen *e*, bes. im Md.; denn die ahd. Flexion fürs Mask. war: *dëser, dësses* (älter *dësse*), *dësemo, dësan*, Fem.: *dësiu* u. *disiu, dësera, dëseru, dësa* usw. (Die Herkunft der Affrikata im Neutr. ist nicht geklärt, da nicht nur *tt* < *tj* im Ahd., sondern auch im Anord. (wegen *þetta*) anzusetzen wäre, dann 2. LV: *tz*.)
Das unverschobene *dit* (Neutr.) gilt entlang der md.-nd. Grenze; in Thür. auch *ditte*.
Im Gen. Sg. kommen vereinzelt noch *diss(e)* vor und im Nom. Sg. auch schon *diser* (*dëser*) und *dise, dëse*.

§ 110   Interrogativpronomen

		Mask. (Fem.)		Neutr.	
		mhd.	ahd.	mhd.	ahd.
Sg.	N.	*wër* (md. *wê, wie, we, wi*)	(*h*)*wër*	*waʒ*	(*h*)*waʒ*
	G.		*wës*	(*h*)*wës*	
	D.		*wëm(e)*	(*h*)*wëmu, wëmo*	
	A.	*wën*		*waʒ*	(*h*)*waʒ*
	I.			*wiu* (spätbair.	(*h*)*wiu*
				weu u. *wê*)	

Der Plural fehlt, das Mask. steht auch fürs Fem. Die Flexion entspricht ganz der des Artikels: *dër – daʒ*.
Dieses Pron. wird nur substantivisch gebraucht: *wër* für Personen, *waʒ* für Sachen. Im Lat. entsprechen lautlich *quis, quod*; ahd. *hwër, hwaʒ* < idg. *$q^u$is – q^uod*.
Im Mfr. ist *waʒ* unverschoben: *wat*. Der Instr. kommt nur nach Präpositionen vor: *ze wiu*, öfter *zwiu* ‚woran, worin, womit‘ usw., auch ‚weshalb‘, ferner *an, von, after, mit wiu*.
Gen. *wës* ‚weshalb‘ wie *dës* ‚deshalb‘.
Zur gleichen Wurzel gehören: *wëder* ‚wer von zweien‘, *wëderʒ* ‚was von zweien‘, flektiert: *wëders, wëderem* (ebenfalls substantivisch); adjektivisch: *welîch > welch* (aus *we + lîch* = lat. *quālis*; md. auch *wielich*) ‚wie beschaffen‘; *sôlîch, sölch, solch* (= lat. *tālis*) ‚so beschaffen‘.

§ 111   Relativpronomen

Im Deutschen durch den Artikel: *dër, diu, daʒ* gebildet, zu denen noch *dâ, dar* hinzutreten können: *dër dâ, dër dar*.
Auch *sô* kann Relativpron. sein; im Ahd. in der Verbindung *sô wër sô, sô welîh sô*, daraus auch *swër* und *swelîch* und auch allein *wër* und *welch* als verallgemeinernde Relativa. *welch* ist im Nhd. reines Relativum.

§ 112   Pronominaladjektive

Es folgt nur ein Überblick, da sie z. T. schon behandelt sind, z. T. noch behandelt werden. 1. Possessivpronomen § 107, 2. Adjektivische Fragepronomen § 110, 3. Indefinitpronomen § 113, 4. Demonstrativa *jener, ander, sëlp* § 114. Sie werden wie Adjektive flektiert, stark und schwach, nur fehlt bei einigen die schwache Form.
Pronominalsubstantive *man, ieman, nieman, iht, niht* s. Indefinitpronomen § 113.

§ 113 Indefinitpronomen

1. **Positive Bedeutung**: ‚irgendeiner, mancher, ein gewisser, jeder‘ u. ä.

a) *sum* (aus dem Ahd. ererbt, stirbt im Mhd. aus, fast nur pluralisch: *sume* ‚einige‘ gebraucht), häufiger ist *sumelîch* ‚irgendeiner, mancher‚ s. e) ζ.

b) *ein* ‚irgendeiner, ein gewisser‘ (aus der Zahlwortbedeutung hervorgegangen); *ein* hat dreifache Funktion: 1. Zahlwort; Flexion: nur stark, aber schwach in der Bedeutung ‚allein‘ und als substantivisches Zahlwort nach dem best. Artikel, 2. unbestimmter Artikel mit starker Flexion, flexionslos im Nom. Sg. aller drei Geschlechter und im Akk. Sg. Neutr., 3. Indefinitpronomen mit starker Flexion außer bei substantivischem Gebrauch nach dem best. Artikel.

c) Zusammensetzungen mit *-ein: dechein, dehein* (md. *dichein*), *dekein, kein* (alle positive Bedeutung: ‚irgendeiner, einer‘ – ganz allgemein –; die Herkunft von *deh-* ist nicht geklärt, zur Negation *kein* < *nehein* s. u.);
sihein u. *sohein* in gleicher Bedeutung, alle mit starker Flexion. Bei adjektivischem Gebrauch sind jedoch der Nom. Sg. aller Geschlechter und der Akk. Sg. Neutr. flexionslos (im Mask. und Neutr. bis jetzt: *kein Mensch*, aber: *keine Frau* wie *ein* und die Possessiva).

d) α. *dewëder* ‚(irgend-)einer von beiden‘, neutral ‚eines von beiden‘ (*wëder* und dessen Zusammensetzungen werden nur bei einer Zweiheit gebraucht);
β. *eindewëder* > *eintwëder* ‚einer, eines von beiden‘; mhd. auch schon *eindewëder – oder* = nhd. ‚entweder – oder‘ (*de* < *deh*);
γ. *iewëder* (> nhd. *jeder*) und *iedewëder, ietwëder* (> nhd. *jedweder*) ‚jeder von beiden‘ und dann allgemein ‚jeder‘.

e) Zusammensetzungen mit *-lîch*:
α. *gelîch* ‚jeder‘;
β. *mannegelîch, menneglîch* (= *männiglich* im Nhd., < ahd. *manno gilîh* ‚jeglicher der Männer od. Menschen‘) ‚jeder‘;
γ. *tagelîch, tegelîch, tegelich* (< *tago gilîh*) ‚jeden Tag, täglich‘;
δ. *iegelîch, ieclîch* (< ahd. *io gilîh*, eigtl. ‚immer jeder‘) ‚jeder, jeglicher, jeder beliebige‘, daneben auch *iedeclîch* ‚jeder‘;
ε. *ëtelîch, ëteslîch* ‚irgendeiner‘, Pl. ‚manche, etliche‘ (< ahd. *ëdde(s)hwelîh*, zu got. *aiþþau* ‚vielleicht‘, ahd. *ëdde(s)* ‚irgend‘, im Nhd. erhalten in *etwelch*, aber nicht im Mhd. belegt);
ζ. *sumelîch, sümelîch* ‚irgendeiner, mancher‘;
die *lîch*-Pronomen werden wie starke Adjektive flektiert.

f) *man* (nur im Nom. Sg. als Pronominalsubstantiv, es ist derselbe Stamm wie das Subst. *man* ‚der Mann‘) = nhd. *man*; dazu *ieman, iemen* > nhd. *jemand*; negiert: *nieman* (zu *d* s. § 69), Flexion ist die von *man*: *-es, -e,* Akk. *-en* oder *-e.*

g) *iht* (< ahd. *eo* oder *io wiht* ‚immer ein Wesen‘) ‚etwas‘, auch als Akk. der Erstreckung und des Bezuges zu übersetzen: ‚irgendwie, nach einer Richtung‘ (zu *niht* s. u.), Flexion ist die eines neutralen Substantivs der *a*-Klasse.

Diese Pronominalsubstantive, auch *nieman* und *niht*, können einen partitiven Genitiv bei sich haben: *habt ir iht guoter friunde.*

2. Negative Bedeutung: ‚keiner, nicht, nichts‘ usw.

ne (statt *ne* auch *n, en* u. *neh, nih*) + Pronominaladjektiv oder -substantiv, das nicht unbedingt mit *ne* verbunden sein muß, sondern an anderer Stelle im Satz stehen kann (manchmal kann *dehein* auch ohne *ne* negative Bedeutung haben).

α. *nehein* > *nechein* > *kein* ‚kein‘, daneben *nihein, nohein, enkein* (als Partikel liegt *nih, neh* < idg. **nek* = lat. *nec* zugrunde).

β. *newëder, enwëder* ‚keiner von beiden‘ (bei einer Zweiheit).

γ. *nieman, niemen* ‚niemand‘ (ganz allgemein).

δ. *niht* ‚nichts‘ (< ahd. *ni eo wiht* ‚nicht ein Wesen‘), *wiht* ‚Wesen, Geschöpf, Etwas‘ > mhd. *niwiht* > *niweht* > *nieht* > *nîht* > *nîcht* > *nicht*; im Mhd. gibt es zahlreiche Varianten, z. B. zweisilbige: *niuweht, niuwet, niwet,* md. *nûwet, nûwit* usw., einsilbige: *niuht, nût, nît, nit.* Nhd. *nicht* < mhd. erstarrtem Akk. Sg. Neutr.; *nichts* < mhd. erstarrtem Gen. Sg. *nihtes.*

§ 114 Demonstrativa *sëlp, jener, ander*

1. *sëlp* ist Identitätspronomen mit starker und schwacher Flexion: *sëlb-er, -iu, -e₃,* schwach: *sëlbe*; hinter *dër, dirre, jener* usw. stets schwach (= lat. *is, idem*), nach dem Gen. des Personalpron. steht von *ein* u. *sëlp* der starke Gen.: *mîn eines* (oder *sëlbes*) *hûs, ir sëlber hant* ‚ihre eigene Hand‘. Der st. Gen. Mask. u. Neutr. *sëlbes* erstarrt im 13. Jh. und wird auch für den Gen. Fem. und den Gen. Pl. gebraucht, desgl. erstarrt auch der Nom. Sg. des Mask. *sëlber,* und *sëlber* u. *sëlbes* können dann auch für jeden Kasus eintreten. Durch Anhängen von *t* (unorganisches *t* als Silbenschlußlaut) ist aus mhd. *sëlbes* nhd. *selbst* entstanden, mhd. also noch: *mir sëlbem* oder *sëlben, mich sëlben* = nhd. *selber* oder *selbst.* Aus *dër, diu – die, da₃ sëlbe* wird nhd. *derselbe, dies., dass.*

In Verbindung mit Ordinalzahlen bedeutet z. B. *sëlp dritte* eigtl. ‚selbst als Dritter‘, also ‚zu dritt‘, *sëlpzwelfte* ‚mit elf Begleitern, zu zwölft‘.

2 *jener* ist das Gegenteil von *sëlp*; es wird nur stark flektiert und ist ohne flexionslose Form, entspricht also *dër*. Gebrauch: substantivisch und adjektivisch. Aus *jener* + Relativum *dër* wird nhd. *jener, der*. Mdal. Besonderheiten: im Moselfr. u. Rip. *giner, geiner*, im Md. mit Artikel: *dër jener*. Im Bair. ist es weder im Ahd. noch im Nhd. bekannt, nur im Mhd. öfter belegt.
Aus dem Akk. der Erstreckung *jene sîte* wird die nhd. Präposition *jenseits*.

3. *ander* ‚der andere von zweien, der zweite‘;
Flexion: zuerst nur stark, dann im Spätahd. und im Mhd. auch schwach, z. T. mit Synkopierung; z. B. *andriu*, auch – bes. im Alem. u. Fränk. – mit Umlaut. Der Gen. *anders* erstarrt (Gen. der Erstreckung, des Bezuges) und bedeutet ‚im Hinblick auf etwas anderes‘ > ‚sonst, im übrigen‘; im Spätmhd. mit unorganischem *t* wie mdal. z. T. noch heute: *anderst*. Dat. *andereme > anderme, anderem > anderm*, Akk. *anderen > andern*. Herkunft: idg. **en-, *on-* + Komparativsuffix **tero, an-* entspricht *jen-* in *jener*, ursprüngl. Ordnungszahl: ‚der zweite‘, noch in *anderthalb, andererseits* usw.

Konjugation

Allgemeines

§ 115 Formenbestand

Der idg. Formenreichtum ist auch beim Verb im Deutschen stark eingeschränkt. Es gibt im Ahd. und im Mhd. nur noch:

ein Genus (Verbalgeschlecht): das Aktiv, das eine vom Subjekt ausgehende Tätigkeit, einen Zustand oder eine Eigenschaft bezeichnet (das Passiv muß durch Hilfsverben und das Partizip Präteriti umschrieben werden);

zwei Tempora (Zeitstufen): das Präsens für Gegenwart und Zukunft (sofern diese nicht durch *soln, müezen* oder *weln* umschrieben wird; selten ist noch im Mhd. die Umschreibung mit *wërden*, vgl. auch nhd. ‚ich fahre morgen‘ statt: ‚ich werde m. f.‘) und das Präteritum, das alle Vergangenheitsformen ersetzen kann: Imperfekt, Perfekt und Plusquamperfekt. Das Perfekt und das Plusquamperfekt werden jedoch auch mit *sîn* und *haben* bzw. *was* und *hâte* ausgedrückt (*ich bin – was – gevarn, ich hân – hâte – gelësen*).

Auch das Präfix *ge-* kann das Plusquamperfekt angeben: *ich gehôrte* = ‚ich hatte gehört‘;

drei Modi (Aussageweisen): den Indikativ (Modus der Wirklichkeit), den Konjunktiv (Modus der Möglichkeit, des Wunsches), der seiner Form nach ein Optativ ist, und den Imperativ (Befehlsform) mit Adhortativ;

zwei Numeri: den Singular und den Plural mit je drei Personen: 1. *ich – wir*, 2. *du – ir*, 3. *ër, siu, ëʒ – sie*;

drei Verbalnomina (deklinierte Verbalformen): 1. den Infinitiv, er ist ein Nomen actionis in festgewordener Akkusativform (auf **-nom*), gebildet vom Präsensstamm, seiner Rektion und nur adverbialen Bestimmung wegen ist er ins Verbalsystem eingefügt; er wird als Nominativ und Akkusativ aufgefaßt und außerdem dekliniert: Gen. und Dat. (Gerundium); 2. das Partizip Präsentis; es ist ein Verbaladjektiv, das eine gleichzeitig dauernde Handlung bezeichnet und auch in futurischen oder präteritalen Sätzen stehen kann. Auch eine Substantivierung dieses Partizips ist möglich (s. Partizipialstämme auf *-nt* § 87); 3. das Partizip Präteriti; es ist ebenfalls ein Verbaladjektiv, das bei den starken und schwachen Verben jedoch verschieden gebildet wird (s. u. § 117).

§ 116   Formenbildung

Die Bildung der Verbalformen ist mit der der Substantive zu vergleichen. Es gibt eine thematische und eine athematische Bildungsweise, je nach dem Vorhandensein oder Fehlen des Themavokals. So setzt sich z. B. die 3. Sg. ahd. *ër nimit* zusammen aus: Wurzel **nem-* + Thema- oder Bindevokal (= stammbildendes Element) *i* + Personalendung *t* (< idg. *ti*), der beim Substantiv das Kasussuffix entspricht. Dagegen fehlt bei *ist* der Themavokal: *is-* < *es-* = Wurzel, *t* < *ti* = Personalendung (griech. ἐστί, lat. *est*), es handelt sich hier um ein Wurzelverb (vgl. die Wurzelnomina). Der Themavokal erschien im Idg. mit Ablaut: *e/o* > germ. *i/a*, und zwar steht *a* in der 1. Pers. aller Numeri und in der 3. Pers. Pl., *i* in der 2. Pers. aller Numeri, z. B. 1. Pl. ahd. *nëm-a-mês* = mhd. *nëmen*, aber 2. Sg. *nim-i-s* = mhd. *nim(e)st*. Daraus erklärt sich der Wechsel des Wurzelvokals im Ahd. und Mhd.

Die Personalendungen sind bei allen Verben gleich, es sind jedoch Primärendungen und Sekundärendungen zu unterscheiden, außerdem hatte das idg. Perfekt eigene Endungen. Primärendungen sind im Germ.: Sg. 1. *-m* > *-n*, 2. *-s*, 3. *-t*; Pl. 1. *-m* > *-n*, 2. *-t*, 3. *-nt* (<idg. *-mi, -si, -ti*; *-mes, -te, -nti*); Sekundärendungen sind im Germ.: Sg. 1. –, 2. (*-s*), 3. –; Pl. 1. *-m* > *-n*, 2. *-t*, 3. *-n* (idg. *-m, -s, -t*; *-me(n), -te, -nt*). Perfektendungen sind im Germ.:

Sg. 1. –, 2. -*t*, 3. – (< idg. -*a*, -*tha*, -*e*). Primärendungen stehen im Ind. Präs., Sekundärendungen im Konj. Präs., im Konj. Prät. der ablautenden (= starken) Verben, im Prät. der schwachen Verben und im Pl. Prät. der starken Verben, aber im Sg. Prät. die Perfektendungen. Die 2. Sg. Prät. weicht im Wgerm. jedoch ab, sie geht wohl auf eine Aoristform zurück, doch findet sich die 2. Sg. auf -*t* noch bei den Präterito-Präsentien (*du solt*).

In der 1. Pers. Sg. wird bei den thematischen Verben (d. h. bei allen starken) statt der Personalendung -*m* der Themavokal -*o* gedehnt: -*ō* (vgl. griech. φέρω, lat. *ferō* = got. *baira*) = ahd. -*u*, mhd. -*e*: *biru, ich bire* ‚trage‘, aber athematisch: *ich tuon* (*n* < *m*).

Das mhd. und nhd. -*t* in der 2. Pers. Sg. geht auf ein *du* – *tu* in enklitischer Stellung zurück: ahd. *nimis du* > *nimistu* > *nimest*, s. § 2,2. Die thematische Bildungsweise gilt für alle Präsentien, die athematische haben das Präteritum der starken Verben und die Wurzelverben.

§ 117 Einteilung der Verben

Da durch das Aussterben der primären athematischen Verben im Germ. einer Unterscheidung der Verben nach ihrer thematischen oder athematischen Bildungsweise keine Bedeutung zukommt, gilt für das Germ. die von Jacob Grimm eingeführte Einteilung der Verben nach ihrer Präteritalbildung in s t a r k e – mit Ablaut und dem Part. Prät. auf -*n* – und s c h w a c h e – mit einem *t*-Suffix in allen Präteritalformen (stark: mhd. *nëmen, nam – nâmen, genomen*; schwach: *suochen, suochte, gesuocht*).

Zu den starken Verben gehören vor allem primäre, d. h. unmittelbar aus einer Wurzel abgeleitete, zu den schwachen sekundäre, d. h. aus einem Verbal- oder Nominalstamm abgeleitete (z. B. zur Wurzel **sed-*: *sitzen, saȝ – sâȝen, gesëȝȝen* = stark, aus der Präteritalstufe *saȝ* < germ. **sat* < idg. **sod-* stammt das schwache Verb *setzen* – got. *satjan* ‚sitzen machen‘, oder zu *fisk : fiskôn* > mhd. *vischen*). Die starken Verben werden je nach der Ablautreihe, der sie angehören, die schwachen je nach den Ableitungselementen (-*jan*, -*ōn*, -*ēn*) in Klassen eingeteilt und konjugiert.

Eine Mittelstellung zwischen den starken und schwachen Verben nehmen die Präterito-Präsentien ein, die Perfektformen starker Verben mit präsentischer Bedeutung und einem neuen schwachen Präteritum sind. Die athematischen Wurzelverben *gân, stân, tuon, sîn* stehen für sich und haben z. T. unregelmäßige Formen.

Starke Verben

§ **118** Präsens und Präteritum

Paradigma: *nemen* ‚nehmen'

Präsens

	Indikativ		Konjunktiv	
	ahd.	mhd.	ahd.	mhd.
Sg. 1.	*nimu*	*nime*	*nëme*	*nëme*
2.	*nimis(t)*	*nim(e)st*	*nëmês(t)*	*nëmest*
3.	*nimit*	*nim(e)t*	*nëme*	*nëme*
Pl. 1.	*nëmamês*	*nëmen*	*nëmêm*	*nëmen*
2.	*nëmet*	*nëm(e)t*	*nëmêt*	*nëmet*
3.	*nëmant*	*nëment*	*nëmên*	*nëmen*

Imperativ: ahd. mhd. 2. Sg. *nim*, 2. Pl. *nëmet*, 1. Pl. ahd. *nëmamês*,
mhd. *nëmen*
Part. Präs.:   ahd. *nëmanti*, mhd. *nëmente*
Infinitiv: ahd. *nëman*, mhd. *nëmen*
Gerundium: Gen.: ahd. *nëmannes*, mhd. *nëmennes*
Dat.: ahd. *nëmanne*, mhd. *ze nëmenne*

Präteritum

	Indikativ		Konjunktiv	
	ahd.	mhd.	ahd.	mhd.
Sg. 1.	*nam*	*nam*	*nâmi*	*næme*
2.	*nâmi*	*næme*	*nâmîs(t)*	*næmes(t)*
3.	*nam*	*nam*	*nâmi*	*næme*
Pl. 1.	*nâmum*	*nâmen*	*nâmîm*	*næmen*
2.	*nâmut*	*nâmet*	*nâmît*	*næmet*
3.	*nâmun*	*nâmen*	*nâmîn*	*næmen*

Part. Prät.:   ahd. *ginoman*, mhd. *genomen*

§ **119** Futur

Das Präsens kann in jedem Fall für Zukünftiges stehen; der futurische Charakter kann auch – muß jedoch nicht – durch ein auf die Zukunft weisendes Wort angegeben werden (etwa: *morgen, vil balde, disen sumer* usw.). Ferner dienen zur Umschreibung des Futurs *suln*, seltener *wellen* und *müeʒen*. Die Umschreibung mit *wërden* kommt erst langsam im Mhd. auf und dient hier vor allem auch zur Bezeichnung des Eintritts einer Handlung oder eines Zustands.

§ 120   Perfekt und Plusquamperfekt

Für beide Tempora kann das Präteritum stehen. Sie können jedoch auch durch *hân* und *sîn* umschrieben werden. Die transitiven Verben gebrauchen stets *hân*, die intransitiven bei Orts- und Zustandsveränderungen *sîn*. Vielfach steht daneben *hân*; dann bezeichnet *hân* die imperfektive, *sîn* die perfektive Aktionsart: *ich hân getanzt* (unbestimmte Dauer, etwa einen Abend lang): *ich bin getanzt* ,ich habe getanzt und bin nun fertig damit'. Ebenso: *ich hân gesëჳჳen* ,ich habe (auf unbestimmte Zeit) gesessen' imperfektiv, aber: *ich bin gesëჳჳen* resultativ: ,ich bin zu sitzen gekommen, ich habe mich (hin-)gesetzt'[90].

§ 121   Bemerkungen zur ahd. und mhd. Konjugation

Nur vom ahd. Paradigma her sind die mhd. und z. T. auch die nhd. Vokalveränderungen zu verstehen.

1. a) Wechsel von *ë* > *i*

Im Sg. des Präs. bewirken die hohen Endungsvokale *u* (1.) und *i* (2. 3. Sg. u. Imp.) den Wechsel von *ë* > *i*: Inf. *nëmen*, aber: *ich nime, du nimest, ër nimet*, dagegen: *wir nëmen*; ebenso *hëlfen* : *hilfe, gëben* : *gibe, bëren* ,tragen': *bire*; *wërfen* : *wirfe* usw. In der 1. Sg. ist im Nhd. wieder der Vokal des Infinitivs (und der Vokal des Plurals) eingetreten, aber in der 2. u. 3. Sg. ist *i* bis heute geblieben: *er wirft, er hilft*, aber: *wir helfen* usw. Wichtig ist dieser Wechsel auch für die Verben der 2. AR.: *biegen* (*ie* < *io* < *eo* < *eu*): 1. Sg. *biuge*, 2. *biugest*, 3. *biuget*, aber: Pl. *biegen* usw., *iu* = *ü* und wird im Nhd. diphthongiert, so daß sich daraus die frühnhd. Formen *er beugt, fleugt* (< *vliuget*), *kreuchet* (< *kriuchet*), *beut* (z. T. noch heute) erklären. In der Hochsprache ist dieser Wechsel durch Systemzwang beseitigt.[91]

b) Umlaut

i in der 2. 3. Sg. Präs., in der 2. Sg. Prät. Ind. und im Konj. Prät. bewirkt andererseits auch den Umlaut, der z. T. ebenfalls (wie der Wechsel von *ë* > *i*) bis heute geblieben ist: *ich var*, aber *du verst, ër vert*, dann wieder *wir varn* usw.; 2. Sg. Ind. Prät. *du vüere* ,du fuhrst', *du næme* ,du nahmst', *du hülfe* ,du halfst' usw. Diese 2. Sg. Ind. Prät. ist bes. zu lernen und zu üben, weil sie

---

[90] Im Obd. verschiebt sich die Bedeutung schon bald, so daß ,ich bin gelegen' wie im Nhd. heißt: ,ich habe gelegen'.

[91] Im Md. ist der Wechsel von /ë/ > /i/ z. T. schon in mhd. Zeit ausgeglichen, und zwar bes. in der 1. Sg., so daß hier schon *ich sprëche* statt obd. *spriche* vorkommt oder *ich sëhe* statt obd. *sihe, biete* statt obd. *biute*. Im Thür. steht auch schon in der 2. 3. Sg. *e* statt *i*: *gëbest, gëbet* neben *gibest, gibet*.

beim Übersetzen immer wieder als Konj. aufgefaßt wird. Die umgelautete
Form kann auch im Konj. Prät. stehen, aber dann nur für die 1. u. 3. Sg.,
die 2. Sg. Konj. Prät. ist niemals mit der des Ind. zu verwechseln, weil sie als
Endung -es(t) hat,
also: Ind. Sg.   1. *nam*   2. *næme*   3. *nam*;
         Konj. Sg. 1. *næme*   2. *næmest* 3. *næme*,
ebenso Ind. *du vüere*, aber Konj. *du vüerest*[92].

c) Apokope und Synkope

Beide sind sehr häufig; nach kurzem Vokal + *l, r, n* fällt das unbetonte *e*
weg: *ich hol, ër nert, ëȝ rint*; auch nach *h, z*. B *ëȝ geschiht, ër siht, giht*, und
nach den Dentalen mit Verschmelzung der beiden Dentale: *ër vindet >
vint, schiltet > schilt, rætet > ræt* usw. (vg. § 1,3).

2. a) Zum Präsens:

Ind., 1. Sg.: Im Westmd., bes. im Mfr., und im Westalem. ist von den schw. Verben der
2. u. 3. Kl. die Endung -en eingedrungen, z. B. *ich sëhen, ich lësen*.

2. Sg.: Im Md. ist die ältere Endung ohne *t* noch häufig: *du gibes*, mdal. z. T. bis
heute (zum *t < tu = du* s. § 2,2).

1. Pl.: Wird das Pronomen *wir* der Verbform nachgestellt (z. B. *nëmen wir, gëben
wir*), tritt häufig völlige Assimilation des *n* an *w* ein, so daß *n* schwindet:
nëmen wir > nëmenwir > nëmewir, ebenso: *nâme wir, næme wir* (in den Hss.
oft zusammengeschrieben), auch *e* kann noch schwinden: *nëm wir*, oder
es ergibt sich als Assimilationsprodukt von -en + w ein *m*; noch heute
gehn mer, spieln mer usw.

2. Pl.: Im Alem. und Südrhfr. endet sie auf -ent (wie die 3. Pl.); dieser Vorgang
setzt schon im Spätahd. ein (vereinzelte -ent im Frühahd. sind noch auf ihre
Herkunft zu überprüfen). Diese Endung ist dann auch im Konj., Imp.
und Prät. zu finden, und sie erfaßt z. T. auch die 1. Pl. Präs.

3. Pl.: Vom Md. ausgehend wird die 1. Pl. auf -en auf die 3. Pl. übertragen, so
daß hier -ent beseitigt wird. Dieser Vorgang erfaßt später auch das Alem.
und Bair., doch blieb *t* im Schwäb. erhalten. Für die mhd. Zeit gilt im Alem.
jedoch -ent, und zwar auch in der 2. und z. T. 1. Pl., s. o.

Imperativ: 2. Sg.: Sie endet auf den Wurzelkonsonanten: *nim, gib*, aber von den schw.
Verben dringt -e ein: *gëbe, nëme, hëlfe*. Dabei bleibt z. T. der Infinitivvokal
erhalten, doch auch *gibe, nime, hilfe*. Andererseits fällt bei den *jan*-Verben
manchmal das *e* weg, bes. bei *bit* statt *bite*.

Infinitiv: Im Md., bes. im Thür. und Ostfr., schwindet das -n: *nëme = nëmen*, dieser
Vorgang setzt schon im Ahd. ein.

b) Zum Präteritum:

Ind.,1.3.Sg.: Im späteren Mhd. wird auch an das starke Prät. manchmal -e angehängt,
durch Übertragung von den schw. Verben; z. B. *gabe, vande, slôȝe, name*

---

[92] Im Nhd. ist die 2. Sg. Ind. Prät. den übrigen Indikativformen angeglichen worden,
und außerdem ist der Unterschied im Ablaut des Sg. und Pl. beseitigt. Entweder ist
der Vokal des Sg. oder der des Pl. für das gesamte Präteritum maßgebend geworden.

12   Mettke, Mittelhochdt. Grammatik

= *hôrt-e*, *saget-e* usw. Diese Bildungsweise bleibt noch im Frühnhd. und bis ins 18. u. 19. Jh. – bes. bei Theologen – bis heute hat sie sich in *wurde* neben *ward* gehalten.

2. **Sg.**: Die Besonderheit dieser Form (Umlaut u. *-e* s. o. 1 b) wird schon im Laufe des Mhd. – vom Md. ausgehend – auszugleichen versucht: statt *-e* tritt zuerst *-es* an, dann auch *-est*, zunächst noch mit Umlaut: statt *spræche* also *spræches*(*t*), dann ohne Umlaut und mit *e*-Synkope: *sprachst*. Im Obd. kommt auch – vielleicht in Analogie zu den Prät.-Präs. – im 14. Jh. Bildung auf *-t* ohne *e* vor: *du spræcht* = *du spræche*. Es kann sich auch um ein unorganisches *t* handeln.

Ablautklassen der starken Verben

4 Stammformen bestimmen die Zugehörigkeit eines starken Verbs zu einer der 6 Ablautklassen, und zwar: Infinitiv (= Präs. Ind., Konj. u. Imp.), Sg. Prät. (1. u. 3. Sg. Ind. Prät.), Pl. Prät. (zugleich für den ganzen Konj. und für die 2. Sg. Ind.), Part. Prät.,

z. B.: *hëlfen*, *half* – *hulfen*, *geholfen* (s. hierzu § 20, Ablaut).

§ 122   1. Klasse *ei̯* – *oi̯*-Reihe + SSt. *i*

idg.	*ei̯*	*oi̯*	*i*	*i*
	*ghréi̯bonom	**gheghrói̯ba*	**gheghribmé*	**ghribonós*
germ.	*ī*	*ai*	*i*	*i*
	*grīpanan	**gegraipa*	**gegripum*	**grīpanas/z*
ahd.	*ī*	1a *ai* > *ei*; 1b > *ē*	*i*	*i*
	1a *grīfan*	*greif*	*griffum*	*gigriffan*
	1b *zīhan*	*zêh*	*zigum*	*gizigan*
mhd.		1a *ei*; 1b *ē*	*i*	*i*
	1a *grîfen*	*greif*	*griffen*	*gegriffen*
	1b *zîhen*	*zêch*	*zigen*	*gezigen*
nhd.	*ei*	*i*	*i*	*i* (*greifen*)
	ei	*i*	*i*	*i* (*meiden*)

Kl. 1a ahd. mhd. *ī*, *ei* – *i*, *i*
    1b ahd. mhd. *ī*, *ē* – *i*, *i*, germ. *ai* > *ē* im Auslaut u. vor *h* oder *w* (§ 25)

Zu 1a gehören: *bîten* ‚warten‘ (vgl. *beiten*, 2. Kl. der schwachen Verben), *bîzen* ‚beißen‘, *blîchen* ‚glänzen‘, *glîzen*, *gnîten* ‚reiben‘, *grîfen*, *grînen* ‚winseln, greinen‘, *kîmen* ‚aufspringen‘, *klîben* ‚kleben‘, *lîben* ‚schonen‘, *belîben*, *nîgen* ‚sich neigen' (vgl. schwach *neigen*), *phîfen, rîben, rîʒen, rîten, schîben* ‚rollen', *schînen, schîʒen, schrîben, schrîten, sîgen* ‚sinken, fallen', *slîchen* ‚leise gehen', *slîfen* ‚gleiten', *slîʒen* ‚zerreißen', *smîʒen, strîchen, strîten, swîchen* ‚entweichen', *swîgen, swînen* ‚schwinden', *trîben, vlîʒen* ‚sich befleißigen', *wîchen* ‚eine Richtung nehmen, weichen', *wîfen* ‚schwingen, weifen', *verwîʒen* ‚vorwerfen, verweisen', *wîʒen* ‚bestrafen, beachten'.

Mit grammatischem Wechsel *d – t*: *lîden, leit – liten, geliten* ‚gehen, über sich ergehen lassen, leiden' (*t* in *leit* = Auslautverhärtung (§ 68), 2. Sg. wie der Plural: *lite*, doch md. auch *liden*, s. a. die Herleitung § 130), *brîden* ‚flechten, weben', (*ver*)*mîden* ‚meiden, unterlassen', *nîden* ‚hassen', *rîden* ‚drehen, flechten', *snîden*; *s – r*: *rîsen, reis – rirn, gerirn* ‚fallen' (2. Sg. Prät. *du rire*, jedoch auch mit Ausgleich: *risen – gerisen*, vgl. schw. Verb. *riselen* ‚ständig fallen, rieseln'). Im 15. Jh. ist das schw. *prîsen* ‚loben, preisen' in die 1. Kl. gekommen, jedoch ohne gramm. W.

Zu 1 b: mit gramm. W. *h – g*: *dîhen, dêch – digen, gedigen* ‚gedeihen', ebenso: *rîhen* ‚heften, aufstecken', *sîhen* ‚in Tropfen fließen, sickern, seihen', *zîhen* ‚zeihen, beschuldigen', *verzîhen* ‚versagen, verzichten auf etwas' (mit Gen.), *lîhen* ‚leihen', *lêh – lihen* oder *ligen* od. *liuwen* od. *lu(w)en* od. *luhen, gelihen* od. *geligen* od. *geliuwen* od. *gelu(w)en* od. *geluhen* (die Formen mit *g* bes. im Bair., mit *u* bes. im Alem.).

Doppelformen haben: *schrî(g)en* ‚schreien': *schrei* u. *schrê – schrirn, schriwen, schriuwen, schruwen – geschrirn, geschriuwen, geschrûwen*; *spî(w)en* ‚speien': *spê* u. *spei – spiwen, spiuwen, spûwen, spirn – gespiwen, gespûwen, gespirn* (beide Verben haben sich beeinflußt, lautgesetzlich sind: *schrei* u. *spê* < ahd. *skrei* u. *spêo*; *schrei* ist bes. fränk., *schrê* bes. alem. Beide Verben neigen auch zu schwacher Konjugation, so *geschrît* im Md. u. Bair.); *snî(w)en* od. *snî(g)en* ‚schneien' ist im Mhd. schwach geworden.

Vom Mhd. zum Nhd.
Im 15. Jh. dringt der Pl.-Vokal des Prät. in den Sg., ungefähr im 17. Jh. ist der Vorgang abgeschlossen. Durch die Dehnung in offener Tonsilbe ergibt sich im Nhd. jedoch eine Trennung im Prät. zwischen Verben mit kurzem *i* (Verben mit Doppelkonsonanz, z. B. *greifen – griff – griffen*) und Verben mit langem *i*, z. B. *bleiben – blieb – geblieben*. Gramm. W. ist meist beseitigt, z. B. *meiden – mied, mieden*, aber erhalten in *leiden* und *schneiden*. Schwach werden im Nhd. flektiert: *gleißen, greinen, keifen, kreischen, kreißen*, (*be-)neiden, seihen*; stark und schwach: *gedeihen, zeihen, speien*. Folgende mhd. Verben gibt es im Nhd. nicht mehr: *bîten, nîgen, rîsen, schîben, sîgen, swînen, klîben*.

§ 123 2. Klasse *eu* – *ou*-Reihe + SSt. *u*

	eu	*ou*·	*u*	*u*
idg.	*bhéughonom	*bhebhóugha	*bhebhughmé	*bhughonós
germ.	*eu*	*au*	*u*	*u* > *o*[93]
	*beuganan	*bebauga	*bebugum	*boganas/z

ahd. *eu*⁹⁴ ⟨ *eo* > *io* / *iu* Sg. Präs.   *au* ⟨ *ou* / *ō* Kl. 2a / Kl. 2b *u*   *o*

2a	*biogan* (*biugu*)	*boug*	*bugum*	*gibogan*
2b	*ziohan* (*ziuhu*)	*zôh*	*zugum*	*gizogan*
mhd.	*ie* (Sg. *iu*)	2a *ou*; 2b *ō*	*u*	*o*
2a	*biegen* (*biuge*)	*bouc*	*bugen*	*gebogen*
2b	*ziehen* (*ziuhe*)	*zôch*	*zugen*	*gezogen*
nhd.	*ī*	*ō*		(*biegen*)
	i	*o*		(*kriechen*)

Kl. 2a: ahd. mhd. Sg. Prät. *ou*
   2b: ahd. mhd. Sg. Prät. *ō*, vor Dentalen (*d, t, ӡ, s*) und germ. *h* wird im
Ahd. *au* > *ō* kontrahiert (§ 25).

Zu 2a gehören: *biegen*, *klieben* ‚spalten', *kriechen*, *liegen* ‚lügen', *riechen*
‚rauchen, duften', *schieben* ‚(sich) schieben, stoßen', *sliefen* ‚schlüpfen', *smie-
gen* ‚schmiegen', *stieben* ‚sprühen, schnell laufen'. *triefen, triegen* ‚betrügen',
vliegen. Ferner einige Verben auf *ū*: *lûchen* ‚schließen', *entlûchen* ‚aufschlie-
ßen', *belûchen* ‚zuschließen' (got. *galûkan*, also *h* durch 2. LV, daher *ou* im
Prät.), ebenso *tûchen* ‚tauchen' (= nd. *dûken*, nur noch ein stark. Part. Prät.
ist erhalten: *betochen*, sonst ist das Verb schwach geworden), *sûgen* ‚saugen',
sûfen ‚saufen'; Verben mit *w*: *iu* bleibt bei ihnen im ganzen Präs.: *bliuwen*
‚bleuen, schlagen', *blou – blûwen, bliuwen, blouwen – geblûwen, gebliuwen, ge-
blouwen*, ebenso: *briuwen* ‚brauen', *kiuwen* ‚kauen', *riuwen* ‚schmerzen, leid
tun', *niuwen* u. *nûwen* ‚zerstoßen, zerdrücken' (wird auch schwach flektiert).
Im Md. sind die Formen auf *-ū* häufig (*ū – ou – ūw – ûw*, vgl. § 35). Alle Ver-
ben auf *w* neigen auch zur schwachen Bildungsweise, also md.: *blûwen, blû-
wete, geblûwet*.

Zu 2b gehören: *bieten* (dazu *bote, bütel*), *dieӡen* ‚rauschen' (dazu *duӡ, dôӡ*
‚Getöse'), *verdrieӡen, gieӡen* (dazu *guӡ*), *genieӡen, rieӡen* ‚weinen, fließen'
(dazu *rotz*), *schieӡen* (dazu *schuӡ, schütze*), *sprieӡen, vlieӡen*. Mit gramm. W.
d – t: *sieden, sôt – suten, gesoten* (*t* in *sôt* durch Auslautverhärtung); *h – g*:
ziehen, zôch – zugen, gezogen; *s – r*: *kiesen, kôs – kuren, gekoren* ‚prüfen,
wählen', *verliesen, verlôs – verluren, niesen, vriesen* ‚frieren'.

---

⁹³ /u/ > /o/ im Germ. vor dem folgenden /a/, s. § 23.
⁹⁴ /eu/ ist im Ahd. nur noch wenige Male belegt. Im Inf. u. Pl. Präs. wird /eu/ über /eo/
> /io/ = mhd. /ie/, im Sg. vor dem folgenden /u/ u. /i/ > /iu/, daher im Mhd. noch:
biuge, biugest, biuget, aber *biegen*, ebenso *kriuchest* usw., daher noch im Nhd. ver-
einzelt: *kreucht, zeucht, fleugt* usw. (vgl. „*was da kreucht und fleugt*"), s. § 23,3.

Vom Mhd. zum Nhd.

Im 15. u. 16. Jh. dringt *o* in den Pl. Prät. Tritt Kürzung ein, ist sie auch im Part. Prät. vorhanden, z. B. *schießen – schoß – geschossen* (mhd. *schôȝ – schussen – geschossen*), ebenso *fließen, genießen, gießen, kriechen, riechen, sprießen, verdrießen*, mit gramm. W.: *sieden*; bleibt langes *o*, gilt es auch im Part.: *biegen, bieten, fliegen, fliehen, schieben, stieben*, mit gramm. W.: *kiesen, ziehen*; in *frieren* und *verlieren* ist im Nhd. *r* in das Präs. gedrungen; ferner *lügen, (be)-trügen*.
Der Wechsel zwischen *ie* und *iu* im Präs. ist im Md. zuerst in der 1. Sg. zugunsten von *ie* beseitigt, noch bis heute hat sich *eu* < *iu* in *beut* gehalten. Gramm. W. ist noch bei *ziehen* und *sieden* vorhanden, aber der Sg. Prät. ist dem Pl. angeglichen worden: *zôch* > *zôg* nach *zogen*, ebenso in *erkiesen – erkor – erkoren*; in *frieren* und *verlieren* ist *r* des Pl. Prät. in den Sg. und ins Präs. gedrungen (vgl. noch nd.: *mik früst = mich friert*).
Im Konj. Prät. gilt jetzt langes oder kurzes *ö* (also Umlaut des *o* oder *ō* im Ind.).
Schwach werden im Nhd. z. T. *triefen, sieden, saugen, schmiegen* und die Verben auf mhd. *w*, nhd. *bleuen, brauen, kauen, reuen*.
Nicht mehr vorhanden sind: *dieȝen, klieben, lieȝen, lûchen* und *rieȝen*.

§ 124   3. Klasse *e – o*-Reihe + SSt.; *e* + Sonantenverbindung

idg.	*e*	*o*	*m̥, n̥, l̥, r̥*	*m̥, n̥, l̥, r̥*
	*bhéndhonom	*bhebhóndha	*bhebhn̥dhmé	*bhn̥dhonós
germ.	3a *i*; 3b *e*	*a*	*um, un, ul, ur*	*um, un; ol, or*
	3a *bindanan	*bebanda	*bebundum	*bundanas/z
	3b *hëlpanan	*hehalpa	*hehulpum	*holpanas/z
ahd.	3a *i*; 3b *e*	*a*	*um, un, ul, ur*	*um, un; ol, or*
	3a *bintan*	*bant*	*buntum*	*gibuntan*
	3b *hëlfan (hilfu)*	*half*	*hulfum*	*giholfan*
mhd.	*ë* oder *i*	*a*	*u*	*um, un; ol, or*
	3a *binden*	*bant*	*bunden*	*gebunden*
	3b *hëlfen (hilfe)*	*half*	*hulfen*	*geholfen*
nhd.	*e* oder *i*	*a*	*a*	*um, un (om, on); ol, or*

Kl. 3a: Verben mit Nasalverbindungen (*nn, mm, n* + Kons., *m* + Kons.), daher Wechsel von *ë* > *i* im Germ. im Präs., s. § 22.

Kl. 3b: Verben mit Liquidverbindungen (*ll, rr, l* + Kons., *r* + Kons.), daher Senkung von *u* > *o* im Germ. im Part. Prät. und *ë* > *i* im Sg. Präs., s. § 22f.

Zu 3a gehören: *brimmen* ,brummen', *glimmen, grimmen* ,toben, wüten', *klimmen* ,klettern, kneifen', *krimmen* ,mit den Klauen oder Fingern packen',

sich krümmen', *limmen* ‚brüllen', *swimmen*; *dimpfen* ‚dampfen, rauschen',
klimpfen ‚fest zusammenziehen, einengen', *krimpfen* ‚krampfhaft zusammen-
ziehen', *rimpfen* ‚rümpfen'; *brinnen* ‚in Brand stehen, brennen' (dazu das
schw. Verb: *brennen* ‚brennen machen'; doch übernimmt *brennen* die intran-
sitive Bedeutung von *brinnen* und verdrängt das starke Verb ganz), *rinnen*
‚laufen' (dazu *rennen* ‚laufen machen'), *entrinnen, sinnen* ‚wahrnehmen, ver-
stehen, seine Gedanken auf etwas richten', *spinnen, gewinnen* ‚mit Mühe et-
was erlangen'; *binden, dinsen* ‚gewaltsam ziehen, schleppen, sich ausdehnen',
dringen ‚flechten, weben, andringen', *hinken, klingen, gelingen, ringen* ‚sich
hin und her bewegen, kämpfen, ringen', *schinden* ‚die Haut abziehen',
schrinden ‚sich spalten', *singen, sinken* (dazu *senken* ‚sinken machen'), *slinden*
‚schlingen, schlucken', *slingen* ‚schlingen, flechten', *springen, stinken* ‚Geruch
von sich geben, riechen' (keineswegs nur bei üblem Geruch gebraucht),
swinden, swingen, trinken, twingen ‚drücken, zwingen', *winden* ‚sich wenden',
vinden (z. T. mit gramm. W.: *vunten*, im Part. Prät. ohne *ge-*: *vunden*: es ist
perfektiv, vgl. *brâht*), *beginnen* u. *bringen* haben auch schwache Formen,
s. § 137.

Zu 3b gehören: *kërren* ‚schreien, knarren', *schërren* ‚scharren, kratzen',
wërren ‚wirren, stören, bekümmern', *verwërren* ‚in Verwirrung bringen' (dazu
ein Konj. Prät. *verwüere* u. Part. Prät. *verwarren*), *bërgen* ‚verbergen', *ver-
dërben* ‚zunichte werden, umkommen', *stërben, wërfen*; *bëllen, gëllen* ‚grell
schreien', *hëllen* ‚hallen, laut tönen', *quëllen, schëllen* ‚schallen', *swëllen,
wëllen* ‚rollen', *bëlgen* ‚sich aufschwellen, zürnen', *gëlten, hëlfen, mëlken,
schëlten, smëlzen, swëlhen* und *swëlgen* ‚verschlucken' (*g < h* durch gramm.
W., dann ist *g* ins Präs. gedrungen, in allen Formen kann aber auch *h* vor-
kommen: *swalh, swulhen, geswolhen*), *tëlben* ‚graben', *bevëlhen* u. md. *be-
vëlen* ‚übergeben, anvertrauen, befehlen', *empfëlhen* u. md. *empfëlen* ‚über-
geben'; mit gramm. W. bis zum Frühnhd.: *wërden, wart – wurten, worten*,
dann: *wurden – worden*; *wërven* und *wërben, warf – wurben, geworben* ‚sich
bewegen, sich drehen um etwas' = nhd. ‚werben' (im Bair. auch *wurven,
geworven*, doch im Mhd. setzt sich *b* durch wie schon im Fr. im Ahd., vgl.
nhd. *Wirbel*).

Vom Mhd. zum Nhd.

Das *a* des Sg. Prät. ist ganz allmählich (bis zum 18. Jh.) in den Pl. gedrungen,
z. B. *binden – band – banden, springen – sprang* usw. Kl. 3a: *u* wurde zu *o* vor
Doppelnasal, so daß im Prät. ein Wechsel von *a* (Sg.) – *o* (Pl.) entstand, dann
drang *a* auch in den Pl.; im Konj. hielt sich jedoch *ö*, doch kann auch *ä*
vorkommen, z. B. *rinnen – ran – ronnen > rannen*, Konj. *rönne* (u. *ränne*),
schwimmen – schwamm – schwammen, Konj. *schwämme*, Part. *geschwommen*.
glimmen und *klimmen* haben im Prät. *o*, beide werden jetzt auch schwach
flektiert, auch *hinken* ist schwach geworden.
Mehrere Verben sind im Nhd. durch schwache verdrängt: *brimmen* durch
brummen, brinnen durch *brennen* (s. § 135a), *dimpfen* durch *dampfen, rimpfen*

durch *rümpfen, schrimpfen* durch *schrumpfen*; ganz verschwunden sind: *dinsen* (nur noch in (*auf-*)*gedunsen*), *klimpfen, krimpfen* (erhalten noch in *Krampf*) und *limmen*.
Kl. 3b: Auch hier ist das *a* des Sg. Prät. allmählich in den Pl. gedrungen, aber im Konj. ist *ü* meist geblieben (wohl wegen der Übereinstimmung mit dem Präs., die bei *a* > *ä* eingetreten wäre), z. B. *helfen – half, halfen*, Konj. *hülfe* (*hälfe* ist mit *helfe* in der Aussprache zu verwechseln).
Wo heute im Konj. Prät. *ö* (z. T. neben *ä*) vorhanden ist – *gölte, schölte, börste, quölle, schmölze, schwölle* –, war vom Part. her das *o* in den Pl. Prät. gedrungen, mußte aber dem *a* des Sg. weichen, also: mhd. *gëlten – galt – gulten – gegolten* > Pl. Prät. *golten* > Konj. *gölte*, dann dringt das *a* des Sg. in den Pl.: *galten* und danach im Konj. *gälte*.
werden hat den Wechsel im Prät. bis heute bewahrt: *ich ward – wir wurden*, doch gilt auch *wurde* im Sg., *ward* wird oft als Inchoativum gebraucht (Eintritt einer Handlung in der Vergangenheit), *wurde* als Imperfektivum.
Schwach werden jetzt flektiert: *bellen* (noch im 19. Jh. z. T. stark: *boll*), *gellen, melken* (aber noch: *gemolken*), *schwelgen, schmerzen*. Neben den mhd. intransitiven *quëllen, schmëlzen, schëllen* stehen die gleichlautenden schwachen transitiven Verben, und beide werden im Nhd. z. T. vermengt, ebenso *verdërben* und *verderben*, vom schwachen Verb gibt es nur noch *verderbt* als adjektivisches Partizip.
Nicht mehr vorhanden sind: *erbëlgen, tëlben, kërren, wëllen*; *wërren* ist nur noch in *verworren* erhalten, *hëllen* ‚tönen‘ ist durch *hallen, knëllen* durch *knallen, schërren* durch *scharren* verdrängt.

§ 125   4. Klasse *e – o*-Reihe + DSt. + SSt.; *e* + einfacher Sonant (*m, n, l, r*, z. T. auch vor dem Wurzelvokal) und Verben auf *-ch*

	e	*o*	*ē*	*m̥, n̥, l̥, r̥*
idg.	**némonom*	**nenóma*	**nēmmé*	**nm̥onós*
germ.	*ë* **nëmanan*	*a* **nenama*	*ē* **nēmum*	*u > o* **nomanas/z*
ahd.	*ë, i* nëman (*nimu*)	*a* nam	*ā* nâmum	*o* ginoman
mhd.	*ë, i* nëmen (*nime*)	*a* nam	*ā* nâmen	*o* genomen
nhd.	*ē*	*ā*	*ā*	*o, ō*

Die DSt. im Pl. Prät. und im Konj. Prät. kann aus der 5. Kl., in der die Kons. nicht silbisch werden konnten, in die 4. Kl. gedrungen sein[95]. *i* statt *e* im Sg. Präs. vor hellen Vokalen s. 3. Kl.

[95] Oder in beiden Klassen wurde der Reduplikationsvokal *e* gedehnt, als der Wurzelvokal im Pl. völlig schwand, s. Streitberg, Urgerm. Gr. § 215.

Zur 4. Kl. gehören: *brëmen* ‚brummen‘, *zëmen* ‚ziemen, zusagen‘ (Part.
Prät. auch *gezëmen* neben *gezomen*), *bër(e)n* ‚tragen‘, *dwër(e)n* u.
twër(e)n ‚drehen, bohren‘, *schër(e)n*, *swër(e)n* ‚eitern, schmerzen‘, *zër(e)n* ‚reißen, zer-
ren‘, *hël(e)n* ‚verbergen, geheimhalten‘, *quël(e)n* ‚Qual leiden‘, *stël(e)n*,
twël(e)n ‚betäubt sein‘; *brëchen, rëchen* ‚rächen, verfolgen‘, *sprëchen, trëchen*
‚schieben, scharren‘, *schrëcken* ‚in die Höhe fahren‘, *trëffen* (Part. Prät.
troffen), *drëschen, lëschen, brësten* ‚brechen, mangeln‘, *brëtten* ‚zücken, zie-
hen‘, *rëspen* ‚rupfen, raffen‘, *vlëhten*; ferner gehören in diese Klasse: *dëhsen*
‚Flachs schwingen‘, *stëchen* und *vëhten* (im Md. richten sich *vlëhten* und *vëh-
ten* nach der 3. Kl.: *vluhten* u. *vuhten*, im Obd. aber *vâhten* u. *flâhten*). *komen*:
auch *kömen, quëmen* u. md. *kumen*[96]. 1. Sg. Ind. Präs. *kume*, 2. 3. Sg. *kumst*,
kumt und mit Umlaut: *küm(e)st, küm(e)t*, im Pl. *komen* und *kumen*, danach
auch im Sg.: *kome, komst, komt* und mit Umlaut: *köme, kömst, kömt* (dieses
ö hält sich bis ins Nhd. hinein). Prät.: md. *quam* – *quâmen*, bair. u. ostfr.:
kom – *kômen* (*chom* – *chômen*), alem. u. fr. *kam* – *kâmen* (2. Sg.: *quæme*,
kæme, kæme), Part. Prät.: *komen* (ohne *ge-* wie *troffen* u. a.) und im Md.
bes. *kumen*.

Vom Mhd. zum Nhd.
Im Prät. ist das lange *a* des Pl. in den Sg. gedrungen. Im Präs. u. Part. ist
jetzt eine Trennung je nach Vorhandensein oder Fehlen der Dehnung ein-
getreten (z. B. *nehmen*, aber *treffen*).
Präteritalformen auf *o* in *schor* zu *scheren* und *schwor* zu *schwären* sind wohl
durch *sch* entstanden. *scheren* ist schwach geworden (im 18. Jh. noch stark).
Eine Bedeutungsdifferenzierung hat zu *scheren* ‚sich kümmern‘ (im Part.
noch stark: *ungeschoren*) und zu *scheren* ‚wegscheren, sich packen‘ geführt.
Schwach werden jetzt flektiert: im Präs. z. T. *gebären*: *gebärst, gebärt* neben
gebierst, gebiert; ferner *rächen* (mit *ä* wegen *Rache*), nur im Part. Prät. *ge-
rochen* neben *gerächt*; *hehlen*, Part. noch *verhohlen*; *entbehren, ziemen*.
Nicht mehr vorhanden sind: *quëln* ‚Qual empfinden‘ durch das Kausati-
vum *quälen* ‚etwas – oder – sich quälen‘ und *trëchen*.
In diese Klasse sind nach Schwund des *h* auch *bevëlhen* und *emphëlhen* über-
getreten; doch stehen im Prät. *o*-Formen neben *a*-Formen und im Konj. *ö*
neben *ä*. *fechten* und *flechten* haben im Nhd. im Sg. *a*, im Pl. *o*, dann setzt
sich *o* auch im Sg. durch, bei *drëschen* stehen langes *a* und *o* im Prät. neben-
einander, dann siegt *o*; *löschen* bzw. *erlöschen, verlöschen, auslöschen* steht
neben dem Kausativum *löschen*, beide werden jetzt jedoch intrans. und trans.
gebraucht.

---

[96] Ahd. *quëman*: *quimu, quimis, quimit, quëmamês, quëmet, quëmant*.

§ 126   5. Klasse *e* – *o*-Reihe + DSt. + 1. VSt. (Ersatzvokale in der SSt.);
e + einfacher Kons. außer Kl. 3 u. 4

	e	o	– (*ē*)	– (*e*)
idg.	*u̯ésonom*	*u̯eu̯ósa*	*u̯ēsmé*	*u̯esonós*
germ.	*ë*	*a*	*ē*	*e*
	u̯ēsanan	*u̯eu̯asa*	*u̯ēzum*	*u̯ēzanas/z*
ahd.	*ë, i*	*a*	*ā*	*ë*
	wësan	*was*	*wârum*	*giwëran* > *giwësan*
mhd.	*ë, i*	*a*	*ā*	*ë*
	wësen	*was*	*wâren*	*gewësen*
nhd.	*ē*	*ā*	*ā*	*ē*

i statt *ë* im Sg. Präs. vor hellen Vokalen. Die DSt. und die 1. VSt. im Pl.
Prät. und Part. Prät. als Ersatz für den geschwundenen Vokal, s. § 125.
s > *z* > *r* im Pl. u. Part. Prät. beruht auf dem VG, s. § 58.

Zur 5. Kl. gehören: *gëben, wëben, wëgen* ‚wägen, bewegen, wiegen, ver-
zichten‘, *pflëgen*[97], *jëhen*[98] ‚sagen, gestehen, behaupten‘, *geschëhen*[99], *sëhen*[99],
wëhen ‚blinken, kämpfen‘, *knëten, trëten, wëten* ‚binden, verbinden‘ (fehlt im
Nhd.), *ëʒʒen* u. *vrëʒʒen*[100], *vergëʒʒen* u. *ergëʒʒen* ‚vergessen‘ (vgl. das schwa-
che Verb *ergëtzen* ‚vergessen machen‘), *mëʒʒen*. Mit gramm. W. *s – r*: *jësen,
jas – jâren* ‚gären‘, *krësen* ‚kriechen‘, *lësen, las – lâren, gelëren* ‚lesen, sammeln,
vorlesen‘ u. ä. (dazu das schw. *lêren*), aber öfter mit *s*: *lâsen* u. *gelësen, ge-
nësen* (vgl. *neren* § 130), *genas – genâren* u. *genâsen, genësen* (nur selten *ge-
nërn*), *wësen, quëden* u. *koden, köden*, im Alem. *këden* (es veraltet und ist
fast nur in der 3. Sg. Präs. kontrahiert belegt: *daʒ quidet* > *quît, quit, kît, kit*
‚das heißt‘). Einige Verben der 5. (und der 6.) Klasse hatten ursprünglich ein
j-Infix im Präsens, das im Westgerm. Gemination und, falls möglich, durch
die 2. LV Affrikata und Umfärbung des Wurzelvokals bewirkte. Es sind
sitzen, saʒ – sâʒen, gesëʒʒen (s. die Herleitung § 130), *bitten* u. *biten, bat –
bâten, gebëten, liggen* u. *ligen, lac – lâgen, gelëgen*.

---

[97] Im Bair. auch schwach flektiert: *pflëgete, pfleite – gepflëget, gepfleit*; im Md. Part.
Prät. *gepflogen* u. *geplogen* (im Nhd. schwach, bis auf das Part.).
[98] Im Anlaut wechseln *j* und *g*: *ër jihit* > *ër gihet* > *ër giht*, md. auch Inf. *jîhen* u. Part.
gejigen (vgl. § 36).
[99] Kontrahierte Formen sind bes. im Md. häufig: *geschên, geschîen, sên, sien*, vereinzelt
ist noch gramm. W. belegt: *geschâgen, sâgen* (= *sâhen*). *jëhen* u. *geschëhen* haben im
Md. auch schwache Formen: *giede* (im jüngeren Rip. u. *gegiet*), ebenso *geschiede* u.
geschiet im westl. Md.
[100] *ëʒʒen – âʒ – âʒen – gëʒʒen* (*âʒ* < Verschmelzung des Reduplikationsvokals mit dem
Wurzelvokal, daher lang: **e-ata* > *æta* > *âʒ*), aber im fr.-alem. Grenzgebiet und
im Fr. auch die Kurzform *aʒ* in Analogie zu *maʒ, saʒ*.

Vom Mhd. zum Nhd.
Im Prät. gilt entweder kurzes oder langes *a*, je nach Eintritt oder Fehlen der Dehnung.
Wie *pflegen* sind auch *weben, jäten* und *kneten* schwach geworden, nur von *weben* sind noch starke Formen in der gehobenen Sprache gebräuchlich. Nicht mehr vorhanden sind: *jëhen, quëden, wëten, krësen.*

§ 127 6. Klasse, ursprünglich *a – ā-* oder *o – ō-*Reihe,

also rein quantitativ; außerdem haben das Präs. und das Part. Prät. die VSt., also *a* oder *o*, und das gesamte Prät. die DSt. *ā* oder *ō*. Durch den Lautwandel im Germ. ist aus diesem rein quantitativen Ablaut ein quantitativ-qualitativer geworden:

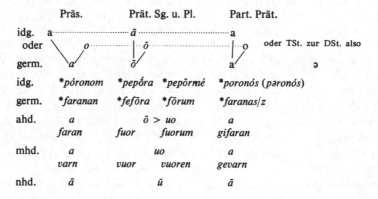

	Präs.	Prät. Sg. u. Pl.	Part. Prät.
idg.	a	ā	a
oder	o	ō	o	oder TSt. zur DSt. also
germ.	a	ō	a	ǝ
idg.	*póronom	*pepóra *pepōrm̥é	*poronós (pǝronós)
germ.	*faranan	*fefōra *fōrum	*faranas/z
ahd.	a	ō > uo	a
	faran	fuor fuorum	gifaran
mhd.	a	uo	a
	varn	vuor vuoren	gevarn
nhd.	ā	ū	ā

Zur 6. Klasse gehören: *graben, laden* ‚eine Last laden' (doch schw. *laden* ‚einladen, zu Gast laden'), *mal(e)n* ‚mahlen' (Getreide usw., aber *mâlen* schw. ‚malen'), *nagen, schaffen* ‚er-schaffen', *spanen* ‚verlocken' (fehlt im Nhd.), *tragen, laffen* ‚lecken', *varn* ‚sich bewegen' (keineswegs nur ‚fahren'!), *waschen, wahsen, waten* ‚waten, gehen'. Mit gramm. W. *h – g: slahen – sluoc – sluogen – geslagen* ‚schlagen' (daneben auch *slâhen* u. *slân* im Md.[101]), *twahen* u. *dwahen – twuoc – twuogen – getwagen* ‚waschen' (fehlt im Nhd.).
Verben mit *j*-Infix im Präsens: *heven* u. *heben – huop – huoben – erhaben*[102], *entseven* u. meist *entseben – entsuop – entsuoben – entsaben* und auch schw.:

---

[101] *slân* wird im Md. wie *gân* flektiert: Rip. *sleist, sleit,* Pl. *slein, sleit, sleint.*
[102] /b/ des Pl. Prät. ist in den Sg. und in den Inf. gedrungen, der im Ahd. noch *heffen* lautete, vereinzelt kommen auch schwache Formen vor: *hevete, hebete* usw. Part. *gehaben* ist bis zum 18. Jh. geblieben und erhalten in *erhaben.* Schon bei Luther *gehoben,* im Prät. seit dem 17. Jh. *hob; hub* noch jetzt in der gehobenen Sprache, im Konj. bewahrt in *hübe* neben neuerem *höbe.*

entsebete – entsebet ‚wahrnehmen, verstehen' (fehlt im Nhd.), *swer(e)n* u.
swergen, swerigen – swuor – swuoren – gesworn ‚schwören' (nur im Bair.
geswarn), *schepfen – schuof – schuofen – geschaffen* ‚schaffen'.
Ferner: *stân, stên – stuont – stuonden – gestanden* (Verb mit *n*-Infix, das ur-
sprüngl. nur dem Präs. zukam, daher noch vereinzelt im Mhd. *stuot.* Der
Inf. *standen* ist durch die Kurzform verdrängt, im Prät. im Md. *stunt*);
backen – buoch – buochen – gebachen (doch auch im Präs. *bachen* mit *ch* aus
dem Prät.); *gewähenen* ‚erwähnen' (mit *n*- und *j*-Infix) – *gewuoc – gewuogen –
gewagen* (im 16. Jh. noch *gewähnen*, im 17. Jh. durch *erwähnen* ersetzt).

Vom Mhd. zum Nhd.
Schwach sind geworden: *mahlen* (im Part. noch *gemahlen*), *nagen, schaben,
waten.*

schaffen und *schepfen*:

idg. **skab-* ‚schaben mit steinernem Schaber' > germ. **skap-*

1. > ahd. *scaf* ‚Gestalt, Beschaffenheit', bes. in Zusammensetzungen, >
   -schaft (*bruoderschaft, ritterschaft*, mit *t* seit dem 9./10. Jh.)

2. > ahd. *scaf*, mhd. *schaf, schaffes* ‚Gefäß für Flüssigkeiten', hd. *Schaff*
   ‚Behältnis', im ganzen obd. Gebiet und in einem Teil des Md. außer im
   Ostmd.

3. > germ. *skapianan > got. *gaskapjan*, as. *skeppian* =
   ahd. *scepfen – skuof – scuofum – giscaffan* } st. Verb 6. Kl. mit *j*,
   mhd. *schepfen – schuof – schuofen – geschaffen* } daher Umlaut
   zum Prät. *scuof* wird ein neuer Inf. auf *a* gebildet: ahd. *scaffan* > mhd.
   schaffen – schuof usw., in gleicher Bedeutung wie *scepfen* ‚formāre, creāre,
   (er-)schaffen, bilden', bis heute transitiv;

   ferner Substantive zu ahd. *scepfen*:

   a: ahd. *scepfâri* > mhd. *schepfære* > *Schöpfer* (*ö* < *e* seit dem 15. Jh.),
   b: ahd. *scepheo* (durch *scepfâri* verdrängt);

   außerdem wird *scepfen* im Ahd. als schwaches Verb flektiert:
   schepfen – schepfete, und Bedeutungsdifferenzierung tritt ein: ‚haurire'
   ‚Wasser schöpfen' = nhd. *schöpfen – schöpfte.*

Ferner wurde zu 1. ahd. *scaf* ‚Gestalt' ein *-ôn*-Verb gebildet:
scaffôn – scaffôta (im Mhd. in der Bedeutung nicht vom starken *schaffen*
und *schepfen* – ‚erschaffen, schaffen' unterschieden, Grundbedeutung: ‚ein-
richten, ordnen, tätig sein'), im Nhd. ‚arbeiten', dazu ahd. *scaffônti* ‚Schaf-
fender'. *scaffôn* hat *scaffan* wieder beeinflußt, so daß kein Umlaut in der
2. 3. Sg. Präs. eingetreten ist, aber *schaffen – schaffte* ‚arbeiten' ist intransitiv
gegenüber dem transitiven st. *schaffen – schuf.*

§ 128   7. Klasse, ehemals reduplizierende Verben

Vorbemerkung

Die Reduplikation (Verdoppelung) diente im Idg. zusammen mit dem Ablaut zur Perfektbildung. Sie besteht in einem Vorschlagen des wurzelanlautenden Konsonanten + e: lat. *canere* : *ce-cini*, griech. λείπω : λέλοιπα, got. *lētan* : *lai-lōt*, ahd. *tuon* : *te-t-a* (einziger Beleg). Im Germ. ist die Reduplikation nur noch im Got. vorhanden (in Resten noch im Anord. u. Ae.), auf Grund des starken Anfangsakzents ist eine Verschmelzung der Reduplikationssilbe mit der Wurzelsilbe eingetreten, z. B. got. *haldan* : *hai-hald* > **healt* > as. *hēlt*, ahd. *healt* > *hialt* > *hielt*[103]. Im Mhd. hat das Prät. in jedem Falle als Abschwächungsprodukt *ie* aus *ia* (< *ea* < *ē*) oder aus *io* < *eo*. Im Ahd. wurden die reduplizierenden Verben nach dem Präteritalvokal (*ea* oder *eo*) in zwei Gruppen (mit je 3 Untergruppen nach dem Präsensvokal) geteilt, das ist wegen des *ie* im Mhd. unklar, man könnte allenfalls, wenn überhaupt, eine Einteilung nach den Wurzelvokalen des Infinitivs vornehmen, käme damit aber auf die gleichen 6 Gruppen (*a, ā, ei, ou, ō, uo*). Alle ehemals reduplizierenden Verben sind an dem Präteritalvokal *ie* und an der Übereinstimmung des Wurzelvokals im Infinitiv und Part. Prät. zu erkennen (vgl. nhd. *heißen – hieß – geheißen*).

Stammformen und Wortschatz im Mhd.

Wurzelvokal *a*: *halten – hielt, hielten – gehalten*, ebenso: *halsen* ‚umhalsen, flehentlich bitten‘, *salzen, schalten* ‚stoßen‘, *spalten, vallen, valten, walten* ‚herrschen, besitzen‘, *walgen* ‚sich wälzen, rollen‘, *walken* ‚walken, schlagen‘, *walzen* ‚sich wälzen, bewegen‘, *wallen*; *bannen* ‚bannen, ge-, verbieten‘, *spannen, blanden* ‚trüben, mischen‘, *gân* (als Kurzform für *gangen*): *gienc* und *gie* (s. § 143), *vâhen* ‚fangen‘ u. *hâhen* ‚hängen‘ (trans. u. intrans. *âh* < *anh* (s. u. u. § 64), beide mit gramm. W.: *vienc – viengen – gevangen, hienc – hiengen – gehangen*, daneben *gevân* u. *gehân* (s. § 64). Im Mfr. werden einige Formen an *stân – stên, gân – gên* angelehnt (z. B. *veit – heit* ‚er fängt – hängt‘), ferner: *erjen* u. *er(r)en* ‚pflügen‘ – *ier, ieren – g(e)arn* (u. auch schwach flektiert).

Wurzelvokal *ā*: *râten – riet, rieten – gerâten, bâgen* ‚kämpfen, streiten‘, (nicht mehr im Nhd.), *blâsen, brâten, slâfen, verwâзen* ‚verwünschen‘. *lâзen* u. *lân* s. § 145,2.

Wurzelvokal *ei*: *scheiden – schiet, schieden – gescheiden, heiзen* ‚heranrufen‘, *meiзen* ‚schneiden, hauen‘ (ausgestorben, nur in *Meißel* erhalten), *sweifen* ‚winden, schwingen, durchstreifen‘ (nhd. schwach geworden), *scheiden* (im Nhd. Part. *geschieden*), *zeisen* ‚zausen, zupfen‘ (doch im 13. Jh. schwach flektiert), *eischen* ‚verlangen, fordern‘ – *iesch, ieschen – geeischen* (war eigtl. schwach, ebenso *vereischen* oder *vreischen* ‚erfahren‘).

---

[103] Doch vgl. Jellinek § 185 ff.

Wurzelvokal *ou*: *loufen – lief, liefen – geloufen, houwen – hie, hiewen* und *hiu, hiuwen – gehout* (Prät. im Ostmd. seit dem 14. Jh.: *hieb – hieben*).

Wurzelvokal *ō*: *stôȝen – stieȝ, stieȝen – gestôȝen, bôȝen* ‚schlagen‘, *schrôten* ‚schneiden, hauen‘.

Wurzelvokal *uo*: *ruofen – rief, riefen – geruofen* u. *rüefen* (mit verlorenem *j*-Infix, Prät. *rief* u. schwach: *ruofte*), ebenso: *wuofen* u. *wüefen* ‚wehklagen‘. *fluochen* ist schwach geworden.

bûwen ‚wohnen, das Feld bestellen‘ hat nur ein schwaches Prät.: *bûwete, bûte* und *biute*, aber ein starkes Part. Prät.: *ge*- oder *erbûwen* neben *gebûwet*; zum Inf. *biuwen* (wohl in Analogie zu *trûwen, triuwen*): *biute* u. *gebiuwen*.

Die Verba pura sind in die schwache Flexion übergegangen, nur bei *blæjen* und *dræjen* stehen neben *geblât, gedrât*: *erblân, gedrân*.

Vom Mhd. zum Nhd.:

Im älteren Nhd. gibt es in Südwestdeutschland im Prät. Formen auf *u(e)* statt *ie*, z. B. *huelte, fuenge, bluese* u. *blus, schluef* (mdal. fiel *ie* mit *üe* zusammen, *ie* des Konj. wurde als Umlaut angesehen und im Ind. daher *ue* eingesetzt, dadurch trat dann auch Übereinstimmung mit der 6. Kl. ein). Häufig gibt es in der 2. 3. Sg. Präs. unumgelautete Formen neben umgelauteten: *bratest*: *brätst, ratest*: *rätst, laufen* blieb im Nhd. bis ins 18. Jh. unumgelautet.

Bei *vâhen* und *hâhen* trat im Md. Verkürzung des *ie* ein, im Obd. aber blieb die Schreibung *ie*, daher noch im 19. Jh. bei Schriftstellern und Germanisten z. T. *fieng, hieng*. Seit dem 16. Jh. gilt der Inf. *fangen* u. *hangen*, doch hält sich *fahen* vereinzelt bis heute.

Neben dem starken trans. *hâhen* ‚aufhängen‘ gab es drei schwache Verben: intrans. *hangên* ‚hangen‘, trans. *henken* ‚aufhängen‘ und *hengen* ‚die Zügel hängen lassen, nachgeben‘. Das Prät. von *hâhen*: *hienc* wurde auch intrans. gebraucht und verdrängt die Präteritalformen des schw. intrans. *hangên*, die nur noch in md. Texten verwendet werden. An die Stelle des Infinitivs *hâhen* tritt dann im Frühnhd. ein nach dem Prät. gebildeter regelmäßiger Inf. *hangen*, der nun neben dem schwachen intrans. *hangên* und dem trans. *henken* ‚vom Henker aufknüpfen‘ gebraucht wird. *henken* aber wird durch *hengen* ersetzt = nhd. *hängen*, und dieses *hängen* verdrängt dann die trans. Bedeutung des starken Verbs *hangen*, so daß schließlich das starke intrans. *hangen* und das schwache trans. *hängen* nebeneinanderstehen, die allerdings in der 2. u. 3. Sg. Präs. zusammenfallen = *hängst, hängt*, aber Prät. stark *hing*, schwach *hängte*.

Schwache Verben

§ 129   Allgemeines

Bedeutung und Einteilung

Schwache Verben sind sekundäre Verben, d. h., sie sind mit Hilfe bestimmter Suffixe von primären (= starken) Verben oder von Nominalstämmen, also Substantiven und Adjektiven, abgeleitet. Zweck einer solchen Ableitung ist, daß die in der Wurzel enthaltene Bedeutung, die oft einen Zustand oder eine Eigenschaft angibt, herbeigeführt, verstärkt, wiederholt werden oder auch eintreten oder andauern soll. Danach werden unterschieden: Kausativa (bei Verbalableitungen) oder Faktitiva (bei Nominalableitungen, zu lat. *causāre* ,bewirken' und *factitāre* ,oft machen'), Intensiva (zu lat. *intendere* ,anspannen, steigern'), Iterativa oder Frequentativa (zu lat. *iterāre* und *frequentāre* ,wiederholen'), Inchoativa (zu lat. *inchoāre* ,beginnen') und Durativa (zu lat. *dūrāre* ,andauern').

Im Ahd. werden die schwachen Verben in drei Klassen eingeteilt: 1. Kl.: *-jan*-Verben, ahd. mhd. *-en*, getrennt in kurz- und langsilbige; 2. Kl.: *-ōn*-Verben; 3. Kl.: *-ēn*-Verben; im Got. auch noch eine 4. Kl.: *-nan*-Verben.

Im Mhd. sind alle Endungen in *-en* zusammengefallen; die Präsensbildung aller Klassen ist gleich, und nur im Präteritum heben sich die langsilbigen der 1. Klasse durch den sogenannten ,Rückumlaut' von allen anderen sonst nahezu einheitlich gewordenen schwachen Verben ab.

§ 130   Zur Herkunft

A   1. Kl.: *-jan*-Verben

Zwei Bildungselemente liegen zugrunde (beide ergaben im Germ. *-jan*, das schon im älteren Ahd. zu *-en* wurde):

1. Suffix *-éi̯* + Bindevokal *e/o* bei Kausativ-, Intensiv- und Iterativbildungen zu Verbalwurzeln mit der Ablautstufe des Ind. Sg. Prät. Da *-éi̯* stets betont war, mußte das Vernersche Gesetz in Kraft treten. Im Germ. wurde *-éi̯* zu *j*, dieses *j* bewirkte im Westgerm. Konsonantengemination und im Ahd. und Mhd. außerdem Umlaut (vgl. die folg. Beispiele *setzen* und *neren*). Durch die Gemination konnte nach der 2. LV auch ein Gegensatz zwischen stl. Reibelaut beim Primärverb und Affrikata beim abgeleiteten schwachen Verb entstehen (s. *bîʒ*en und *beizen*). Zum abweichenden Lautstand im Prät. s. u. 3.
   a) Zum Beispiel: mhd. *sitzen* (st. Verb, 5. AR) und *setzen* (Kausativum: sitzen machen):

idg. *séd-i̯o-nom (hier liegt auch beim st. Verb im Idg. eine j-Bildung vor – im Dt. nur bei wenigen Verben) > germ. *sit-ja-n(an) (d > t = 1. LV, j bewirkt Wechsel von ë > i, dann im Westgerm. Gemination) > as. sittjan > ahd. mhd. sitzen (tz < tt durch 2. LV), dazu das Kausativum von der Ablautstufe des Sg. Prät.: (1. Sg. Prät. idg. *sesóda, also) *sod-éi̯-o-nom > germ. *sat-ja-nan > *satt-jan (idg. o > germ. a, dann Gemination, im Ahd. Umlaut und -jan > -en) > ahd. mhd. setzen.

b) mhd. lîden (= leiden, st. Verb. 1. AR) und leiten (Kausativum: gehen machen, führen):

idg. *léi̯thonom (fortgehen) Kausativum: *loi̯th-éi̯-onom > germ. *liþanan (th > þ = 1. LV) germ. *laidian (d < þ durch VG) wgerm. laiddjan (wgerm. dd vor j > ahd. tt, aber nach Langvokal Geminatenvereinfachung)

ahd. lîdan (þ > d = 2. LV) ahd. mhd. leiten
Bedeutg.: gehen, einen schweren Bedeutg.: gehen machen, leiten
Weg gehen = mhd. erlîden = st.
Verb, 1. Kl., nhd. (er)leiden

c) mhd. genësen ‚gesund bleiben‘ und ner(re)n ‚gesund machen‘: idg. *nésonom > ahd. ginësan (‚am Leben bleiben‘, st. Verb, 5. AR), dazu idg. *nos-éi̯-onom > germ. *nazjan (z < s = VG, dann im Nord- und Westgerm. z > r und im Ahd. Umlaut) > narjan > ahd. nerien > mhd. ner(e)n ‚(er)nähren‘ u. ä.

d) Beispiel für stl. Reibelaut beim primären Verb und Affrikata beim schwachen (bei setzen ist dieser Gegensatz nur wegen des j beim starken Verb nicht eingetreten):
idg. *bhéi̯donom > germ. as. bîtan > ahd. bîȝ(ȝ)an (ȝ < t = 2. LV) > mhd. bîȝen (= beißen, st. Verb, 1. AR), aber: idg. *bhoi̯d-éi̯-o-nom > germ. *baitjanan (dann Gemination) > wgerm. *baittjan > ahd. mhd. beitzen (= beizen = immer wieder beißen, Iterativum), ebenso: germ. as. writan > ahd. rîȝ(ȝ)an > mhd. rîȝen ‚reißen‘: wgerm. raittjan > ahd. reitzen (nhd. reizen), auch ritzen als Iterativbildung gehört zur gleichen Wurzel.
Weitere Belege für die langsilbigen Verben s. § 135.

2. Suffix -i̯e-/-i̯o- = germ. -ji-/-ja-. Dieses Suffix, das auch bei einigen starken Verben vorkommt, z. B. sitzen, bitten, ligen, sweren, hefen, dient hier zur Bildung von Faktitiven zu Nominalstämmen (Subst. und Adj.), z. B. zu germ. *haila- got. hails, ahd. mhd. heil ‚gesund‘: hailjan > heilen ‚gesund machen‘, vgl. damit in der 4. Kl. got. heilnan ‚gesund werden‘; zu got. dauþs ‚tot: dauþjan, ahd. tôten, mhd. tœten; zu got. fulls, ahd. fol: got. ga-fulljan, ahd. fullen, mhd. füllen ‚voll machen‘; zu got. laus ‚los‘: ga-lausjan, ahd. lôsen, mhd. læsen; zu got. hauhs, ahd. hôh: got. hauhjan, ahd. hôhen,

mhd. *hæhen* ‚erhöhen'; ebenso zu *warm*: got. *warmjan*, ahd. mhd. *wermen*, zu *zam*: got. *gatamjan*, ahd. mhd. *zemmen, zemen* ‚zähmen'. Ferner zu Substantiven, z. B.: got. *dails*, ahd. *teil*: got. *dailjan*, ahd. mhd. *teilen*; zu got. *arbeiþs*: got. *arbeidjan*, ahd. mhd. *arbeiten* ‚Mühsal erdulden, arbeiten'; zu idg. *(o)nomen*, ahd. *namo*, mhd. *name*: got. *namnjan*, ahd. *nemnen*, mhd. *nennen*; zu got. *stains*: *stainjan* ‚steinigen'; zu got. *maurþr* ‚Mord': *maurþjan* ‚morden'.[104]

3. Die durch das *j* bedingten Veränderungen (§ 63) – Konsonantengemination im Westgerm., im Ahd. nach der 2. LV z. T. Bildung von Affrikaten und Umlaut, der z. T. schon im Ahd., sonst im Mhd. eingetreten ist – betreffen jedoch nicht alle Formen, da das *j* in einigen ausgefallen oder zu *i* geworden ist. So fiel es im Germ. in der Verbindung *-ji-* in der 2. u. 3. Sg. Ind. Präs. weg, hier blieb nur das *i*, und der vorangehende Konsonant erscheint einfach: ahd. *zellen*, 1. Sg. *zellu*, aber: 2. Sg. *zelis*, 3. *zelit*, 1. Pl. wieder: *zellemês* usw., doch ist hier schon im Ahd. ausgeglichen worden, so daß im Mhd. nur eine Form fürs Präs. gilt; z. B. steht im Mhd. statt ursprünglich *leggen, leggu* und *legis, legit* (für die 2. 3. Sg.) auch im Inf. usw. *legen, lege*.
Im Präteritum mußte ein noch größerer Unterschied gegenüber dem Inf. und Präs. entstehen: *j* wurde zwischen Konsonanten zu *i*, daher konnte keine Gemination eintreten (ebenso wie in der 2. 3. Sg.). Dieses *i* blieb jedoch nur bei den kurzsilbigen Verben erhalten, bei den langsilbigen trat Synkope ein, so daß im Ahd. kein Umlaut stattfinden konnte,

z. B. ahd. *neren*   Prät. *nerita*   Part. *ginerit* (kurzsilbig), aber:
ahd. *brennen*   Prät. *branta*   Part. *gibrennit* u. *gibrantêr*.

Diese Umlautlosigkeit im Prät. der langsilbigen Verben der 1. Kl. bestimmt im Mhd. die gesamte Einteilung der schwachen Verben, da alle anderen Kriterien durch Ausgleich z. T. wegfallen können, s. im einzelnen dazu § 135.

B 2. Kl.: -*ōn*-Verben

Es sind Ableitungen von idg. *ā-* (= germ. *ō-*)Stämmen, also Denominativa mit bes. ornativer (*ornāre* ‚mit etwas versehen') Bedeutung. Dem *ō* folgt als Bildungselement -*no*-, dann die Infinitivendung (urspr. Akk.) -*m* = germ. -*nan*, z. B. zu got. ahd. *salba*: germ. *salbōnan* > ahd. *salbôn* > mhd. *salben*. Mit diesem *ō*-Element[105] wurden dann auch von anderen Nominalstämmen

[104] Vgl. mit diesen faktitiven Verben der 1. Kl. die got. der 4. Kl. mit intransitiver Bedeutung, im Ahd. in der 2. oder 3. Kl.
[105] Dem *ā* als Stammauslaut folgte bei der Verbalbildung im Idg. noch ein *i*-Element (im Griech. Verba contracta: *τιμάιω > τιμῶ* ‚ich ehre', im Lat. viele Verben auf -*āre*: *multa* ‚Strafe': *multāre, multō < *multāi̯ō*), im Germ. ist dieses Element nur noch im As., Ae., Afries. erhalten.

Verben abgeleitet, z. B. zu germ. *fiskaz, ahd. fisk: got. ahd. fiskôn, mhd. vischen; zu roube, mhd. roup : roubôn, mhd. rouben; ebenso zu wunt : wunden ‚verwunden‘, zu vride : vridôn, vriden ‚versöhnen‘.

Zum Teil gibt es auch Ableitungen, die sowohl ein Verb der 1. als auch der 2. Kl. ergeben, z. B. zu ful : füllen (< fuljan) ‚voll machen‘ u. vollen ‚voll werden‘.

Einige Ableitungen von ja-Stämmen haben im älteren Ahd. noch das e: zu ente : enteôn > mhd. enden (meist sogar mit „Rückumlaut" ante); zu minne : minneôn > minnen; zu sünde : sunteôn > sünden; zu irre ‚irrend‘: irreôn > irren.

Im Mhd. sind diese Verben vollständig mit den kurzsilbigen der 1. Kl. und mit der 3. Kl. zusammengefallen, nur mundartlich, bes. im Alem., sind noch Partizipien auf -ôt oder -ot (-ont) belegt, z. B. gewarnôt, geschouwôt.
Es gibt aber auch hier einige Ableitungen aus starken Verben, das schwache Verb hat dann vor allem eine intensivierende Bedeutung, z. B. zu springen: ahd. sprangôn ‚aufspringen, sprudeln‘, mhd. sprangen; zu ahd. wёrban ‚sich drehen‘: wёrbôn ‚drehen, wenden‘. Im Mhd. stehen wёrben (st. Verb, 3. AR) und werben (schwach) nebeneinander.

C 3. Kl.: -ēn-Verben

Im Idg. liegt als Suffix ē oder ēi zugrunde (> germ. æ; dieses æ, das sonst in der Wurzel zu ā wurde, ist in der Endung ē im Ahd. geblieben). Im Lat. entspricht die Endung -ēre: habēre = ahd. habên = mhd. haben.
Zum Wortschatz gehören viele primäre Verben – sie sind oft intransitiv-durativ, z. T. mit Intensivcharakter –, außerdem auch viele Denominativa mit inchoativer Bedeutung.

Primäre Verben: z. B. dagen ‚schweigen‘ (vgl. lat. tacēre), dolen ‚dulden, ertragen‘, haben, hangen ‚hängen‘ (intrans., aber hâhen, stark, trans.), lёben, schamen ‚sich schämen‘, wonen ‚sich aufhalten, wohnen‘.

Deverbativa: zu wёsen : weren ‚andauern‘, zu wёrren ‚schaden‘: weren ‚hindern‘, darben ‚entbehren, Mangel haben‘ zum Prät.-Präs. darf – durfen.
Denominativa: heilen ‚gesund werden‘ zu heil = ‚gesund‘, dagegen: heilen 1. Kl. < heiljan ‚gesund machen‘; zu lîch, gelîch : lîchen u. gelîchen ‚gefallen, genehm sein‘, erst mhd. misselîchen ‚mißfallen‘; zu arm : armen ‚arm sein‘ oder ‚arm werden‘; zu fest, fast : fasten ‚halten, fasten‘; zu sorge : sorgen ‚in Sorge sein‘; zu fûl : fûlen ‚faul werden‘; zu rîf : rîfen ‚reif werden‘; zu truobi, kuoli, muodi : truoben, kuolen, muoden ‚trüb, kühl, müde werden‘; seit dem 13. Jh. auch mit Umlaut oder in der 1. Kl., wo aber trüeben, küelen, müeden ‚trüb, kühl, müde machen‘ bedeutete. Auch diese Verben waren ursprünglich endbetont und stehen im grammatischen Wechsel mit dem Grundwort.

Mit der ahd. Flexion von *haben* läßt sich die lat. vergleichen[106]:

lat. Sg.	1. *habeo*	ahd. *habêm*	mhd. *haben* u. *habe*
	2. *habēs*	*habês*	*habes(t)*
	3. *habet*	*habêt*	*habet*
Pl.	1. *habēmus*	*habêmês*	*haben*
	2. *habētis*	*habêt*	*habet*
	3. *habent*	*habênt*	*habent*

D   4. Kl.: *-nan*-Verben

Sie sind noch im Got. vorhanden; und zwar handelt es sich um Verben mit intransitiv-inchoativer Bedeutung, abgeleitet von Verben und Adjektiven (im Lat. entsprechen Verben auf *-āri, consternāri* usw.), z. B. zu *giutan* ‚gießen‘: *usgutnan* ‚vergossen werden‘; zu *fraliusan* ‚verlieren‘: *fralusnan* ‚verlorengehen‘; zu *fulls* ‚voll‘: *fullnan* ‚voll werden, (vgl. ahd. *fullôn* 2. Kl. und daneben *fulljan* > *füllen* ‚voll machen‘); zu *dauþs* ‚tot‘: *gadauþnan* ‚sterben‘, aber *gadauþjan* ‚töten‘.

Schwache Konjugation

§ 131   Präsens

Das Präsens der schwachen Verben stimmt im Mhd. in den Endungen völlig mit dem der starken Verben überein, z. B. *lobe, lobest, lobet, loben, lobet, lobent*; nur 2 Abweichungen gibt es: 1. endet der Imperativ auf *-e*: *lobe, setze, lege, suoche* (doch wird das *e* nach *r, l, n* auch apokopiert: *hol, ner* usw.), 2. wird der Wurzelvokal nicht verändert[107].

---

[106] Etymologisch aber sind lat. *habēre* und ahd. *habên* nicht verwandt.

[107] Bei den Verben mit einem *j*-Suffix war schon im Infinitiv eine Umfärbung des vorangehenden Vokals eingetreten (z. B. got. *brannjan* = ahd. mhd. *brennen*), die *-ôn*- und *-ên*-Verben aber behielten im Ahd. im gesamten Präsens diesen dunklen Themavokal, so daß kein Umlaut eintrat. Inf.: Intervokalisch ist das *j* in der 1. Kl. noch im Mhd. erhalten: *blüejen* ‚blühen‘, *dræjen* ‚drehen‘, *mæjen* ‚mähen‘, *næjen* ‚nähen‘, *sæjen* ‚säen‘ usw., auch nach *r* ist es vereinzelt erhalten, so neben *nern* auch *nerijen*, *nerigen, nergen*.
1. Sg. Ind.: Im Alem. u. Md. kommen noch Formen auf *-n* vor (= ahd. 1. Sg. *ih lobôn, habên* > *ich loben, haben*), die zur 2. u. 3. Kl. gehörten und auch in die 1. kamen.
Endungen auf *-o* und *-u* (*lobost, lobust*) im Präs. und im Part. (*weinunde*) sind ebenfalls bes. im Alem. zu finden, desgl. Konj. auf *-eje, -ege, -ei* in der 2. Kl. (*ôn*-V.) und auch in der 3., z. B. *machege, macheie*.

§ 132   Präteritum: Bildung im Germanischen

Das Besondere der schwachen Präteritalbildung besteht darin, daß sie durch ein ‚Hilfs'-Verb erfolgt ohne Veränderungen des Wortstammes. So werden im Germ. Präteritalformen des Verbs ‚tun' an den Verbalstamm gefügt, und zwar *-dōm, -dēs, -dēt, z. B. in salbō-: got. salbōda 1. 3. Sg., salbōdēs 2. Sg.; im Ahd. ist die 2. Sg. der 1. angeglichen worden: salbōta 1. 3. Sg., salbôtôs 2. Sg., im Pl. salbôtôm, salbôtôt, salbôtôn (im Got. mit Reduplikation: salbōdēdum usw.); in der 1. Kl. wurde diese Endung an den Bindevokal i gefügt: *lagida > ahd. legita > mhd. legete, in der 3. Kl. an -ē: sagēta > mhd. sagete > sagte. Daraus erklärt sich auch, daß die Verben der 1. Kl., die bis zum Ahd. das i bewahrt haben, im Prät. ebenso wie im Präs. (-jan) Umlaut haben müssen. Es gibt jedoch einige Verben, die von vornherein die Präteritalendung ohne Bindevokal an den Verbalstamm fügten, z. B. denken, s. § 136, andere – die langsilbigen der 1. Kl., § 135 – verloren dieses i infolge der langen Wurzelsilbe in vorahd. Zeit, so daß sie auch nicht umgelautet werden konnten im Präteritum, sich aber doch von den ursprünglich bindevokallosen Präteritalbildungen unterscheiden.
Eine dem Germ. ähnliche Bildungsweise schwacher Präteritalformen gibt es auch in einigen anderen idg. Sprachen, z. B. im Griech. auf -ϑη, im Lat. -ba-, im Altind. auf -k̦ ‚machen', im Abulg. auf -achъ (Wurzel *es-) usw. Offenbar hat es im Idg. verschiedene Bildungsweisen gegeben, die einzelnen Sprachen blieben dann jedoch bei einer, eben das Lat. bei -ba-, das Germ. bei -dē usw.

§ 133   Endungen und Einteilung im Mittelhochdeutschen

Die Endungen sind bei allen schwachen Verben gleich: Konj. = Ind.: Sg. 1. -te 2. -test 3. -te Pl. 1. -ten 2. -tet 3. -ten[108].
Statt der drei Klassen im Ahd. sind im Mhd. zwei Gruppen zu unterscheiden; zur 1. Gruppe gehören alle Verben mit gleichbleibendem Wurzelvokal im Präs. und Prät., d. h. alle kurzsilbigen -jan- (§ 134a), alle -ōn- (§ 134b) und -ēn-Verben (§ 134c), also die Verben der 2. und 3. Klasse und ein Teil der 1. Klasse. (Als zweites Kennzeichen dieser Gruppe könnte der Bindevokal e vor der Endung -te, -test usw. gelten, jedoch fällt er im Mhd. oft durch Synkope weg.) Zur 2. Gruppe gehören alle Verben mit nichtumgelautetem Wurzelvokal im Prät. gegenüber umgelautetem im Präs., es sind die Verben,

---

[108] Nur im Alem. sind noch Formen auf -o oder auch -u vorhanden: Sg. 2. -tost Pl. 1. 3. -ton 2. -tot oder: -tust, -tun, -tut und im Konj. auf -i: Sg. 1. -ti 2. -tist 3. -ti Pl. 1. -tin 2. -tit 3. -tin. Apokopierung des e in der 1. und 3. Sg. ist sehr häufig. t wird zu d erweicht nach n und m, öfter auch nach nn und nd und z. T. auch nach l und r, z. B. wonde, tuomde ‚urteilte', teilde, zierde und oft in solde.

denen schon im Ahd. der Bindevokal im Prät. fehlte, also die langsilbigen -*jan*-Verben (§ 135a), denen sich die mehrsilbigen angeschlossen haben, einschließlich auch der Verben auf *tz*, *ck*, *pf* (§ 135b) und *tt* (§ 135c) und der Verba pura (§ 135d).

Zum Beispiel 1. Gruppe: *legen*: *legete*, *loben*: *lobete*, *sagen*: *sagete*[109]
              (ahd.: *legen*: *legita*, *lobôn*: *lobôta*, *sagên*: *sagêta*)
        2. Gruppe: *brennen*: *brante*, *hæren*: *hôrte*, *grüenen*: *gruonte*
              (ahd.: *brennen*: *branta*, *hôren*: *hôrta*, *gruonen*: *gruonta*)

§ 134   1. Gruppe

a) Kurzsilbige -*jan*-Verben[110]

Fast alle kurzsilbigen Verben der 1. Kl. haben im Mhd. noch Doppelformen im Inf.: Doppelkonsonant oder einfacher Kons. nach kurzem Vokal, jedoch verschwinden die Formen mit Doppelkons. im Laufe des Mhd. (die Form der 2. 3. Sg. (s. § 130,3) setzt sich im gesamten Präs. durch). Folgende Verben gehören hierher: *beren* ‚stoßen‘, *dennen*, *denen* ‚dehnen‘, *entsweben* ‚einschläfern‘, *keren* ‚kehren‘, *leggen* u. *legen*[111], *lemmen* u. *lemen* ‚lähmen‘, *quelln* u. *queln* ‚quälen‘, *selln* u. *selen* ‚übergeben‘, *welln* u. *wel(e)n* ‚wählen‘, *weren* ‚verteidigen, wehren‘, *vremmen* u. *vremen* ‚vorwärtsschaffen‘, *twelln* u. *twelen* ‚zögern‘, *zellen* u. *zeln* ‚zählen, erzählen‘, *(ver)zeren* ‚verzehren‘. Zu den Verben auf *t*, *tt*, *retten*, *treten*, *weten*, *schüten* s. § 135c, sie haben sich den langsilbigen angeschlossen.

---

[109] Durch – erst im Mhd. eintretende – Synkope kann es auch *lopte*, *sagte* heißen, daher ist vom Mhd. her gesehen das Vorhandensein oder Fehlen des Bindevokals kein Kriterium für die Zugehörigkeit zur 1. oder 2. Gruppe. Auch andere Kriterien, etwa Doppelkonsonant im Präs. gegen einfachen Konsonanten im Prät. oder Affrikata im Präs. gegen stimmlosen Reibelaut im Prät., z. B. *setzen*: *saʒte*, sind im Mhd. meist durch Ausgleich beseitigt.
Die nicht umlautfähigen langsilbigen Verben, z. B. *leiten*, *ritzen*, unterscheiden sich von den Verben der 1. Gruppe oft gar nicht mehr.

[110] Kurzsilbig werden sie ihrer kurzen Wurzel wegen genannt vom idg. oder urgerm. Standpunkt aus, d. h. kurzer Wurzelvokal + einfacher Konsonant + *jan*; nach der Konsonantengemination im Westgerm. sind sie im Inf. z. T. gar nicht von den langsilbigen zu trennen, z. B. *dennen* ‚dehnen‘ und *brennen*: In *dennen* geht *nn* auf die Gemination vor *j* zurück, got. noch: *uf-þanjan*, in *brennen* war *nn* von vornherein vorhanden: idg. *nṇ* > *nn* – got. *brannjan* zum starken Verb *brinnan*.

[111] Formen von *legen* werden oft kontrahiert, z. B. *du leist*, *ër leit*, Prät. *leite*, Part. Prät. *geleit* (Hartmann hat nur *leit*, *leite*, *geleit*. Im westl. Md. auch *lahte* (< *legte*) und *gelaht*). Die Formen mit Doppelkonsonanz sind die älteren. In einigen Fällen sind diese Verben im Prät. den langsilbigen angeglichen worden, so daß es auch hier Doppelformen gibt: zu *twelln*: *twelte* u. *twalte*; zu *selln*: *selte* u. *salte*; zu *queln*: *quelte* u. *qualte*; zu *hügen*, *huggen*: *hügete* u. *hucte*, zu *knüsen*: *knüsete*, *knüste* u. *knuste*. Der Bindevokal *e* ist im Mhd. öfter durch Synkope ausgefallen, bes. nach *l* u. *r*: *nerete* > *nerte*, *zelete* > *zelte*, aber auch nach *s* u. a.: *knuste*, *lobete* > *lopte*, *legete* > *lecte*, *wonete* > *wonte* usw.

hüggen u. *hügen* ‚denken‘, *hülln* u. *hüln* ‚aushöhlen‘, *mülln* u. *müln* ‚zermalmen‘, *knüssen* u. *knüsen* ‚stoßen‘, *spürn* ‚aufsuchen‘, *douwen* u. *döuwen* ‚verdauen‘, *drouwen* u. *dröuwen* ‚drohen‘, *strouwen* u. *ströuwen* ‚streuen‘, *vrouwen* u. *vröuwen* ‚freuen‘, *vlouwen* u. *vlöuwen* ‚spülen‘, *touwen* ‚sterben‘, *zouwen*[112] ‚tun‘.

b) -ōn-Verben

Diese Verben konnten wegen des Bindevokals *ō*, der im Präs. und Prät. im Ahd. erhalten ist, nicht umgelautet werden. Im Mhd. wird *ō* > *e*, und z. T. wird dieses *e* synkopiert, z. B. *lob(e)te*, *mach(e)te*. Hierher gehören z. B.: *abern*, *avern* ‚wiederholen‘, *ahten* ‚beobachten‘, Prät. *ahte*, Part. Prät. *geahtet* u. *geaht*, *arbeiten* ‚sich mühen‘, *arnen* ‚ernten‘, *âtemen*, *arten* ‚abstammen, wohnen‘, *behagen* (dazu ein st. Part. als Adj.: *behagen* ‚frisch, behaglich‘), *beiten* ‚zögern‘, *beten*, *bewaren* ‚sorgen für‘, *bilden* ‚darstellen‘, *baden*, *danken*, *dienen*, *dingen* ‚verhandeln‘, *dolen* ‚ertragen‘, *eichen* ‚zueignen‘, *einen* ‚vereinen‘, *(h)eischen* ‚fordern‘ (auch red. Verb), *enden*, *erbeben*, *biben*, *erzenen* ‚heilen‘, *vazzen* ‚beladen, fassen‘, *vertilgen*, *vestenen*, *fluochen*, *folgen*, *vollen* ‚voll werden, sich füllen‘, aber: *füllen* ‚voll machen‘, *fordern*, *hazzen*, *irren* ‚irre gehen‘, aber *irren* 1. Kl. ‚irre machen‘, *jagen*, *klagen*, *koren* ‚versuchen‘, *kosten*, *kreftigen*, *laben*, *laden*, *lastern* ‚beschimpfen‘, *leiden* ‚anschuldigen‘, *lônen*, *machen*, Prät. *machte* u. *machete*, Part. *gemacht* neben *gemachet* u. v. a.

Im Alem. sind noch oft Formen auf *-ô* belegt, Partizipien auf *-ôt*, *-ot* kommen auch sonst noch vor, z. B. *gewarnôt* usw.

Als mögliche Variationen können folgende Formen gelten:

loben – *lob(e)te* oder *lopte*	*gelob(e)t* oder *gelopt*
ziln – *zilte*	*gezilt*
ahten – *ahtete* oder *ahte*	*geahtet* oder *geaht*.

Zur Kontraktion, z. B. *klagete* > *kleite* usw., s. § 70.

c) -ēn-Verben

Auch die -ên-Verben konnten wie die -ōn-Verben nicht umgelautet werden, da *ê* als Bindevokal im Ahd. im Präs. u. Prät. erhalten blieb. Im Mhd. entsprechen sie ganz den -ōn-Verben. Es gehören hierher z. B. *alten* ‚alt werden‘, *armen* ‚arm werden‘, *bleichen* ‚bleich werden‘, *borgen* ‚jem. schonen, Sicherheit geben‘, *dagen* ‚schweigen‘, *darben* ‚Mangel haben‘, *dorren* ‚dürr werden‘, *erbarmen*, *erstummen* ‚stumm werden‘, *vâren* ‚nachstellen‘, *vrâgen*, *gewerden* ‚für würdig halten‘, *grâwen* ‚grau werden‘, *haben* u. *hân* ‚besitzen, haben‘, *hangen* ‚hängen‘ (intr.), *haren* ‚rufen‘, *harten* ‚hart werden‘, *langen* ‚verlangen‘, *leiden* ‚zuwider, leid werden‘, *lëben*, *(ge)lîchen* ‚gleich, angenehm sein‘, *losen* ‚horchen‘, *mêren* ‚größer werden‘, *nahten* ‚Nacht werden‘, entspr. *tagen*

---

[112] Die Verben auf *w* verlieren im Prät. z. T. das *w* und den Bindevokal: *vröute*, *ströute*, *dröute* usw.

‚Tag werden', *siechen* ‚krank werden', *stracken* ‚ausgestreckt sein', aber *strecken* ‚etwas ausstrecken', *trûen, triuwen* ‚glauben', *warten* ‚ausschauen', *wonen* ‚bleiben, wohnen', *zouwen* ‚vonstatten gehen'.

Von *haben* u. *sagen* sind bes. im Obd. kontrahierte Formen belegt: *seist, seit, seite, geseit* < ahd. *segis, segit, segita, gisegit*; im Rip. auch das Prät. *seichte* (= *sâchte* < *sâgde*) u. das Part. *geseicht* u. *geseit*; zu *haben: hebet, hebete, gehebet* und danach auch vereinzelt von *klagen: kleget.*
zu *trûwen* oder *triuwen* ‚trauen' ist das Prät. *trûwete, triuwete* oder *trûte, triute*, Part. Prät. *getrûwet, getriuwet* und vereinzelt *getrûwen.*

Vom Mhd. zum Nhd.:

Schon im Mhd. beginnt die Synkopierung, die sich im Nhd. dann durchgesetzt hat, zunächst nach *r* und *l* und in mehrsilbigen Wörtern auch nach *n*. Im Nhd. fehlt der Bindevokal im Prät. und Part. Prät. überhaupt, außer nach Dentalen (*leitete, dichtete, weidete, schadete* usw.) und nach Kons. + Nasal (*regnete, atmete*, aber auch *warnte*).

§ 135 2. Gruppe

a) Lang- und mehrsilbige *jan*-Verben

(langer Vokal oder aber kurzer Vokal + Doppelkonsonant im Germ. und auch *tz, ck* u. *pf* im Mhd.)
Bei diesen Verben war der Bindevokal *i* schon in vorahd. Zeit durch Synkope ausgefallen, im Prät. war also – im Gegensatz zum Präs. – weder Konsonantengemination (damit stimmen sie mit den kurzsilbigen Prät. überein) noch der Umlaut vorhanden. Keineswegs ist hier der im Inf. und im Präs. vorhandene Umlaut rückgängig gemacht worden, wie die von Jacob Grimm eingeführte Bezeichnung „Rückumlaut" vermuten lassen könnte, sondern im Prät. liegt einfach die Grundform des Verbs + schwache Präteritalendung -*te* vor; denn wegen des synkopierten *i* konnte niemals ein Umlaut eintreten.
Kennzeichen dieser Gruppe ist also der sogenannte „Rückumlaut", ferner einfacher Konsonant (oder stimmloser Reibelaut) im Prät. gegenüber Umlaut und Doppelkonsonant (oder Affrikata) im Präs. und Inf., doch ist hier vielfach zum Präs. ausgeglichen worden,

z. B. *brennen* (< *brannjan*): *brante – gebranter: gebrennet*
hœren (< *hôrjan*, got. *hausjan*): *hôrte – gehôrter: gehœret*
vüegen ‚fügen, ordnen': *vuocte – gevuocter: gevüeget*
wænen (zu *wân*): *wânte* u. *wânde* – : *gewænet*

Im Part. Prät. hat die flektierte Form wie das Prät. keinen Umlaut (*e* < *i* vor *t* fehlt), in der unflektierten ist dagegen *e* < *i* bewahrt, daher: *gebranter*, aber: *gebrennet* usw. Doch gleicht sich die unflektierte, umgelautete Form im Mhd. der flektierten an, so daß häufig beide nebeneinander stehen: *gebrennet* neben *gebrant, gesendet* neben *gesant* usw. (Manchmal ist es durch die Doppelheit zu einer Bedeutungsdifferenzierung im Nhd. gekommen, vgl. z. B. *Er hat sich gewendet* (= gedreht) und: *... an ihn gewandt*; vgl. auch *gelehrt* u. *gelahrt* im Nhd. in Analogie zu den Verben mit Rückumlaut.)

Weitere Beispiele für den Rückumlaut: *e* : *a*[113]: *benden* ‚fesseln‘, *bennen* ‚vor Gericht laden‘, *blenden* ‚blind machen‘, *brennen, dempfen* ‚zu Dampf machen‘, *temmen* ‚Grenze, Damm setzen, hindern‘, *derren* ‚dörren‘, *vellen, verderben, vesten* ‚fest machen‘, *hellen, helzen* ‚hinkend machen‘, *hengen* ‚hangen machen‘, *kemmen* u. md. *kemben, kennen, krenken* ‚krank machen, schädigen‘, *lenden* ‚an Land bringen‘, *merren* ‚hindern‘, *nennen, pfenden, refsen* u. *reffen*, tadeln, strafen‘, *schellen, schenden, senden, spengen* ‚mit Spangen versehen‘, *sperren, stellen, stemmen, sterben* ‚töten‘, zum st. Verb *stërben, swemmen* ‚schwimmen machen‘, *swenden* ‚zum Schwinden bringen, vernichten‘, *swenken, trenken, welzen, wenden, wenken* ‚eine Bewegung tun, wanken‘, *wermen*.

ü : *u*: *antwürten, drücken* (obd. *drucken*), Prät.: *antwurte, dructe; füllen, hülzen* ‚Holz fällen‘, *hungern* u. *hüngern, krumben* md. *krümmen, stürzen, künden* u. *kunden* ‚kund machen‘, *kürzen, küssen, würzen* u. *wurzen* ‚wurzeln‘, *zücken* u. *zucken, zürnen* u. *zurnen*.

æ : *ā*: *æhten* u. *âhten* ‚verfolgen‘, *bestæten* ‚bekräftigen‘, *beswæren* u. *beswêren* ‚bedrücken, schwer machen‘, *bewæren* ‚wahrmachen‘, *smæhen, wænen* ‚hoffen, vermuten‘, *vælen* u. *vêlen* ‚fehlen, einen Fehler machen‘.

œ : *ō*: *bœsen* ‚schlecht machen‘, *hœhen, hœnen, hœren, krœnen, lœsen, œden* ‚leer machen, verwüsten‘, Prät. *ôte* < *ôdte, rœten*, Prät. *rôte* < *rôtte, schœnen, trœsten* ‚Hoffnung geben, erheitern‘, *stœren* ‚in Unordnung bringen‘.

iu (= *ǖ*): *ū*: *hiulen* ‚heulen‘, Prät. *hûlte, rûmen* u. md. *riumen* ‚räumen‘, *sûmen* u. *siumen* ‚säumen‘, *siuren* ‚sauer machen‘, *slûnen* u. md. *sliunen* ‚beschleunigen‘, *sûsen* u. *siusen* ‚sausen‘, *viulen* u. *vûlen* ‚faulen, verderben‘.

üe : *uo*: *büezen* ‚besser machen‘, Prät. *huozte, vüegen, vüelen, vüeren, grüenen, grüezen* ‚freundlich ansprechen‘, *hüeten, prüeven, rüefen* u. *ruofen, rüemen, rüeren, spüelen, süenen, süezen, trüeben, tüemen* ‚urteilen‘, *üeben, wüefen* u. *wuofen* ‚jammern, klagen‘.

Obd. *ou* md. *öu* : *ou*: *gelouben, koufen, lougenen, stroufen* ‚abstreifen‘, *touben* ‚betäuben, vernichten‘, *toufen, troumen, zoumen, roufen* ‚raufen‘, *ougen* u. *öugen* ‚zeigen‘, *sougen* u. *söugen, bougen* u. *böugen*.
Prät.: *geloupte, koufte, lougente, oucte, soucte* usw.
Denominativa von *wa*-Stämmen bilden das Prät. ohne *w* mit Rückumlaut: *gärwen* ‚gar, fertig machen, bereiten‘, nhd. *gerben*: Prät. *garete* > *garte* u.

---

[113] Die Präteritalformen ergeben sich aus den obigen Beispielen, z. B. *vellen*: *valte, gevalt* u. *gevellet, verderben*: *verdarpte, hengen*: *hancte, kemmen* od. *kemben*: *kam(p)te* usw.

bes. md. *gerwete*; *värwen* ‚färben': *varete* > *varte*, aber auch wieder *värwete*;
sälwen ‚beschmutzen': *salete* > *salte*; *sülwen* ‚beschmutzen, sich suhlen':
sulte. Part. Prät.: *gegart* u. *gegerwet, gevart* u. *geverwet, gesalt* u. *geselwet,
gesult* u. *gesülwet*.

Ist keine Umlautsmöglichkeit vorhanden, bleibt der Wurzelvokal unver-
ändert:

bereiten : *bereite* (< *bereitte*), *breiten* : *breite, heilen* : *heilte,
kleiden* : *kleite* (< *dt*), *leiten, neigen, spreiten, teilen*;
hîwen ‚heiraten': *hîte* – *gehîwet* u. *gehît, wîhen* ‚heilig machen, weihen':
wîhte – *gewîht*.

b) Verben mit *tz, ck, pf*

Als langsilbige Verben gelten im Mhd. auch die mit *tz, ck, pf* (< germ. *t,
k, p*)[114] nach kurzem Vokal. Im Prät. sind daher eigentlich die entsprechen-
den einfachen Konsonanten vor *t* zu erwarten, also -*zt*-, -*ht*- od. -*ct*-, -*ft*-,
z. B. zu *setzen* im Prät. *sazte*, zu *knüpfen knufte* usw. Im Ahd. erscheinen die
einfachen Konsonanten z. T. noch, werden aber meist durch Ausgleich be-
seitigt, jedoch gibt es noch im Mhd. etliche Doppelformen. Bei der mhd.
z-Schreibung steht nicht immer fest, ob *tz* oder *ʒ* gemeint ist.
Verben auf -*tz*: *ergetzen* ‚vergessen machen, ergötzen': *ergazte, hetzen* :
hetzte u. *hazte, letzen* ‚hindern': *latzte* u. *letzete* – *lezte, kretzen* u. *kratzen* :
kraste u. *kratzete, netzen* : *nazte* u. *netzete, setzen* : *sazte* u. *saste* – *gesazt*
u. *gesazter, wetzen* : *wazte* u. *wetzete* – *gewetzet* u. *gewazt*.
Ohne Umlautmöglichkeit: *ritzen* : *rizte* u. *riste, snitzen* : *snizte* u. *sniste,
smitzen* ‚züchtigen': *smizte* u. *smiste, switzen* : *swizte* u. *swiste*.
Verben auf -*ck*: *decken* : *dahte* u. *dacte* – *gedecket, gedacht, gedact*, desgl.
recken ‚ausbreiten, recken', *schrecken, smecken, strecken* ‚gerade machen',
wecken; *h* statt *k* vor *t* auch nach *r*: *sterken* : *starhte, starcte, merken* : *marhte*
u. *marcte* und bes. md. *merkete*.
blicken : *blicte* u. *blihte, schicken, schricken* ‚aufschrecken', *drücken* u. obd.
drucken : *druhte* u. *dructe, rücken* obd. *rucken, zücken* obd. *zucken* : *zuhte* u.
zucte – *gezücket* u. *gezuht, gezuct*.
Verben auf -*pf*: *knüpfen* obd. *knupfen* : *knupfte* und selten *knufte* (ahd.
knufta) – *geknüpfet, rüpfen* u. *rupfen, stepfen* ‚schreiten', doch öfter *stapfen* <
stapfôn : *stapfte* u. selten *stafte* (ahd. *stafta*), *schepfen* : *schapfte, schafte* (Ul-
rich von Zazikhofen) u. *schlepf(e)te*.

c) Verben auf germ. *d + j*

Diese Verben, bei denen eigentlich mhd. *tt* im Präs., *t* im Prät. zu erwarten
ist, haben z. T. auch im Präs. *t* und im Prät. Doppelformen: *retten* u. *reten* :

---

[114] Urgerm. /t, p, k + j/ führte zu /tt, pp, kk/, dann nach der 2. LV zu /tz, pf, ck/;
diese Verben sind von den ursprüngl. langsilbigen mit Doppelkonsonant, z. B.
zücken, zu trennen.

retete – geretet u. *ratte – gerat, treten* u. *tretten*: *tratte – getrat* u. *tretete –
getretet, weten* u. *wetten* ‚waten, gehen‘ : *watte – gewat* u. *wetete – gewetet,
schüten* u. *schütten* ‚schütteln‘ : *schutte – geschut* u. *schütete.*

liuhten, diuten ‚zeigen‘, *stiuren* haben im Mhd. Rückumlaut:
Prät. *lûhte, dûte, stûrte* neben umgelauteten Formen.
Zu *enden*: Prät. neben *endete* auch *ante – geant.* Im Md. in Analogie zu den Verben
mit Rückumlaut auch zu *kêren, lêren*: *kârte, lârte – gekârt, gelârt,* wie zu md. *bewêren*
(= obd. *bewæren*): *bewârte.*
Im allgemeinen neigt das Md. mehr zum Umlaut als das Obd., wie auch das Nd. viel
häufiger Umlaut hat, z. B. auch im Konj. Prät. *brente* statt *brante, stelte* statt *stalte*
usw.

d) Verba pura

Die Wurzel dieser Verben endet auf Vokal. Sie bewahren im Inf. z. T. noch
das *j*, bes. im Alem. Im Md., bes. ostfr. u. thür., wird als Übergangslaut
auch ein *w* eingeschoben. Im Prät. stehen Formen mit und ohne Umlaut
nebeneinander:

dræn u. *dræjen* (< *drâan*): *drâte* u. *dræte, dræjete – gedrât* u. *gedræt, gedræjet*
(u. auch *gedrân*), *müen* u. *müejen* (< ahd. *muoan* ‚mühen‘): *muote* u. *müete,
müejete – gemuot* u. *gemüet, gemüejet;* ebenso *bæn* md. *bæwen* ‚bähen‘,
mæn md. *mæwen* ‚mähen‘, *næn* ‚nähen‘, *sæn* md. *sæwen, wæn* md. *wæwen* ‚we-
hen‘, *blüen, glüen, lüen* ‚brüllen‘, *rüen* ‚rudern‘.

Im Nhd. gibt es nur noch wenige schwache Verben mit Rückumlaut, er ist
durch Systemzwang beseitigt. Bewahrt haben ihn nur: *brennen, kennen, nen-
nen, rennen, senden, wenden.*

§ 136   Verben ohne Zwischenvokal

Einige Verben bildeten ihr Prät. und ihr Part. Prät. von vornherein ohne
Zwischenvokal. Sie zeigen bestimmte lautliche Veränderungen, die sie auch
von den langsilbigen Verben unterscheiden: Der Dental des Prät. rückte un-
mittelbar an die Wurzel, daher treten auf Grund dieses Primärberührungs-
effektes Lautveränderungen vor *t* (s. § 65) ein: *g* u. *k* werden vor *d* (*t*) zu *h.*
Ferner gibt es im Ind. keinen Umlaut (aber Umlaut im Konj.) und mögli-
cherweise Senkung von *u* > *o*:

denken (< *þankjan*): *dâhte* (< germ. *þaṇhtō*, 2.Sg. Ind. Prät. *dæhte* u. *dâhtest,* Konj.
  dæhte, Part. Prät. *gedâht*
dünken u. *dunken*: *dûhte,* Konj. *diuhte – gedûht* (vom Konj. ist nhd. ‚es *deucht* mir‘ ab-
  geleitet), s. § 64
würken, wurken, wirken: *worhte – geworht* (daneben auch Formen mit *a*)
vürhten: *vorhte – gevorht* (Präs. *vorhten, vörhten* bes. md., im Prät. auch *furhte*)
suochen: *suohte – gesuoht*

ruochen: *ruohte* – *geruoht* ‚sich um etwas kümmern‘
brûchen: *brûhte* – *gebrûht* (ursprüngl. stark, 2. AR; erst im Mhd. im Prät. belegt; ohne
Zwischenvokal im Prät: wie *dâhte* gebildet)
Mhd. Neubildungen sind: *dunkte, gedünket*; *wurkte, gewürket*; *gefürhtet*, dazu als st. Part.
Prät.: *ungevorhten, unervorhten* ‚unerschrocken‘.

§ 137   *bringen* und *beginnen*

Beides sind starke Verben der 3. AR mit Mischformen:

bringen: *brâhte* – *brâht*, Konj. u. 2. Sg. Ind. Prät. *bræhte* (< *brâhti*), 2. Sg. Ind. Prät.
neben *bræhte* auch *brâhtest*. Im Prät. ist auch die st. Form: *branc* – *brungen* vereinzelt
belegt. Im Präs. kommt im Md. u. Nd. auch *brengen* vor (schw. Neubildung zum Prät.).
bringen ist perfektiv, daher im Part. Prät. ohne *ge-*.
beginnen: Sg. Prät. stark: *began* u. schwach: *begunde* u. *begonde*, Pl. nur schwach:
begunden, Konj. *begunde*, Part. Prät. *begunnen* (im Md. auch *begunst* u. *begonst*).
erkunnen ‚kennenlernen‘ u. *verkunnen* ‚nicht kennen, verzweifeln‘, ursprüngl. -*ên*-Verben,
haben neben dem Part. Prät. auf -*et* auch ein starkes: *er-*, *verkunnen*.

Unregelmäßige Verben

Präterito-Präsentien

§ 138   Herkunft

Neun ursprünglich starke Verben gehören hierher: die Vollverben *weiʒ, touc,
gan* und die Hilfsverben *kan, darf, tar, sol, mac* und *muoʒ*. Ihre Bedeutung
weicht im Nhd. z. T. erheblich gegenüber dem Mhd. ab, s. u. Diese Verben
heißen Präterito-Präsentien, weil ihre präteritale Form präsentische Bedeu-
tung angenommen hat. Das alte Präsens ist verlorengegangen. Ein neues
Präteritum aber bilden sie – ohne Bindevokal – mit Hilfe der schwachen En-
dung -*t*. Damit stehen sie zwischen den starken und schwachen Verben als
Mischklasse.
weiʒ – Pl. – *wiʒʒen* – entspricht in der Form genau dem Prät. der 1. Kl. der
starken Verben: *rîten* – *reit* – *riten*, und *weiʒ* bedeutete ursprünglich auch
‚ich habe gesehen‘, ebenso wie das griech. Perf. *οἶδα* und das lat. *vīdi*[115], die
beide in der Bedeutung und auch lautlich dem dt. *weiʒ* entsprechen.

---

[115] Die idg. Wurzel **u̯id-* steckt noch in lat. *vidēre* ‚sehen‘, *vīsus* ‚Anblick‘ und auch in
(*ge-*)*wis* (*s* < *t-t* < idg. **d-t* in **u̯id-t-os*).

Von dem Perfekt ‚ich habe gesehen' ist nun leicht die Bedeutungsverschie-
bung zum Präs. ‚ich weiß' zu verstehen: was man gesehen hat, kennt man,
weiß man. Im Prät. liegt also präsentische Bedeutung vor.

Ebenso lat. *memini* (hier ist noch die Reduplikation *me-* vorhanden, das Verb gehört
zu *mēns* = Sinn, Verstand) ‚ich habe mir in den Sinn gerufen > ich erinnere mich';
nōvi = ‚ich kenne < ich habe erkannt'; *ōdī* = ‚ich hasse < ich habe mich erzürnt'
usw.

§ 139   Tempora

Als alte starke Verben lassen sie sich in die Ablautreihen einordnen: *wei3* –
wi33en = *reit* – *riten* (1. AR), *touc* – *tugen* = *bouc* – *bugen* (2. AR) usw. Auch
die Flexion unterscheidet sich nur wenig von der des Prät. der starken Ver-
ben: Der Plural zeigt z. T. Umlaut: Sg. 1. 3. *darf*, Pl. 1. 3. *durfen* u. *dürfen*,
2. *-et* (hier liegt wohl Einfluß des Konj. vor, vgl. *warf* – *wurfen* 3. AR), und
die 2. Sg. hat *-t* bzw. *-st*: *du solt*, *darfst* usw. In dieser Form auf *t* in der 2. Sg.
bewahren diese Verben die sonst nicht mehr erhaltene alte Perfektform der
st. Verben, wie sie auch noch im Got. vorhanden ist: got. *namt*, aber ahd.
nâmi > mhd. *næme* (griech. *-ϑa*: *οἶσϑα*).

Beachte: In *weist* u. *muost* liegt jüngere Analogiebildung vor. Lautgesetzlich wäre *weis*,
muos (primärer Berührungseffekt im Germ., s. § 65).
idg. *ṷoịttha* > *ṷaitta* > *waissa* schon im Germ. durch Assimilation u. Dissimilation
(*tt* > *tst* > *ss* > *s*).

Der Infinitiv ist gleich dem Plural, also z. T. mit Umlaut, z. B. *darf*, Pl. *dur-*
fen, *dürfen* = Infinitiv.
Die Part. werden aus der Pluralwurzel gebildet, das Part. Prät. z. T. stark:
Part. Präs. *wi33ende* (< Pl. *wi33en*), Part. Prät. *gewist*, *gewest*; bei *gunnen*:
gunnende – *gegunnen* und *gegunnet* (auch *gegunst*).
Das Prät. wird bei den Prät.-Präs. neu gebildet, und zwar durch Anhän-
gen von *t* (*d*), dem Kennzeichen der schwachen Präteritalendung, ohne Binde-
vokal an die Pluralwurzel: *kan* – Pl. *kunnen* – Prät. *kunde*. In einigen Fällen
trifft der Dental mit einem wurzelauslautenden Konsonanten zusammen, der
sich schon im Germ. vor dem *t* verändert (primärer Berührungseffekt, Laut-
veränderungen vor *t* s. § 65), z. T. assimilieren sich beide Konsonanten (der
Vorgang entspricht dem in der 2. Sg. Präs.): *gt* > *ht*: *tugen*: Prät. *tohte*,
mugen: *mohte*, *dt* > *ss*: *wi33en*: Prät. *wisse* (< idg. *ṷid-tha* > *ṷit-ta* >
wissa), *st* in *wiste* bzw. *wuste* ist Analogiebildung nach den schwachen Prä-
terita; das gleiche gilt für *müe3en*: *muoste*, älter: *muose* (*s* < *ss* < *tt*).

§ 140 Die Verben

1. 3. Ind. Präs.	2. Sg. Präs.	1. 3. Pl. Präs. = Infinitiv	Präteritum (Konj. mit Umlaut)	Part. Prät.
1. AR *weiʒ*	*weist*	*wiʒʒen*	*wisse, wesse,* *wiste, weste*	*gewist, gewest*
2. AR *touc*		*tugen, tügen*	*tohte, töhte*	
3. AR *gan* (< *ge-an*) *erban, verban* wie *gan*	*ganst*	*gunnen, günnen*	*gunde; günde* (*gonde*)	*gegunnen* *gegunnet*
kan	*kanst*	*kunnen, künnen*	*kunde* (*könde*) Konj. *künde*	
darf	*darft*	*durfen, dürfen*	*dorfte; dörfte*	*bedorft*
tar	*tarst*	*turren, türren*	*torste; törste*	
4. AR *sol* (*sal*)	*solt*	*suln, süln*	*solde, solte;* *sölte*	
5. AR *mac*	*maht*	*mugen, mügen* *magen, megen*	*mahte, mohte;* *mähte, möhte*	
6. AR *muoʒ*	*muost*	*muoʒen, müeʒen*	*muose, muoste;* *müese, müeste*	

wiʒʒen = ‚wissen‘. 2. Sg. *weist* infolge Analogiebildung, s. o., ebenso *st* im Prät.: *wisse*,
wesse (bes. im Md.) sind älter als *wiste, weste*, s. o. Nhd. ‚wußte‘ geht auf die im 15. Jh.
auftauchende Form *wuste* (im Hess. *woste*) zurück, *u* entsteht durch Einfluß des *w*,
desgl. *gewust* statt *gewist, gewest* im Part. Prät.; *gewizzen* kommt fast nur adjektivisch
vor.

tugen, tügen = ‚helfen, nützen, brauchbar sein, taugen‘ (*taugen* ist im 13. Jh. aus dem
Sg. Präs. *touc* als neues Verb gebildet). *tugen* wird im Mhd. meist unpersönlich ge-
braucht. Die 2. Sg. ist nicht belegt. Die Präteritalform *tohte* (< **dukta*) durch Sen-
kung von *u* > *o*, s. § 23,2 und *gt* > kt > *ht* durch Lautveränderungen vor *t*, s. o.
u. § 65. Im 17. Jh. setzt sich die regelmäßige schwache Konjugation durch.

gunnen, günnen = ‚gönnen, erlauben, gern sehen an jem.‘ (im Mhd. auf etwas Zukünf-
tiges bezogen). *gunnen* < ahd. *gi* + *unnan, gan* < *gi* + *an*. Ahd. *an* – *unnun, onda*,
daneben das Kompositum *gi* + *an* usw., das die einfache Form verdrängt. Als Part.
Prät. kommt auch *gegunst* vor.

er-bunnen = ‚beneiden, mißgönnen‘ und *verbunnen* = ‚mißgönnen‘ flektieren wie *gunnen*.

kunnen, künnen = ‚(geistig) können, wissen, verstehen‘. *künnen* > *können* im Spätmhd.
2. Sg. *kanst* ist Analogiebildung zu *weist*, eigtl. *kant* (so im Got.). Im Prät. stammt *o*
statt *u* aus dem Md.: *konde*, Konj. *könde, könte*.

durfen, dürfen = ‚bedürfen, brauchen‘. 2. Sg. *darft* wird im 15. Jh. vollständig durch
darfst abgelöst; Prät. *dorfte* bis zum 18. Jh., dann *u* wie im Inf., die *o/ö*-Form des Ind.
ist im Prät. auch in den Konj. gedrungen. Part. Prät. wird nur von *bedürfen* ‚bedürfen,
nötig haben‘ gebildet, das sonst ebenso flektiert wie *durfen*: *bedorft*.

turren, türren = ‚wagen, sich getrauen‘. 2. Sg. *tarst* bewahrt noch das *s* der germ. Form:
*dars, die in got. *ga-dars* ‚ich wage‘ vorliegt, Inf. *gadaúrsan*. Ahd. *rr* < germ. *rz* (gramm.
W.), aber *rs* erhalten im Auslaut, daher *tars-t*. Luther verwendet noch *turren*, seit dem
17. Jh. ist es durch *dürfen* ersetzt.

suln, süln = ‚müssen, verpflichtet sein, schuldig sein, sollen‘, auch als Hilfsverb: ‚werden‘

(ursprüngliche Bedeutung: ‚schulden‘, dazu als Verbalabstraktum ‚Schuld‘). Ahd. *skal*, Pl. *skulun*, im 10. Jh. *k*-Wegfall wegen Sprecherleichterung, doch z. T. auch erhalten, daher noch im Mhd. *schal, schol* < *skal, skol*. Bes. im Bair. und Thür. *schol*, also im Konsonantismus älter, im Vokalismus jünger (hier kann *suln* wieder aus *soln* stammen); im Südalem. dagegen Formen ohne *l*: *sun, sōn, sün*, auch *sunt, sont*. Im Prät. *o* durch Senkung aus *u*: *skulta* > *skolta* > *solte* > *solde* (*lt* > *ld* s. § 66 A 4); *o* drang in den Pl. und auch in den Konj. ein.

mugen, mügen = ‚(physisch) können, vermögen, imstande sein; für etwas können‘. 2. Sg. *maht* (Lautveränderungen vor *t* s. o. u. § 65), schon im Spätmhd. *magst*. Im Pl. ist *magen* (Umlaut *megen*) die ältere Form im Ahd., vom 9. Jh. an erscheint, zuerst im Fränk., *mugen*; im Mhd. überwiegen die *u-/ü*-Formen, im Md. dann auch *mogen, mögen* (wohl durch *mochte* entstanden). *mügen* hält sich noch bis zum 17. Jh. Prät. Sg. *mahta* ist die älteste Form im Ahd., so im Obd., im Fr. seit dem 9. Jh. *mohta*; *mahte* hält sich im Mhd. neben *mohte* bis ins 14. Jh. (auch hier *gt* > *ht* wie in der 2. Sg.).

müezen = ‚sollen, müssen, können, mögen, dürfen‘ und zur Futurumschreibung. 2. Sg. *muost* mit *st* durch Analogiebildung, vgl. *weist*, s. o. Auch im Prät. ist *muose* älter als *muoste*, das im 13. Jh. *muose* verdrängt (zur 2. Sg. und zum Prät. s. o. u. § 65).

Für die umgelauteten Formen im Indikativ der Prät.-Präs. gibt es keine eindeutige Erklärung; der Konj. oder die nachgestellten Pronomina *wir, ir, si* können sie veranlaßt haben, vielleicht liegt auch Analogiebildung zu den langsilbigen schw. Verben mit Rückumlaut vor.

Part. Prät. sind im Mhd. nur zu den drei oben angegebenen Verben (*wizzen, gunnen, durfen*) belegt, bei den übrigen Verben gibt es sie erst im Spätmhd. oder im Nhd.

§ 141   *wellen* ‚wollen‘

Im Germ. fehlen diesem Verb die Indikativ-Formen, da der Optativ indikativische Bedeutung angenommen hatte (vgl. etwa nhd. ‚ich wünschte, ich möchte‘ in der Bedeutung von ‚ich wünsche‘). Wie bei den Präterito-Präsentien eine Tempusverschiebung eingetreten war, gab es bei *wellen* eine Modusverschiebung (Opt. > Ind.); ein neuer Optativ mußte erst wieder gebildet werden, und zwar geschieht das aus der Wurzel des Plurals und nach Art der *jan*-Verben.

Auszugehen ist bei der Bildungsweise des Sg. von der idg. Wurzel **u̯el-* (Ablaut dazu **u̯ol-*). An die Wurzel **u̯el-* tritt ohne Bindevokal das Moduszeichen *i* des Optativs und die (sekundäre) Personalendung *-m* 1. Sg., *-s* 2., *-t* 3. (erhalten im lat. Konj. *vel-im, vel-is, vel-it*). Im Germ. tritt dann Wechsel von *ĕ* > *i* und Abfall der auslautenden Kons. ein, daher im Ahd. 1. 2. 3. Sg.: *wili* > mhd. *wile* > *wil* (das Got. läßt den Optativ noch gut erkennen: 1. Sg. *wiljau*, 2. *wileis*, 3. *wileiþ*). Doch schon im Ahd. wird versucht, zwischen den einzelnen Personen zu differenzieren; so gibt es vereinzelt neben *wili* in der 1. Sg. *wilu* (nach den *jan*-Verben), in der 2. *wilis* und in der 3. *wilit* (nach Art der st. Verben). Bei Williram taucht dann zuerst die für die 2. Sg. im Mhd. gültige Form auf: *wilt* (*t* wie bei den Prät.-Präs.). Bis ins 17. Jh. bleibt *wilt* bestehen, daneben aber gibt es seit dem Spätmhd. *willst* (= nhd.).

Dem Plural liegt die abgelautete Wurzel *u̯ol- zugrunde; germ. *waljan > ahd. *wellen* (Gemination und Umlaut). Der Plural flektiert wie ein *jan*-Verb, desgl. der davon abgeleitete Opt. (Konj.).

Das Prät. wird von der Pl.-Wurzel (germ. *wal-) schwach gebildet: *walda > ahd. *wolta* > mhd. *wolte* (Umlaut war nicht möglich, *a* wurde zwischen *w* und *l* zu *o* umgefärbt). *o* dringt schon in ahd. Zeit im Fr. vom Prät. in den Pl. des Präs., im Mhd. gilt es im md. Gebiet, und im Nhd. setzt es sich ganz durch.

	1. Sg.	2 Sg.	3. Sg.	1. Pl.	2. Pl.	3. Pl.
lat.	*velim*	*velis*	*velit*	*velimus*	*velitis*	*velint*
ahd.	*wili, wilu*	*wili (wilis)*	*wili (wilit)*	*wellēn*	*wellet*	*wellent*
mhd.	*wile, wil*	*wile, wilt*	*wile, wil*	*wellen*	*wellet*	*wellent*

mhd. Inf. *wellen*; Pl. auch *weln, welt, weln*; Konj. *well-e, -es, -e; -en, -et, -en*; Prät. *wolte – wolde*; Konj. *wolte – wölte* (Prät. flektiert wie die schw. Verben).

Wurzelverben

§ 142 Verbum substantivum

Präsens

	Ind.	Konj.	
Sg. 1.	*bin*	*sî (wëse)*	Inf. *wësen, sîn*
2.	*bist*	*sîst (wësest)*	Imp. Sg. *wis, bis*
3.	*ist*	*sî (wëse)*	Pl. *wëset, sît*
Pl. 1.	*birn, sîn,* md. *sint*	*sîn (wësen)*	Part. Präs. *wësende, sînde*
2.	*birt, sît*	*sît (wëset)*	
3.	*sint,* md. *sîn*	*sîn (wësen)*	

Im Inf. ist im Nhd. nur *sein* geblieben, nur mdal. auch *wësen* (erhalten im Subst. *Wesen*).

Ind. Pl.: *birn* und *birt* (< ahd. *birum, birut*) werden im 13. Jh. durch *sîn, sît* verdrängt. *sint* ist von der 3. Pl. in die 1. gekommen (mdal. z. T. *sîn* in die 3.). Wie bei den anderen Verben findet ein Ausgleich statt, vgl. 1. *hëlfen* – 3. *hëlfent* > *hëlfen*. Mdal. noch: ‚wir sein hier‘, bes. im Md. keine Trennung zw. der 1. u. 3. Pl. In der 2. Pl. im Alem. auch *sint*.
Nhd. *d* statt *t* in *sind* und *seid* ist erst von den Grammatikern eingeführt.
Konj.: Im Alem. auch 1. 3. *sî(g)e*, 2. *sî(g)est*, Pl. 1. 3. *sî(g)en*, 2. *sî(g)et*. *wëse* ist viel seltener als *sî*. Im Nhd. auch zweisilbige Formen: *du seiest, wir seien, ihr seiet*.

Präteritum

Nur von dem st. Verb der 5. AR *wësen* gebildet: Ind. Sg. 1. 3. *was*, 2. *wære*, Pl. *wâren, -et, -en*, Konj. *wære, -est* usw. regelmäßig, Part. Prät. *gewësen* (*gesîn, gewëst*) (Wechsel von *s* > *r* = gramm. W., s. § 58).

Im Prät. gilt *was* noch im 16. Jh., aber schon bei Luther *war*.
Part. Prät. *gewësen* = bair. md., md. auch *gewëst*, dann bair.; *gesîn* ist ein bes. Kennzeichen des Alem., im Md. erscheint es vereinzelt.

Das Verb kommt vor: 1. als Verbum substantivum, dann bezeichnet es das Dasein, die Existenz: *er ist* = ‚er existiert‘; 2. als Hilfsverb: *er ist gegangen* (Hilfsverb zur Tempuscharakteristik), *er ist ein Mann* (Hilfsverb als Kopula).

Zur Herkunft der Formen:

Aus drei Wurzeln werden die Formen gebildet:

1. **es-* in ahd. mhd. nhd. *ist*, lat. *est*, griech. $\dot{\varepsilon}\sigma\tau\acute{\iota}$ (*ti* = Personalendung, *ë* > *i* im Germ. vor *i*). Schwundstufe dazu ist *s*: 3. Pl. Präs. *s-int* < idg. **s-énti* und im Konj.: *s-î* (*î* = Optativkennzeichen), nhd. *sei* usw.
2. **bheu-*, **bhū-* (thematisches Verb, vgl. § 116), lat. *futūrus, fui*, griech. $\varphi\acute{\upsilon}\omega$; 1. Sg. idg. **bheuō* > germ. **biu* = ags. *beo*; im *b* der dt. Formen erhalten.
3. **ues-* = Wurzel des st. Verbs der 5. AR *wësen*.

wësen gibt es noch im Ahd. als regelmäßiges st. Verb in allen Tempora. Im Präs. tritt es aber meist als Verbum subst. auf = ‚existieren, geschehen‘, und es wird hier bald durch die mit **bhū-* und **es-* gebildeten Formen verdrängt. Im Mhd. ist der Ind. Präs. von *wësen* nur noch vereinzelt belegt, im Konj. und im Imp. hielten sich dagegen die von *wësen* abgeleiteten Formen (vgl. *gangan: gân, gên; stantan: stân,\ stên*). Im Ind. Präs. ist in allen mit *b* anlautenden Formen eine Verbindung der Wurzeln **bhū-* und **es-* eingetreten; **bhū-* liefert das *b*, **es* + Personalendung den übrigen Wortteil: 1. Sg. *bin* < ahd. *bim*: idg. **es-mi* > germ. **izmi* > **immi* > *im* + *b* (*im* = got. ‚ich bin‘) = *bim*; 2. Sg. *bist*: idg. **es-si* > germ. **is-si* > *is* + *b*; *t* ist wohl in Analogie zu den Prät.-Präs. zu erklären und älter als bei den anderen Verben, z. B. *nimis*. 1. Pl. *birn* < ahd. *birum*: idg. **es-més* > germ. **ez-um* > *irum* + *b*; 2. Pl. *birt* < *b* + *erud* < **ez-ud*.

§ 143   *gân, gên; stân, stên*

Beide Verben flektieren im Präs. völlig gleich, Paradigma daher nur von *gân, gên*. Die *â*-Formen gelten vor allem im Alem. und Rhfr., die *ê*-Formen im Bair., Fr. und Md.

Präsens

	Ind.	Konj.	alem.	Inf.
Sg. 1.	*gân, gên*	*gê, gâ*	*gange*	*gân, gên; stân*
2.	*gâst, gêst*	*gêst, gâst*	*gangest*	*stên*
3.	*gât, gêt*	*gê* usw.	*gange*	Imp. *gâ, gê, ganc*;
Pl. 1.	*gân, gên*	*gên*	*gangen*	*stâ, stê, stant*
2.	*gât, gêt*	*gêt*	*ganget*	Part. Präs. *gânde, gênde*;
3.	*gânt, gênt*	*gên*	*gangen*	*stânde, stênde*

Präteritum

Sg. 1. 3. *gienc, gie*, 2. *gienge*, Pl. *giengen* usw., Flexion wie redupl. Verb;
Konj. 1. 3. *gienge*, *-est* usw.
Sg. 1. 3. *stuont*, 2. *stüende*, Pl. *stuonden*, wie 6. AR; Konj. *stüende*, *-est* usw.
Part. Prät.: *gegangen, gegân*; *gestanden, gestân*.

Im Mhd. kommen im Präs. *gangan* und *stantan* gar nicht vor außer im Konj. im Alem.
und im Imp. Alle Präteritalformen dagegen werden von *gangan* und *stantan* gebildet;
gie, gegân; *gestân* sind erst im Mhd. aufgekommen.
Im Nhd. gelten nur die *ê*-Formen, und durch Doppelbetonung entstehen zweisilbige
Formen: *gên* > *géèn* > *géhèn*. In der 1. Sg. fällt wie bei *tuon* das *n* weg.
Die Verkürzung von *gienc* > *ging* und *stuont* > *stunt* setzt schon im Mhd. im Md. ein.

Zur Herkunft:

Die ahd. regelm. st. Verben *gangan* (*gieng, gigangan* = redupl. Verb) und *stantan* (*stuont*,
gistantan = 6. AR) haben im Präs. die ihnen in der Bedeutung entsprechenden athema-
tisch (vgl. § 116) flektierenden Verben *gân, stân* (*gên, stên*) neben sich (vgl. das Verbum
subst. *wësen* und die Wurzeln *bhū- und *es-). Idg. *ghē- > germ. *gā*-, *sthā- > germ. *stō*-,
aber dann an *gā*- angelehnt. Die Formen sind wohl aus dem thematisch gebildeten
Optativ in den Ind. gedrungen: 1. Sg. *gā* + *ī* (Moduszeichen) + *m* (sekund. Personal-
endung) = *gaim > *gēm* > *gên*. Im Ahd. wird auch der Ind. z. T. mit einem Bindevokal
gebildet, daher die 2. 3. Sg. im Mfr. *geist, geit*. Bei *stantan* kam das *n*-Infix ursprünglich
nur dem Präs. zu, daher noch ahd. und mhd. *stuot* neben *stuont*.

§ 144   *tuon*

	Präsens		Präteritum	
	Ind.	Konj.	Ind.	Konj.
Sg. 1.	*tuon*	*tuo*	*tët(e)*	*tæte*
2.	*tuost*	*tuost*	*tæte*	*tætest*
3.	*tuot*	*tuo*	*tët(e)*	*tæte*
Pl. 1.	*tuon*	*tuon*	*tâten, tëten*	*tæten*
2.	*tuot*	*tuot*	*tâtet*	*tætet*
3.	*tuont*	*tuon*	*tâten*	*tæten*

Inf.: *tuon*; Imp. *tuo, tuot*; Part. Präs. *tuonde*; Part. Prät. *getân*

Präs. Ind. Sg. 1. Neben *tuon* auch *tuo* in Analogie zu den anderen Verben, 2.3. mfr.:
deist, deit nach *geist, geit*; 2. Pl. alem. *tuont*; Konj. alem. *tüej-e, -est, -e, -en, -et, -en* (nach
den *ôn*-Verben). Inf. spätbair. *tân* neben *tôn* (neubair. *toan*).
Prät. Ind. Sg. 1. 3. *tët* noch bis zum 18. Jh., dann an den Pl. angeglichen, 2. im Mhd.
schon md. *tâtes*; Pl. neben *â* auch *æ* vom Konj. und *ë* vom Sg., *tæten, teten* kann also
auch Ind. sein.

Zur Herkunft:

idg. *dhō- (Ablaut *dhē-) (griech. *θε-, θη-* in *τί-θη-μι*), ein athematisches *mi*-Verb. 1. Sg.
idg. *dhō-mi > gérm. *dō-m* > ags. as. *dōn* = ahd. *tōn, tuon*. Im Imp. *tuo* liegt noch die
reine Wurzel vor.
Von *dhō- = germ. *dō- werden die Präsensformen gebildet, doch schon im Ahd. gibt
es auch thematische Bildungsweise, z. B. 3. Sg. neben *tuot* auch *tôit, tuoit*. Im Konj.

(ursprünglich athematisch und sekund. Personalendungen) findet sich z. T. das *ê* der *jan*-Verben: 2. Sg. neben *tuost* auch *tuo-ê-st* und mit *i* als Gleitlaut: *tuo-i-ê-st* (beides bei Notker), in mhd. Zeit dann im Alem. mit Umlaut. *tüejest* usw. Im Prät. ist im Ahd. u. Mhd. allein bei diesem Verb die Reduplikation erhalten: 1. Sg. *tëte* < ahd. *tëta* < germ. *dë-dōm* (vgl. griech. τέ-ϑη-κα, im Germ. jedoch Aoristendung), regelm. ist auch 2. Sg. as. *dëdōs* < *de-dō-si*. Im Pl. liegt Dehnung (wie st. Verben 5. AR) des Reduplikationsvokals vor. *de-dum* (vgl. as. *dē-dun*) > *dē-dum* > ahd. *tâ-tun* > *tâten*, desgl. in der 2., mhd. *tëten* ist jung (aus dem Sg.). Part. Prät. *getân* mit regelm. abgelauteter idg. Dehnstufe: *dhē-*.

§ 145 Kontrahierte Verben

Im 11. Jh. beginnen die das Mhd. kennzeichnenden Kontraktionen. *gân* neben *gangan* und die anderen Wurzelverben mögen dabei als Vorbild gedient haben, und *hân* < *haben*, *lân* < *lâȝen* stimmen im Präs. auch vollständig mit *gân* überein.

1. *haben* > *hân*

haben > *hân* (*hât* zuerst im Petrusliede, dann bei Williram): *haben* wird vor allem als Vollverb ‚(fest-)halten, besitzen' gebraucht, *hân* als Hilfsverb (ahd. *habên* – schw. Verb der 3. Kl.).

Präs. Ind. Sg. *hân, hâst, hât*; Pl. *hân, hât, hânt*; Inf. *hân.* Konj. fast nur unkontrahiert: *habe, habest* usw., selten Pl. *hân, hât, hânt.*

Prät. Ind. 1. Sg.: *hâte, hæte, hêt(e), hët(e), het(e), hiet(e), hatte, heite*
         2. Sg.: *hâtest, hætest, hêtest* usw. und auch *hæte, hête, hiete* usw.
Konj. 1. Sg.: *hæte, hëte, hete, hiete*

Part. Prät.: *gehabet, gehapt*, md. *gehât, gehat.*

Präs. Ind.: Im Fr. und Alem. auch kurzes *a*: *han, hast*. Das lange *a* ist als Ersatzdehnung zu verstehen: *-abe-* > *-â-*. Die häufige Verwendung von *haben* als Hilfsverb hat die Kontraktion begünstigt. Im Spätmhd. wird das *â* mdal. zu *ô, au* u. ä. umgefärbt. Im Alem. kommen auch *ei*-Formen vor (wohl aus der 2. 3. Sg. *hebis, hebit* übertragen): *hein, heist, heit, heint* und Verkürzungen: *hen, hest, het* und im Konj. *heije, -est*. Prät.: Die Verschiedenheit der Formen hat mehrfache Grundlage:

1. ahd. *habêta* > mhd. *habete* > *hât(e)* (am verbreitetsten);
2. ahd. *hebita* (Flexion wie schw. Verb. 1. Kl., vgl. *segita*) > mhd. *hebete* > *hête* (bes. bair.), *heite* (alem.);
3. vorahd. *habda* (*i*-Ausfall wie bei den langsilbigen schw. Verb. 1. Kl.) > mfr. *hadde* > md. *hatte*;
4. Analogie zu *tëte, tâten*: *hëte, hâten*; zu *tet(e)* (mit geschloss. *e*) *het(e)*;
5. Analogie zu den redupl. Verben *vân: vienc, lân: lieȝ*: *hiet(e)* (bes. bair.);
6. Umlaut durch enklitische Wörter: *hât(e) ich* > *hæt(e) ich, hâten wir* > *hæten wir* oder auch durch Übertragung aus dem Konj., vgl. Prät.-Präs. *durfen: dürfen*.

Im Nhd. setzt sich das md. *hatte* für den Ind. durch und *hæte* – verkürzt zu *hätte* – für den Konj., ebenfalls auf md. Grundlage.

2. *lâʒen* > *lân*

Kontrahierte Formen kommen schon seit dem 10. Jh. vor.

Flexion wie *gân, stân*:

Präs. Ind. Sg. *lân (lâ), lâst* u. *læst* (md. *lâs), lât* u. *læt*
　　　　Pl. *lân, lât, lânt* Konj. *lâ, lâst* usw., selten
Inf. *lân*, Imp. *lâ, lât*
Prät. *lieʒ* u. *lie* (in Analogie zu *gie*), Pl. regelm. *lieʒen*, Part. Prät. *gelân*.

Für die Kontraktion ist wohl von der synkopierten Form der 2. Sg. auszugehen: *du lâʒest* > *lâst* oder umgelautet: *læʒest* > *læst*. Die kontrahierten Formen kommen bis zum 17. Jh. vor und halten sich im Obd. mdal. bis jetzt.

3. Kontraktionen über *h*

Im Obd. nur bei langem Vokal + *h* + Vokal, im Md. bei langem oder kurzem Vokal + *h* + Vokal (diese Kontraktionen sind aber keineswegs nur auf Verben beschränkt). Bei Aufgabe der 2. Silbe trat Ersatzdehnung des kurzen Vokals ein.

hâhen > *hân* ‚hangen, hängen‘; *vâhen* > *vân* ‚fangen‘,
Prät. *hienc, vienc* und, in Analogie zu *gie*, auch *hie* und *vie*.

versmâhen > *versmân, vlêhen* > *vlên* (*vlêhe* > *vlê* ‚Bitte‘), *sëhen* > *sên* (im Md., bes. im Thür., *ê* > *ie* : *sien, geschëhen* > *geschên* > *geschien*); *slâhen* > *slân* ‚schlagen‘, auch an *gên, stên* angelehnt: *slên* im Mfr. (*sleis, sleit* usw.) usw.

4. Kontraktion von *-egi-* > *-ei-*

Zum Beispiel *sagit, sagis* > *segis, segit* > *seist, seit*; *gesagit* > *geseit*; im Bair. auch *-age-* > *-ei-*: *sagês, sagêt* > *seist, seit, gesagêt* > *geseit, klages, -et* > *kleist, kleit, geklaget* > *gekleit* usw., s. § 70.

Zur Satzlehre

Substantive

§ 146 Akkusativ

Die Verwendung des Akkusativs als Objektskasus stimmt mit dem Nhd.
weitgehend überein. Bei einer Reihe von Verben konkurriert mit dem Akk.
der Dativ und z. T. auch der Genitiv.
Im Mhd. sind einige Verben transitiv, die im Nhd. nur intransitiv gebraucht
werden oder mit einer Präposition, *einen lieben* ,jemandem wohltun', *einen
clagen* ,jm. beklagen, über jm. klagen', *einen weinen* ,weinen um, beweinen',
einen zürnen ,aufgebracht sein über', *einen sparn* ,jm. schonen', *ein dinc sparn*
,etwas zurückhalten, ungebraucht lassen', *einen sûmen* ,jm. aufhalten', *ein
dinc dienen* ,etwas durch Dienst erwerben, verdienen'.
Bei unpersönlich gebrauchten Verben steht der Akk. der Person: *mich hun-
gert, dürstet, friuset, grûset, jâmert, genüeget, gelüstet, ge-, erlanget* ,ich emp-
finde Hunger, Durst, Frost, Grausen, Traurigkeit, Genügen, Gelüst, Ver-
langen', *mich vervâhet* ,mir nützt', *mich wiget hôhe oder ringe* ,mir kommt
viel oder wenig auf etwas an', *mich* (auch *mir*) *anet, mich stât hôhe, ringe*
,mir kommt etwas teuer, billig zu stehen', *mich wundert*.

Der Akkusativ des Inhalts

Ein Akk. des Inhalts (eine figura etymologica) liegt vor, wenn das Objekt
dem Wortstamm des Verbs angehört: *eins tages gienc er den weideganc* Parz.
120,11, *Parzival vant hôhen vunt* Parz. 748,4, *spranc dâ manegen geilen
sprunc* Neidh. 31,38, *alle sprâche si wol sprach* Parz. 312,20. Der Akk. kann
auch einem sinnverwandten Stamm angehören: *er sluoc im einen vesten
swanc* Kudr. 1446, *er hât den allerhôsten strît gesiget* Frauenlob 69,6, *die
strîtent starke stürme* Walt. 9,1. Der Akk. kann mit der Verbalhandlung ur-
sächlich verbunden sein: *sîne venje vallen* ,auf die Knie fallen zum Gebet',
gerihte sitzen ,eine Gerichtssitzung halten'.

Der doppelte Akkusativ

1. Akk. der Person + Akk. der Sache bei *lêren, kosten* (selten), *heln* ‚verhehlen‘, *dagen* ‚verschweigen‘: *nu lêre mich die rede, daz kostet mich ein sterben, doch hal er die maget daz* Iw. 1422, *mîn muoter solt ir daz verdagen* Parz. 634,28, *heln* kann aber auch mit dem Dat. der Person oder mit dem Gen. der Sache verbunden werden: *swie ich mîne missetât der werlte hal* Walt. 123,37. Im Pass. steht die Person im Nom., die Sache im Akk.: *er was diu buoch gelêret* oder auch umgekehrt: *sage uns, wie der name dich gelêret sî* K. v. Würzb. Silv. 4709.

2. Bei transitiven Verben + *an*: *eine grâfschaft die brâhte in* (Akk. Sg.) *sîn vater an* Wig. 3672; *zehant kam trôst und truog in an ir mi:ne und einen lieben wân* ‚sogleich kehrte die Zuversicht zurück und brachte ihm ihre (Blanscheflûrs) Liebe und eine freudige Hoffnung‘ Trist. 896f., *(si) leite in* (Akk. Sg.) *die (wât) an* Iw. 2199 (jüngere Hss. haben hier schon *im*).

3. Persönlicher Objektsakk. und a) substantivischer oder b) adjektivischer Prädikatsakk.;

   a) bei *machen*: *wer sol mich ritter machen* ‚zum Ritter schlagen‘ Parz. 147,23, *unde machte in dar nâch ritter* Greg. 1646f., *sus macht' er mangen affen* ‚zum Affen‘ Pf. Âmîs 1499, bei *heizen*: *daz man in hiez den bâruc* Parz. 13,21, *den rôten ritter er in hiez* Parz. 170,6;

   b) adj. oder partizipialer Präd.-Akk.; er kommt sehr häufig vor und zwar flektiert und unflektiert; bei Verben der Wahrnehmung u. ä. ist die flektierte Form häufiger: *ich weiz in sô übermüeten* Nib. 1771,3, *den ich sô vrumen erkande* Iw. 1913, *daz er den lewen wunden sach* Iw. 5415; unfl.: *man sach dâ mangen satel blôz* Nib. 233,1.

Adverbiale Akkusative

Akkusativ der räumlichen und zeitlichen Erstreckung:

a) lokal: *nu riten si beide holz unde heide* Erek 3,107, *streich er wazzer unde lant* Parz. 479,23, *der vuor wazzer unde wege* Parz. 826,23;

b) temporal: *er reit den ahten tac* Parz. 280,7; formelhafte Akkusative: *alle zît, lange zît* (auch im Pl.) *alle zîte; alle wîle, kurze wîle*; der Artikel kann auch fehlen: *den ich nie tac getrûren sach* Reinm. MF 168,2; *ein stunt* ‚einmal‘, *tûsent stunt* ‚1000mal‘, *alle stunde* ‚jederzeit‘.

Modale Akkusative:

alle wege ‚in jeder Hinsicht‘, *manege, deheine wîs* ‚auf manche, keine Weise‘, *die mâze* ‚dermaßen‘, *ein teil* ‚etwas, zum Teil‘, *meisteil* ‚meistens‘, *allez* ‚immerfort‘; Akk. liegt auch vor in mhd. *niht* < ahd. *ni eo wiht* ‚in keiner Weise‘, *iht* ‚in irgendeiner Weise, irgendwie‘. Auch die Mengenbezeichnungen *vil, mê, mêre, wênec, lützel, genuoc* sind substantivische Nom. oder Akk. Sg. Neutr., ihnen folgt ein Gen. Part. *lützel leides, vil dinges.*

§ 147 Genitiv

Im Mhd. wurde der Genitiv in Verbindung mit Substantiven, Adjektiven und Adverbien, Pronomen, Zahlwörtern, Interjektionen und vor allem auch Verben verwendet. Im Nhd. kommt er dagegen bei Verben nur noch selten vor, an seine Stelle sind der Akkusativ, der manchmal auch schon im Mhd. neben dem Gen. stand, oder eine präpositionale Verbindung getreten.

1. Der Genitiv bei Verben

a) Objektsgenitive stehen bei Verben, deren Bedeutung physisch oder geistig auf ein Ziel gerichtet ist oder solchen, die das Fehlen, das Entbehren, das Beraubtwerden eines Objekts bezeichnen, z. B. *berâten* ‚versehen mit‘, *gerâten* ‚entbehren‘, *abe komen, sich abe tuon* ‚sich losmachen von‘, *beginnen, abe gân* ‚von etwas lassen‘, *sich vlîzen* ‚sich bemühen um‘, *gâhen* ‚sich beeilen in bezug auf‘, *îlen* (dass.), *gern* ‚begehren‘, *vâren* ‚streben nach‘, *muoten an* oder *eines dinges* ‚von jemandem etwas begehren‘, *ruochen* ‚sich kümmern um‘, *sich bewegen eines* (*dinges*) ‚sich zu etwas entschließen‘, *sich verzîhen* ‚verzichten auf‘, *erwinden* ‚ablassen von‘, (*er-*)*wenden* ‚abbringen von‘, *sich underwinden* ‚sich befassen mit‘, *ergetzen einen* + Gen. ‚einen etwas vergessen machen, ihn abbringen von etwas‘, (*be-*)*dürfen* ‚brauchen, nötig haben‘ (nicht wie im Nhd. ‚dürfen = erlaubt sein‘), *darben* ‚etwas entbehren‘, *sich darben* ‚verzichten auf‘, *entbern, missen, mangeln*, (*be-*)*rouben, betriegen*; Komposita mit *ent-* bei unpersönlichen Verben: *mir* (*ge-*)*bristet des* ‚mir fehlt an‘, *mich gelüstet des, mich be-, er-, gelanget des* ‚mich verlangt nach‘, *mich genüeget des* ‚mir genügt das‘, *mich bedriuʒet des* ‚mich verdrießt das‘.
Bei Verben, die ein Genießen oder Nichtgenießen (im weiten Sinne) ausdrücken, z. B. *genieʒen* ‚Vorteil von etwas haben‘, *sich warnen* ‚sich mit etwas versehen‘, *korn* ‚kosten, schmecken‘, *sich begên* ‚von etwas leben‘, *sich betrâgen* ‚sich nähren von‘, *sich nieten* ‚mit etwas zu tun haben‘, *walten* ‚über etwas bestimmen‘; bei Verben der Gemütsbewegung, z. B. *sich schamen, vröuwen, getræsten* ‚auf etwas hoffen‘, *wundern, zürnen*; bei Verben des Denkens und Redens, z. B. *antwürten, sprechen, danken, singen, jehen, vrâgen, genâden* ‚Dank sagen‘, *lônen, loben, bewîsen, gewähenen* ‚erwähnen‘, *gedagen* ‚etwas verschweigen‘, *swîgen, rüemen* ‚sich überheben, mit etwas prahlen‘, *refsen* ‚tadeln‘, *swern* (aber: *einen eit swern*); *fürhten, gelouben*; bei Verben der Wahrnehmung, z. B. *enphinden, goumen* ‚achten auf‘, *vüelen, hœren, losen* ‚acht geben‘, *smecken* ‚etwas wahrnehmen‘, *sich versinnen* ‚sich verstehen auf‘.

b) Genitiv des Grundes, z. B. bei Verben, die *leben* oder *sterben* bedeuten, z. B. *brôtes, luftes, wazzers leben, vrostes, hungers sterben* (hier kann auch im Nhd. der Gen. stehen: *Hungers, eines gewaltsamen Todes sterben*); neutrale Genitive sind *des* ‚deshalb‘ und *wes* ‚weshalb‘; *wes lâzet ir uns*

bîten ‚warum laßt Ihr uns warten?', *des snîdet iu kein wâfen* ‚deshalb (aus diesem Grunde) kann ihn keine Waffe verletzen'. Bei Zeitangaben kann *des* auch ‚seitdem' u. ä. bedeuten.
Bei Interjektionen kommt der Gen. des Grundes häufig vor, z. B. *sô wol mich (So wê mir) dirre mære* ‚Welch frohe Nachricht', (‚Weh mir, daß mir dies widerfährt'); *owê nu des mordes* ‚Ach, welch Gemetzel', *ach mîner schande.*

c) Genitiv des Mittels und der Art und Weise (Modalität)
Der Gen. kann instrumentale Bedeutung haben, z. B. *er sprach scarfere worte* Gen. 936, *ein . . . man luder stimmen antworden began, singet ir ains frolichen sanges*; bei Bewegungsverben kann der Gen. das Mittel der Bewegung angeben, z. B. *si kæmen fluges*; *sie füerent roubes eine maget* Parz. 122,20, *weder stapfes noch drabs kom er gevarn*; *si suochete sturmes Clamide* Parz. 205,26. Bei Auslassen der Substantive entstehen scheinbar adverbiale Genitive, z. B. *dem gêt wol sîn schîbe enzelt, slehtes unde krumbes (loufes)*, desgl. *langes, strakes, îlendes, gâhes, stætes*; auch Substantive können als Genitive adverbiale Bedeutung annehmen, z. B. *mînes dankes* ‚mit meinem Willen, freiwillig', *undankes* ‚unfreiwillig', *heiles* ‚zum Glück', *unheiles* ‚zum Unglück'; etymologische Genitive gehören hierher, z. B. *si sluoc mir des slages die knieschîben, ze helle zôch er eines zuges vil ungetoufter geiste, do schreit er eines schrittes uf einen andern berg.*

d) Der Gen. beim Verbum subst. und bei *werden* kann die Zugehörigkeit bezeichnen, *daz er des todes müese wesen* Willeh. 72,16; *du bist mîn, ich bin dîn*, oder eine Eigenschaft ausdrücken, *ir sît hôher mære* ‚Ihr habt einen großen Ruf', *wis hôhes muotes, des wart vil maneger slahte sîn gedinge.*

2. Der Genitiv bei Substantiven

a) der subjektive und der objektive Genitiv: der Gen. steht als Ergänzung – als Subjekt oder als Objekt – bei einem substantivierten Infinitiv oder bei einem nomen actionis, z. B. (subj. G.) *sô grôz wart dâ der heiden val, der siben sterne gâhen, mîner vrouwen minne* ‚die Liebe meiner Herrin (zu mir), aber: obj. Gen.: *eines anderen wîbes minne* ‚Liebe zu einer anderen Frau', *in strîtes ger, durch vische lâge*, bes. bei *minne, liebe, vorhte* und auch *haz.* Im Nhd. ist jeweils mit einer Präposition zu umschreiben, z. B. *durh ir sunes liebe* ‚aus Liebe zu ihrem Sohn' (nicht: wegen der Liebe des Sohnes zu ihr), *vorhte des man* ‚Furcht vor dem Mann', *minne sîner viende* ‚Liebe zu seinen Feinden', *langes lebens wân* ‚Hoffnung auf ein langes Leben'.

b) der qualitative Genitiv: der Gen. bezeichnet die Beschaffenheit oder den Stoff, z. B. *ein prünne rôtes goldes* ‚ein Panzer aus Gold', *daz goldes werc* ‚Arbeit aus Gold', *ein klôsen niuwes bûwes* ‚eine neuerbaute Klause'.

c) der definierende oder erklärende Genitiv, z. B. *er was ein bluome der jugent, der werltvreude ein spiegelglas, stæter triuwe ein adamas, ein ganziu krône der zuht* AH 60.

d) der partitive Genitiv: der Genitiv bezeichnet einen Teil einer Gesamtheit, dieser Teil wird im Nhd. vorausgesetzt, z. B. mhd. *er tranc eines wazzeres* ‚er trank (etwas) Wasser‘, *er brach des grüenen loubes* ‚er pflückte grüne Blätter‘, *vullit uns des besten* ‚schenkt uns vom Besten ein‘, *er brach der liehten bluomen* ‚er pflückte leuchtende Blumen‘, im Ahd.: *gib mir thes drinkannes* ‚gib mir zu trinken‘. Es können auch mehrere Teile einer Einzelgröße dadurch ausgedrückt werden, z. B. *sende mir der rôsen und der ephele* ‚schick mir Rosen und Äpfel‘, *sie heten noch des goldes von Nibelunge lant* ‚sie besaßen noch von dem Gold‘; besonders bei Maßbegriffen: *ein vuoder der riuwe, der recken zwelfe, ein teil ir* ‚ein Teil von ihnen‘, *ein ger wol zweier spannen breit, drîer jâre alt.*

Bei *vil* (als substantiviertes Neutrum) und bei substantivierten Indefinit- und Interrogativpronomen (auch negiert) steht der part. Gen., so bei *ieman* ‚irgend jemand‘, *niemen* ‚keiner‘, *iht* ‚irgendein, etwas‘, *niht, waz,* z. B. *vil der êren* ‚viel Ansehen‘, *wunders vil, ieman armer liute, niemen mâge* ‚kein Verwandter‘, *iht dinges* ‚irgendein Ding‘, *iht guoter vriunde* ‚irgendwelche guten Freunde‘, *niht schœners* ‚nicht schöner‘, *waz wunders* ‚was an wunderbaren Dingen‘, *swaz kumbers, êren*; auch bei *(s)wer* kann der Gen. stehen: *wer herren zuo dem tage quam.* Auch in negativen Sätzen mit *niht* steht oft der Gen., z. B. *desn mac niht gesîn, ich wil dîn ze boten niht.* Folgt auf *nieman wan* oder *danne* und auch nach *ander danne* (nhd. ‚keiner außer, als‘ und ‚ein anderer als‘) steht der Gen. des Personalpronomens statt des zu erwartenden Nom. (oder auch Akk.), z. B. *obe nieman lebete wan sîn unde dîn* ‚wenn keiner lebte als er und du‘, *den scaz den weiz nu nieman wan got unde mîn* ‚als Gott und ich‘, *nemt ander trœster danne mîn* ‚als mich‘.

3. Der Genitiv bei Adjektiven

Er dient vielfach als Ergänzung.

Im Nhd. ist eine präpositionale Verbindung notwendig, manchmal wird aber auch im Nhd. der Gen. gebraucht; *tugende rîche, aller sorgen blôz, trûrens laz* ‚langsam in bezug auf Trauern‘, *ellens unbetrogen* ‚nicht um Tapferkeit betrogen, voll Mut(es)‘; bes. bei Maßangaben, *drîer stîge lanc*; bei *âne* und *eine* ‚allein, frei von‘ steht ebenfalls der Gen., z. B. *die des küneges gerne wæren âne* ‚die den König am liebsten los wären‘, *âne tuon* (einer Sache) ‚berauben‘, *alters eine* ‚von der ganzen Welt verlassen, ganz allein‘.

Bei Komparation kommt der Gen. besonders häufig vor, *maneges bezzer* ‚um vieles besser‘, *michels mêre* ‚um vieles mehr‘, *dicker eines dûmen* ‚breiter als einen Daumen‘.

4. Der Genitiv bei Zeitangaben

Bei Zeitangaben kann der Gen. auf die Frage wann stehen, z. B. *(eines) tages, hiutes* (< *hiute des*) *tages, des selben tages, nahtes, des sumers, des âbents, des morgens*, *eines males*, *der zît*, *der næhsten nahte*, hier kann der Gen. zur temporalen Adverbialbestimmung werden.

5. Der Genitiv als lokale Adverbialbestimmung

Auch zur lokalen Adverbialbestimmung kann der Gen. werden, z. B. *swar ich landes kêre*, *er gie des weges hin*, *des endes kêren*.

6. Der Genitiv der Beziehung oder des Bereichs

Der Gen. eines Nomens oder auch Pronomens kann der verbalen Aussage eine bestimmte Richtung verleihen, angeben, worauf sie sich bezieht, z. B. *der aller dinge was ein helt*; *so hilfe ich dir der reise*; *der was des lîbes schœne und wünneclîch*; *der jâre ein kint*, *der witze ein man*; *si wurden des ze râte* ‚sie einigten sich in dieser Hinsicht‘.

§ 148 Dativ

Der Dativ wird im Mhd. in ähnlicher Weise verwendet wie im Nhd. Er ist der Kasus der Person oder eines anderen lebenden Wesens, und er steht fast nur bei Verben. In erstarrten Zeit- und Ortsbestimmungen ging ursprünglich eine Präposition voraus. Abweichend vom Nhd. kommt der Dativ vor z. B. bei *geswîchen* ‚im Stiche lassen‘, *lieben* ‚wert sein‘, *leiden* ‚zuwider, verhaßt sein‘, *rihten* ‚Recht verschaffen‘, *ruofen, haren* ‚rufen‘, *vernemen* ‚hören auf, anhören‘, *warten* ‚untergeben sein, dienen‘, *gestrîten* ‚es mit einem aufnehmen‘; beim Wegfall des Objektsakkusativs: *dem rosse hengen* (dem R. den Zügel hängen lassen >) ‚das Roß laufen lassen‘, desgl. *dem rosse gürten, dem rosse enthalten* ‚das R. anhalten‘; *einem binden* (daz houbet fehlt), *einem betten* ‚das Bett machen‘; bei unpersönlichen Verben: *mir anet* ‚ich ahne, sehe voraus‘, *eiset* ‚ich empfinde Schrecken‘, *grûwet* ‚mir graust‘, *mir ist, wirdet, gât nôt* ‚ich habe nötig, ich bin gezwungen, ich muß‘, *versmâhet* ‚mir gefällt nicht‘; konkurriert der Dat. mit dem Akk., ist z. T. die unterschiedliche Bedeutung zu beachten, z. B. *mir gezimt ein dinc* ‚mir ist etwas angemessen‘, aber: *mich gezimt eines dinges* ‚mir gefällt etwas, mich verlangt nach etwas‘; vielfach aber werden bei unpersönlichen Verben der Dat. und der Akk. gebraucht; *einem sprechen* ‚einem einen Namen geben‘, *einem wol, übele* ‚von einem gut, schlecht sprechen‘, *einem einen tac, hof sprechen*, ansetzen, bestimmen‘, aber: *einen sprechen* ‚mit einem reden, sich mit ihm besprechen‘.

Wie in der nhd. Umgangssprache kann im Mhd. der Dat. des Personalpronomens der 1. u. 2. Person als ethischer Dativ stehen: *habet ir mir den hungrigen z'ezzen geben? dîn schônez wîp ... die minnet dir ein heiden.* Hierher gehört z. T. auch der pronominale Dativ in reflexiver Verwendung in Fällen wie *ich stuont mir nehtint spâte*; *unz er ime gnuoch geweinote* ‚bis er genug geweint hatte‘; bei Verben der Wahrnehmung, der Gemütsbewegung, des An-

sichnehmens kann der Dat. stehen: *den tiuwel ich mir selbe weiz, im fürhten* ‚sich fürchten‘, *die sorge hân ich mir genomen.*
Die Verbalhandlung kann sich auch zugunsten einer Größe vollziehen, die im Dativ steht, z. B. *sô ervare ich uns diu mære ab des küenen recken wîp* Nib. 875,4 ‚zu unserm Vorteil …‘, *im selber gruobet dicke ein man und wænt dem andern gruobet hân* ‚oft gräbt ein Mann für sich selbst eine Grube, und glaubt dabei, sie für einen anderen gegraben zu haben‘ Boner 6,33, *er hiez werden* ‚entstehen‘ … *vogele deme lufte, wildiu tier der erde* ‚Vögel für die Luft, wilde Tiere für die Erde‘ Gen. 157; *mîn magetuom hân ich behalden einem werden fürsten* ‚für einen edlen Fürsten‘ Wolfd. D 89.1.

Der adverbiale Dativ

Bei *mâzen* ‚mit Maßen‘, *unmâzen* ‚unmäßig‘, *den worten* ‚unter der Bedingung‘, *triuwen* ‚in Wahrheit‘ ging ursprünglich wohl *in* voraus; *an* oder *in* bestimmten auch den lokativen Dativ bei: *beiden(t)halben* ‚auf beiden Seiten‘, *allen(t)halben* ‚auf allen Seiten‘, *ander(t)-, mînen(t)halben, vieren enden* ‚an vier Punkten‘, *manegen, welhen enden*; auch den Zeitbestimmungen liegen Dative zugrunde, die z. T. aus einem Instrumental hervorgegangen sind, z. B. ahd. *hiutu* (< *hiu tagu*) *inti morgane* > mhd. *hiute unde morgen/morne, wîlen(t)* ‚zuweilen‘, *nehten(t)* ‚in der vergangenen Nacht, gestern abend‘.

§ 149   Zur Adjektivflexion

Im allgemeinen stimmen der mhd. und der nhd. Gebrauch der starken und der schwachen Flexion überein: schwache nach bestimmtem Artikel und Pronomen, starke, wenn sie nicht vorangehen.

Es gibt jedoch etliche Abweichungen:
Dem bestimmten Artikel kann manchmal auch ein stark flektiertes Adj. folgen: *diu jâmerbæriu magt* Parz. 255,3, desgl. vereinzelt auch nach *dirre*: *dirre ungevüeger schal* Iw. 4653.
Nach dem unbestimmten Artikel und auch nach dem Possessivpronomen + Adj. + Subst. kann das Adj. stark und schwach flektiert werden. Im Nom. und Akk. Sg. steht wie im Nhd. durchweg die starke Flexion, im Gen. und Dat. stehen beide Flexionen, stark: *ein langez mære* Parz. 3,27, st. u. schw. nebeneinander: *einer werden süezer minne* Parz. 44,28.
Unflektiert bleibt das Adj. oft im Nom. aller Genera, beim Neutrum und im Akk., wenn dem Adj. kein Artikel, Pronomen oder ein anderes Wort vorausgehen, aber auch nach dem unbestimmten Artikel (aber nur vereinzelt nach dem bestimmten Artikel): *ein guot man, grôz jâmer.*
Wird das attributive Adj. nachgestellt, ist die unflektierte Form die Regel, und zwar in allen drei Geschlechtern, im Sg. und Pl. und in jedem Kasus: *der künec guot*; auch das nachgestellte Possessivpronomen ist meist unflek-

tiert: *den gesellen sîn,* es kann aber auch die flektierte Form stehen: *ein wolken sô trüebez.*
Ein prädikativ gebrauchtes Adjektiv wird durchweg nicht flektiert; im Nom. Sg. Mask. erscheinen aber auch starke flektierte Formen, ganz selten schwache.
Endungslos sind stets die nur prädikativ verwendeten Adjektive: *barvuoz, barhoupt, einvar, gar, gehâr, gewar, schîn, vrô.*
Im Vokativ steht im Plural die schwache Form des attributiven Adjektivs: *gôten knehte* Rot. 4067, nur selten die starke: *guote* liute Iw. 1286; im Sg. dagegen die starke, vor allem die unflektierte Form: *vil lieber vater mîn, vil edel Rüedegêr;* doch ist (bes. im Frühmhd.) auch die schwache Form belegt: *liebe vater.*
Die schwache Form steht nach einem Plural des Personalpronomens: *wir armen kinder,* im Singular überwiegt die starke: *ich tumber.* Starke und schwache Formen sind möglich in der Folge Personalpronomen + Adjektiv + Substantiv: *uns wegemüede* (andere Hss. *wegemüeden) geste* Nib. 746,2. Stehen mehrere attributive Adjektive vor oder auch hinter einem Substantiv, so sind beide Flexionen möglich, es kann auch ein Adjektiv flektiert, das andere unflektiert sein, und es kommt auch die starke Flexion neben der schwachen vor (s. o.).
Ein schwach flektiertes Adj. kann auch einem Subst. nachgestellt sein: *diu schar grôze* Willeh. 404,9, *daz tier wunde* Tit. 161,3.
al kann unflektiert bleiben und für jeden Kasus stehen vor dem best. Artikel und vor Possessivpron. + Subst.: *al mîn êre* Iw. 4832; *von al ir herzensêre* Erek 8677.

§ 150   Verben

Aktionsarten

Anders als der Aspekt, der den Verlauf einer Handlung vom Sprechenden aus – also subjektiv – angibt, haben die Aktionsarten objektiven Charakter d. h. der Handlungsverlauf wird unabhängig vom Sprechenden bezeichnet. Zwei Aktionsarten werden unterschieden: die imperfektive und die perfektive. Imperfektive Verben erfassen den Verlauf, die Dauer (durative V.) oder auch die Wiederholung (iterative V.) einer Handlung, ohne die Handlung insgesamt oder auch einzelne Teilabschnitte (z. B. Beginn/Ende) zu bezeichnen; perfektive Verben dagegen den Eintritt, Beginn (inchoative V.), die Intensivierung, die aus der Wiederholung hervorgehen kann, die Bewirkung (kausative und faktitive V.) oder den Abschluß oder das Ergebnis (resultative V.) einer Handlung. Zu den perfektiven Verben gehören vor allem die mit einer Vorsilbe versehenen, besonders die mit *ge-* aber auch mit *er-, be-, ent-, ver-.* Imperfektive Verben sind im allgemeinen die nicht zusammengesetzten (Simplizia), es gibt jedoch auch perfektive Simplizia: *finden, treffen, komen, bringen,* sie bezeichnen bereits den Abschluß eines Vorgangs und werden daher in den Vergangenheitsformen z. T. bis hin zum Frühnhd. nicht mit *ge-* verbunden (*ich hab ihn funden, troffen,* im Kirchenlied: „*und hat ein Blümlein bracht*"); auch *werden* ist meist und *lâzen* seltener perfektiv. So stehen oft imperfektive und perfektive Verben nebeneinander: *sitzen – gesitzen* ‚sich hinsetzen', *sterben – ersterben, sehen – gesehen* ‚erblicken', *stân – gestân* ‚sich stellen', *ligen – geligen* ‚sich legen, zum Liegen kommen', *îlen* ‚sich befleißigen, eilen' – *erîlen* ‚ereilen, überholen'. Die perfektivierende Wirkung des *ge-,* dazu noch in seiner alten Bedeutung von ‚zusammen' (entsprechend lat. *con-*) ist besonders deutlich bei *rinnen – gerinnen, vâhen* ‚fassen, fangen' – *gevâhen* ‚umfassen, empfangen, begreifen'.

Sehr oft aber bewirkt *ge-* keinerlei Bedeutungsveränderung, so wird es regelmäßig einem Infinitiv nach den Modalverben *müezen, mügen, kunnen, türren* hinzugefügt, doch auch nach *dürfen, suln, wellen: desn mac niht gesîn* ‚das kann nicht sein' Walt. 8,19; *kanst du mir daz von im gesagen?* ‚Weißt du mir das über ihn zu berichten' Iw. 2096; *ern darf im niemer gesagen dank* ‚er braucht ihm niemals Dank zu sagen' Iw. 6670. Auch nach *heizen, helfen, hœren, sehen* kann *ge-* stehen, und diese Verben können ebenfalls mit *ge-* erscheinen: *sie engehiez mich nie geleben nâch ir lêre* Walt. 71,3.

Auch in negativen oder negativ beabsichtigten Sätzen stehen oft Verben mit *ge-* (ohne Bedeutungsmodifizierung): *sie getraf diu liebe nie* Walt. 49,3; *wer gesach ie bezzer jâr? wer gesach ie schœner wîp?* Walt. 118,12.

Perfektiv-futurische Bedeutung ist jedoch bei Präfixkomposita, bes. wieder mit *ge-,* oft zu finden: *swenne iuwer sun gewahset* ‚herangewachsen sein wird', *der trœstet iu den muot* Nib. 1087,3; *sweder nu hie tot gelît von des andern hant* Iw. B 6960; *sô dû sie ie mêr geslehst, sô sie ie mêr geschiltet* ‚je mehr du sie schlagen wirst, desto mehr wird sie schelten' Berth. v. R. II, 190, 14; auch nach *unz, biz* ‚bis' (aber nicht in der Bedeutung ‚solange als') und auch *ê: des bringe ich dich wol inne, ê daz wir uns gescheiden* ‚bevor wir uns getrennt haben werden' Kud. 403,3; *füege daz er mîn bîte unz daz ich in gespreche* ‚bis daß ich mit ihm sprechen werde' Parz. 627,9.

Häufig wird *ge-* in abhängigen Sätzen bei Präteritalformen verwendet, um ein Vorverhältnis auszudrücken zum übergeordneten Satz, im Nhd. wird dann das Plusquamperfekt gebraucht: *dô er hie vür mich gestreit unde ûz disem lande reit* ‚als er hier für mich gekämpft hatte und dann aus diesem Lande reiten wollte' (mhd. *reit* ist Prät.) Iw. 5899; *dô wir mit vreuden gâzen und dâ nâch gesâzen, und ich im hâte geseit, daz ich nâch âventiure reit, des wundert in vil sêre* ‚Nachdem wir mit Vergnügen gegessen hatten und danach noch beisammensaßen und ich ihm gesagt hatte, daß ich ausgeritten sei, um âventiure zu erleben, wunderte er sich sehr darüber' Iw. 369.

§ 151 Verbalnomina

Infinitiv (s. § 115)

Er steht als Ergänzung bei Verben, bes. bei Modalverben, Substantiven, Adjektiven, und er kann auch substantiviert werden und Subjekt sein; häufig ist er mit *durch* ‚um zu …‘ verbunden. Im Mhd. wird seltener *ze* dem Inf. hinzugefügt als im Nhd., *ze* fehlt nach den Modalverben (außer nach *touc, gan* und *weiz*), nach *pflegen, beginnen, (ge)ruochen, gedenken, bitten, vürhten, helfen, gern* ‚begehren‘, *gebieten, erlouben, wænen, loben* ‚geloben‘, *râten, manen, trûwen* ‚sich getrauen‘. Doch kann bei einigen Verben auch *ze* vorkommen. Wenn *ze* gesetzt wird, kann der Dativ des flektierten Infinitivs folgen (*ze gebenne*) oder der unflektierte Infinitiv (*ze geben*, im Nhd. in beiden Fällen: ‚zu geben‘). Eine Regel dafür, wann der Dativ gebraucht wird oder der einfache Infinitiv, gibt es nicht. *geschehen* wird meist mit *ze* + Dativ verbunden: *den kumber und die arbeit diu im ze lîdenne geschach* ‚die Sorge und die Mühe, die ihm zu ertragen auferlegt waren‘ AH 293. Bei Verben der Bewegung fehlt *ze*, z. B. *gâhen* ‚sich beeilen‘, *sich legen, loufen, rîten, sitzen, îlen*: *dô sâzen aber ruowen die von Burgundenlant* ‚da setzen sich wiederum …, um sich auszuruhen‘ Nib. 2079,1; *ouch îlten in dô dienen die Guntheres man* ‚sie eilten, ihnen zu Diensten zu sein‘ Nib. 786,1; *dise vuoren sehen vrouwen, jene ander tanzen schouwen* Trist. 617. Folgt auf *wizzen* der Inf., so steht im Nhd. ein Gliedsatz: *er wiste schaden gewinnen und ungefüegiu leit* ‚er wußte, daß er nur Schaden und größtes Leid gewinnen würde‘ Nib. 2156,1.

Infinitiv Perfekt

Das Präteritum der Modalverben *darf, kan, mac, muoz, sol, tar* + Inf. Perf. des Hauptverbs ist zu übersetzen durch ‚hätte … können/sollen‘ u. ä.: *von Veldeke der wîse man, der kunde se baz gelobet hân* ‚… der hätte sie besser zu loben verstanden‘ Parz. 404,29; *und solde mit in hân gestriten* ‚und hätte mit ihnen kämpfen sollen‘ Iw. 6350. Im Nib. vor allem kommt auch noch der Inf. Präs. vor, er ist der Vorläufer dieses Typus: *ir enkunde in dirre werlde leider nimmer geschehen* ‚ihr hätte auf dieser Welt nichts Schlimmeres geschehen können‘ Nib. 13,4; *ir soldet ez billiche lân* ‚ihr hättet es unterlassen sollen‘ Nib. 1787,4.

Akkusativ mit Infinitiv

Er ist im Mhd. selten, und es ist von Fall zu Fall zu erwägen, ob nicht der Akk. als Objekt des Verbs zu beurteilen ist und der Infinitiv als weiteres Objekt: *er frumte … vil manegen vallen in daz pluot*, als A. C. I.: ‚er bewirkte, daß mancher fiel …‘, als Objekt: ‚er brachte manchen zum Fallen …‘ Nib. 1971,4.

Oft gibt der Inf. mit *ze* das Ziel oder den Zweck einer Aussage an: *si gedâhten dô dâ ze ruowen* Erek 3485; *sît daz du mîn ze slâhenne sô gewis wilt sîn* Trist. 6833.

§ 152   Inkongruenz

Genus

Das grammatische und das natürliche Geschlecht stimmen nicht immer
überein; das grammatische Geschlecht kann zurücktreten: *des burcgrâven
tohterlîn diu sprach* Parz. 372,15; *frou Herzeloyde diu rîche ir drier lande
wart ein gast* Parz. 116,28, aber 219,22: *mir ist vreude gestîn, hôhmuot gast*;
dô lobete er dem vrouwelîn, er wolde durch si wâpen tragen Parz. 370,22.
Maskuline Appellativa werden oft auf feminine Personen bezogen, z. B. *mac,
bote, geselle, nachgebûr, vriunt,·genôz, meister, rihtære.*
Das Neutrum wird oft verwendet bei einem Bezug auf Wörter unterschied-
lichen Geschlechts, z. B. *er vuorte daz wîp und den man, und volgete im de-
wederz dan* ,aber beide folgten ihm nicht', eigtl. ,keins von beiden' Iw. 2987;
si entsliefen beidiu schiere (König Artus und die Königin) Iw. 85; *guot spîse
und dar nâch senfter slâf diu wâren im bereit hie* Iw. 4818.
Ein neutrales Pronomen kann sich auch auf Personen beziehen, z. B. *waz
crêatiure bistu?* Iw. 487; *ez was ein sun, daz si gebar* Greg. 670; ,,*wer sît ir,
herre?*'' ,,*ich bin ez Îwein*'' Iw. 2610; *der iu mære bringet, daz bin ich* Walt.
56,15.
Auch bei einem als Einschub empfundenen pluralischen Subjekt kann der
Sg. des neutralen Pron. stehen: *ros unde kleider daz stoup in von der hant*
Nib. 41,2 (auch das Verb steht im Sg.).

Numerus

a) Singular des Verbs bei pluralischem Subjekt
  Das Prädikatsverb steht im Mhd. häufig im Singular trotz eines Subjekts
  im Plural, vor allem wenn das Verb vorangestellt ist. Dieser Sg. des Verbs
  ist schon aus dem Germanischen ererbt, und er steht sowohl vor Personen
  als auch Sachen und Abstrakten, die als einzelne pluralische Subjekte oder
  auch als Doppelsubjekte erscheinen können.

  α) Sg. des Verbs bei einem einzelnen Subjekt im Plural:
  Die 3. Sg. (bes. des Verbums Substantivum) steht vor einem Subjekt, das
  im Bewußtsein des Sprechenden zunächst unbestimmt ist, im Nhd. wäre
  in Gedanken ein Doppelpunkt zu setzen oder fortzufahren mit ,,und
  zwar'', z. B. mhd. *dâ inne was sîniu buoch* Parz. 459,21; *dar nâch gienc dô
  zer tür dar în vier clâre iuncvrouwen* Parz. 243,20; *im kom von gruonlanden
  helde zen handen* Parz. 48,29.
  Besonders bei Zahlwörtern oder einem partitiven Genitiv steht der Sg.:
  nû ist der türlîn zwei Berth. v. R. II, 36,33; *ouch was dâ gereit wol drîer
  hande cleit* Iw. 2191.
  Doch auch bei Nachstellung des Verbs ist der Sg. möglich: *ros unde
  kleider daz stoup in von der hant* Nib. 41,2; *selten vrælîchiu werc was dâ
  gevrumt ze langer stunt* Parz. 227,14.

β) Sg. des Verbs beim Doppelsubjekt:
Seine Glieder können durch *und* verbunden sein, dann wird vom Spre-
chenden zunächst nur das erste Glied auf das Verb bezogen, auch wenn
eines der Glieder im Plural steht: *mit im chom ovch Danchwart. vñ Hagene*
Nib. 402,1 Hs. C, äußerlich wird die Einbeziehung des nur ersten Subjekts
in das Verb durch den Punkt unterstrichen; *daz hôrte der künic gerne und
alle sîne man* Kud. 373,1; *hie ist ein schif und zwêne man* Trist. 6803. Die
beiden Glieder können durch eine Ergänzung verbunden sein: *hie wirt
von in verhouwen vil manec helm unde rant* Nib. 145,4 (hier fehlt in C das
erste Subjekt *helm*, statt dessen: *h*^{s}*lich*^{s} (= *herlîcher*) *rant*, auch 25,2 fehlt
es in C: *in hiez mit kleidern zieren Sigmunt und Siglint*, in C: *in hiez mit
wæte zieren sin mvter Sygelint*); *zuo zim was geleget dar hemde und bruoch
von bukeram* Parz. 588,14.
Beide Glieder können als Einheit empfunden werden, z. B. Personen
oder Sachen: *um si begunde sorgen wîp unde man* Nib. 67,2 (anders in C);
nu hete ouch Tristan und Îsôt den tac allen wol vernomen Tr. 17322; *dâ
was von kurzewîle vreude unde nôt* Nib. 657,1 (in C statt *vr. u. n.*: *in ge-
drange nôt*).
Auch wenn das Verb dem Subjekt nachgestellt ist, kann der Singular
stehen, bes. bei einheitlichen Begriffen: *swâ liep unde guot den recken
widerfüere* Nib. 1402,2; *dâ von vîntschaft unde kriec kümet* Berth. v. R.
I, 56,15.

b) Plural des Verbs bei einem pluralischen Prädikatsnominativ:
swaz hie gât umbe daz sint allez mägede Carm. Bur., bei einem Mehr-
heitsbegriff oder einem Subjekt mit kollektiver Bedeutung: *hin von den
zinnen vielen und gâhten zuo den kielen daz hungeric her durch den roup*
Parz. 201,17; *ez wâren bi ir viure under wîlen tiure vleisch zuo den vischen*
Iw. 6215 (sogar *ez* steht hier beim Plural); *manic degen guot schamten sich
vil sêre* Kud. 953,2.

c) Plural des Subjekts, aber Sg. des Prädikatsnomens, dem *ze* vorausgeht:
da sie ze ritter wurden Nib. 33,3; *hey waz er im ze vînde der küenen Hiunen
gewan* Nib. 1966,4.

d) Inkongruenz beim Pronomen: bei einem kollektiven Singular des Sub-
stantivs kann das Pronomen im Plural stehen: *ditz volc ist harte unvrô, mir
gêt ze herzen ir clage* Iw. 1432; *do begunderm volke sagen, er woldez vüern
in Azagouc: mit der rede er si betrouc* Parz. 54,14; *zeinem lande, die hiezen
Nibelunge* Nib. 484,2; *sô ir ingesinde die muoze mohte hân, die weinten
harte swinde* Kudr. 1069,1.
Auch nach Einzelgrößen, die eine Gattung vertreten, kann der Plural des
Pronomens stehen: *sag an, gebôt dir daz ein wîp? die gebietent wênec,
herre mir* Parz. 47, 8.

§ 153   Negation

Älteste Negationspartikel im Dt. ist ahd. *ni*, mhd. *ne* (mit den Varianten *en*, *in, n, ne*), die unmittelbar vor dem Verb stand und mit ihm verbunden werden konnte. Pleonastisch kann seit dem Spätahd. *niht* hinzutreten, seit dem 12. Jh. geschieht es fast regelmäßig. Eine solche doppelte und auch mehrfache Verneinung hat jedoch keine stilistische Bedeutung, und keineswegs ist es eine Verstärkung, z. T. wird jedes wichtige Satzglied verneint, ohne daß eine Verstärkung vorliegt, z. B. *ich wil iu geheizen unde sagen daz iu nieman niht entuot* (AH 1330f.) ,..., daß Euch niemand etwas tun wird'. In bestimmten Sätzen kann *niht* jedoch noch fehlen, und zwar bei anderen negativen Pronomen oder Adverbien, in Sätzen mit *dehein, dekein, nehein* in der Bedeutung ,keiner', *deweder* ,keiner von beiden'; mit *ander, anders, mêre* in der Bedeutung ,weiter, etwas Weiteres', *baz, furbaz*; bei Modalverben, bei *tuon, sîn* und *hân*, bes. wenn sie als Vollverben – nicht in Verbindung mit Infinitiven – auftreten (z. B. „*rît ze hove, Dietrich! herre, ich enmac*,"), bei *ruochen* und *wizzen*.

Das Verhältnis von *ne* und *niht* verschiebt sich schon im 13. Jh., so daß als Negationspartikel *ne* häufiger wegfällt und schließlich nur *niht* bleibt. Doch gibt es mehrfache Verneinungen auch noch im Nhd.: „Kein Feuer, keine Kohle kann brennen so heiß wie heimliche Liebe, von der niemand nichts weiß". In den Mundarten kommt sie z. T. bis heute vor und bei Dichtern durchaus noch im 18. Jh.

noch kann nach nichtnegiertem und nach negiertem Satz negierte Satzglieder in der Bedeutung ,und, und nicht' hinzufügen, z. B. „*daz sîne gehörte noch gesach*" (Trist. 1388, Marold). *noch – noch, (de-)weder – noch* und auch *noch* allein drücken das disjunktive Verhältnis ,weder – noch' aus.

Als Verstärkung und z. T. als stilistische Variante kann auch der Akk. eines Substantivs dienen, das als einzelnes Stück sehr geringwertig ist: (*niht*) *ein bast, ein ber* ,Beere', *ein blat, ein bône, ein brôt, ein ei, ein hâr, ein strô* ,Strohhalm', *ein wint, ein wiht* ,ein kleines Wesen' > *enwiht*, zu übersetzen ist ,gar, überhaupt nichts', oder ,gar nicht'.

Obwohl *ein lützel, ein wênec* stets etwas Positives bedeuten, werden beide Wörter substantivisch und adverbial auch für ,nichts' oder ,nicht' verwendet, *lützel ieman* = ,niemand', *lützel dehein* = ,kein'; *kleine* kann ,nicht' bedeuten, und *selten* bedeutet sehr oft ,nie'. Es ist eine Art Litotes, d. h. der Stilfigur, in der ein superlativischer Grad durch einen sparsamen Ausdruck umschrieben wird. Bei einem finiten Verb kann die Negation beim Partizip auch durch *un-* ausgedrückt werden, z. B. *im was noch hôhes muotes unzerrunnen* Kudrun 1403,4.

Sehr häufig und beim Übersetzen besonders zu beachten ist die Negation *ne* (ohne *niht*) in Verbindung mit dem Konjunktiv. Es handelt sich um ausnehmende – exzipierende – Sätze, d. h., der konjunktivische Satz enthält eine Ausnahme des im übergeordneten Satz Gesagten; im Nhd. sind diese konjunktivischen Sätze einzuleiten durch „... es sei denn, daß ..."', „wenn nicht ..."', „wofern nicht ..."'. Das Tempus des Konjunktivs (Präs. oder Prät.) richtet sich jeweils nach dem vorangehenden oder auch ihm folgenden Obersatz; z. B. *mich enmac getrœsten niemen, si entuoz* ‚mir vermag niemand Hoffnung zu geben, wenn sie es nicht tut; es sei denn, daß sie es tut‘, oder auch: „außer daß ..."'. Ist der übergeordnete Satz verneint, kann *ne* auch fehlen, z. B. *ich singe niht, ez welte tagen* ‚es sei denn, daß es Tag werden will‘.

Zu *ne* kann im konjunktivischen Satz auch das zunächst wohl dem Verbalvorgang futurischen Aspekt gebende *danne* treten, z. B. *swaz lebete in dem walde, ez entrünne danne balde, daz was dâ zehant tôt* Iwein 663. Als im Spätmhd. *ne* weggelassen wurde, diente allein *danne* (*denn(e)*) zur Charakterisierung dieser Sätze, z. B. *des sint ir iemer ungenesen got welle dan der arzat wesen* (AH 203 Hs. A), für Hartmann aber ist wohl anzusetzen: *des sît ir i. u. got enwelle der a. w.* Noch im Nhd. heißt es: *er käme denn.*

‚Es sei denn, daß‘ kann aber auch durch *ez ensî, ez enwære* (*danne*) *daz* ausgedrückt werden; dabei kann auch *en-, newære* allein stehen, das in der Bedeutung mit *niuwan* ‚außer, nur‘ übereinstimmt, *newære* wird in unbetonter Stellung zu *newer > niwer > niur* und *nuor* (= md. *nur*) = nhd. *nur.*

Nach negativen Sätzen kann *ne* + Konj. auch durch ‚daß nicht‘, ‚ohne daß‘, ‚ohne zu‘ oder durch einen Relativsatz wiedergegeben werden, z. B. *ich wæne ieman lebe, ern habe ein leit.* Dieser Satz ist zugleich ein Beispiel dafür, daß in Sätzen, die von *wænen* abhängig sind und auch in Sätzen, die mit *daz* eingeleitet sind (in Final- und Objektsätzen), *iht, ieman, ie, iender* negative Bedeutung haben können, z. B. *dar umbe hât er sich genant, daz er sîner arbeit, die er dar an hât geleit iht âne lôn belîbe* ‚... nicht ohne Lohn bleibe‘ AH 18.

Abweichend vom Nhd. tritt *ne* pleonastisch in konjunktivischen Sätzen auf, die von einem Satz abhängen, der einen negativen Sinn enthält, der (im weiten Sinne) ein Verhindern, Unterlassen, Vergessen, Versäumen, Zweifeln u. ä. ausdrückt, z. B. *Parzival des niht vergaz, ern holte sîns bruoder swert* ‚P. versäumte nicht, das Schwert seines Bruders zu holen‘ Parz. 754,22. Auch in daß-Sätzen, die von Verben des Verbietens und Verhinderns abhängen, aber auch von anderen, einen negativen Sinn enthaltenden, kann *ne* pleonastisch hinzutreten, z. B. *ouwi, wie kûme er daz verlie, ..., daz er niht wider sî (ne) sprach* ‚Ach, mit Mühe unterdrückte er es, ..., zu ihr zu sprechen‘ Iw. 1700.

§ 154 Relativsätze

Sie können eingeleitet werden durch

a) das Demonstrativpronomen (den Artikel) *deʳ, diu, daz*; als Unterstützung der relativen Bedeutung kann *dar, da* oder *der, dir* hinzutreten, ohne daß die Bedeutung (etwa lokal) modifiziert wird (*da* usw. bleibt bei einer Übersetzung ins Nhd. unberücksichtigt);

b) die 1. und die 2. Person des Personalpronomens; als Stütze kann auch hier *da* usw. dienen, *nu gêt zů ir iuncvrouwen, ir dâ nie mit girde gekusten* ‚die von Euch noch nie begierig geküßt wurden‘ Trudberter Hohes Lied 11,5;

c) verallgemeinernde Pronomina: ahd. *sô wer sô, sô waz sô; sô welîh sô* > mhd. *swer, swaz, swelch* (das erste *sô* hat sich mit dem Pronomen verbunden, das zweite erscheint im Mhd. kaum mehr, die Bedeutung ist ‚wer/was auch immer, jeder der, alles was‘; ‚welcher auch immer‘, dazu kommen *sweder* ‚wer von beiden/zweien auch immer‘;

d) relative Adverbien, *dâ* ‚da – wo‘, *dar* ‚dorthin – wohin‘, *dannen* ‚von wo, woher‘; *swâ* ‚wo auch immer‘, *swâr* ‚wohin auch immer‘, *swannen* ‚woher immer‘, *swenne* ‚wann irgend, wenn‘;

e) *sô*, auch *sô* allein kann als Relativpronomen auftreten: *waz sint diu leit der schœnen Kriemhilde, sô du mir hâst geseit* Nib. 1018,1 (Hs. A, C u. D haben *di* statt *so*);

f) *und: si gebiutet, von dem tage und ir vart ein ende hât,* Ulr. v. L. Fr. 164,9; *ergetzet sie der leide und ir ir habt getân* ‚die Ihr ihr zugefügt habt‘ Nib. 1208,3; *ich gemane iuch der gedanken und ir mir habt gesworn* Nib. 2149,1.

Besonderheiten gegenüber dem Neuhochdeutschen

Ein Relativsatz kann mit dem Pronomen der 1. oder 2. Person beginnen, ohne daß das Pronomen wie im Nhd. doppelt gesetzt wird. Dieser Satztypus ist jedoch im Ahd. stärker vertreten, z. B. Wessobrunner Gedicht: *Cot almahtico du himil enti erda gauuorahtos enti du mannun so manac coot forgapi* ... ‚Allmächtiger Gott, der du Himmel und Erde geschaffen hast und (der du) den Menschen so viel Gut gegeben hast ...‘. Auch vor Adverbien kann das Pronomen fehlen: *dehein sûl stuont dar unde, diu sich gelîchen kunde der grôzen sûl, dâ zwischen stuont* ‚die dazwischen‘ Parz. 589,27; *unde du, herre sancte Laurenti, du* (‚der du‘) *wurde gebrâten ufe deme roste* Litanei 673 (Straßb. Hs.), die Grazer Hs. hat: *du da wurde.*

Relativsätze ohne jegliche Einleitung sind selten: *wir müezen morgen an iu sehen den jâmer unz an dise vrist an manegen hie geschehen ist* ‚morgen werden wir Euch in der großen Not sehen, in die bis jetzt schon viele geraten sind‘ Iw. 6346.

Das Pronomen *der, diu, daz* oder ein Adverb hat im Mhd. oft die Funktion des Demonstrativs im übergeordneten Satz und die des Relativs im abhängigen Satz; im Nhd. ‚derjenige, der/welcher; das, was‘ usw., *wer ist der bozet an das tor* Nib. 487,3 ‚wer ist derjenige, der an das Tor klopft?‘; *unz daz in ... vunden drî vrouwen dâ er lac* ‚dort, wo er lag‘ Iw. 3361; *unz ich getuon des er mich bat* ‚bis ich das tue, worum ...‘ Walt. 119,33. Bei unterschiedlichem Kasus steht das Pronomen im allgemeinen in dem Kasus, der vom Relativsatz gefordert wird: *daz ist den ir dâ meinet* ‚das ist der, den Ihr meint‘; *des prîset man mich mêre dan dem sîn vater wunder lie* ‚als den, dem sein Vater ... Großartiges hinterlassen hat‘ Greg. 1718.

Fordert der übergeordnete Satz einen Genitiv, so steht auch das Pronomen im

Genitiv: *der bewîst in des er suochte* ,der zeigte ihm den Weg zu dem, was er suchte' Iw. 988; *ouwê des dâ nâch geschiht* ,Wehe über das, was danach geschehen wird' Parz. 514,10; (das Beispiel bei Paul/Behaghel § 344, AH 969, das als Ausnahme angesehen wird – statt *des*: *daz* – gilt nur für die Straßburger Hs.: *wan er lützel sich versach daz doch sît dâ geschach*, die Heidelb. und die Caloczaer Hs. haben: *wan er sich wenic des versach daz im sint dar von geschach*, hier liegt also ein regulärer Relativsatz vor).

Als Attraktion wird die gegenseitige Kasusbeeinflussung der Bezugsworte im übergeordneten und im abhängigen Satz bezeichnet, also der Stütze und des Relativpronomens, so daß jeweils in dem einen der beiden Sätze der Kasus nicht stimmt.

a) Das Relativum richtet sich nach dem Kasus der Stütze: ahd. *denne verit er ze deru mahalsteti deru dar gimarchôt ist* ,zu der Gerichtsstätte, die abgesteckt ist' Muspilli 77; mhd. *... unde alles des verpflac des im ze schaden mohte komen* ,und all das aufgab, was ihm (Iwein) hätte Schaden zufügen können' Iw. 5338.

b) Das Bezugswort im übergeordneten Satz richtet sich nach dem Relativum: *den besten zobel den man vant* AH 1025; *den schaz den in ir vater lie, der wart mit ir geteilet* Greg. 635 ,der Schatz, den ...'; *alles des* (so in mehreren Hss., in anderen *daz*) *des er began, dâ (ge)lang im allerdickest an* Trist. 5075. Die Tendenz geht dahin, jeweils den innerhalb des über- und des untergeordneten Satzes geforderten Kasus einzusetzen. Auf lautlicher Ebene entsprechen solchen Attraktionen bestimmte Assimilationen.

Relativsätze können auch die Funktion von Konditionalsätzen übernehmen, die Bedeutung ist: unter der Bedingung, daß ..., im Nhd. meist durch ,wenn einer/jemand/man' zu übersetzen: *der uns zwei versuonde, vil wol des wære ich gemeit* ,wenn uns einer versöhnte, dann wäre ich sehr froh' Kürenb. 9,19; *der uns zein ander lieze, ich valte in oder er valte mich* ,wenn uns jemand miteinander kämpfen ließe, würde ich ihn fällen oder er mich' Parz. 68,14; der Relativsatz kann auch folgen: *ez mac niht heizen minne, der lange wirbet umbe ein wîp* ,das kann nicht Liebe genannt werden, wenn sich einer lange um eine Frau bewirbt' MF 12,14 (Meinloh v. S.); *dâ sint diu müeden ors vil vrô, der wirfet unders ein trucken strô* ,wenn einer trockenes Stroh unter sie wirft' Willeh. 393,11. *Der* entspricht hier in der Bedeutung dem *swer*, das im Mhd. ebenfalls viele Konditionalsätze einleitet: *und ist im gar ein herzeleit swem dehein êre geschiht* ,und es ist ihm (einem unedlen Manne) ein großer Herzenskummer, wenn jemandem Ehre widerfährt' (eigtl. ,wem auch immer') Iw. 2488.

Ein Relativsatz kann auch konsekutive Bedeutung haben: *von einem sô gewanten man der nie mâge hie gewan* ,von einem solchen Manne, daß er hier niemals zu Verwandten gekommen ist' Greg. 1313; *dîn kraft uns gebe sô starke stæte widerstrebe dâ von dîn name sî gêret* ,deine Kraft verleihe uns so großen beständigen Widerstand, daß davon dein Name geehrt werde' Walt. 3,20.

§ 155 Anakoluth

Anakoluth (< griech. τὸ ἀναχόλουϑον) ist das Verlassen einer Konstruktion in einer Satzfügung. Es gibt mehrere Varianten eines Konstruktionswechsels oder Satzbruchs:

1. Wenn ein durch einen Gliedsatz unterbrochener Hauptsatz anders fortgesetzt wird, als es die Konstruktion verlangt, z. B. *ir wizzet wol daz ein man, der ir iewederz nie gewan, rehte liep noch grôzez herzeleit | dem ist der munt niht sô gereit rehte ze sprechenne dâ von* Greg. 789; *unz daz die guoten knehte die dannoch wâren genesen | die muosen undertænic wesen alles, des man in gebôt* Trist. 6282.

2. Wenn indirekte Rede mit direkter wechselt; im selben Satz: *in bat der wirt nâher gên und sitzen „zuo mir dâ her an, sazte ich iuch verre dort hin dan, daz wære iu alze gastlîch"* Parz. 230,26; *von sînen gesellen wart gesaget, si wessen eine (klôsen ,Klause'): dâ wont ein maget al klagende ûf vriundes sarke ..."* Parz. 804,13; innerhalb einer Periode oder auch an sie anschließend: *der sagete alsus: ez wære ein strît ûf dem warthûs in der sûl gesehen, „swaz ie mit swerten wære geschehen, daz ist gein disem strîte ein niht"* Parz. 755,18; *und enbot im solhiu mære, da vüere ein valschære, „des habe ist rîche unde guot: bit in durch rehten ritters muot ..."* Parz. 362,23; schon im Hildebrandlied V. 8 ff.: *her frâgên gistuont fôhêm uuortum, hwer sîn fater wâri fireo in folche ..., „eddo hwelîhhes cnuosles du sîs ..."*.
Selten kommt der Übergang von direkter Rede zu indirekter vor: *si gedâhte: „ich wil den künec biten", daz er ir des gönde* Nib. 1399,1.·

3. Wenn ein Wechsel der Konstruktion bei gleichwertigen Satzgliedern eintritt: *ir kamerer sult hine gân und wecket harte balde die Sîfrides man* Nib. 1014,1; *Meljanzen er si læsen bat oder daz si erwürben im den grâl* Parz. 388,28; *dô sagete man ir um den grâl, daz ûf erde niht sô rîches was, und des pflæge ein künec hieze Anfortas* Parz. 519,10; *Gâwânen des bedûhte, dô der künec sô gein im lûhte, ez wære ein ander Parzivâl und daz er Gahmuretes mâl hete ...* Parz. 400,13.
Diese Erscheinung kann auch als „syntaktische Dissimilation" bezeichnet werden (so I. Schröbler § 383), die Dichter vermeiden es, obwohl gleichwertige, abhängige Satzglieder vorliegen (also bei einer gleichen syntaktischen Funktion), die Glieder in gleicher Weise anzuschließen. Hierzu gehören auch die Fälle, in denen *und daz/oder daz* an die Stelle einer anderen Konjunktion tritt, die zu wiederholen gewesen wäre; es nimmt damit die einleitende Konjunktion des voraufgehenden Satzes auf und ist wie jene zu übersetzen: *dô gote wart gedienet unt daz man dâ gesanc, mit ungefüegem leide vil des volkes ranc* ,Als die Totenmesse gehalten war und man den Gesang beendet hatte ...' Nib. 1064,1; *sîn wîp die küneginne bat*

ich durch sippe minne, wande mich der künec von kinde zôch und daz mîn triuwe ie gein ir vlôch Parz. 528,17; *als er getjostierte genuoc und mit dem swerte gesluoc und daz er muoden began* Erek 2630.

4. Wenn einem Relativsatz ein zweiter syntaktisch gleichwertiger durch *und* angeschlossener folgt, wird nicht das Relativpronomen wiederholt, sondern das Personalpronomen der 3. Person gesetzt: *dem hiut daz mær ist niht wider und iz im wol gevellet* ... Seifr. Helbl. 4,502; *die haiden die dô dâ wâren unt si diu grôzen wunder vernâmen* Kaiserchr. 13367, ähnlich ebda. 2873. Auch dieser Wechsel kann als syntaktische Dissimilation beurteilt werden.

§ 156   Konstruktion ἀπὸ κοινοῦ (apò koinû)

Griech. κοινός bedeutet ‚gemeinsam', wörtl. ‚nach dem gemeinsamen'; damit wird ein Satzglied bezeichnet, das in der Mitte zwischen zwei ohne Konjunktion verbundenen Sätzen steht und grammatisch und syntaktisch auf den vorausgehenden und auch auf den folgenden Satz zu beziehen ist. In den meisten Fällen handelt es sich um ein Substantiv, das als Subjekt oder als Akkusativ-Objekt fungiert. Bei lateinisch gebildeten Dichtern ist diese Konstruktion selten; bei Walther, Hartmann, Gottfried und Konrad von Würzburg ist sie gar nicht belegt, dagegen häufig bei Wolfram und auch in der Heldendichtung und Spielmannsdichtung, z. B. *dô was mit rede alsô bereit | der herzoge Liddamus | begunde ouch sîner rede alsus mit spæhelîchen worten* Parz. 418,27; *dô enliez ouch niht verderben | der knappe | zal den vrouwen warp* Parz. 658,28; (wenige Verse danach abermals:) *vor sûmen hete ouch sich bewart | Ginover | diu kurteise warp zen vrouwen dise stolzen reise* 651,4; *dô spranc von dem gesidele | her Hagen | also sprach* Kud. 538,2; als Objekt: *Gawan an den zîten sach in der siule rîten | einen ritter und eine vrouwen | mohte er da beidiu schouwen* Parz. 592,21; *unt truogen für die tür | siben tûsent tôten | wurfen si darfür* Nib. 2013,18. *Dô si nû getruogen* ... *| vil schilde | si besluogen* Kud. 752,1. Das gemeinsame Glied kann auch einer Kasusverschiebung unterworfen sein: ... *gienc er dâ er vant gezweiet in ir muote | von Hegelinge lant Kûdrûn | enphienc in schône mit anderen vrouwen* (Akk.-Obj./Subj.) Kud. 654,1-3. Die Konstruktion tritt seit dem 12. Jh. auf, im 13. u. 14. Jh. ist sie am häufigsten zu finden – insgesamt jedoch nur knapp 300mal – sie hält sich in der Literatur noch bis ins 15. Jh. hinein.

Wörterverzeichnis

Zusammengestellt von Anna Kos

Die Zahlen geben die Paragraphen an. „A." (= Anmerkung) hinter der Paragraphenzahl bedeutet die Fußnote. Bei Verweisen auf die Einleitung ist „S." (= Seite) vor die Ziffer gesetzt. Die Wörter sind wie in der „Mittelhochdeutschen Grammatik" von Paul-Mitzka angeordnet; man suche *f-* unter v-, ph- unter pf-, Nomina mit „ge"-, Verbalzusammensetzungen mit unbetonter Vorsilbe und Ableitungen unter dem Grundwort. ä, æ, ö, œ, ü sind wie a, o, u eingeordnet. Ahd. und anderssprachige Wörter, die zur Erklärung oder Ableitung dienen, sind nicht aufgenommen; sie sind unter dem betreffenden mhd. Wort zu finden.

A

ab(e) Präp. 1,3c
abbet stM 1,5
Abêl m. EN 1,2
âbent, âbunt stM. 1,3dϑ; 32,2 u. A. 44; 75,1; 99; 108
aber Adv. u. Konj. 29a; 44,2
abërelle stM. 83,1e
abern, avern swV. 134b
acker stM. 6,1; 33; 63,2bβ; 75,1
ackes stF. 63,2bγ; 69b
Adâm m. EN 1,2
adel stNM 29a; 76
ader stswF. 29a
after, achter Präp. 44,2; 66A 8a
agilster stF. 30
äher, ähre, eher stN. 54,3; 76; 77
âhorn stM. 54,4
ahsel stswF. 1,3a
aht(e), ähte Num. 100a, c; 101
ahte stF. 79,3,6b
âhte stF. 30; 64; 79,6b
ahtede, ahtode Num. 101
ahten swV. 134b
âhten, æhten swV. 135a
al Adj. 24,2; 63,2aα; Adv. 97
âl stM. 75,4
albe swF. 84d
allen(t)halben Adv. 69a
allerêrst(e), alrêrst, alrêst Adv. 67 B2; 98
alles, al(le)z Adv. 97

almuose stF. 26,2
als(e) Adv. 1,3c
alsam s. *sam*
alt Adj. 66 A 4; 93,1; 94b
alten swV. 134b
alwære Adj. 11,2; 35,5; 38,3; 93,2
âme, ôme stF. swMN. 11,1; 31,1
âmaht stF. 11,1; 31,1
ambet, amt stN. 1,3d; 1,5; 54,2; 66 A 2; 66 C 2b; 76; 77
ambôz s. *anebôz*
amîe swF. 84e
âmeize swFM. 48,2; 83,1c; 84
amme swF. 63,2aα; 84a
an(e) Präp. 1,3c; 2,1; 4,3b; 37,4; 66 A 1
anebôz, ambôz stM. 38,1; 66 A 1; 37,3
andâht stF. 30
ander Adj. 101; 114,3
andererseits Adv. 114,3
ander(t)halp Adv. 69e; 79,3; 104; 114,3
anders(t), anderes Adv. 69b; 114,3
anderstunt Num. 103
anderweit Adv. 103
âne Adv. 11,1; 31,1
angel stMF. 75,6a
angest stMF. 75,6a
anges(t)lîch Adj. 66 C 1
anst stF. 64; 80,3
ant stFM. 80,2
ante s. *ende*
antlitze stN. 76
antwürte stFN. 76

apfel stM. 24,1; 42a; 60 A 2; 60 B 1; 63,2bβ
apgot stN. 76
ar(e) swM. 29a; 81
arbeiten swV. 130 A 2; 134b
arcwân stM. 31,1
areweiʒ, ärw(e)iʒ stF. 35,5; 48,3; 80,1
arg Adj. 29b
arkere, erkere, erkel stM. 67 A 1
arm Adj. 29b; 37,2; 130 C
armbrust, armborst stN. 40,2; 76
armen swV. 130 C
armüete stNF. *armuot* stF. 32,2; 76
arnen swV. 134b
arnôt stM. 32,2
art stMF. 29b; 75,6a
arten swV. 134b
arweiʒ s. *areweiʒ*
arzât, -zet stM. 1,5; 32,3
âs stN. 76
asch stM. 75,6a
asche swF. 84d
ast stM. *estilîn* stN. 32,1
âtem(e), âten stM. 1,3a; 31,1; 33; 75,1
âtemen swV. 134b, c
ätzen swV. 63,2bα
âventiure stF. 33; 35,5 A 2: 79,4 u. 6b; 79,7
avern s. *abern*

B

bâbes(t) stM. 41,1b; 69b
bache swM. 63,2bδ; 83,1d
bachen stV. 26,2; 63,2bα; 127
backe swM. 63,2bδ; 83,1b
backen s. *bachen*
baden swV. 1,3dζ; 70,4; 134b
bâgen redV. 128
Baiere, Beier Stammesname 3 A; 75,2
bæien, bæn, bæwen swV. 36,3a; 135d
balke swM. 83,1d; 83,3
balle swM. 83,1d
balsame swM. 83,1e
Balther, Palther m. EN 66 B
banc stM. 75,6a
bange Adv. 1,3d
baniere stF. 79,6b; 79,7
bannen redV. 26,1b; 128
bant stN. 77
barbier, -er stM. 67 A 1
ge-bærde stF. 1,3dδ; 3 B II 1e; 79,6c
bâre stswF. 79,6b; 79,7

er-barmen swV. 1,3dα; 134c
barn stN. 76
bars stM. 29b
bart stM. 29b; 75,4
barteht Adj. 32,2; 93,1
bast stMN. 76
bat stN. 76
bât, bat s. *baden*
baʒ Kompar., Adv. 98
er-beben swV. 134b
bëch s. *pëch*
becher stM. 8; 23,1
becke swM. 63,2bα
becken stN. 76
bêde s. *beide*
bediu Adv. 2,4b
behanden Adv. 2,4b
behende Adj. Adv. 2,4b; 93,2
beide, bêde Pron.-Adj. 25
beiden(t)halben Adv. 69a; 99
bein stN. 27a; 77
ge-beine stN. 76
beiten swV. 134b
beiʒen, beizen swV. 48,1; 63,2bα; 130 A 1d
bëlgen stV. 124
bëllen stV. 124
beliʒ stM. 47c
benamen Adv. 2,4b
benden swV. 135a
bennen swV. 135a
ber stNF. 76
bër(e) swM. 7,1; 24,2; 81
bërinne stF. 32,1 A. 28
bërc, bërg stM. 22,1; 29b; 40,2; 53; 76
bereiten swV. 135a
beren swV. 134a
ver-bërgen stV. 124
bër(e)n stV. 40,1a; 116; 121,1a; 125
en(t)-bërn stV. 41,2
ge-bër(e)n stV. 24,2
Bernstein, Bornstein s. *brennen* 40,2
Bërthold, Bëhtold m. EN 66 C 2d
Bertram m. EN 37,3; 66 B
bësem(e), bësen swM. 38,5; 81
beste Sup. Adj. s. *beʒʒer,* Adv. s. *baʒ*
betalle Adv. 2,4e
bëte stF. 79,6b
bëtehûs stN. 1,3e
bëten swV. 29a; 134b
bette stN. 76
bevëlhen stV. 66 C 2h
bezîte Adv. 2,4b

be33er, be33est, beste Komp. Sup. Adj.
32,2; 49c; 58,6; 66,1,7; 95,1; 98
bî Präp., Adv. 2,1; 2,4b; 27a; 29a
bibe stF. 23,1
bibel swF. 67 A 4
biben swV. 23,1; 134b
biber stM. 29a
biderbe Adj. 93,2
bidiu s. *bediu*
bîe s. *bine*
biegen stV. 10,1; 14,1; 15,2b; 18c; 20,2b;
23,2; 26,2; 28; 61,3; 63,2aβ; 65,1;
68a; 82; 121,1a; 123 u. A. 94
biest stM. 30
bieten stV. 1,3dζ; 3 B I 1; 14,1; 23,2;
23,3; 25; 27c, 28; 61,2; 82; 121,1a
A. 91; 123
bîht(e) stF. 27a; 36,2; 70,1; 80,2
bilde stN. 76; 77
bilden swV. 134b
bin Verbum subst. 37,2; 57 C 2a; 142
binden stV. 20,1; 22,2; 23,2; 33; 61,1;
66,4; 68b; 124
bine, bîe, pîe swF. 23,3; 29a; 84c
bine3 stM. 48,3; 75,6a
en-binne Adv. 2,4d
bir(e) swF. 81; 84e
ge-birge stN. 1,3dγ; 22,1; 76
birne swF. 41,1b
birsen swV. 3 B II 6
bischof stM. 41,1b
biscoftuom stN. 32,1 A. 34
bistuom 50,4
biste = *bist dû* 2,2; 105
bite, bît(e) s. *bëte*
biten, bitten stV. 63,1 u. 2bα; 121,2a; 126
bîten stV. 122
bitter Adj. 63,2bβ
biurisch Adj. 33
em-(en-)bî3en stV. 2,4d; 48,1; 60 I 1;
63,2bα; 122; 130 A 1d
in-bî3 stMN. 2,4d
blâ, -wes Adj. 35,4b; 91,4
blæjen swV. 36,3a; 128
blanden redV. 128
blâsen redV. 128
blat stN. 77
blâter swF. 30
blëch stN. 77
bleichen swV. 134c
blenden swV. 135a
blî stN. 76
blicken swV. 135b
blint Adj. 25; 32,3; 82; 91,1; 92,1; 93,1

blintslîche swM. 83,1c
bliuwen, blûwen stV. 35,4a u. 6; 123
bloch stN. 76
blüejen, blüewen swV. 24,3; 36,3a; 54,3;
131 A. 107; 135d
bluome swFM. 26,2; 28; 83,1d; 84d
bluot stF. 24,3; 26,2; 80,3
boc stM. 75,1
bodem stM. 33; 37,4; 38,5
boge swM. 29a; 82
bolz stM. *bölzelîn* stN. 9,2
borgen swV. 134c
born(e), s. *brunne*
borst stMN. 77
bort stMN. 75,6a; 77
borte swM. 83,1d
bœse Adj. 93,2
bœsen swV. 135a
bote swM. 29a; 82; 123
botinne stF. 32,1 A. 28
bot(e)schaft stF. 1,3e
bougen, böugen swV. 135a
boum stM. 75,1; 77
boumgarte swM. 1,3dϑ
bô3en redV.∴128
brâdem stM. s. *brodem*
braht stM. 75,6a
brâmber stF. 31,1
brant stM. 75,4
brâten redV. 1,3dζ; 128
brâ(we) stswF. 35,4b; 79,2
brëchen stV. 60 I 1; 63,2bδ; 125
em-, ent-brëchen, emprëchen stV. 66,3b
bredige, predige stswF. 69d
bredigen, predigen swV. 41,1b
breiten swV. 46,1a; 63,2d; 135a
brëme swM. (selten F.) 82
brëmen stV. 82; 125
brengen (md.) swV. 8; 137
brennen swV. 24,1,4c; 40,2; 63,2bα; 66,4;
124; 131 A. 1; 133; 134a A. 110; 135a, c
brësten, bërsten stV. 40,2; 125
brët stN. 77
brëtten stV. 125
brîden stV. 122
brief stM. 3 B II 3; 18c; 25,1c; 28; 44,1;
62,2
brimmen stV. 124
bringen unregelm. V. 11,1; 30; 64; 65,1;
124; 137
brinnen stV. 63,2aα; 124
briutegome, briutegam swM. 1,3e; 83,1a
briuwen, brûwen stV. 15,2c; 35,4c; 123
brocke swM. 63,2bδ

brœde Adj. 93,2
brodem stM. 31,5; 38,5
brosme swF. 84d
bruch 24,4d
brûchen swV. 136
brücke, brucke, brugge stswF.   51,2;
  52,1b; 61,3; 63,1; 79,6a
brüeven s. *prüeven*
brugge s. *brücke*
Brünhilt w. EN 89
brünne stswF. 79,6a
brunne, borne stswM. 10,1; 40,2; 83,1d
brunst stF. 80,3
bruoch stF. 80,4
bruoder stM. 26,2; 28; 57 C 2a; 58,1;
  66 B; 86
bruoderschaft stF. 127,1
brust stF. 80,4; 88; 88,5
brût stF. 15,1; 27b
brûtlouft stMFN. 1,3e
bû, -wes stMN. 27b; 35,5; 75,5
bûch stM. 27b
bücken swV. 52,1b; 63,2aβ
büeʒen swV. 63,2bα; 135a
buht stF. 65,1
buhurdieren swV. 32,1 A. 6
büleʒ stM. 31,2
bümeʒ stM. 31,2; 41,1b
bunt Adj. 66 C 1
buoberîe stF. 32,1 A. 29
buoch stN. 19,1; 26,2; 28; 76; 77
buochstabe stswM. 83,1d
buosem, buosen stM. 38,5
buoʒ(e) stF. 79,3
nâch-ge-bûr(e) stswM. 33; 83,1a
biurisch Adj. 33
burch, burg stF. 35,4c; 53; 80,1
bürge swM. 83,1 u. 1a
burse stswF. 3 B II 6
ge-burt, -bort stF. 10,1; 33; 80,3
busûne, basûne stF. 31,3
bütel stM. 23,2; 123
büte(n) stswF. 79,1
bûwen, biuwen stswV. 35,4a, 5; 128

C, Ch s. K

D

dâ Adv. 40,2
dâbî Adv. 40,2
dach stN. 63,2bα; 76
dagen swV. 130 C; 134c

dâhe, tâhe swF. 31,1; 45,2
en-danc, indanc Adv. 2,4d
danken swV. 134b
dann(e), dan, denn(e) Part. 1,3c
dâr Adv. 29c; 40,2
dârane Adv. 40,2
darben swV. 58,5; 130 C; 134c
dârinne Adv. 40,2
darm stM. 29b; 75,4
darûfe Adv. 40,2
darûʒe Adv. 40,2
dâst, dêst = daʒ ist 2,1; 66 A 7
dat s. *der*
Davîd m. EN 1,2
dâvor Adv. 40,2
daʒ 2,1; 3 B I, 2b; 48; 48,1; 60 A 1; 62;
  108
de, d = diu, die 108
decken swV. 52,1c; 63,2bα; 65,1; 135b
ent-decken, entecken, endecken swV. 66
  A 3d
dehein, dechein, kein Pron. 52,1b; 113,
  1c, 2α
dëhsen stV. 125
deich = daʒ ich 2,1; 48,1; 105; 108
deir, dêr = daʒ ër 2,1
deist, dêst = daʒ ist 2,1; 48,1; 66 A 7;
  24,3
de(i)swàr 2,1; 66 C 1; 108
dëmere stN. 77
dempfen swV. 135a
denken swV. 3B I 1; 11,1; 30; 38,1; 52,1c;
  63,2bα A. 73; 64; 65,1; 136
denne s. *danne*
den(̂n)en swV. 36,3c; 38,6; 63,2bα
dër, diu, daʒ Pron., Art. 29c; 45,1a;
  dat 60 II 2; *ter* 66 B; 108; Rel. Pron.
  111
derentwegen 69a
dêr s. *deir*
derb Adj. 29b
ver-dërben swV. tr. 58,5; 124; 135a u. A.
  113
dero (alem.) 32,3
derren swV. 135a
derzählen swV. (bair.) 45,1c
dës Adv. 99; 110
dest = daʒ ist s. *deist*
deste, dëste, dësde > desto 24,3; 66 B; 108
dewëder Pron.-Adj. 113,1dα
dewëderhalp Adv. 79,3
deʒ, ʒ = daʒ, s. *dër*
dî (md.), *dir, dich* s. *dû*
dichten swV. 134c

dick(e) Adj. Adv. 63,1; 93,2; 96
diemüete Adj. 93,2
dien (alem.) = *dën* s. *dër*
dienen swV. 32,3; 66,4; 134b
dienest stMN. 1, 3dð
dierne stF. 30; 84a
Dietrich m. EN 32,2
diezen stV. 123
(ge-)dîhen stV. 13; 26,1; 64; 122
dîhte Adj. 30
dimpfen stV. 124
dîn Gen. zu *dû* 105; 107
dîn Poss.-Pron. 1,3dβ; 27a; 37,4; 107
dîme = *dineme* Poss.-Pron., Dat. Sg. 66,1
dînen(t)halben Pron.-Adv. 69a; 99
dînen(t)wegen Pron.-Adv. 67 B 1
dinc stN. 77; 78
dingen swV. 134b
dinsen stV. 124
Dippold m. EN 66 B
dir Pers.-Pron. Dat. 105
dirre, ditze, diz Dem.-Pron. 109
dirte s. *dritte*
diser Dem.-Pron. 108·
disiu, dit s. *dirre*
distel stMF. 75,6a
ditze s. *dirre*
diu best. Art. 108
diuten swV. tr. 27c; 46,1a; 135c
diut(e)sch s. *tiutsch*
diutsche Adv. 97
diuwe, diu stF. 79,2
dô, duo Part. 2,2; 25,2
dol(e)n swV. 130 C; 134b
dôn, tôn stM. 45,2; 75,4
doner stM. 29a
dorf stN. 9,2; 40,2; 42a, d; 57 C 1a; 60 I 2; 77
dorfære s. *dörper*
dorn stM. 9,2
dornach stN. 69d
dorp s. *dorf*
dörpære, dörper, dörpel stM. 39,1d; 45,2; 67 A 1
dorperîe stF. 32,1 A. 29
dorren swV. 134c
douwen, döuwen swV. 134a
dôz stM. 123
dôzen swV. 45,2
draben, draven, traben swV. 45,2; 58,5
dræhsler stM. 30
dræjen, dræn swV. 31,3; 54,3; 128; 131 A. 107; 135d

drâne, drone stF. 31,1; 46,3
drâte Adv., *dræte* Adj. 93,2
drëschen stV. 24,3; 40,2; *derschen* 125
drî(e) Num. 57 C 3b, 100a, b, c
be-, ver-driezen stV. 30; 123
drîhe swF., *drîhen* swV. 64
drilich Adj., stM. 102b
drîn, drin Adv. 32,3
dringen stV. 64; 124
drîs Zahladv. 103
drîstunt Num. 79,3
dritte, drite, derde Num. 40,2; 63,1; 101
drittehalp Num. 104
dritteil Num. 104
drîvach Zahladj. 102b
drîvalt Zahladj. 102b
drîwerbe Num. 103
drîzec Num. 100a
drîzegeste Num. 101
drô, drouwe, dröuwe, dröu stF. 79,2
drone s. *drâne*
drouwen, dröuwen swV. 35,4a; 134a u. A. 112
drucken, drücken swV. 10,2; 65,1; 135a
drum stN. 45,2
druos stF. 80,2
dû, du Pron. 2,2; 15,1; 29a; 32,3; 57 C 3b; 105; 115; 116
dulden, dulten swV. 46,1a; 66,4
dûme swM. 83,1b
dunken, dünken swV. 10,2; 15,1; 64; 65,1; 136
dünne Adj. 38,6; 92
duo s. *dô*
durch Präp. u. Adv. 53
dûren, tûren swV. 46,3
durfen, dürfen Prät.-Präs. 3 A; 3 B II 3; *dorfen* 10,1; 29b; 44,2; 58,5; *dart* = *darft* 66 C 2e; 130 C; 138ff.
be-dürfen Prät.-Präs. 140
Dürinc Stammesname stM. 89
dürkel Adj. 53; 93,1
dürnîn Adj. 9,2; *ge-dürne* stN. 76
dürre Adj. 58,6; 92
durst stM. 58,6
dûsent s. *tûsent*
duz s. *dôz*
dwahen, twahen stV. 26,2; 35,3b; 46,1c; 127
dwër(e)n stV. 46,1c; 125

E

ê Adv. 40,2; 98
ê, êwe stF. 54,3; 79,2
ëber stM. 22,3
ech s. ich
ecke, egge stNF. 52,1 b
edel(e) Adj., Adv. 29; 96
effin stswF. 79,6 a
egge s. ecke
eher s. äher
ei stN. 36,3 a; 77
eich stF. 80,2, 4
eichen swV. 134 b
eichîn Adj. 93,1
eidëhse, egedëhse stF. 70,1
eigen(t)lich Adj. 69 a
ei(n)lant stN. 66 c
ein, en unbest. Art., Pron.-Adj. u. -Subst.
   1,3 aβ; 2,4 c; 16; 37,4; 66,1; 100 a, c;
   113,1 b
einber, eimber, eimer stM. 66 A 1
eine Adv. m. Gen. 100 a
einen swV. 134 b
einerlei Zahladv. 32,1 A. 29
ein(e)s(t), einst Adv. 69 b; 103
einlif, eilf, elf Num. S. 19,3 c; 30; 44,2;
   66,5 c; 100 a, c
einic Adj. 102 a
einlich Zahladj. 102 b
einôte, einœte stswF. stN. 32,2
einsidel stM. 46,2
einsît Adv. 79,3
einstunt Num. 79,3; 103
eintwëder, entwëder Indefinitpron. 113,
   1 dβ
einvalt, -ic, -ec, -veltic Zahladj. 102 b
eischen swV., red. V. 128; 134 b
v(e)r-eischen swV., redV. 128
eist, ëst = ëz ist
eit(t)er stN. 63,2 bβ; 76
elephant stM. 54,2 A. 60
elf s. einlif
elle stF. < elne 39,1 a
ellende stN., Adj. 39,2; 63,2 d; 76; 128
ellen(t)haft Adj. 32,1 A. 25
elliu s. al
elter(e)n swPl. 94 b
embor, enbor Adv. 2,4 d; 66 A 1
em(e)ȝec Adj. 48,3
enbëren swV. 69 a
ënc bair. Pers.-Pron. = iu
endanc Adv. 2,4 d
ende stMN. 75,2; 76; 99

enden swV. 36,3 b; 130 B; 134 b; 135 c
endriu Zahladv. 2,4 d
enëben, nëben(t) Adv. 69 b
enein Adv. 2,4 d
ener (alem.) = jener
enge Adj. 38,1; 92
engel stM. 74 b; 75,1
ënker (bair.) Poss.-Pron. = iuwer
enmitten Adv. 2,4 d
ente s. ende
entphâhen redV. 66,3
entriuwen Adv. 35,4 c
envollen Adv. 2,4 d
enwiht Pron.-Subst. 2,4 c
enzît Adv. 2,4 d
en(t)zwei Adv. 2,4 d; 69 a
enzwischen Adv. 2,4 d
ër, siu, ëȝ Pron. 2; 2,1; 2,2; 106; 115
   it 60 II 2
êr stN. 26,1
er = ir 105
êr, êre Adv. s. ê
êr-baere stF. 32,1 A. 24; 93,2
erbe swM. 71; 83,1
erbeben swV. 134 b
ërde stswF. 79,7
erdisch s. irdisch
êre stF. 1,3 dα; 12; 79,5
g-êren, ge-êren swV. 1,3 dα
erkere s. arkere
ërm = ër im 106
ërn(e)st stM. 22,3
ërnes(t)lîch Adj. 66 C 1
êrre, ërre, êrer Komp., êrest, êr(e)ste Sup.
   95,3; 98; 101
   des, am êrsten, ze êrest 98
erren, errn, erjen redV. 128
êrste s. êrre
êrȝ = ër ëȝ 2,2; 106
erzenen swV. 134 b
ës s. ër
eschîn Adj. 1,3 dϑ
esel stM. 39,1 c; 67 A 2; 74 b; 75,1
eselîn, eselinne stF. 79,2; 79,6 a
estilîn stN. 32,1
ete(s)lîch Indef.-Pron. 113,1 e
Etzel m. EN 83,1 f; 89
eure(n)twegen Adv. 69 a
Eve w. EN 84 f
ëȝ s. ër
ëȝ (bair.) = ir
(v[e]r)-ëȝȝen stV. 1,3 d; 3 B II 1 a; 57
   C 1 b; 60 I 1; 63,2 bα; 2 c; 126 u. A. 100

F s. V

G

gâbe stF. 26,2; 65,1; 78
gæbe Adj. 93,2
gadem, gaden stM. 38,5; 76
gägen, gegen, gein Präp. 4,3b; 51,2; 70,1
en(t)gegen(e) Adv. 2,4d; 69a
gâhes, gæhes Adv. 97
galge swM. 83,1d; 83,3
galie swF. 84e
galle swF. 84b
g-an s. *unnen*
gân, gangen, gên unrV. 1,3dγ; 54,3; 117; 128; 143
gans stF. 3 B II 6; 57 C 2c; 80,4
gâr, gar(e), (-we) Adv. 29c; 32,3; 97
garn stN. 29b
gart stM. 75,1
garte swM. 83,1d; 83,3
garwe swF. 35,5
garwen, gerwen swV. 24,2; 33; 35,5; 135a
gast stM. S. 19,3a; 3 B II 1c; 6,1; 7,2; 24,1; 25,2; 51,1a; 57 C 2c; 61,3; 71; 73; 74; 80 A. 87; 83,3
gastgëbe swM. 66 B; 83,1a
gate stM. 29a
gaʒʒe swF. 84d
Gâwein m. EN 1,3dϑ
gëbe(r) swM. 82
gëben stV. 8; 13; 22,1; 29a; 41,2; 61,1; 65,1; 68b; 70,4; 82; 121,1a u. A. 91; 121,2a, b; 126
gebærde stF. 3 B I 1, II 1e
gëbunga stF. 22,3
ge-bûr(e) swstM. 33
gedanc stM. 75,1
gegen, gein s. *gägen*
geis(t)lîch Adj. 66 C 1
geist stM. 74c; 77
geiʒ stF. 16; 80,4
gël, -wes Adj. 35,5; 91,4
gëllen stV. 124
gëlpf, gëlf Adj. 43
gëlt stN. 76; 77
gëlten stV. 1,3dζ; 124
en(t)gëlten, -këlten stV. 51,2; 66 A 3c
ge-lücke, glücke stN. 1,3dα; 1,5; 76
gem(e)ʒe stF. 48,3
gên s. *gân*
gêr, gêre stswM. 75,1; 83,1d
Gêrbert, Gêrhart m. EN 30

Gêrtrut w. EN 30; 67 B 2
gërn(e) Adv. 29b; 97
gerner, kerner stM. 51,1b
gerte stswF. 40,1c; 79,6a
gerwen s. *gärwen*
gëstern Adv. 24,3; 97
gestin stF. 79,6a
er-getzen swV. 31,1; 63,2bα; 126; 135b
gëʒʒen (= ge-ëʒʒen) stV. 1,3dα
er-, ver-gëʒʒen stV. 63,2bα; 126
gî Pers.-Pron. (md.) 40,2
gieʒen stV. 14,1; 25; 65,2; 123; 130 D
gift stF. 22,1; 65,1; 80,3
gîge swF. 84d
gihten swV. 121,1c
be-ginnen stV. 63,2aα; 124; 137
gîr stM. 33; 40,2
gise s. *jësen*
gîsel stMN. 27a; 75,6a
gist stF. 36,2
gîst, gît s. *gëben*
gite s. *jëten*
glas stN. 77
glat Adj. 63,2aβ
glaz stM. 63,2aβ
glimmen stV. 124
gliʒen stV. 122
glocke swF. 84d
glüen, glüejen swV. 36,3a; 135d
gluot stF. 80,3
gnîten stV. 122
golt stN. 9,1; 24,4d; 57 C 2c; 76
gome swM. 83,1a
got stM. 74c; 77
gou, gôu, gouwe, gôuwe stN. 35,4a; 76
goume, guome swM. 83,1b
grâ, -wes Adj. 35,4b; 91,4
grab stN. 77
graben stV. 26,2; 65,1; 127
graft, gracht stF. 44,4
gras stN. 76
grât stM. 75,6a
grâve swM. 62,2; 83,1a
grâvin stswF. 79,6a
grâwen swV. 134c
grife stswM. 83,1c
grîfen stV. 23,1; 44,5; 122
grim Adj. 37,4
grimmen stV. 124
grînen stV. 122
grîse swM. 83,1a
griusen, grûsen swV. 35,4c
grôʒ Adj. 1,3dδ; 25; 66,7; 94b
grübiʒ stM. 31,2

grüene, gruon Adj. 28; 93,2
grüenen swV. 133; 135a
grüezen, grüezen swV. 24,4d; 48,1; 63,2bα; 135a
gruft stF. 65,1
grunt stM. 75,4
gruobe stF. 65,1
gruon Adv. 98
gruonmât stN. 30; 37,3
grütze stF. 40,2
gruoz stM. 24,4d; 75,4
grûwen swV. 35,4c
grûwesam Adj. 1,2
Gudrun w. EN 64
güete stF. 24,4d; 28
güetec Adj. 93,1
gugel s. kugel
gülden, guldîn Adj. 9,1; 10,2; 23,2; 93,1
gültec Adj. 93,1
gulter s. kolter
gumpen swV. 31,2
gümpel stM. 31,2
gunnen, (g)ünnen s. unnen
gunst stF. 80,3
Gunther, Gunthêr m. EN 32,3; 64
guollîch, guotlîch Adj. 39,2; 66 A 5a
guome s. goume
guot stN. 77
guot Adj. 24,4d; 26,2; 93,1; 95,1; 97
gupfe stswM., güpfel stM. 31,2
gürtel stFM. 79,7
guz stM. 10,1; 75,4; 123
güsse stF. 65,2

H

habech, habicht stM. 46,2; 69d
haben, hân unrV. 29a; 70,5; 115; 120; 130 C; 134c; 145,1
habere s. havere
hac stM. 63,2bα
haft stF. 44,2; 65,1
be-hagen swV., Adj. 134b
Hagene m. EN 1,3a; 81; 83,1f; 89
hagestalt stM. 31,3; hagestolz 63,2bα
hâhen stV. 64; 128
hâke swM. 83,1d
hæle Adj. 93,2
halm stM. 75,1; 77
halp Adj. 79,3; 104
hals stM. 3 B II 6; 57 C 3c; 75,4
halsen stV. 128

halten, halden redV. 26,1b; 28; 45,1b; 66,4; 128
be-haltnisse stF. 6,2
hamer stM. 62,1; 75,1
hamestro stM. 37,3
hân s. haben
hâ(he)n redV. 58,3; 120; 128
hanafîn Adj. 93,1
han(e) swM. S. 19,3c; 1,3b; 20; 24,4d; 71; 80,4; 81; 82
hanekrât stM. 67 B 1
hane(n)vuoz stM. 67 B 1
hangen, hängen swV. 26,1b; 30; 64; 128; 130 C; 134c
handelunge stF. 32,1 A. 35
hant stF. 66,4; 79,4; 80,4; 102b
hantwërc stN. 1,2
hâr stN. 77
haren swV. 134c
harm stswM. 75,4
harpfe, harfe swF. 43; 84d
hart Adj. s. herte
harten swV. 134c
Hartmuot m. EN 75
härwe Adj. 35,3
hase swM. 29a; 83,1c
hasten swV. 50,2
haven stM. 75,1
havere, habere swM. 58,5; 83,1d
haz stM. 63,2bα
hazzen swV. 63,2bα; 134b
he (md.) = ër 40,2
hebe s. heve
hebel stM. 58,5
heben, heffen, heven stV. 29a; 36,3c; 41,2; 44,2; 57 C 3a; 58,1; 58,2 A. 66; 58,5; 65,1; 127 u. A. 102
hecke stF. 63,2bα
hëher stMF. 23,1
heiden(e) stM. 1,3a
heil Adj. 93,1; 130 A 2; 130 C
heil stN. 76
heilant stM. 32,1; 87
heilec Adj. 1,2
heilen stswV. 130 A 2; 130 C; 135a
heilunge stF. 32,1 A. 35
heim, hein Adv. 38,4
dâ heime Adv. 99
heimüete, heimuot, heimôt stNF. 32,2; 76
heischen s. eischen
heit stF. 32,1 A. 26
heiz Adj. 63,2bα
heizen, heizen swV. 48,1
heizen red. V. 26,1b; 128

hëlen stV. 125; 67 B 1
hëlfe stF. 79,6b
hëlfen stV. 10,1; 10,2; 20,1; 20,2b; 22,3; 23,2; 33; 60 I 2, II 1; 121,1a, 2a; 124
helle stF. 39,2; 79,6a; 24,1; 31,1
hëllen stV. 124
hellen swV. 67 B 1; 135a
helm(e) stswM. 83,1d
helt stM. 75,1
helzen swV. 135a
hem(e)d(e) stN. 1,5; 21; 37,3
hengen swV. 128; 135a u. A. 114
henken swV. 128
heppe swF. 31,3
her(e) stN. S. 15,3a; 12; 76
her s. *hêrre*
her Adv. 12
herbest stM. 1,5
hêre, hêr Adj. 12; 93,1; 93,2; 94b
her(i)gen, herjen, hern swV. 36,3d
hêrlîch Adj. 30
hêrr(e), hërr(e), md. *hêre* swM. 1,3c, dδ; 2; 12; 30; 32,3; 63,2d; 83,1a, 3; 94b
hêrschaft stF. 30
hêrsen, -schen swV. 1,3dδ; 30
hërt stM. 29b
herte, hart Adj. 92
hërze swN. 47a; 54,2; 60 A 2; 71; 81; 85
herzoge swM. 58,3; 82
hetzen swV. 63,2bα; 135b
heve, hebe swMF. 58,5
heven s. *heben*
hie, hier Adv. 26,1a; 40,2
hierinne Adv. 40,2
Hilde w. EN 84f; 89
himel stM. 29a; 37,4; 63,1; 67 A 2; 75,1
himelisch Adj. 93,1
hin(e) Adv. 1,3c; 23,1
hinden Adv. 95,3
hinder Adv. Präp. Adj. 95,3
hindersæʒe swM. 1,2
hindersetzen swV. 1,2
hineht, hint Adv. 66 C 2b
hinken stV. 124
hintbere stN. 37,3; 66 C 1
hirât stMF. 75,6a
hirne stN. 76
hirse stswM. 3 B II 6; 75,2
hirte stswM. 73; 74b; 75,2
hirʒ, hirʒ(e) stM. 48,3; 75,1; 83,1c
hitze stF. 63,2bα
hiulen swV. 24,4c; 135a
hiur(e) Adv. 27c; 33
ge-hiure Adj. 93,2

hiute, md. *hûde* Adv. 15,2c; 27c; 35,4c
hîwe swF. 84a
hîwen swV. 135a
hîwen swN. Pl. 85
hîwesche stN. 76
hôch Adj. *hô(he)* Adv. 3 B I 1; 14,1; 24,3, 4b, d; 25; 54,2; 66 A 1; 93,1
hôchgemuot Adj. 4,2c
hôchvart stF. 30; 66 C 2h
hôch(ge)zît stF. 3 B I 1; 14,1; 30; 54,2
hœhe stF. 79,6c
hœhen swV. 130,2; 135a
hol stN. 77; 91,2
holn swV. 121,1c
holt Adj. 23,2
holunder stM. 1,2
holz stN. 9,2; 23,2; 24,3; 60 I 2; 76; 77
Homburg EN 66,1
hœnen swV. 135a
honec stN. 38,1; 67 B 1; 76
hopfe swM. 83,1d
hor, -wes stN. 76
hôrchen swV. 30
hœren swV. 1,3a; 24,4c; 25; 115; 121,2b; 133; 135a
hor(e)n stN. 9,2; 23,2; 24,3; 33; 57 C 3c; 76
horneht Adj. 93,1
horniʒ, hornuʒ stM. 1,2; 75,6a; 77
ge-hôrsame stF. 79,7
hort stM. 40,1c
hose swF. 29a; 84d
houbet, houpt md. *höubet* stN. 1,3dδ; 1,5; 68b; 76; 77
houbetstat stF. 1,2
höuschrecke swM. 83,1c
hou, hôu, houwe, hôuwe stN. 76
houwen redV. 35,4a; 35,6; 128
hof stM. 3 A; 23,2; 24,3; 29a; 44,2; 58,5; 68a; 75,1
hovegerihte stN. 1,2
hoveman stM. 1,3e
höv(e)sch Adj. 23,2; 24,3; 29a; 32,2; 58,5; 93,1
höveschlîche Adv. 97
hoffart s. *hôchvart*
hoffentlich Adj. 69
hübesch Adj. s. *hövesch*
hüeten swV. 46,1a; 135a
hüetilîn stN. 32,1
huft, hüfte stF. 65,1; 69c; 80,2
hüg(g)en swV. 134a u. A. 111
hulde, holde stF. 10,1; 10,2; 23,2
hül(l)n swV. 134a

hülse 3 B II 6
hülzen swV. 9,2; 135a
ge-hülze stN. 24,3
hulzîn Adj. 23,2; 24,3; 93,1
humbel, hummel stM. 66 A 2; 75,6a
Humbold EN 66 A 1
hundert Num. 57 C 3c; 100a
hundertste Num. 101
hundertveltic Zahladj. 102b
hundinne 24,4d; 79,6a
hungern swV. 135a
hunt stN. 57 C 3c
hunt stM. 10,1
huof stM. 57 C 4a
huon stN. 3 B I 1; 20,2a; 77
huore stF. 26,2; 84a
huoste swM. 35,3b δ; 83,1 b; 83,2
huot stM. 32,1; 75,4
huote stF. 79,6b
hupfen, hüpfen swV. 10,2
hürnen, hürnîn Adj. 9,2; 23,2; 24,3; 93,1
ge-hürne stN. 24,3
hurt stF. 80,2
hûs stN. S. 19,3e; 3 I 1 A. 12; 15,1; 15,2a; 17,2; 24,3; 27b; 76; 77
hût stF. 27b
hütte stswF. 79,6a

I

î (md.) = *ir*
ich Pers.-Pron. 2,1; 2,2; 57 C 1c; 60 I 1; 105; 115
iedeclîch Pron. 113,1e
ieg(e)licher, ieclîch Pron. 30; 113,1e
ieman(t), iemen Pron. 30; 69a; 113,1f
iender(t) Adv. 69e
iergen(t) Adv. 30; 69a
ietwëder Pron. 30; 113,1dγ
iewëder Pron. 113,1dγ
iezuo, ieze, itz(o) Adv. 30; 36,3 A. 54; 69b
iht Pron. 76; 113,1g
île stF. 27a; 79,6b
im Pers.-Pron. 23,3; 29c; 54,3 A. 62
   Refl.-Pron. 105
imbîȝ, inbîȝ stM. 66 A 1
imme = in dëme 37,4; 66 A 1
in Präp. 2,2; 2,4d; 37,4; 95,3
   Pers.-Pron. 29c; 54,3 A. 62
   Refl.-Pron. 105
în, in Adv. 32,3
inen Pers.-Pron. 106
inner, -ste Adj. 95,3

inner(t)halp Adv. 69e
insel swF. 3 B II 6
ir Pers.-Pron. 29c; 54,3 A. 62; 105; 115
ir(e) Poss.-Pron. 107
irdîn Adj. 22,1; 93,1
irdisch Adj. 8; 22,1; 93,1
Irmengart w. EN 66 B
irre Adj. 130 B
irren swV. 130 B; 134b
îs stN. 27a; 76
îsen stN. 76
ist 3. Sg. von *sîn* 1 A. 7; 2,1; 22,1; 116; 142
it (mfr.) = *ëȝ* 60 II 2
îtel Adj. 46,2
îtelkeit stF. 32,1 A. 26
itz(o) s. *iezuo*
iu, iuch Pers.-Pron. 2. Pl. 27c; 35,6 A. 52; 105
iu(we)le swF. 84c
iuwer Pers.-Pron. 2. Gen. Pl. 105
iuwer Poss.-Pron. 1,3dβ; 35,4a; 35,6; 107

J

ja, jâ Part. 29a; 36,2
jagen swV. 29a; 36,2; 134b
jaget stN. (md. stF.) 76
jâmer stMN. 11,1; 30; 36,2
jâr stN. 76
jârlanc Adv. 99
jeger(e) stM. 74; 75,2
jëhen stV. 36,2; 126 u. A. 98
ge-jeide stN. 70,1
jener Pron. 36,2; 112; 114,2
jenner 36,2
jensît Präp. 79,3
jern s. *gern*
jësen stV. 36,2; 126
jëst, gëst stF. 31,3
jëten stV. 36,2; 126
jodeln swV. 36,2
joh stN. 23,2; 36,2
jôlen swV. 36,2
joner stM. 36,2
jope swF. 36,2
jubel stM. 36,2
juchen swV. 36,2
jûchezen swV. 36,2
jude swM. 29a; 83,1a
jugent stF. 29a; 36,2
junc Adj. 35,4a; A. 47; 36,2; 58,1; 94b
jungelinc stM. 32,1 A. 27
ze jungest Adv. 98

K

kalc, kalh 52,1c
kâle s. quâle
kalp stN. 77
kalt Adj. 66 A 4
kamer(e) stswF. 29a
kamp stM. 66 A 2
kapëlle swF. 1,2; 84e
kappe swF. 84e
kar stN. 76
karnære s. gerner
karpfe swM. 83,1c
karre swMF. 52,1a; 83,1e
kaste swM. 83,1d
kæse stM. 75,2
kât s. quât
kater stM. 63,2aβ
katze swF. 3 B I 2b; 63,2aβ; 84c
keb(e)se swF. 3 B II 6
këc Adj. s. quëc
kein s. nehein
kël(e) swF. 57 C 1c; 84b
keller stM. 52,1a
keln swV. s. queln
kemenâte swF. 84e
kemmen, kemben swV. 135a u. A. 113
be-kemlich s. be-quemlich
kempfe swM. 83,1a
kennen swV. 38,6; 66 A 4 u. A. 79; 135a
er-kennelîch Adj. 4,2c
kerach, kerecht stM. 69d
kërder s. quërder
kêren, keren swV. 24,4c; 134a; 135c
umbe-kêren swV. 1,2
kerl stswM. 29b
Kerlinc EN 32,1 A. 27
kerkære stM. 75,2
kërn, kërne stswM. 83,1d
kernære, kerner s. gerner
kërren stV. 124
Kerst, -en m. EN 40,2
kërze swF. 84e
kessel stM. 67 A 2
keten(e) stF. 79,1; 79,7
këver(e) swM. 83,1e
kevje, kefige stF. 84e; 36,3d
kiel, kil stM. 74a
kien stM.N. 26,1a
kiesen stV. 52,1a; 58,6; 123
kilche (alem.) s. kirche
kîme swM. 83,1d
kimen stV. 122
kin(ne) stN. 38,6; 76

kint, kchint stN. 53
kintheit stF. 32,1 A. 26
kirche, kilche, chiricha, chilicha swF.
    39,1d; 66 C 2a; 67 A 1; 84e
kirchmesse, kirmesse stF. 53; 66 C 2a
kirchwîhe, kirwe stF. 66 C 2a
kirse swstF. 3 B II 6
kirspil stN. 66 C 2a
kirtag stM. 66 C 2a
kît = quît s. quëden
kitzeln swV. 63,2bβ
kiusche Adj. 93,2
kiuwen, kûwen stV. 15,2c; 35,4c; 35,6;
    123
klâ(we) stswF. 35,4b; 79,2
klâfter stswF. 30
klage stF. 79,6b
klagen swV. 29a; 70,2; 134b, c; 145,4
klagelîche Adj. 6,2
klagôt stN. 32,2
klê, -wes stM. 75,5
klëben, klîben swV. 23,1; 29; 122
en-, ent-kleiden swV. 1,3dζ; 66 A 3c;
    68b; 135a
kleine Adj. 93,2   Adv. 97
kleinheit stF. 32,1 A. 26
kleinôt, kleinæte stN. 32,2; 76; 77
kleit stN. 77 swV. 70,2
klëtte swF. 46,2
klîben s. kleben
klieben stV. 65,1; 82; 123
klimmen stV. 124
klimpfen stV. 124
klingen stV. 124
kliuwel, kniuwel stN. 38,1; 67 A 1
klobe swM. 82; 83,1d
klobelouch, knobelouch stM. 67 A 1
klotz stM. 77
kluft stF. 65,1
klüppel stM. 67 A 1
knabe swM. 63,2bδ
knallen, knëllen swV. 124
knappe swM. 63,2bδ
knëht stM. 79,3
knëllen stV. 125
knëten stV. 126
knie, kniu stN. 74; 76
knoche swM. 83,1b; 83,3
knolle swM. 39,2; 83,1d
knopf stM. 63,2aβ; 67 A 1
knorre swM. 82
knote swM. 63,2aβ; 83,1d
knotze swF. 63,2aβ
knouf stM. 63,2aβ

knupfen, knüpfen swV. 65,1; 135b
knüppel stM. 67 A 1
knüs(s)en swV. 82; 134a u. A. 111
koden s. *quëden*
köder s. *quërder*
kogel s. *kugel*
kol(e) swM. stN. 29a; 81
kolbe swM. 83,1d
koln s. *quëln*
kolter, golter stMFN. 51,1b
komen, quëmen stV. 29a; 37,3; 38,4;
    41,1c; 52,2; 63,1; 66,2 u. A. 78; 66,8b;
    125 u. A. 96
köne s. *quëne*
korder, körder s. *quërder*
kor(e)n swV. 134b
korn stN. 77; 60 I 2
körper, körpel stM. 67 A 1
koste s. *quëste*
kosten swV. 58,6; 134b
kotember s. *quatember*
koufen md. *köufen* swV. 135a
krabbe stF. 63,2aβ
krabbeln swV. 63,2aβ
krage swM. 83,1b
kraft stF. S. 17,3a; 24,1; 44,2; 78; 80,1
    u. A. 87
kräftlich Adj. 24,2
kræjen swV. 36,3a
krane swM. 81
kraniche stM. 83,1c
kranz stM. 75,4
krâpfe swM. 30; 50; 83,1d
kratzen, kretzen swV. 135b
krëbeʒ stM. 48,3; 63,2aβ
kreftigen swV. 134b
kreiʒ stM. 48,3
krenken swV. 135a
krësen stV. 126
Krieche Volksname swM. 25,1c
kriechen stV. 27c; 121,1a; 123 A. 94
Kriemhilt w. EN. 79,3
krimpfen stV. 124
krippe stswF. 79,6a
krisme, krësme swM. 23,1
kriusel stM. 31,2
kriuz stN. 76
krône stF. 78; 79,4
krœnen swV. 1,3d; 135a
krumben, krümmen swV. 135a
krump Adj. 66 A 2
krûs stM. 31,2
krût stN. 77
kübel stM. 29a

küche(n) stF. 79,1
kücken s. *quicken*
küele Adj. 93,2
küelen swV. 130 C
küene Adj. 19,2; 93,2
kumbt, kumt s. *komen*
kûme Adv. 4,3a
kümel, kümen stM. 67 A 2
kumft, kunft stF. 66 A 8b; 38,1; 80,3
kunden, künden swV. 135a
künec, künic stM. 3 B I 1; 9,2; 10,1;
    32,2; 57 C 1c; 67 B 1; 75,1
künegîn, kuneginne, künegin stF. 29a;
    32,1 A. 28; 79,2,6a
kunkel stF. 43
künne stN. 36,3b; 38,6; 57 C 1c; 63,2bα;
    74b, c
kunnen Prät.-Präs. 38,6; 138ff.
er-, ver-kunnen swV. 137
kunst stF. 64; 80,3
kuo stF. 26,2; 80,4
kuoche 83,1d
kuolen 130 C
Kuonze m. EN 30
kupfer stN. 63,2bβ
kür stF. 58,6
kürre Adj. 31,2
kürzen swV. 135a
küssen stN. 76; 31,2
küssen swV. 135a
küt(e) swstF. 31,2
kütte(n) F. 79,1
kûter s. *kolter*

L

lâ, -wes Adj. 35,4b
laben swV. 134b
labesal stN. 32,1 A. 31
lachen stN. 76
lâchen stN. 76
lade swM. 83,1d
laden swV. 70,4; 127; 134b; stV. 127
laffen stV. 127
lam(p) stN. 1,5; 24,1, 4; 37,3; 66 A 2; 73;
    74; 77
lân s. *lâʒen*
lanc, lange Adj. 96; 98
lanc, lenge 24,1, 2, 4b; 93,1
b(e)-langen swV. 1,3d; 134c
lant stN. 66,4; 76
Lantperaht, Lamprecht EN 37,3
lære Adj. 11,2; 93,2

las Adj. 65,2
last stMF. 65,2; 75,6a
laster stN. 66 C 2g; 76
lastern swV. 134b
latwerge stswF. 36,3 d
laʒ Adj. Sup.: *leʒʒeste, leste* 63,2bα;
  66 A 7; 95,3
lâʒen, lân redV. 2; 11,1; 30; 48,1; 70,5;
  128; 145,2
lê, -wes stM. 75,5
er-, ver-lëben swV. 1,2; 3 B I 1; 23,1;
  29; 130c; 134c
lëbendic Adj. 1,2
lëber stF. 23,1
lëcken swV. 23,1
lëcze swstF. 84e
leffel stM. 31,1
legen, leggen, lecken, lein swV. 29a;
  63,2bα; 70,3; 130 A 3; 131; 132; 133;
  134a u. A. 111
lëger stN. 76
leichen swV. 31,3
leiden stV. 122
leiden swV. 134b, c
lei(j)e stF. 32,1 A. 29; 36,3a; 79,4 u. 6b;
  102b
leime stswM. 83,1 d
lein s. *legen*
leip stM. 27a
leiten swV. 58,4 u. A. 67; 63,2d; 130,1b;
  134c; 135a
lem(m)en swV. 134a
lenden swV. 135a
lëne s. *line*, *lënen* s. *linen*
lenge stF. 24,1
lënkes s. *linkes*
lêrche swF. 30
lêre stF. 79,6b
lêren swV. 24,4c; 58,6; 126; 135a, c
lërnen swV. 23,1
lëschen stV. 24,3; 31,1; 66 C 1; 125
lësen stV. 3 B II 1a; 4,2a; 20,2a; 29;
  49; 115; 126
leste s. *laʒ*
letzen swV. 63,2bα; 135b
lewe swM. 31,1
lewin stF. 79,6a
leʒʒeste s. *laʒ*
b(e)lîben stV. 1,3dα; 122
lîben stV. 122
ge-lîch, glîch Adj. S. 18,3b; 1,3dα; 27a;
  30; 79,3; 130 C
lîch(n)am(e), lîchâm(e) swM. 29a; 38,3;
  81

ge-lîche Adv. 96 Pron. 113,1e
ge-lîchen swV. 130 C; 134c
er-lîden stV. 27a; 57 C 4b; 58,4 u. A. 67;
  122; 130 A 1b
ge-liebe swM. 83,1a
lieben swV. 28
liegen stV. 18c; 29a; 31,1; 123
lieht stN. 3 B 2a; 30; 39,1a; 46,1b; 76;
  77
liep Adj. 93,1
ver-liesen stV. 58,6; 123; 130 D
liet stN. 77
lig(g)en stV. 13; 29a; 31,1; 70,1; 120 A. 90;
  126
lîhen stV. 25; 35,4e; 54,2; 122
lîht(e) Adj. 93,2
lilge swF. 36,3d
lim stM. 27a
limmen stV. 124
line, lëne stF. 23,1
linen, lënen swV. 23,1
ge-lingen stV. 124
linkes, lënkes Adv. 97
lîp stM. 27a
lîre swF. 33; 79,6b; 84e
lirnen s. *lërnen*
list stM. (md. Fem.) 58,6; 75,6a
list, lît s. *ligen*
lîtgëbe swM. 83,1a
ant-litze stN. 76
liu(c)hten swV. 24,4c; 27c; 135c
lium(un)t, -me(n)t stM. 32,2; 67 B 1
ver-liumunden, -liumenden swV. 67 B 1
liumundic, liumtic Adj. 67 B 1
Liup(p)olt m. EN 66 B
liut stMN. Pl. *liute* 15,2c; 24,2; 27c;
  75,6a
liuten swV. 46,1a
Liutgart w. EN 66 B
liuwen, lu(w)en, luhen s. *lîhen*
loben swV. S. 18,3a; 2; 3 B I u. II; 23,2;
  29a; 66,9; 68b; 131 u. A. 107; 133;
  134a A. 111; 134b
loc stM. 75,1; 75,6a
loch stN. 23,2; 24,3
lockeht Adj. 93,1
lôn stMN. 75,4; 76
lônen swV. 134b
lop stMN. 41,2; 42c; 68a; 75,6a
lôrbêr stNF. 30
lôs Adj. 93,1
losen swV. 134c
lœsen swV. 130 A 2; 135a
loub stN. 77

er-louben swV, 1; 24,2
ge-louben, md. *g(e)-löuben* swV. 135a
g(e)-loube stswF. swM. 1,3d
ge-loubic Adj. 93,1
loufen red. V. 128
louge stswF. 17,1
loug(n)en, md. *löugnen* swV. 24,4c; 135a
lôʒ stN. 48,3
be-, ent-lûchen stV. 63,2bα; 123
ge-lübede stN. 23,2
lucht s. *luft*
lücke stF. 23,2; 84d
ge-lücke stN. 63,2bα
lüe(je)n swV. 36,3a; 135d
luft, lucht stM. (md. F.) 44,4; 66 A 8a;
　75,4
lüge, lügen stF. 79,1
luhs stM. 75,4
lunge swF. 84b
luoc stN. 77
ver-lust stM. 58,6
lus(t)sam Adj. 32,1; A. 32; 66 C 1
lût Adj. 39,1b; 75,1
lûter Adj. 91,6; 93,1
lützel Adj. 63,2bβ; 93,1; 95,1, Adv. 97

M

mac s. *mugen*
ge-mach stMN. 75,6a; 77
machen swV. 53; 109; 134b
made swM. 83,1c
mage swM. 83,1b
mâge swM. 83,1d; 31,1
maget, meit stF. 16; 24,2; 70,1; 80,1
mâhe s. *mâge*
ge-mahel stN. 54,3
maht stF. 24,2; 54,2; 65,1; 80,3
mähtec Adj. S. 19,3f; 3 B II 1d; 7,3;
　24,2; 93,1
maie s. *meie*
mæjen, mæn swV. 131 A. 107; 135d
mâl stN. *-mâl* Zahladv. 76; 103
mâlen, maln swV. stV. 127
man stM. 24,4d; 74; 77; 88,1;
　Indef.-Pron. 2,2; 113,1f
mânde s. *mânôt*
mâne swM. 31,1
mane swM. 83,1b
manec Pron. 29a
manegerlei Zahladj. 102b
männeglîch Indef.-Pron. 113,1e
mânôt, -et stM. *mând(e)* stswM. 31,1; 32,2

manunge stF. 32,1 A. 35
manslecke, -legge swM. 63,2bα
mantel stM. 75,1
marc s. *marhe* od. *marke*
marcgrâve swM. 66 C 1
ma(r)der stM. 67 B 2
mære stN. (md. stF.) 76
mære Adj. 91,3; 93,2
marhe, märhe 66 C 2h; 84c, f
Maria, Marja, Merge w. EN 1,2; 36,3d;
　84f
marke stF. 77
mark(e)t stM. 1,3; 1,3dδ; 1,5
marmor, marmel stM. 67 A 1
marter, martel stF. 67 A 1
marterære, martelære stswM. 67 A 1
mas(t)boum stM. 66 C 1
materge stswF. 36,3d
maʒ stN. 76
mâʒe stF. 79,7
mæʒec Adj. 32,2
ge-maʒʒe 83,1a
mê s. *mêre*
mede s. *mite*
meide stF. 80,2
meiden stV. 122
mei(j)e, meige, maie swM. 36,3a; 83,1e
ge-meinde stF. 1,3d; 79,6c
Meinhart m. EN 70,1
Meiningen ON 32,1 A. 27
meist(e) s. *mêre*
meisterschaft stF. 32,1 A. 33
meit s. *maget*
meiʒen redV. 128
mël, -wes stN. 35,5; 76
mëlken stV. 124
menege stF. 79,6c
menige stM. 36,3d
men(ne)sche swM. S. 19,3c; 1,3dε; 24,1;
　32,3; 76; 83,1a; 3
mer stN. 76
mêre(r), mêrre, mërre Adj. Komp.
　meist(e) Superl. 12; 25; 58,6; 95; 98;
　meinst 38,4; *mê* 40,2
meregrieʒ stswMN. 1,3e
mêren swV. 134c
Merge s. *Maria*
merken swV. 135b
merren swV. 135a
merze swM. 83,1e
metalle, mitalle Adv. 2,4e
mëte stM. 22,3; 75,3
mette(n) stF. 79,1
mëtze swM. 63,2bα

metzige, metzje stF. 36,3d
metziger, metzjære 36,3d
mewe stF. 31,1
mëʒ stN. 76
mëʒʒen stV. 63,2bα; 126
mî (md.) = *mir* 105
mich Pers.-Pron. (Akk. zu *ich*) 105
michel Adj. 1,3dδ; 91,2; 93,1; 95,1; Adv. 97
ver-mîden stV. 27a; 58,4; 122
mies stN. 76
miete stF. 26,1a; 28; 79,6b
mîle stF. 79,4,6b
milh, mil(e)ch stF. 80,4
million F. 100c
milte Adj. 93,2
miluh s. *milh*
milwe swF. 35,5
milze stN. 76
min s. *minner*
mîn Pers.-Pron. (Gen. zu *ich*) 105
mîn Poss.-Pron. 1,3dβ; 13; 27; 107
mînen(t)halben, -wegen Adv. 67, B 1; 69a
mînhalp Adv. 79,3
minne stF. 4,2b; 36,3b; 38,6; 79,5,6a; 130 B
minnen swV. 1,2; 130 B
minner, minre Adj., Komp. *minnest, minste* Sup. 1,3dδ; 63,2aα; 69f; 94b; 95,1; 98
minze swstF. 22,2
mir, mi Pers.-Pron. (Dat. zu *ich*) 3 B I 1; 29c; 40,2; 54,3 A. 62; 59; 105
mischen swV. 50,4
misse, mësse stF. 23,1
misselich Adj. 65,2
misselîchen swV. 130 C
mist stMN. 49b; 54,2; 66 C 2g
mit(e) Adv. 1,3c; 8 Präp. 2,1; 2,4e
mitte Adj. 22,1; 46,1a; 57 C 2b; 61,2
morgen(e), morne Adv., stM. 1,3dδ; 4,2b; 66 C 2i; 99; *smorgens* 108
morhe, mörhe swF. 54,5; 66 C 2h
mörsære, morsel stM. 3 B II 6; 67 A 1
mort stNM. 67
morter, -el stM. 67 A 1
mücke, mucke, mugge stF. 10,2; 52,1b; 84c, f
müede Adj. 28
müeden swV. 130 C
müeder stF. 31,2
müe(j)en swV. 36,3a; 135d
müe(je)sal stN. 32,1 A. 31
ge-müete stN. 76

müeʒen Prät.-Präs. 3 B I 1; 30; 65,2; 115; 119; 138ff
mugen, mügen Prät.-Präs. 2,2; 10,2; 23,2; 24,3; 65,1; 80,3; 138ff.
mûl stN. 27b; 77
mülln, müln swV. 134a
mûlber(e) stN. 67 A 1
münech stM. 10,2
muoden swV. 130 C
muome swF. 84a
muos stN. 76
muot stM. 28; 32,2
muoter stF. 19; 24,4; 26,2; 30; 37,1; 40,1a; 80,4; 86
mûr(e) stswF. 33; 79,6b,7
mûrære stM. 33
murmeln swV. 67 A 1
murs Adj. 3 B II 6
mürwe Adj. 35,5
mûs stF. 15,1; 27b, c; 80,4
mûte stF. 79,6b
mûʒen swV. 48,3

N

nâch, nâhe, nâ Adv. 30; 35,4e; 97
nache swM. 83,1d
nâch-gebûr(e) stswM. 30; 83,1a
nacke(n)t Adj. 38,3; 63,2bγ
ge-nâde, gnâde stF. 1,3dα; 79,6b
nagel stM. 21; 70,3; 75,1
nagen stV. 127
nâhe, nâ s. *nâch*
naht stF. 24,2; 38,1; 80,1; 88; *ze den wîhen nahten* 67 B 2; 88; 88,4
nahtegal stswF. 1,3c
nahten swV. 134c
nähten Adv. 99
nahtes, des nahtes Adv., Subst. 88,4; 99
næjen, næn swV. 36,3a; 54,3; 131 A. 107; 135d
nalles Adv. 97
nam(e) stswM. 1,3b; 29a; 81; 130,2
ge-næme Adj. 92
napf stM. 75,4
nar swstF. 58,6
nar(we) stF. 79,2
nâter stF. 11,1; 30; 84c
Naumburg ON 66,1
naʒ Adj. 63,2bα
ne Neg.-Part. S. 19,3d; 2,3; 105; 106; 113,2
nebel stM. 57 C 2a
nëben(t) Adv. s. *enëben*

sanft(e), senfte, sente Adv. 66 C 2e;
> sacht 66 A 8a
sant stM. 75,1; Adv. s. sament
sarc stM. 75,1
sât stF. 80,3
satel stM. 75,1
sæwen s. sæjen
schaben stV. 127
schâch stM. 11,1; 30
schaden swV. 70,4; 134c
schaf stN. 127,1
schâf stN. 76
schaffen stV. 44,5; 62,2; 63,2bα; swV. 127
schaft stF. 32,1 A. 33; 69c; 75,4
schal s. soln
schalc stM. 75,1
schalten stV. 128
scham(e) swM. 1,3b
schamen swV. 130 C
schande stF. 79,6b
schäntlich Adj. 24,2
schapel stN. 60 B 1 A. 72; 76
scharpf, scharf Adj. 43; 50,3
schate stM. 35,5; 38,3; 75,5
scheffe(n) swM. 31,1; 83,1a
scheffen, schepfen, schaffen swV. 63,2bα;
65,1; 127
ge-schëhen stV. 22,1; 54,4; 121,1c; 126
u. A. 99; 145
scheiden redV. 58,4; 128
be-scheidenheit stF. 4,2c
ge-scheit, ge-scheut Adj. 16
scheitel stswF. 79,7
schellen swV. 135a
schëllen stV. 124
schëlten, schelden stV. 1,3dζ; 66,4; 121,1c;
124
schëme swM. 83,1b
schenden swV. 135a
schenke swM. 83,1a
schepfære stM. 24,1; 127
schepfen stV. s. schaffen
schepfen swV. 31,1; 44,5; 127; 135b
schepfer 24,1; 31,1; 127
schepfung stF. 31,1
schërbe swM. 83,1d
scheren stV. 125
scherge swM. 36,3c; 83,1a
schërm s. schirm
schër(e)n stV. 125
schërlinc, schirlinc stM. 31,3
schërren stV. 124
schîbe swF. 84d
schîben stV. 122

schicken swV. 135b
schieben stV. 63,2aβ; 123
schiere Adv. 26,1a; 93,2
schieʒen stV. 123
schif, schëf stN. 23,1; 60 I 1
ge-schiht stF. 80,2
schilt swM. 66,4; 75,3
schiltære stM. 75,2
schinden stV. 124
schînen stV. 122
schinke swM. 83,1d
schîre Adj. 93,2
schirlinc s. schërlinc
schirm, schërm stM. 23,1
schirmen, schërmen swV. 23,1
schîʒen stV. 122
schleiʒen stV. 63,2bα
schloʒ stN. 77
schlüngel stM. (frnhd.) 31,2
schmëlzen stV. 124
scholt s. schult
schôn(e) Adv. 96; 98
schœne, schôn Adj. 1,3dϑ; 1,5; 24,3, 4d;
26,2; 50,1; 91,3; 92,3; 93,2; 96
schœne stF. 79,6c
schœnen swV. 135a
schœnheit, schônheit stF. 32,1 A. 26
schopf stM. 63,2aβ
schöpfer stM. 24,1
schoup stM. 63,2aβ
schouwen swV. 35,4a
schrëcken stV. 125
schrecken swV. 135b
schrepfen swV. 31,1
schrîben stV. 27a; 68a; 122
schrîbær(e), schrîber(e) stM. 32,2: 75,2
schricken swV. 135b
schrî(g)en stV. 122
schrîn stMN. 27a
schrift stF. 80,3
schrimpfen stV. 124
schrinden stV. 124
schrit stM. 73
schrîten stV. 122
schrôt stM. 75,6a
schrôten redV. 128
schuldec Adj. 10,2
schult, scholt Adj. 10,1
schultheiʒe swM. 83,1a
schuoh stM. 66 A 6
schuohsûtære, schuostære stM. 66 C 2g
schuolære stM. 75,2
schuole stF. 66 A 6; 79,6b
schupfe swM. 83,1d; 84d

schüpfen swV. 63,2aβ
schûr stM. 33
schüt(t)en swV. 63,2bα; 134a; 135c
schütze swM. 83,1a; 123
schuʒ stM. 123
schwären stV. 125
schweiʒen swV. 63,2bα
sê, -wes stM. 35,5; 73; 74b; 75
ent-seben, -seven stV. 58,5; 127
seber stM. 58,5
segel stM. 75,6a
sëgen, sein, sên stM. 70,3
segenen, seinen, sênen swV. 70,3
segense, seinse stF. 30
sëhen, sên stV. 1,3dη; 3 B 2a; 29a; 38,4;
    54,2,4; 58,3; 62,3; 68a u. A. 84; 70,6;
    121,1a A. 91 u. 1c; 126; 145,3
sëhs, sess Num. 66 C 2f; 100
sëhste, sette Num. 101
seil stN. 76; 77
seist, seit, seite s. sagen
seite swMF. 27a; 83,1d; 84d
sëlbe, sëlp Gen. sëlbes, sëlbst Pron. 69b;
    105; 114,1
sêle stF. 3 B II 1b; 26,1; 79,6b
ge-selle swMF. 39,2; 83,1a; 84a
ge-sellinne stF. 79,6a
sellen, seln swV. 134a u. A. 111
sëlp s. sëlbe
sem s. sam
senden, senten, sinden swV. 45,1b; 58,4;
    66 A 4 u. A. 79; 135a
sene(n)de Part.-Präs. zu senen 67 B 1
senfte s. sanft(e)
sêr stNM. 76; Adj. 93,1
setzen swV. 48,1; 60 I 2; 63,2bα; 117;
    130 A 1a; 131; 135b
siben Num. 58,1; 73; 100a, c
sibende, sibente Num. 66,4; 101
sibenzëhen Num. 1,2; 100a
sic, sig(e) stM. 57 C 2c, 29a; 75,3
Sicco, Sigibert m. ENN 63,2aβ
sich Refl.-Pron. 105
sicher Adj. 22,3; 93,1
sickern swV. 63,2aβ
ge-sidele stN. 76
sider s. sît
siech Adj. 93,1
siechen swV. 134c
sieden stV. 58,4; 123
sig(e) s. sic
sîgen stV. 63,2aβ; 122
sîhen stV. 63,2aβ; 64; 122
sihein s. sohein

ge-sihte stN. 76
simeʒ stM. 48,3
sîn Refl.-Pron. 105 Pers.-Pron. 106
sîn Poss.-Pron. 27a; 107
sîn Verbum subst. 117; als Hilfsv. 120;
    142
sin stM. 22,2; 38,6
sin = si in 106
ge-sinde stN. 76; 83,1a
sinden s. senden
sin(t)fluot stF. 31,1; 69a
singen stV. 35,4e; 51,1a; 51,2; 124
sinken stV. 35,4e; 124
sinnen stV. 63,2aα; 124
sint Adv. 31,1
sînt, sint s. sît
sippe, sibbe stF. 36,3b; 41,2; 57 C 2a;
    61,1; 63,2bα
ge-sippe stN. 83,1a
sît, sider Adv. 98
site stM. 63,1; 75,3
un-site stM. 75,3
sîte stF. 27a; 29a; 79,3; 84d
sitzen stV. 22,1; 63,2b; 117; 120; 126;
    130
siu, sie, si Pers.-Pron. 106
siuren swV. 135a
Sîvrit m. EN 75
skelkin swstF. 79,6a
skepfen s. schaffen
slac stM. 58,3; 63,2bα; 68a
slâf stM. 75,1
slâfen redV. 3 A; 3 B II 3; 60 I 1; 62,2;
    128
slagen, slahen, slân stV. 28; 54,4; 58,3
    u. A. 67, 68; 127 u. A. 101; 145,3
slaht Adj. 102b
slahte stF. 79,4
ge-slähte stN. 24,2; 76
slân s. slagen
slange swMF. 50,2; 83,1e
slât stM. 31,1
slëht, slihte Adj. 22,1
slëhtes Adv. 97
sleipfen swV. 63,2bα
slîchen stV. 122
sliefen stV. 63,2aβ; 123
slieʒen stV. 121,2b
slîfen stV. 63,2aβ; 63,2bα; 122
slihte stF. 22,1
slinden swV. 124
slingen stV. 124
slipfen swV. 63,2aβ
slipfec Adj. 63,2aβ

stëcken swV. 63,2c
stëgereiʃ stM. 23,1
stein stM. 46,1b; 75,1; 77
ge-steine stN. 76
steineht, steinoht Adj. 32,2; 93,1
stël(e)n stV. 1,3a; 54,3; 125
stellen swV. 135a
stemmen swV. 135a
stên s. stân
stenen swV. 31,1
stepfen, stapfen swV. 65,1; 135b
stërben stV. 124; 135a
sterken swV. 135b
stërre, stërne swM. 66 A 5 A. 80; 83,1d
stete s. stat
stieben stV. 63,2bα; 123
stiften, mfr. stichten swV. 44,4
stîgen stV. 13; 20,2b; 23,1; 57 C 2c
stimna, stimme stswF. 37,4; 63,2e; 66
   A 1 A. 77
stinken stV. 35,4e; 124
Stîre Ländername 33
stirne stF. 76; 79,6a; 79,7
stiur stF. 33
stiuren swV. 135c
stiuʒ stN. 31,2
stoc stM. 75,1
stolle swM. 39,2; 83,1d
storch stM. storche swM. 52,1c; 83,1c
stôre swM. 29
stœren swV. 135a
storge, stôre stF. 36,3d
stottern swV. 63,2aβ
stoup swM. 63,2bα
stôʒen redV. 68,2aβ; 128
stracken swV. 134c
strackes Adv. 97
strâle stF. 79,4
strâʒe stF. 79,7; 84e
strecken swV. 65,1; 134b; 135b
streichen swV. 63,2aβ
streifen swV. 31,2
stric stM. 63,2aβ
strîchen stV. 63,2aβ; 122
stricken swV. 63,2aβ; 65,1
strîten stV. 1,3dζ; 122
strô stN. 76
stroufen md. strôufen swV. 31,2; 135a
ströu(we) stF. 77,2
strouwen, strôu(w)en swV. 35,4a; 134a u.
   A. 112
strupfe, strüppe swF. 31,2
strützel stM. 31,2
strûʒ(e) stswM. 83,1c

stübbe s. stüppe
stube swF. 84d
stûche swMF. 83,1d
stücke stN. 76
stückeht, stuckoht Adj. 32,2
stum(p) Adj. 37,4; 66,2 A. 78
stummel stM. 66 A 2
stümmeln, stümbeln swV. 66 A 2
er-stummen swV. 134c
stunde, stunt stF. 79,3
stuol stM. 26,2; 39,1a
stuot stF. 80,2
stüppe, stübbe stN. 41,2; 63,2bα; 76
stürzen swV. 135a
stützen swV. 63,2aβ
stuz, stutzes stM. 63,2aβ
sû, siuwe stF. 27b; 80,4
sûber, sûver Adj. 1,3a
suckeln swV. 63,2aβ
sudel stM. 29a
sudelen swV. 29a
süenen swV. 135a
süeʒe, suoʒ Adj., Adv. 26,2; 35,3bδ;
   93,2; 96
süeʒen swV. 135a
sûfen stV. 27b; 123
sûftôt stM. 32,2
sûgen stV. 27b; 63,2aβ; 123
sûl stF. 80,2
suln s. soln
sülwen swV. 135a
sum(e) Pron. 113,1a
sumelîch Pron.-Adj. 113,1a, e
sûmen, siumen swV. 135a
sumer, sumber stM. 10,1; 29a; 37,4;
   41,1c; 63,1
sun stM. 9,1; 10,1; 24,3, 29a; 54,3; 75,3
sünde stF. 79,6a; 130 B
sündec Adj. 93,1
sünden swV. 130 B
sunder Präp., Adv. 10,1
sunne swMF. 9,1; 10,1; 23,2; 83,1d
sunne(n)schîn stN. 67 B 1
suochen swV. 28; 117; 131; 136
suone stF. 26,2
suoʒ s. süeʒe
suoʒlîche Adv. 97
sûr Adj. 15,1; 33; 93,1
sus(t), sunst Adv. 10,1; 38,2; 69b
sûsen, siusen swV. 135a
swadem, swaden stM. 38,5
swâger, swëher, swiger stM. 58,3; 86
swal(we) swF. 35,5, 79,2
swan(e) swM. 1,3b, 81

swære, swâr Adj. 11,2, 31,3
be-swæren, be-swêren swV. 135a
swarz Adj. 35,3b
ent-swëben stV. 23,1; 134a
swëgele swF. 84d
swëher s. swâger
sweifen redV. 128
swelîch Pron. 111
swëlhen, swëlgen stV. 124
swëllen stV. 124
swemmen swV. 135a
swenden swV. 66,4; 135a
swenken swV. 135a
swër, swaʒ Pron. 111
ge-swër, ge-swier stN. 31,1
swer(e)n, swer(i)gen stV. 3 B II 5; 31,1;
    127; swëren stV. 125
swërt stN. 66 A 4; 76; 77
swëster stF. 24,3; 86
swëvel, swëbel stM. 58,5
swîchen stV. 122
swîgen stV. 68a; 122
swiger s. swâger
swimmen stV. 10,1; 22,2; 23,2; 37,4; 124
swîn stN. 13; 76; 77
swînen stV. 122
swînînbrâte swM. 67 B 1
swinden stV. 124
swingen stV. 124
switzen swV. 135b

T

tac 1,3a; 1,5; 26,2; 29a; 37,2; 46,1a;
    57 C 2b; 61,2 u. 3; 68a; 71; 73; 74
ver-tagedingen s. verteidingen
tage-(tä-)lanc Adv. 99
tägelîch, tegelich, tegelîch Adj. 24,2;
    113,1e
tagelôn stMN. 1,3e
tagen swV. 134c
tagestërn swM. 1,3e
tâhe s. dâhe
tâhele, tâhe, tole swF. 31,1; 46,3
tâht stN. 30; 31,1; 46,3; 76
tal stN. 77
tam, dam stM. 46,3
tâme swM. 46,3
tanzen swV. 120
tapfer Adj. 57 C 1a; 63,2bβ
tartüffel (17. u. 18. Jh.) = Kartoffel
    67 A 4
tasche swF. 84d

tavelrunde stswF. 79,6b; 79,7
tëchan(t), dëchent stM. 69a
ver-teidingen, ver-tagedingen swV. 67 B 1
teidinc, tagedinc stN. 70,1
teil stNM. 77; 104
er-teilen swV. 1,3a; 130,2; 135a
tëlben stV. 124
temmen swV. 135a
tenke swF. 84b
tenne stNMF. 76
teor s. tier
ter s. dër
Teut m. EN 46,3
Thüring Stammesname 32,1 A. 27
tîch stM. 46,3
tief, tiuf Adj. 93,1
tier, teor stN. 76; 77
ge-tihte stN. 76
tihten swV. 46,3
ver-tilgen swV. 134b
tille, dille stswFM. 46,3
tinte, swF. 66 C 1
tiufe stF. 79,6c
tiùr(e) Adj. 1,3dδ; 33; 93,1
tiut(e)sch, tiusch, diut(e)sch Adj. 1,3dε;
    3 B I A. 12; 24,3; 46,3; 67 B 2; 93,1
tocke, docke swstF. 46,3
tôd stM. 25
tohter stF. 24,4d; 80,4; 86
tole s. tâhele
tôn s. dôn
tor stM. 23,2
tôt Adj. 93,1; 130 D
tœten swV. 130 A 2
toter swM. stN. 46,3
tou, -wes stN. 35,5; 76
touben, tôuben swV. 135a
touf stM. 75,6a; toufen swV. 135a
touwen swV. 134a
traben s. draben
trache swM. 46,3
tra(c)hter, tri(c)hter stM. 31,3
trâclîche Adv. 97
trâge Adv. 96; træge Adj. 97
tragen stV. 24,3; 26,2; 28; 127
trahen, Pl. trähene stM. 3 B I 1; 75,6a
traht(e) stF. 65,2; 79,6b; 79,7
tranc stNM. 76
treber stN. 77
trëchen stV. 125
trëffen stV. 125
trehtîn s. truhtîn
ge-treide stN. 70,1
treist, treit s. tragen

trëne swM. 46,3
trenken swV. 135a
trennen, trinnen swV. 66 A 3 d
trester stN. 77
trëten stV. 29a; 126; 134a
tret(t)en swV. 135c
trîben stV. 122
trichter s. *trachter*
triefen stV. 63,2bδ; 82; 123
triegen stV. 18c; 31,1; 123
trinken stV. 60 I 2; 124
ent-(t)rinnen stV. 66 A 3 d
triuwe stF. 15,2c; 35,4a; 35,6 u. A. 52; 46,1b; 79,2
triuwen s. *trûen*
entriuwen Adv. 2,4d; *in triuwen* 79,5
troc stM. 77
trocken Adj. 63,2bδ
trohtîn s. *truhtîn*
tropfe, troffe swM. 43; 82
trôst stM. 30
træsten swV. 135a
troum stM. 75,1
troumen, tröumen swV. 32,3; 135a
trûbe swMF. 83,1d; 84d
trüebe Adj. 93,2
trüeben swV. 130 C; 135a
truhtîn, trëhtin, trohtîn stM. 23,2
truh(t)sæʒe swM. 11,2; 66 C 1; 83,1a
trû(w)en, triuwen swV. 15,2c; 35,4a; 134c
tûbe swF. 84c
tuc stM. 75,6a
tûchen swV. 123
tüemen swV. 135a
tuft stM. 46,3
tugen, tügen Prät.-Präs. 23,2; 65,1; 138ff.
tugent, tugende stF. 3 B I 1; 29a; 80,2
tugenthaft Adj. 32,1 A. 25
tugentsam Adj. 32,1 A. 32
tump Adj. 46,3; 66 A 2
tunc stM. 46,3
tünchen swV. 53
tunkel Adj. 46,3
tunne swstF. 10,1
tuom stM. 32,2; 46,3
tuon unrV. 11,1; 20,2b; 26,2; 28; 66 A 1; 116; 117; 128; 144; 145,1
tür(e) stF. 23,2
tûren s. *dûren*
türewarte swM. 1,3e
turm, turn stM. 33; 38,5; 77
turnieren swV. 32,1; A. 29
türren Prät.-Präs. 58,6; 138ff.

turteltûbe stF. 40,2; 67 A 1
tuschen s. *zwischen*
tûsent, tûsunt Num., stN. 27b; 32,2; 45,2; 46,3; 100a, c
tûsent(e)ste Num. 101
twahen s. *dwahen*
twalm stM. 46,1c
twarc, zwarc stM. 46,1c; 52,2
twëlen stV. 125
twelln, twelen swV. 134a u. A. 111
twengen swV. 46,1c
ge-twërc stN. 76
twër(c)h, dwërch, quërch Adj. 45,1c; 52,2; 54,5
twërhes Adv. 97
twëren s. *dwëren*
twingen stV. 46,1c; 124
twir(e)l stM. 46,1c

U

übel Adj. 29a; 63,1; 93,1; 95,1; 96
übele Adv. 96
über Präp., Adv. 29a
üeben, uoben swV. 24,3; 135a
ûf md. *uf* Präp., Adv. 2,1; 27b; 32,3
ûhu stM. 54,4
Ulrich m. EN 66,5b
umbe, um Präp., Adv. 41,2; 66 A 2
umbil Adj. 66 A 1
ummaht stF. 66 A 1
ummære Adj. 66 A 1
und(e) Konj. 1,3; 66,4
ünde stF. 79,4
unden Adv. 95,3
under Präp., Adv. 1,2; 45,1b; 66 A 4; 95,3
under, -ste Adj. 95,3
g-, er-, b-, ver-unnen, -ünnen Prät.-Präs. 1,3d; 10,2; 138ff.; 140
uns Pers.-Pron. 64; 105
unser Poss.-Pron. 107
unser(n)twegen Pron.-Adv. 69a
ze unterst Adv. 98
Uote w. EN 84f
ûp, up = ûf
ûve, ûfe swM. 15,1
ûʒ Präp. 2,1; 27b
ûʒer, -ste Adj. 95,3

V

phacht, pacht stF. 42d
vackel(e) stswF. 63,2bβ; 84d
vadem, vaden stM. 38,5
vâhen, vân redV. 11,1; 30; 54,4; 58,3
 u. A. 69; 64; 128; 145,1,3
 empfâhen redV. 38,1; 66 A 3 a
vahs stNM. 66 C 2f; 76
val, -wes Adj. 35,5; 91,4
vâlant stM. 32,1; 87
vælen, vêlen swV. 31,3; 135a
vallen redV. 24,4d; 26,1b; *enphallen*
 66 A 3 a; 128
valten redV. 128
ge-vancnisse stF. 6,2; 76
ge-vangen swM. 81
vangen redV. 26,1 b; 128
varch, varh stN. 52,1 c; 53; 77
vâren swV. 134c
vârhel, vârkel s. *varch*
varn stV. 3 B II 3; 20,2a; 24,1,4; 26,2;
 57 C 3a; 115; 121,1 b; 127
 enpfarn stV. 66 A 3 a
vart stF. 29 b; 80,2
var(e)we, varbe stF. 33; 41,2; 79,2
vârwen swV. 24,2; 135a
vaste Adv. 24,1,4d; 96; 98; stswF. 84d
vasten swV. 130c
vater stM. 6,1; 20,2; 58,1 u. A. 65; 74; 86
vaterhalp Pron.-Adv. 79,3
väterlich Adj. 24,2
väterlîn stN. 24,2
vaȝȝen swV. 134b
vor-vëhte swM. 83,1 a
vëhten stV. 125
veiȝet Adj. 48,3
veim stM. 57 C 4a
vël stN. 7,1; 39,2; 63,2aα
vêlen s. *vælen*
be-vëlhen stV. 33; 54,5; 124
 empfël(h)en stV. 66 A 3 a; 124
vellen swV. 135a u. A. 113
vhellôr, phellel stM. 67 A 1
pëls stM. 75,1
vëlseht Adj. 93,1
vëlt stN. 22,1; 77
Venedige ON 36,3d
venje stF. 36,3d
phennic, phenting, phenning 38,6; 63,2e
venster stN. 44,1
vërch stN. 76
verje, verge swM. 36,3d; 51,2; 83,1
v(er)liesen stV. 1,3d; 58,6; 123

v(er)lust stF. 1,3d; 58,6
vernu(n)ft, -nu(n)st stF. 66,8b; 67 B 1
vërre, vërn(e) Adv. 29b; 66,5 A. 80; 93,2;
 97
vërs stM. 44,2
versch s. *frisch*
vërsen(e), verse stswF. 3 B II 6; 79,1
phert, phärit s. *pfert*
verte stF. 80,2
ge-verte swM. 83,1a
ge-vertinne stF. 79,6a
veste stF. 79,6c
veste Adj. 24,1,4d; 96; 130 C
vesten(en) swV. 134b; 135a
vëter(e) swM. 63,1; 83,1a
veterlich Adj. 32,2 A. 36
vëttach stM. 46,2
fiabar stN. 25,1 c
viant, vî(e)nt stM. 32,1; 36,3a; 51,2; 87
fibele swF. 67 A 4
videle swF. 84d
ge-videre stN. 76
viehte swstF. 30
vier(e) Num. 100a, c
vierde, vierte Num. 101
vierstunt Zahladv. 103
vierte(i)l stN. 30; 104
viervalt Zahladj. 102b
vier-zec, -zig, -zëhen Num. 30; 100a
vigilje stF. 36,3 d
vihe stN. 28; 76
vil Adj. Adv. 8; 28; 29a; 97
ge-vilde, -velde stN. 8; 22,1; 76
vinden stV. 2,2; 3 B II 3; 31,2; 57 C 3b;
 58,4; 121,1c, 2b; 124
 empfinden stV. 66 A 3 a
vinf, vif, fünf, funf 22,2; 31,1; 37,2; 44,2;
 64; 100
finfte, funfte, fünfte Num. 66,8b; 101
vinster Adj. 93,1
vinsterîn stF. 79,6c
vinsternisse stN. 76
vînt s. *viant*
vîol stM. 44,1
vîre stF. 33; 79,6b
visch stM. 3 B II 3; 8; 23,1; 50,1; 57 C
vischære stM. 1,5; 11,2; 75,2
vischen 23,1; 25,2; 66 A 6; 117; 130 B
viur stN. 33; 76
viurec Adj. 33
viustelinc stM. 32,1 A. 27
vlade swM. 83,1 d
Vlæming Stammesname 32,1 A. 27
vlëck stswM. 83,1 d

vlêhe, vlê stF. 145,3
vle(he)n swV. 44,3; 54,4; 145,3
vlëhten stV. 125
vletze stN. 31,1
vliege swF. 84c
vliegen stV. S. 19,3e; 3 B I A. 12; 15,2b; 18a; 23,3; 27c; 28; 63,2aβ; 121a; 123
vliehen stV. 44,3; 123 u. A. 94
vlistern swV. 31,1
vliezen stV. 123
vlîzen stV. 122
vlocke swM. 63,2aβ
vlouwen, vlöuwen swV. 134a
flôz stN. 75,6a
flözen, flözen swV. 63,2bα
vlücke Adj. 52,1b
vlügel stM. 29a; 75,1
fluochen redV. 128; 134b
vluot stF. 26,2
vluz stM. 75,4
vogel stM. 9,2; 23,2; 33; 74b; 75,1
vögelîn stN. 29a
voget, voit stM. 1,5; 51,1b
vol Adj. 23,2; 39,2; 63,2aα; 97; 130 D
volc stN. 76
Vol(c)mar m. EN 66 C 1
volge stF. 79,6b
volgen swV. 134b
vollen swV. 130 B; 134b
vomme = von dëme 37,4; 66,1
von(e), van Präp. Adv. 1,3c; 2,1; 6,1; 37,4
vor(e) Präp. Adv. 2,1; 29c
vorder, -ste Adj. 95,3
ze vorderst Adv. 98
vo(r)dern swV. 67 B 2; 134b
forelle, forhen stF. 1,2; 67 A 3
vorhe, vörhe swF. 54,5; 66 C 2h
vo(r)hte stF. 23,2; 66 C 2d
vorst s. *vrost*
vrâge stF. 79,6b
vrâgen swV. 134c
Franke Stammesname 83,1f
frävele, vräbel, vrevel stF. 24,2; 44,2; 79,7
vrävel(e), vräbel Adj. 58,5
vreissam Adj. 32,1 A. 32
fremede, frömede stF. 24,1; 66 A 2 A. 78
vrem(m)en swV. 134a
frenkisch Adj. 93,1
vreude, vrewde, vroide, vröude stF. 1,3dδ; 17,2; 35,6; 79,6c
vre(u)wen s. *vröuwen*
vr-ëzzen s. *ëzzen*
fri Adj. 36,3a

vride stswM. 29a; 38,3; 75,3
un-vride stswM. 75,3
Friderîch m. EN 32,2
frisch, versch Adj. 40,2
vriesen, vrieren stV. 58,6; 123
vrist stF. 80,3
friundin stF. 79,6a
vriunt stM. 27c; 68a; 87
vrô Adj. 91,4
vrosch stM. 75,1
vrost, vorst stM. 40,2; 58,6
vroide, vröude s. *vreude*
vrou(we), vrowe, vrô, ver swF. 1,3c; 2; 3 A; 3 B II 3, 5; 4,2b; 24,4d; 35,4a, 6; 84 u. A. 88
vröu(w)en, vrouwen, vre(u)wen swV. 35,6; 134a u. A. 112
vrüchten s. *vürhten*
vrum, fromb Adj. 10,1; 66 A 2 A. 78
vrum(m)en swV. 37,4; 63,2bα
vruo Adv. 26,2
vüegen swV. 135a
vüelen swV. 135a
vüeren swV. 24,4c; 135a
ge-vügele stN. 9,2; 23,2
vugelîn stN. 23,2
fuhs stM. 24,4d; 75,4
vühsinne stF. 24,4d; 79,6a
vûl Adj. 130 C
vûlen, viulen swV. 130 C; 135a
vülle stF. 23,2
vüllen swV. 23,2; 24,4c; 130 A 2; 130 B, D; 134b; 135a
fünf s. *vinf*
ge-vuoclich Adj. 32,2 A. 36
ge-vuoge 32,2 A. 36
vuoter stN. 30
vuoz stM. 26,2; 48; 75,4; 88,3
vür Präp. 29c
vurch stF. 80,2
vür(e)hten, vrüchten swV. 23,2; 33; 40,2; 136
vürsprëche swM. 83,1a
vürst(e) swM. 83,1a; 95,3; 101
vürstîn, -inne stF. 79,2
vurt stM. (md. stF.) 75,6a; 80,3
fûst stF. 38,4

W

wâ, wâc stM. 31,1; 75,6a
wâ, wâr Adv. 40,2
wabe swMF. 63,2bα

wachen swV. 32,3; 53; 63,2bα
wachsen s. *wahsen*
wackeln swV. 63,2aβ
wacker Adj. 63,2bβ
wâfen stN. 30; 42d; 60 B 1 A. 72; 76
wâge stF. 79,6b
wagen stM. 1,3; 71; 75,1; 83,3
wâgen swV. 31,1
ge-wähenen stV. 127
wahsen, wachsen, wassen stV. 3 B I 2a; 24,2; 26,2; 66 C 2f; 127
wahtære stM. 6,2; 75,2
wæjen, wæn, wæwen swV. 36,3a; 135d
wal stN. 76
wal(e) s. *wol*
walgen redV. 128
walh swM. 24,2
wälhisch, wälsch Adj. 24,2
walken redV. 128
wallen swV. 39,2; 63,2aα; redV. 128
ge-walt stF. 75,6a
ge-waltic Adj. 93,1
walten, walden redV. 26,1b; 128
walzen redV. 128
wambe stN. 79,6b
wænen, wân, wæn swV. 24,4c; 66,4; 135a
wange swN. 85
wann Pron. 35,3bβ
wanne = *wande ne* 1,3c
wannen Pron.-Adv. 35,3bβ
wâpen stN. 42d; 60 B 1 A. 72
wâr Adv. s. *wâ*
wâr, wære Adj. 11,2; 24,2; 93,1
de(i)swâr = *daz ist wâr* 108
warbe, warp, werbe, werp stF. 103
wære 2. Ind. Sg. *zu wësen* 24,3; 142
ge-wære Adj. 93,2
be-waren swV. 134b
be-wæren swV. 135a, c
warf stM. 69c
wârinne Adv. 40,2
warm Adj. 24,4d; 93,1
warnen swV. 32,2; 130 B; 134c
warp s. *werbe*
warten swV. 1,3dζ; 134c
was Adj. 65,2; stV. s. *wësen*
waschen stV. 26,2; 127
wase swM. 83,1d
wat (mfrk.) s. *wër*
Wate m. EN 83,1f; 89
ge-wæte stN. 76
durch-waten stV. 1,2; 127
wæwen s. *wæjen*
waz s. *wër*

ver-wâzen redV. 128
wazzer stN. 3 B I 2b; 48; 76
wê, wêwe stN. 25; 76; 77,2
wëben stV. 63,2bα; 126
wëc stM. Adv. 29a
wëcholter stM. 1,2
wecken obd. *wecchen* swV. 52,1b; 53; 60 A 2; 63,2bα; 135b
wëder Pron. 110; 113,2β
weder s. *wider*
wëderz Pron. 110
wëgen stV. 63,2aβ; 65,1; 126
wëhen stV. 126
wëhsel stM. 23,1
wehsen Adj. 31,3
weide stF. 79,6b; 103
weiden swV. 134c
weinôt stM. 32,2
weit s. *weide*
weiz s. *wizzen*
weize stM. 75,2
wekken swV. 63,2bα
ge-welbe stN. 31,1
welben swV. 31,1
welc, welh 52,1c
welch Pron. 8; 35,3bβ; 110; 111; 66 C 2h
welle stswF. 39,2
wellen, weln unrV. = *wollen* 22,1; 39,2; 66,4; 115; 119; 141
wëllen stV. 124
weln, wel(l)en swV. = wählen 29a; 63,2bα; 134a
welzen swV. 135a
wenden swV. 124; 135a
wênec Adj. 97
ge-wenen, wennen swV. 24,1; 29a; 31,1; 63,2bα
wenken swV. 135a
wëppe, wippe, wüppe stN. 63,2bα
wër, waz Pron. 29c; 35,3bβ; 54,2; 60 B 2; 110
wër stM. 23,1; 35,3bβ
werbe, werp stM. 103
drî-werbe Num. 103
wërben, wërven stV. *werben* swV. 44,2; 58,5; 68a; 124; 130 B
werc stN. 60 A 2
wërden stV. 1,3dγ; 3 B II 5; 23,2; 58,4; 62,1; 115; 121,2b; 124
ge-werden swV. 134c
wërelt, wërlt, wëlt stF. S. 16,3e; 23,1; 40,2; 66 A 4; 66 C 2d; 80,2
weren s. *wërn*
be-wêren s. *bewæren*

werf stF. 69c
wërfen stV. 10,2; 60 B 1; 121,1a
weren swV. = *wehren* 130 C; 134a
wermen swV. 130 A 2; 135a
wer(e)n s. *wësen*
werp s. *werbe*
wërpfan s. *wërfen*
werren swV. 36,3d
wërren stV. 124; 130 C
ver-wërren 124
wërt Adj. 29b
wërven s. *wërben*
wës Adv. 99; 110
wësen stV. 1,3dγ; 11,2; 35,3a; 58,3 A. 67;
    58,6; 126; 130 C; 142
wëten stV. 126
wëter stN. 63,1; 76
wëterleich stM. 31,3
wette stN. (md. stF.) 76
wet(t)en swV. 135c
wêtuom stN. 32,1 A. 34
wetzen swV. 65,2; 135b
wî (md.) = *wir* 40,2; 105
wîch Adj. 67 B 2
wîchen stV. 122
wîchrouch stM. 67 B 2
wichsen swV. 31,3
wide, wite swF. 75,3
wider stM. 75,3
wider Präp. Adv. 8; 23,1
wie Fragepron. 35,3b
wîfen stV. 122
wîgant stM. 32,1; 36,3a; 64; 87
wîhen swV. 135a
ze den wîhen nahten s. *winahten*
wiht stN. 2,4; 65,1; 76; 80,4
en-wiht Pron. 2,4c
wije, wîge swM. 36,3a
wîle stF. 99
wîlen(t) Adv. 69a
wille swstM. 36,3b; 63,2bα
Wilibald m. EN 66 B
winden stV. 124
-win, win(e) stM. 29a
winahten 67 B 2; 88,4
ge-winnen stV. 1,3dα; 23,2; 63,2aα; 124
wint stM. 22,2
wintbrâ(we) stF. 37,3; 42d; 66 A 1
winter, winder stN. 66 A 4
wîp stN. 61,1; 68a; *weiber* 77
wippe s. *wëppe*
wir Pers.-Pron. 29c; 105; 115; *wirz* 2,2
wirde stF. 31,1
wirdec Adj. 31,1

wirdicheit, wërdecheit, wirdikeit stF. 32,1
    A. 26
wirken s. *würken*
wirs, -er Adj. Komp. *wirser(e)*
    Sup. *wir(se)ste* 95,1
    Adv. Komp. *wirs* 98
wirt, wert stM. 8; 75,3
wirtîn, wirtinne 79,2
ge-wis Adj. 49a; 65,2; 138 A. 115
wischen swV. 66 C 1
wîs, wise stF. 79,3
wise swstF. 29a
wîsheit(e) stF. 80,1
wîssage swM. stF. 48,3
wît Adj. 27a
wite s. *wide*
wit(e)we stswF. 83a; 84
witze stF. 63,2bα; 79,6c; 79,7
wiu s. *wër*
wîwære stM. 13; 75,2
wîwe swM. 83,1
wi3en stV. 122
ver-wi3en stV. 48,3; 122
wi33en Prät.-Präs. 2,3; 23,1; 35,3a;
    63,2bα; 138ff.
ge-wi33en stFN. 79,2
wi33entlich Adj. 69a
woche swF. 23,1; 84d
wol, wal Adv. 6,1; 29c; 97
wolf stM. 23,2; 44,2; 58,5; 75,1
Wolfram m. EN 37,3
wolke(n) stNM. 9,2; 76
ge-wülke stN. 9,2
wolle swstF. 23,2; 63,2aα
wollen (md.) s. *wellen*
wonen swV. 1,3b; 130 C; 133 A. 108; 134a
    A. 111; 134c
wort stN. 9,1; 23,2; 57 C 2b; 73; 74c;
    76; 77
wüefen s. *wuofen*
wüeste Adj. 93,2
wullin Adj. 23,2
wülpe swF. 58,5
wülpin(ne) stF. 23,2; 58,5; 79,2; 79,6a
wunden swV. 130 B
wundern swV. 1,3dϑ
wunne stF. 3 B II 5; 23,2
wunsch stM. 75,4
wunschen swV. 66 C 1
wunt Adj. 130 B
wuocher stNM. 76
wuofen, wüefen redV. swV. 128; 135a
wuost stM. 30
wüppe s. *wëppe*

wurf stM. 10,1; 75,4
würhte swM. 83,1 a
ge-würhte stN. 65,1
würken, wurken md. *wirken* swV. 23,2;
  31,2; 65,1; 136
wur(e)m stM. 33; 77
ant-würte stF. 23,2; 76
ant-würten 135 a
wurzen, würzen swV. 135 a

Z

zâfen, zoffen swV. 31,1
zagel stM. 70,3; 75,1
zæhe Adj. 64
zaher, zähere stM. 24,2; 75,6 a
zal stF. 63,2 bα; 78 f
zam Adj. 63,2 bα
zan stM. 3 B I 2 b; 87
zapfe swM. 83,1 d
zart Adj. 29 b
ze, zuo Präp. Adv. 1,3 d; 2,1; 2,4 a; 3 B
  I 2 b; 105; 108
zêder stM. 12; 75,6 a
zegerie stF. 32,1 A. 29
zëhen, zehen Num. 54,3; 57 C 3 c; 58,3;
  100 a, c
zëhende, zëhente Num. 66,4; 101
zëhenstunt Zahladv. 103
zëhenzec Num. 100 a
zëhenzigeste Num. 101
zeichen 33; 60 A 1; 76
zeigen swV. 58,3 u. A. 67
zeine swF. 84 d
zeisen redV. 128
zellen, zel(l)n swV. 36,3 c; 39,2; 63,2 bα;
  134 a u. A. 111
zem(m)en swV. 57 C 1 b; 63,2 bα; 130,2
ge-zëmen stV. 66 A 8 b; 125
zër(e)n stV. 125
ver-zeren swV. 134 a
zëswe Adj. 33; 49 b; 84 b
zickelîn stN. 63,2 aβ
ziegel stM. 26,1 c; 28; 47 b
ziehen stV. 10,1,2; 23,3; 25; 27 c; 58,1,3;
  60 A 2; 63,2 aβ; 65,1; 68 a; 82; 123

zier Adj. 26,1
zierde stF. S. 16,3 e; 1,3 d δ
zieren swV. 26,1 a; 133 A. 108
zige swF. 23,1; 23,3; 28; 29 a; 63,2 aβ
zîhen stV. 25; 57 C 1 b; 58,3; 58,4 A. 67;
  122
ver-zîhen stV. 122
zil stN. 1,3 a; 23,1; 76
zilen swV. 23,1; 134 b
zimber, zimmer stN. 66 A 2
zim(m)et, zinment stM. 37,3; 69 a
zins stM. 22,2
zît stFN. 13; 80,1; 80,3
zittern swV. 63,2 bβ
ziuc stM. 75,6 a
zor(e)n stM. 23,2; 33
zouber stM. 76
zoumen md. *zöumen* swV. 135 a
zouwen swV. 134 a
zuc stM. 58,3; 63,2 aβ
zucken, zücken swV. 10,2; 63,2 aβ; 135 a, b
zuckes stM. 63,2 aβ
zügel stM. 29 a; 58,3; 74 b
zuht stF. 65,1
zülle swF. 31,2
zumft, zunft stF. 37,2; 66 A 8 b
zunge swF. S. 19,3 a; 79,7; 81; 84 b
zuo s. *ze*
zurnen, zürnen swV. 23,2; 135 a
zwagen s. *dwahen*
zwarc s. *twarc*
z(e)wei Num. 25; 33; 36,3 a; 47 a; 100
zweinzec, zwênzec, zwenzig Num. 30; 100 a
zweinzegeste Num. 101
z(e)welf Num. S. 19,3 c; 31,1; 44,2; 100
zwêne Num. s. *zwei*
zwîc, -ges stN. 76
zwifach Zahladj. 102 b
zwifel stM. 27 a
zwilich stM. Zahladj. 102 b
zwillinc stM. 39,2; 66 A 5 c
zwîr(e), zwis Num. 103
zwischen, tuschen Präp. 33; 102
in-, en-zwischen Adv. 2,4 d; 102 a
zwisc Zahladj. 102 a
zwiu Adv. 110
zwîvel(e)n swV. 1,3 a
zwô, zwuo, zwâ s. *zwei*

Sachverzeichnis

Die Zahlen geben die Paragraphen an. Bei Verweisen auf die Einleitung und Untergruppen des Kap. „Zur Satzlehre" ist S. (Seite) vor die Ziffer gesetzt. Die Veränderungen eines Lautes sind kaum im einzelnen angeführt; wer z. B. *â* > *ô* (*âmaht Ohnmacht*) sucht, schlage unter *â* (= § 11) nach, dort stehen weitere Verweise, oder *b* > *p* oder *b* : *pp* unter *b* (§ 41).

/g/: 51
< *j* nach *r* 36,3d; 51
Gemination 63, westgerm. vor *j* 63,2b;
130 A 3
Genitiv 72; 147
bei Verben S. 213; Gen. des Grundes
S. 213f.; Gen. des Mittels und der Art
und Weise S. 214; Gen. bei Substantiven
S. 214; der qualitative Gen. S. 214; der
definierende oder erklärende Gen. S. 214;
der partitive Gen. S. 215; Gen. bei
Adjektiven S. 215; Gen. bei Zeitangaben
S. 215f.; Gen. zur lokalen Adverbial-
bestimmung S. 216; Gen. der Beziehung
oder des Bereichs S. 216
Geräuschlaute 41 ff.
Gerundium 115
gotisch S. 17
grammatischer Wechsel 58; 122ff.
Gutturale 51 ff.

/h/: 54
Aussprache 3 B I 2
h-Schwund 54; 66 C 2
hs > *ss* 66 C 2f
-*haft* 32
Halbvokale 34–36
-*halp* (bei Bruchzahlen) 104
Handschriften S. 22f.
Hauptton 1,2; 4
-*heit* 32
-*hêr* in Namen 32,3
Hiatus 1,4
Hilfsverben 1,3dγ; 138ff.
hochdeutsch S. 20f.
Hochstufe 20

/i/: 8
i: 13
i/e im Md. 8
i-Abstrakta 79,6c
-*ibi* > *i* 70
-*ic*, -*ec* = -*ig* 32,2
-*idi* > *i* 70
ie 18; als Ableitungssilbe 32
-*ieren* 32
ik/ich-Linie S. 19; 20; 59
in- > *en*- 2,4d
-*inc* 32,1 > *ig* 67 B 1
Inchoativa 129f.
Indefinitpronomen 113
Ingwäonismen 59

Inkongruenz 152
beim Genus S. 221; beim Numerus S.
221 f.; beim Pronomen S. 222
-*inne*, -*in* 32
Instrumental 72
Intensiva 129f.
Intensivbildungen 63,2aβ
Interrogativpronomen 110
-*ir* > nhd. -*eier* (Sproßvokale) 33
-*isch*, -*esch* 1,3d ε; 32,2
-*ist*, -*ôst* 95
i-Stämme, Mask. 75, Fem. 78; 80
Iterativa 63,2aβ; 129f.
i-Umlaut 24
iu < germ. *eu* S. 19,3e; 15; 23,3
-*iu* (in Nebensilben) 32,3
-*iuw* 35,4c

/j/: 36
Schreibung 3 ⌐
Gemination durch *j* 63,2b; 130
ja-Stämme 75f.
ja-, *jô*-Stämme bei Adj. 93,2
jan-Verben > *en* 36,3c; 129ff.; 134
j, *h*, *w* als Übergangslaute 36,3; 135d
j-Infix 126f.
jô-Stämme 79

/k/: 52,1
Kadenz 4,2
Kardinalzahlen 100
Kausativa 129f.
-*keit* 32
Kollektiva 76
kombinatorischer Lautwandel 21 ff.
Komparativ 95
Konjugation 115ff.
Konsonanten 34ff.
Konsonantenerleichterung 66 C
Konsonantenschwächung 46,3; 62
Konstruktion ἀπὸ κοινοῦ 156
kontrahierte Verben 145
Kontraktion 70
Krasis 2,1; 105
kurzsilbige (schw.) Verben 129; 130 A 3;
133; 134
Kürzungen 30
kw (= *qu*) 52,2

/l/: 39
Labiale 34 u. ö.
langsilbige (schw.) Verben 129; 130 A 3;
133; 135
Laryngaltheorie (Ablaut) 20,3

Abkürzungen

Abl.	Ablativ	ital.	italienisch
abulg.	altbulgarisch	Kl.	Klasse
Adj.	Adjektiv	Konj.	Konjunktiv
Adv.	Adverb	langob.	langobardisch
ae.	altenglisch	lat.	lateinisch
afries.	altfriesisch	lit.	litauisch
ags.	angelsächsisch	Lok.	Lokativ
ahd.	althochdeutsch	LV	Lautverschiebung
ai.	altindisch	Mask. u. M.	Maskulinum
Akk. u. A.	Akkusativ	md.	mitteldeutsch
alat.	altlateinisch	Mda., Mdaa.	Mundart(en)
alem.	alemannisch	mdal.	mundartlich
air.	altirisch	me.	mittelenglisch
anord.	altnordisch	mhd.	mittelhochdeutsch
AR	Ablautreihe	mfr.	mittelfränkisch
as.	altsächsisch	mlat.	mittellateinisch
bair.	bairisch	mnd.	mittelniederdeutsch
Dat. u. D.	Dativ	moselfr.	moselfränkisch
Dekl.	Deklination	nd.	niederdeutsch
Diss.	Dissimilation	ne.	neuenglisch
DSt.	Dehnstufe	nfr.	niederfränkisch
dt.	deutsch	nhd.	neuhochdeutsch
Fem. u. F.	Femininum	nl.	niederländisch
fr.	fränkisch	nnd.	neuniederdeutsch
frmhd.	frühmittelhochdeutsch	Nom. u. N.	Nominativ
frnhd.	frühneuhochdeutsch	obd.	oberdeutsch
frz.	französisch	omd.	ostmitteldeutsch
Fut.	Futur	Opt.	Optativ
Gem.	Gemination	ostfr.	ostfränkisch
Gen. u. G.	Genitiv	ostgerm.	ostgermanisch
germ.	germanisch	Part.	Partizip
got.	gotisch	pass.	passiv
gramm. W.	grammatischer Wechsel	Perf.	Perfekt
griech.	griechisch	Pers.	Person
hd.	hochdeutsch	Pl.	Plural
hess.	hessisch	Plusq. Perf.	Plusquamperfekt
Hs., Hss.	Handschrift(en)	poln.	polnisch
idg.	indogermanisch	Poss.	Possessivum
Ind.	Indikativ	Präs.	Präsens
Inf.	Infinitiv	Prät.	Präteritum
intr.	intransitiv	Pron.	Pronomen
Instr.	Instrumental	redupl.	reduplizierend

rhfr.	rheinfränkisch	trans.	transitiv
rip.	ripuarisch	TSt.	Tiefstufe
rom.	romanisch	urgerm.	urgermanisch
RSt.	Reduktionsstufe	urnord.	urnordisch
russ.	russisch	VG	Vernersches Gesetz
Sing. u. Sg.	Singular	Vok.	Vokativ
schw. u. sw.	schwach	VSt.	Vollstufe
slav.	slavisch	wgerm.	westgermanisch
spätmhd.	spätmittelhochdeutsch	wmd.	westmitteldeutsch
SSt.	Schwundstufe		
St.	Stamm	>	wird zu
st.	stark	<	entstanden aus
sth.	stimmhaft	*	vor einer Wortform bedeutet, daß sie nicht belegt, sondern nur erschlossen ist.
stl.	stimmlos		
Subst.	Substantiv	/ /	Kennzeichnung der Phoneme
südrhfr.	südrheinfränkisch	⟨ ⟩	Kennzeichnung der Grapheme
thür.	thüringisch	[ ]	Kennzeichnung der Allophone

Literaturverzeichnis

1. Germanisch und Gotisch

Braune, W.: Gotische Grammatik, hrsg. von E. A. Ebbinghaus, 18. Aufl., Tübingen 1973

Hirt, H.: Handbuch des Urgermanischen, T. 1–3, Heidelberg 1931–34

Jellinek, M. H.: Geschichte der gotischen Sprache, Berlin, Leipzig 1926

Kieckers, E.: Handbuch der vergleichenden gotischen Grammatik, München 1928

Kluge, F.: Urgermanisch, 3. Aufl., Strassburg 1913

Kluge, F.: Nominale Stammbildungslehre, 3. Aufl., Halle 1926

Krahe, H.: Historische Laut- und Formenlehre des Gotischen, 2. Aufl., Heidelberg 1967

Krahe, H.: Germanische Sprachwissenschaft, 7. Aufl. bearb. v. W. Meid, Bd. 1, 2, Berlin (West) 1969 (Göschen Nr. 238 u. 780)

Krause, W.: Handbuch des Gotischen, 3. Aufl., München 1968

Lindemann, F. O.: Einführung in die Laryngaltheorie, Berlin (West) 1970 (Göschen Nr. 1247/1247a)

Streitberg, W.: Urgermanische Grammatik, Heidelberg 1896, Nachdruck 1943

Streitberg, W.: Gotisches Elementarbuch, 5. u. 6. Aufl., Heidelberg 1920

Sravitel'naja grammatika germanskich jazykov, v 5 tomach, glavnaja red.: M. M. Guchman u. a., t. 1–4, Moskva 1962–1966

2. Althochdeutsch und Altsächsisch

Baesecke, G.: Einführung in das Althochdeutsche, München 1918

Braune, W.: Althochdeutsche Grammatik, 8. Aufl., Halle 1955, 13. Aufl. bearb. v. H. Eggers, Tübingen 1975

Braune, W., K. Helm: Abriß der althochdeutschen Grammatik, 9. Aufl., Halle 1952, 14. Aufl. bearb. v. E. A. Ebbinghaus, Tübingen 1977

Cordes, G.: Altniederdeutsches Elementarbuch, Heidelberg 1973

Franck, J.: Altfränkische Grammatik, Göttingen 1909, 2. Aufl. hrsg. v. R. Schützeichel, Göttingen 1971

Gallée, J. H.: Altsächsische Grammatik, 2. Aufl., Halle 1910

Holthausen, F.: Altsächsisches Elementarbuch, 2. Aufl., Heidelberg 1921

Naumann, H., W. Betz: Althochdeutsches Elementarbuch, 4. Aufl., Berlin (West) 1967 (Göschen Nr. 1111/1111a)

Penzl, H.: Lautsystem und Lautwandel in den althochdeutschen Dialekten, München 1971

Schatz, J.: Altbairische Grammatik, Göttingen 1907

Schatz, J.: Althochdeutsche Grammatik, Göttingen 1927

Sonderegger, St.: Althochdeutsche Sprache und Literatur, Berlin (West), New York 1974

Szulc, A.: Diachronische Phonologie und Morphologie des Althochdeutschen, Warszawa 1974

3. Althochdeutsche Wörterbücher

Eggers, H.: Vollständiges lateinisch-althochdeutsches Wörterbuch zur althochdeutschen Isidorübersetzung, Berlin 1960

Graff, E. G.: Der althochdeutsche Sprachschatz, Bd. 1–7, Berlin 1834–1864, Neudruck: Hildesheim 1963

Heffner, R.-M. S.: A Word – Index to the Texts of Steinmeyer ,Die kleineren ahd. Sprachdenkmäler', Madison 1961

Karg–Gasterstädt, E., Th. Frings: Althochdeutsches Wörterbuch, Berlin 1952ff.

Schade, O.: Althochdeutsches Wörterbuch, 2. Aufl., Halle 1882, Neudruck: Hildesheim 1969

Schützeichel, R.: Althochdeutsches Wörterbuch, Tübingen 1969

Sehrt, E. H.: Notker – Glossar, Tübingen 1962

Sehrt, E. H., W. K. Legner: Notker – Wortschatz, Halle 1955

4. Mittelhochdeutsch

Boor, H. de, R. Wisniewski: Mittelhochdeutsche Grammatik, 8. Aufl., Berlin (West), New York 1978 (Göschen Nr. 4108)

Eis, G.: Historische Laut- und Formenlehre des Mittelhochdeutschen. Halle 1958

Helm, K.: Abriß der mittelhochdeutschen Grammatik, 5. Aufl. bearb. v. E. A. Ebbinghaus, Tübingen 1980

Mausser, O.: Mittelhochdeutsche Grammatik auf vergleichender Grundlage, T. 1–3, München 1932–33, Neudruck: Walluf b. Wiesbaden 1972

Michels, V.: Mittelhochdeutsches Elementarbuch, 3. u. 4. Aufl., Heidelberg 1921

Paul, H.: Mittelhochdeutsche Grammatik, 2., dg. Aufl. v. H. Moser u. I. Schröbler, Tübingen 1982

Saran, F.: Das Übersetzen aus dem Mittelhochdeutschen, Neubearb. v. B. Nagel, 5. Aufl. Tübingen 1967

Stopp, H., H. Moser: Flexionsklassen der mittelhochdeutschen Substantive in synchronischer Sicht. In: Zs. f. d. Ph. 86 (1967), S. 70–101

Weinhold, K.: Alemannische Grammatik, Berlin 1863

Weinhold, K.: Bairische Grammatik, Berlin 1867, Neudruck: Wiesbaden 1968

Weinhold, K.: Mittelhochdeutsche Grammatik, Paderborn 1877, 2. Ausg. 1883, unveränd. Nachdruck 1967

Weinhold, K.: Kleine mittelhochdeutsche Grammatik, Neubearb. v. G. Ehrismann, 9. Aufl. durchges. v. H. Teske, Wien 1943, 16. Aufl. neubearb. v. H. Moser, Wien, Stuttgart 1972

Zupitza, J.: Einführung in das Studium des Mittelhochdeutschen. 16. Aufl. neu bearb. v. F. Tschirch, Jena, Leipzig 1953, 17. Aufl. (neu 3. Aufl.) Jena, Leipzig 1963

Zwierzina, K.: Mittelhochdeutsche Studien. In: Zs. f. d. A., Bd. 44, S. 1ff. u. ö; Bd. 45, S. 19ff. u. ö, Nachdruck Hildesheim 1971

5. Wörterbücher

Bartsch, K.: Der Nibelunge Nôt, Wörterbuch, T. 2. 2, Leipzig 1880

Benecke, G. F.: Mittelhochdeutsches Wörterbuch, mit Benutzung d. Nachl. von G. F.

Benecke ausgearb. v. W. Müller u. F. Zarncke, T. 1–4, Leipzig 1854–66, Nachdruck: Hildesheim 1963
Benecke, G. F.: Wörterbuch zu Hartmanns Iwein, 2. Ausg. bes. v. E. Wilken, Wiesbaden 1965
Grimm, J., W. Grimm: Deutsches Wörterbuch, Leipzig 1854–1960, Neubearbeitung: Leipzig 1965 ff.
Kluge, F.: Etymologisches Wörterbuch der deutschen Sprache, bearb. v. W. Mitzka, 20. Aufl., Berlin (West) 1967
Lasch, A. u. C. Borchling: Mittelniederdeutsches Handwörterbuch, Hamburg 1928–1930
Leitzmann, A.: Der kleine Benecke, Halle 1934
Lexer, M.: Mittelhochdeutsches Handwörterbuch, Bd. 1–3, Leipzig 1872–78 (zugleich als Suppl. u. alphab. Index zum Mittelhochdeutschen Wörterbuch v. Benecke, Müller, Zarncke, Nachdruck: Stuttgart 1965
Lexer, Matthias: Mittelhochdeutsches Taschenwörterbuch, 35. Aufl., Leipzig 1978
Lübben, A., C. Walther: Mittelniederdeutsches Handwörterbuch, Norden u. Leipzig 1888, Nachdruck: Darmstadt 1965
Paul, H.: Deutsches Wörterbuch, bearb. v. A. Schirmer, 7. Aufl., Halle 1960, 8. Aufl. bearb. v. W. Betz, Tübingen 1981
Pretzel, U.: Nachträge zum mittelhochdeutschen Taschenwörterbuch, Leipzig 1959
Schiller, K., A. Lübben: Mittelniederdeutsches Wörterbuch, Bd. 1–6, Bremen 1875–81 u. Münster 1931, Neudruck: Wiesbaden, Münster 1969
Trübners Deutsches Wörterbuch, Berlin 1939–57
Wiessner, E.: Vollständiges Wörterbuch zu Neidharts Liedern, Leipzig 1954

6. Sprachgeschichte

Bach, A.: Geschichte der deutschen Sprache, 9. Aufl., Heidelberg 1970
Behaghel, O.: Geschichte der deutschen Sprache, 5. Aufl., Berlin, Leipzig 1928
Eggers, H.: Deutsche Sprachgeschichte, Bd. 1–4, Reinbek bei Hamburg 1963, 1965, 1969, 1977
Engels, F.: Zur Geschichte und Sprache der deutschen Frühzeit, Sammelbd. Berlin 1952 (Bücherei des Marxismus-Leninismus, Bd. 35) = MEW 19, S. 494 ff. (darin: Der fränkische Dialekt, S. 123 ff.)
Frings, Th.: Sprache und Geschichte 1, Halle 1956
Frings, Th.: Grundlegung einer Geschichte der deutschen Sprache, 3. Aufl., Halle 1957
Geschichte der deutschen Sprache. Von e. Autorenkollektiv unter d. Leitung v. W. Schmidt, 3. Aufl., Berlin 1980
Kluge, F.: Deutsche Sprachgeschichte, 2. Aufl., Leipzig 1925 (Ausgabe 1924)
Maurer, F.: Nordgermanen und Alemannen, 3. Aufl., Bern, München 1952
Moser, H.: Deutsche Sprache. In: Deutsche Philologie im Aufriß, Bd. 1, 2. Aufl., Berlin (West) 1957, Sp. 621 ff.
Moser, H.: Deutsche Sprachgeschichte, 5. Aufl., Stuttgart 1965
Moskalskaja, O. I.: Deutsche Sprachgeschichte. Moskau 1977
Schwarz, E.: Goten, Nordgermanen, Angelsachsen, Bern u. München 1951
Sonderegger, St.: Grundzüge deutscher Sprachgeschichte, Bd. 1, Berlin (West), New York 1979
Wiesinger, P.: Die Stellung der Dialekte Hessens im Mitteldeutschen. Marburg 1980, S. 68–148. (= Deutsche Dialektgeographie 100)
Žirmunskij, V. M.: Istorija nemeckogo jazyka, Izd. 5, Moskva 1965

7. Gesamtdarstellungen der älteren deutschen Sprache

Behaghel, O.: Deutsche Syntax, Bd. 1–4, Heidelberg 1923–1932
Grimm, J.: Deutsche Grammatik, Bd. 1–4, Göttingen 1822–37 u. 1870 ff.
Henzen, W.: Deutsche Wortbildung, 3. Aufl., Tübingen 1965
Karstien, C.: Historische deutsche Grammatik, Bd. 1, Lautlehre, Heidelberg 1939
Kienle, R. v.: Historische Laut- und Formenlehre des Deutschen, 2. Aufl., Tübingen 1969
Maurer, F., H. Rupp: Deutsche Wortgeschichte, 3. Aufl., Bd. 1–3, Berlin (West), New York 1974
Meisen, K.: Altdeutsche Grammatik, T. 1, 2, Stuttgart 1961
Paul, H.: Deutsche Grammatik, Bd. 1–5, Halle 1916 ff., Neudruck 1952–55, zusammengefaßt in 1 Bd. von H. Stolte: Kurze deutsche Grammatik, Halle 1943, 3. Aufl., Tübingen 1962
Schildt, J.: Abriß der Geschichte der deutschen Sprache, 2. Aufl., Berlin 1981
Schulz, H.: Abriß der deutschen Grammatik, 3. Aufl. bearb. v. F. Stroh, Berlin 1947
Wilmanns, W.: Deutsche Grammatik, T. 1–3, 2. u. 3. Aufl. 1899–1922, Neudruck: Berlin (West) 1967

8. Zur Metrik

Arndt, E.: Deutsche Verslehre, 8. Aufl., Berlin 1981
Beyschlag, S.: Die Metrik der mittelhochdeutschen Blütezeit in Grundzügen, 5. Aufl., Nürnberg 1963
Heusler, A.: Deutsche Versgeschichte, bes. Bd. 2, Berlin 1927, 2. Aufl., Berlin (West) 1956
Paul, O.: Deutsche Metrik, 3. Aufl., 1950
Paul, O., I. Glier: Deutsche Metrik, 9. Aufl., München 1974
Pretzel, U.: Deutsche Verskunst. In: Deutsche Philologie im Aufriß, 3. Bd. 1. Aufl., Berlin 1957, Sp. 2327; 2. Aufl., 1967, Sp. 2357 ff., Nachdruck 1979

9. Zur Phonologie

Heike, G.: Phonologie, Stuttgart 1972, (Sammlung Metzler 104)
Herrlitz, W.: Historische Phonologie des Deutschen, T. 1. Vokalismus, Tübingen 1970
Meinhold, G., E. Stock: Phonologie der deutschen Gegenwartssprache, Leipzig 1980
Philipp, M.: Phonologie des Deutschen, Berlin (West), Köln, Marburg 1974
Phonologie der Gegenwart. Vorträge und Diskussionen anläßl. d. Internat. Phonologie-Tagung in Wien 1966, hrsg. v. J. Hamm, Graz, Wien, Köln 1967
Probleme der historischen Phonologie v. H. Penzl, M. Reis, J. B. Voyles, Wiesbaden 1974 (Zeitschrift für Dialektologie und Linguistik, N. F. Beiheft Nr. 12)
Wiesinger, P.: Phonetisch-phonologische Untersuchungen zur Vokalentwicklung in den deutschen Dialekten 2 Bde., Berlin (West) 1970

Quellen

Zur Syntax

AH   Der arme Heinrich von Hartmann von Aue, hrsg. von Heinz Mettke. Leipzig 1974.

Berth. v. R.   Berthold von Regensburg. Vollständige Ausgabe seiner Predigten mit Anmerkungen und Wörterbuch von Franz Pfeiffer. Erster Band, Wien 1862; zweiter Band von Joseph Strobl. Wien 1880. Neudruck: Berlin (West) 1965 (Bd. 1 u. 2).

Erec   Erec von Hartmann von Aue, hrsg. von Albert Leitzmann, 2. Aufl. mit Vorwort von Willi Steinberg. Halle (Saale) 1960.

Frauenlob   Heinrichs von Meissen des Frauenlobes Leiche, Sprüche, Streitgedichte und Lieder, erläutert und hrsg. von Ludwig Ettmüller. Quedlinburg und Leipzig 1843 (Bibl. der ges. dt. National-Lit. Bd. 16), Neudruck: Amsterdam 1966.

Gen.   Die altdeutsche Genesis. Nach der Wiener Handschrift hrsg. von Victor Dollmayr. Halle (Saale) 1932 (= Altdt. Textbibl. Nr. 31).

Greg.   Gregorius von Hartmann von Aue, hrsg. von Hermann Paul. 12. Aufl. von Ludwig Wolff. Tübingen 1973.

Iw.   Iwein. Eine Erzählung von Hartmann von Aue, hrsg. von G. F. Benecke und K. Lachmann. Neu bearbeitet von Ludwig Wolff. Siebente Ausgabe. Bd. 1, Text. Berlin (West) 1968.

Iw. B   Hartmann von Aue, Iwein, Handschrift B (Fotomechanischer Nachdruck in Originalgröße); Einleitung von H. M. Heinrichs. Köln/Graz 1964 (= Deutsche Texte in Handschriften, hrsg. von K. Bischoff, H. M. Heinrichs, W. Schröder, Bd. 2).

Kaiserchr.   Kaiserchronik eines Regensburger Geistlichen, hrsg. von Edward Schröder. Berlin 1895, 2. Aufl. als anastatischer Neudruck, Berlin (West) 1964.

K. v. Würzb. Silv.   Konrad von Würzburg. Die Legenden I (Silvester), hrsg. von Paul Gereke. Halle (Saale) 1925 (= Altdeutsche Textbibliothek Nr. 19).

Kud.   Kudrun, hrsg. und erklärt von Ernst Martin, zweite Auflage. Halle a. d. Saale 1919 (besorgt von Edward Schröder).
Der Nibelunge Not, Kudrun, hrsg. von Eduard Sievers. Leipzig 1947.

Kürenb.   Der von Kürenberc, in: Des Minnesangs Frühling, ... neu bearbeitet von Carl von Kraus. Leipzig 1944.

Litanei   Die Litanei, in: Mittelhochdeutsches Übungsbuch, hrsg. von Carl von Kraus. 2. Aufl. Heidelberg 1926, S. 18–62.

MF	Des Minnesangs Frühling ..., neu bearbeitet von Carl von Kraus. Leipzig 1944.
Muspilli	in: Altdeutsche Texte. Ausgewählt und kommentiert von Heinz Mettke. Leipzig 1970. S. 57 ff.
Nib.	Der Nibelunge Not ..., hrsg. von Karl Bartsch. Erster Teil Text. Leipzig 1870. Zweiter Teil erste Hälfte Lesarten, Leipzig 1876, zweiter Teil zweite Hälfte Wörterbuch, Köln 1880. Das Nibelungenlied und Die Klage Handschrift B (Cod. Sangall. 857). Graz 1962.
Parz.	Wolfram von Eschenbach, hrsg. von Albert Leitzmann, Parzival buch I bis VI Halle (Saale) 1942, buch VII bis XI 1947, buch XII bis XVI 1933.
Rot.	König Rother. Nach der Ausgabe von Theodor Frings und Joachim Kuhnt. Halle (Saale) 1954.
Seifr. Helbl.	Seifried Helbling, hrsg. und erklärt von Joseph Seemüller. Halle a. d. Saale 1886.
Tit.	Wolfram von Eschenbach, hrsg. von Albert Leitzmann, fünftes Heft; Willehalm buch VI bis IX, Titurel, lieder; 3. Aufl. Halle (Saale) 1950.
Trist. (Marold)	Gottfried von Straßburg, Tristan, hrsg. von Karl Marold. Dritter Abdruck ... von Werner Schröder. Berlin (West) 1969.
Trist.	Gottfried von Straßburg, Tristan und Isold, hrsg. von Friedrich Ranke. Berlin 1930.
Trudp.	Das St. Trudperter Hohe Lied. Kritische Ausgabe ... von Hermann Menhardt. 2 Bde. Halle 1934 (Rhein. Beiträge und Hülfsbücher. Bd. 21 und 22).
Ul. v. L. Fr.	Ulrich's von Liechtenstein Frauendienst, hrsg. von Reinhold Bechstein (2 Teile). Leipzig 1888.
Walt.	Walther von der Vogelweide. Sprüche und Lieder, Gesamtausgabe, hrsg. von Helmut Protze. Halle (Saale) 1963.
Wessobr. Gedicht	Wessobrunner Schöpfungsgedicht, in: Altdeutsche Texte (s. Muspilli) S. 57.
Wig.	Wirnt von Gravenberc, Wigalois der Ritter mit dem Rade, hrsg. von Johannes Marie Neele Kapteyn. 1. Bd. Text. Bonn 1926.
Willeh.	Wolfram von Eschenbach, Willehalm. Nach der gesamten Überlieferung kritisch hrsg. von Werner Schröder. Berlin (West)/New York 1978.
Wolfd. A; B; C; D	Ortnit und die Wolfdietriche ..., hrsg. von Arthur Amelung und Oskar Jänicke. 1. und 2. Bd. Berlin 1871 und 1873 (Deutsches Heldenbuch 3. und 4. Teil).

Bildquellen

Jenaer Liederhandschrift (Blatt 123 und 124), in: M. Lemmer, »der Dürnge bluome schînet dur den snê«. Hrsg. von der Wartburg-Stiftung, Eisenach. Fotos: Klaus G. Beyer, Weimar

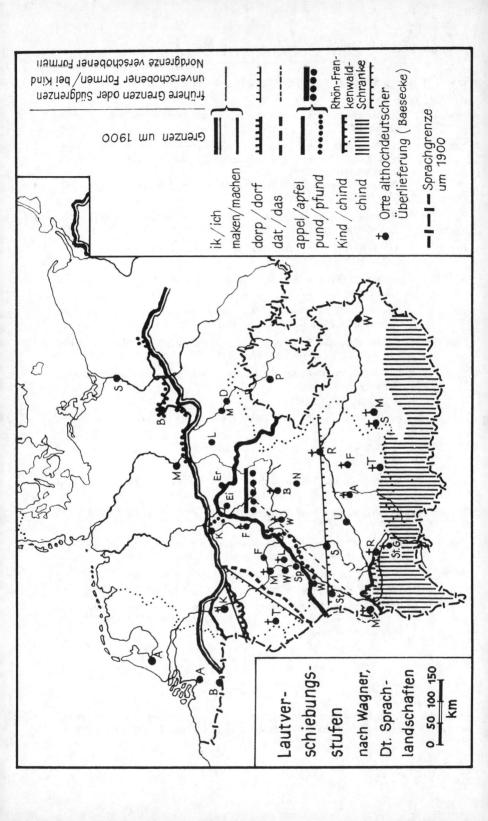

Lautver-
schiebungs-
stufen

nach Wagner,
Dt. Sprach-
landschaften

0 50 100 150
km

Grenzen um 1900

frühere Grenzen oder Südgrenzen
unverschobener Formen / bei Kind
Nordgrenze verschobener Formen

ik / ich
maken/machen

dorp / dorf
dat / das

appel/apfel
pund/pfund

Kind / chind
chind

Rhön-Fran-
kenwald-
Schranke

Orte althochdeutscher
Überlieferung (Baesecke)

Sprachgrenze
um 1900

2. Lautverschiebung

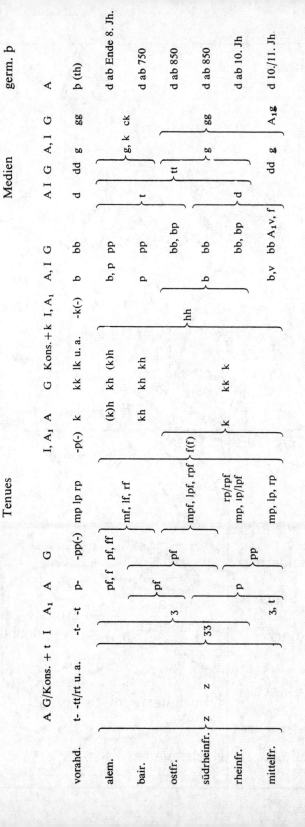

	Tenues										**Medien**						**germ. þ**
	A G/Kons.+t	I	A_1	A	G		I, A_1	I,A_1 A	G	Kons.+k I,A_1	A,I G		A I G		A,I G	A_1g	A
vorahd.	t - -tt/rt u.a.	-t-	-t	p-	-pp(-)	mp lp rp	-p(-)	k	kk lk u.a.	-k(-)	b	bb	d	dd	g	gg	þ (th)
alem.	z	3	3	pf, f	pf, ff	mf, lf, rf	f(f)	(k)h	kk)h kh (k)h	hh	b, p	pp	t	dd g	g, k	ck	d ab Ende 8. Jh.
bair.	z	3	3	pf	pf	mpf, lpf, rpf	f(f)	kh	kh	hh	p	pp	t	tt	g	gg	d ab 750
ostfr.	z	3	3	pf	pf	mpf, lpf, rpf	f(f)	kh	kh kh	hh	b	bb, bp	t	tt	g	gg	d ab 850
südrheinfr.	z	33	3	pf	pf	rp/rpf	f(f)	k	kk k	hh	b	bb	t	d	g	gg	d ab 850
rheinfr.	z	3	3	p	pp	rp/rpf, mp, ip/lpf		k	kk	k	b	bb, bp	d	dd g	g	gg	d ab 10. Jh
mittelfr.	z	3	3, t	p	pp	mp, lp, rp		k	k	k	b,v	bb	d	d	g	A_1g	d 10/11. Jh.

A = Anlaut   G = Gemination   I = Inlaut A_1 = Auslaut

Schleswigisch

Kiel

Holsteinisch

Meckle

Bremen

Nordsächsisch

I

No

Hannover

Münster

Ostfälisch

Westfälisch

Magdeburg

Dortmund

II

Köln

Thüringisch

Ripuarisch

IIa

Marburg

Erfurt

Niederfränkisch

Mosel-fränkisch

Fulda

Trier

Rheinfränkisch

Frankfurt

Ostfränkisch

Würzburg

Worms

Nord-bairis

Süd-rheinfränkisch

Regens

Karlsruhe

Straß-burg

Stuttgart

III

Niederalemannisch

Schwäbisch

München

Zürich

Hochalemannisch

Bern

Süd-

Höchstalemannisch

Dialekträume der Gegenwart

I   Niederdeutsch

IIa Westmitteldeutsch

IIb Ostmitteldeutsch

III Oberdeutsch

Friesisch

Staatsgrenzen

0   50   100 km

sch

rkisch

rkisch

o Berlin

Ober-
chsisch

o Dresden

bairisch

Salzburg

Wien o

risch

Klagenfurt

milte fliezens sich bewiger. Syn
myr gebrant ist lotich in der tru
wen glur. vil selde of in ryser. Gor
der vrist in hyndert iar. Dit lob
har der von rabensbere rr sneller.

Eyn bilder vurstelicher weir.
fin houber maler reyner fitt.
fyn golt smyr ganrzer truwe. fyn
koufman fwa erz weyle vynr. daz
rzv den eren vrumr. fyn spiegel
wirke aller scham. Vnde ouch eyn
wifel iener die myr rugenden varn.
fyn roger der rzucht myr vlize. fin
schenke der mylrichen. fin gewun
scher vaz der felde vnde menschen
heyles Des prifes eyn rile vnde
nichr eyn twere. dem alle rage wol
gen myrre. vil edeler rugende niuwe.
fie heyn vnrugende an ym fiur. In
fich har her gedrvmr. flucher werke
vullen kram. her kan den armen
durch gor keyn Alemvfe sparn. Ich
wil daz man myr wize. wirt sin lob
nicht gar gefeir. Sir ich nicht leben
de an rugenden weiz so gheyles.
Syn smyren rur. den gesten wol.
Sus kan er sich m rzarten Hie ist
wol gemvr. vnde salden wol. des
fult rr rzv myr warten Vnde weir
haukafius der bere. Syn mylre yn
vil gar vur snyre. Al wiste er daz
er ym ruwe. des ruchte er mynner
wen eyn kynr. daz rzv dem apfel

kvmr. f. dan ob guldyn were en
tram. vnde vur ym lege fus kan
er daz offenbarn. Daz gemyr an
ym glire. Grale heynrich der ist
gekleir. von holrzeren in daz lob
vry ist her meyles. Sn von ofrerdingen

Der erste syngen hie nv

nur. heynrich von ofrerdyngen

in des edelen vursten dhon. Von

dvryngen laur der teilr vns f.

syn gur. vnd wer ym gores lon

Der meister ger in kreyrzes

rzil. kegen alle syuger die nv

leben er of geworfen har. Be

nenner er syn weynich oder vil.

Recht als eyn kemphe her stat.

Nu horet wie er des kamphes

kan kegen alle meister phlegen.

des vursten tugent vz osterrich

wil er of die wage legen. Ab sie

ergen syn die wider wegen. Sur

dryer vursten mylte die besten

sie vinden megen. Haben sie

alle nv so hohen pris. Jn tugen

den leben. Jn diebes wis. Wil her

sich hivte des gevangen geben.

Nv liebichz ine
myr schurmesslegen. walter
von der vogelweyde so byn ich ge
nant. Vnbilde wil an myr den eden
ir wegen. Daz osterricher lant.
Vnde ich rzv hazze sy gedigez
dar rzv die werden dienest man ir
gvnst ich nicht me hol. des edelen
vursten si von myr vur rzigen.
s ich vmbilde dol Morne laz ich
schouwen wer her sy der werde dhe
gen. des tugent vur alle vursten
weger dem klaren golde gelich.
Jch wil in kegen vranerichen we
gen. der kynne har me pryses wen
der edele vz osterrich Des lehent mir
die menye daz meiste teil. Jn diwdi
scher gir. widhe vnde seil. Scaffe
honser eyn den hauer morne her.

Her walter
har m hivte vry. Jch tugent
hafte scriber trer ym rzv myr kamp
fes gir. Wie mochte eyn vurste wer
der vil gesy. Wen dry sager meyster
myr Mir sange syne besten tugent.
wie her nach gotes hulden ryng r.
Vnde hie rzu werlde gevar. So such
ich eynen der von kyndes tvgent ob
ym eyn adelar C rzv aller rzit myr
hohen plugen ist da her gewesez
dar rzv hat er kegen vienden wol
des edelen lewen mvt. Alexanders
buch han ich gelesen. den werden